季羡林
在北大

Dschi Hian-Lin

胡光利◎著

时代出版社传媒股份有限公司
安徽文艺出版社

图书在版编目（CIP）数据

季羡林在北大/胡光利著 .—合肥：安徽文艺出版社，2017.7
ISBN 978-7-5396-6053-0

Ⅰ.①季… Ⅱ.①胡… Ⅲ.①纪实文学 – 中国 – 当代
Ⅳ.①I25

中国版本图书馆 CIP 数据核字（2017）第 068381 号

出 版 人：朱寒冬
责任编辑：李 芳 姚 衍　　　　　　　装帧设计：张诚鑫

- -

出版发行：时代出版传媒股份有限公司 www.press-mart.com
　　　　　安徽文艺出版社 www.awpub.com
地　　址：合肥市期翠路 1118 号 邮政编码：230071
营 销 部：（0551）63533889
印　　制：安徽新华印刷股份有限公司（0551）65859551

- -

开本：710×1010　1/16　印张：23.75　字数：400 千字
版次：2017 年 7 月第 1 版　 2022 年 7 月第 2 次印刷
定价：59.80 元

- -

季羡林先生

2006 年 1 月 10 日，季羡林先生在 301 医院与胡广利先生合影

目　录

冲刺篇

病榻篇

回眸五十年（代序）

今年正值建国五十周年，又是本世纪的最后一年。这真可以说是一个关键时刻。在这样一个关键时刻，回顾一下过去的年代，进行一些必要的反思，是非常有意义的。

我自己已至望九之年，五十年占了我生命的一大半。这一大半比较起来，显得更为重要，更为值得反思，因为它是我为祖国教育事业竭尽绵薄的一半，是我从中年步入老年的一半，虽然一直到现在我自己还并没有多少衰老的感觉。

怎样来回顾这五十年呢？编者提出可写"一人一事"，我揣测他是怕大而无当，空而无实。但是，"事"有大小之别，我取其大者，我一生唯一的一个职业，就是教书，过去五十年也是如此。我的一事就是教书。我这样做，还有一个好处，涵盖面大。中国是世界上人口最多的国家，从事教书这个职业的知识分子无虑数千百万。我在其中宛如大海中的一滴水，但是，一滴水中可见大海，这已属于常识之列。我认为，从我这一滴水中可以看出整个大中小教员的实际情况。当然，每个人的情况都有特性，不能一概而论。但是，自其大者言之，共性会大于特性。因此我在下面讲我自己的情况与感受，就颇具一些代表性了。

我想勉强借用一下黑格尔对事物发展正、反、合三阶段的说法，来概括过去的五十年。前八年为正，中间二十一年为反，最后二十一年为合。这虽然只能是极为粗略的概况,历史的发展绝不是这样泾渭分明,你中有我,我中有你,是绝对不可能避免的。

在第一阶段中,也就是建国初期,全体教员,甚至全体知识分子,再甚至全国人民,无不喜气洋洋,兴高采烈。三座大山毕竟推倒了,中国人民毕竟站起来了,我们毕竟看到我们前途的光辉了。我们前进的路上仿佛铺满了玫瑰花,玫瑰花香仿佛弥漫整个宇宙。虽然已经有了一些小的磕磕碰碰,但是涉及面不大,只能算是小事一桩,无伤大雅。

但是,到了1957年,风云突变,一场涉及整个知识界的反右斗争在人们措手不及的情况下开始了。不管是"阴谋",还是"阳谋",还有什么"引蛇出洞",反正许多正直的肯说真话的包括教员在内的知识分子,怀着一腔爱国爱党的虔诚,提了一些现在看起来不过是些鸡毛蒜皮的意见,他们就被"阳谋"射中,成了出洞的蛇,被戴上了最初还掂不出轻重的帽子。个别优秀的天真的党员,为了完成本支部被分配的右派指标,自动站出来要完成党的任务而戴上这一顶帽子。他们哪里会想到后果呢?有的比较快地得到了平反,有的则家破人亡,妻离子散,抱恨终生。这一点,任何受过难的教员和其他知识分子都不会忘记的。

然而,这仅仅只是开始。从那儿以后,一个运动接着一个运动,马不停蹄,而运动的对象都是包括教员在内的知识分子。今天你斗我,明天我斗你,弄得人人胆战,个个心惊。哪里还有什么团结?哪里还有什么合作?最令我们新老教书匠不能容忍的是挑动学生斗老师,美其名曰评教评学。实际上,评学是虚,评教才是实。师生定期开会,学生对教师评头论足,有的态度也并不诚恳,说话没有分寸。老师的学问有高有低,教学方法有巧有拙,无论如何总是查书备课,辛辛苦苦,到头来被学生数落一顿,你想,当教师的心里是什么滋味?唐代韩愈说过:"师不必贤于弟子,弟子不必不如师。"这是非常通达的话,可是老师毕竟是多活了几岁,多读过几本书,教学生或多或少总是有点儿资本的。否则老师这个职位就根本没有必要存在了。还有更荒唐的,就是让一年级的学生编三年级的教材,名之日"放卫星",这究竟是一颗什么样的卫星? 脑筋不太糊涂的人一想就能明白了。

又一个"然而",这也仅仅是开始,到了1966年爆发了所谓"无产阶级文化大革命"。众所周知,这是一场极端野蛮、极端残酷、极端荒谬、极端愚昧、极端灭绝人性、极端违反天良的空前绝后(这仅仅是我的希望)的人类悲剧。别的界我不谈,我只谈学界。前一阶段开始的学生斗老师的现象后来达到无法无天、登峰造极的地步。前一阶段,不管怎样说,还只是"文斗",后来则发展成"武斗"。有的中学教师活活被自己的学生打死,这种前所未闻的禽兽行为给伟大的中华民族脸上抹了黑。结果是全国大乱,不是乱了敌人,而是乱了自己。经济走向破产,文化教育走近灭亡。

以上可以算是反的阶段。

1978年十一届三中全会的召开,开辟了一个新纪元。天日重明,拨乱反正。这给政治经济带来了生机,给人民带来了希望,给知识分子带来了思想解放,打掉了戴在他们头上几十年的紧箍,使他们心情愉快,能有机会发挥他们真诚的爱国主义情操。中华民族获救了,普天同乐。

以上可以算是合的阶段。正是这个合的阶段把我们带进一个新的世纪、一个新的千年。

季羡林

1999 年 6 月 2 日

前　言

为了纪念和缅怀一代宗师季羡林先生的丰功伟业,继承和弘扬他的为学为人精神,谨向广大读者和各界朋友献上《季羡林的学生时代》和《季羡林在北大》两部作品。

《季羡林在北大》详细介绍季羡林先生留学回国后,在北大五十余年(1946—1999)的教学、科研经历,以及人生路上的坎坷不平,反映出他教书育人和对中国20世纪学术发展做出的巨大贡献,从而激励人们向学术大师学习,从其学品和人品、理想和信念中获取精神鼓舞力量。季羡林的这段经历,勾画出20世纪中国知识分子普遍具有的人生轨迹,那就是超乎寻常的艰辛、超乎寻常的刻苦、超乎寻常的成就。

1946年,季羡林怀着一颗爱国心回到祖国的怀抱,经过三年剧烈变化,时局动荡,生活艰辛,终于迎来了中华人民共和国的诞生。

新中国成立后五十年,在人类历史中虽然是短暂的一瞬,但在季羡林的人生舞台上,却演绎出精彩的一幕。然而,他又必须经受磨难,走一条风雨路。

新中国成立初期,季羡林步入中年,开始实现人生的价值和责任。他觉得自己站起来了,获得人格和信仰的尊重,可以昂首挺胸,大步前行;他看到神州大地花香鸟语,一片锦绣前程,心情无比振奋;他在思想改造和大批判运动中力拔头筹,狠挖灵魂深处的"原罪";他听党的话,跟党走,成为"又红又专"

的典型;他以饱满的热情、旺盛的精力,投身到振兴祖国的教育文化事业中去。

1957 年是广大知识分子灾难深重的一年。在反右运动中,季羡林虽然暂时没被卷进去,但运动的严重后果也给他带来心灵的创伤。而后,1966 年爆发的那一场"文化大革命",用季羡林的话说,"极端野蛮、极端残酷、极端荒谬、极端愚昧、极端灭绝人性、极端违反天良的空前绝后的人类悲剧"中他厄运难逃,被打入"牛棚"炼狱。

"文革"结束后,1978 年十一届三中全会召开,揭开了中国历史的新篇章。季羡林从此获得了新生,虽已步入老年,但他"发愤忘食,乐以忘忧,不知老之将至",开创了一生学术事业的"黄金时代"。

季羡林先生曾以黑格尔的"正一反一合"的定律,将在北大教学治学五十年生涯分成三个阶段。这说明,他与中国广大知识分子一样,在这条风雨路上,有着无尽的感慨和反思。从这个意义上看,这既是季羡林个人的命运史,也是这一代中国知识分子的心灵史。从他饱经沧桑,历尽坎坷走过的既有光风霁月,又有阴霾蔽天的曲折人生经历中,也可辨识出我们国家和民族的历史足音。

"行百里者半九十",20 世纪 90 年代前后,季羡林已经步入耄耋之年,这是他学术研究的冲刺起点,直到望九之年,仍然走的是一条风雨路……

《庄子》曰:"至乐不乐,至誉不誉。"人们永远不会忘记,季羡林一生立德、立功、立言,在他身上体现的正是现代科学精神与中华传统美德的完美结合。

进入 21 世纪,季羡林已是九十岁老人,他在精神苦恼的同时,身体日渐衰老,皮肤、眼睛、腿、牙齿、耳朵、心脏不断发生问题。他过去极少同医院打交道,从此就医次数逐年增加,住院时间越来越长,2003 年以后就在 301 医院长住,以致他经常以"301 编外"和"四半老人"(四半,乃眼半瞎、耳半聋、头半秃、腿半瘫之谓也)自嘲。

在病房里,在病榻上,他在思考中华文化复兴的大问题,思考社会和谐、世界和谐的大问题。他惦记着北京大学、清华大学、中国文化书院、山东大学、聊城大学的教学,还有从家乡临清到四川地震灾区众多学校的孩子们。他笔不停挥,腿走不动路了,他在写;眼睛看不见字了,他还在写!"蚕老茧成不庇身",他如同一条春蚕,要吐尽最后的丝线,为了留给人间温暖。

在心理和生理痛苦的双重压力下,季羡林先生仍然勤奋有加,笔耕不辍,直到 2009 年 7 月 11 日病逝,充分体现出为祖国的文化学术事业鞠躬尽瘁、死而后已的崇高精神。

季羡林的终生挚友减克家写过一首诗,诗中说:"有的人死了,他还活着。"应该说,季羡林就是这样的一个人。

季羡林先生把平凡而光辉的一生无所保留地献给了祖国和人民。如今,一代宗师虽然渐行渐远,但是名似销,迹未匿,他的道德文章为世人留下了丰厚的遗产,在千百万人心中留下了一座人格丰碑。他是中国现代知识分子永远不倒的一面旗帜!

本书采取纪实手法,以朴实流畅的语言、巧妙的构思和生动的故事情节,叙事与抒情相结合,全面真实地描述季羡林五十余年在北大教书育人、科学研究的全过程,反映出他为祖国的教育事业鞠躬尽瘁、甘为人梯、白头赤心、死而后已的高尚情操和奉献精神。

在本书的创作过程中,一直得到季承先生的大力支持,并参考了季先生的亲友、同事、朋友、学生的回忆、评论文章,在此表示衷心的感谢。同时,衷心感谢安徽文艺出版社领导高瞻远瞩、慧眼识珠,对宣传以季羡林精神为代表的中华民族优秀文化的关心和重视。感谢责编认真负责,严格把关,为保证这部作品的质量付出了辛勤劳动。

由于水平有限,书中谬误和不足在所难免,亟盼广大读者和同行专家批评指教。

2016 年 7 月 8 日

红楼篇

　　1949年迎来了解放当时我同北大绝大多数学的教授一样，眼前一下子充满了光明，心情振奋，无与伦比。我觉得，如果把自己的一生分为两段或者两部分的话，现在是新的一段的开始。当时我只有三十八岁，还算不上中年，涉世未深，幻想特多，接受新鲜事物并无困难。

　　我本来是一个性格内向的人，最怕同人交际；又是一个上不得台面的人。在大庭广众中、在大的宴会或招待会中，处在在衣裳整洁、珠光宝气的男女社交家或什么交际花包围中，浑身紧张，局促不安，恨不得找一个缝钻入地中。看见有一些人在对进退，如鱼得水，真让我羡慕。但是命运或者机遇却偏偏把我推到了行政工作的舞台上；又把我推进了社会活动的中心，甚至国际活动的领域。

季羡林

第一章 红楼暖意

沐浴和煦的春风

1949 年 1 月 31 日,北平和平解放。2 月 1 日,人民解放军举行入城仪式,浩浩荡荡地开进北平城。全城万人空巷,各界群众冒着隆冬严寒,顶着漫天风雪,兴高采烈,敲锣打鼓,夹道欢迎解放军。

季羡林从翠花胡同走来,步行到不远的东四牌楼,站在欢乐的人群中,情不自禁地鼓掌欢呼,浑身热血沸腾,真正体验了这一神圣而伟大的历史巨变。

当日下午,季羡林去西城看望朋友,走到什刹海桥上,看见一名解放军战士在那里站岗。年轻的战士浓眉大眼,炯炯有神,背着背包,手握钢枪,在寒风中昂首挺立,岿然不动。见此情景,季羡林十分激动,"心中陡然觉得这位解放军战士特别可爱,觉得他的一身黄色的棉军衣特别可爱。它仿佛象征着勇敢、纪律、正直、淳朴;它仿佛象征着解放、安全、稳定……只要他在这里一站,整个北京城,整个新中国就可以稳如泰山"。

季羡林真想走上前去,向战士道一声辛苦,伸手摸一摸那黄色的棉军装,可是他什么都没有做,只是默默注视着,注视着……回到家中,他把满腔的情感凝上笔端,连夜赶写了一篇散文《黄色军衣》。从此以后,季羡林似乎又要用那支挺拔俊秀的笔,来讴歌新的时代、新的历史、新的人生……

解放军进城以后,便抓紧准备接管北大、清华等高校。2 月 28 日,北大迎接北平军事管制委员会代表钱俊瑞等 10 人。军管会的同志邀请学校行政负责人以及教授、讲师、助教、学生、工警代表等在子民堂召开座谈会,商谈接管北大事宜,讨论新民主主义革命胜利后创建新北大的问题。

下午 2 时,在沙滩民主广场举行接管北大的仪式,2000 余名学生和教职员工参加。会场上欢呼声此起彼伏:"北大解放了!""北大回到人民的怀抱!"师生们的心情万分激动。季羡林也自然沉浸在欢乐的海洋中。

会上,汤用彤教授首先代表全校师生致词,对军管会接管北大表示欢迎,然后钱俊瑞代表军管会正式宣布接管北大,并阐述了新时期党的教育方针和知识分子政策,同时还宣布立即取缔国民党、三青团等反动组织,停止其一切活动;取消训导制和党义之类的课程;学校行政管理工作暂由汤用彤教授负责。会后,军管会的同志和北大师生一起举行了庆祝游行。

3 月 5 日,中共北京大学总支部召开干部大会,宣布了党的负责人,从此党的工作走向正常,党的领导逐渐加强。

5 月 4 日,军管会最后宣布组建北大校务委员会,领导学校的行政管理工作。任命汤用彤、许德珩、钱端升、曾昭抡、袁翰青、向达、闻家驷、费青、樊弘、饶毓泰、马大猷、俞大绂、胡传揆、严镜清、金涛、杨振声、郑天挺、俞平伯、郑昕等 19 名教授和俞铭传、谭元两名讲师助教以及许世华、王学珍两名学生为校务委员会委员。其中,汤用彤被任命为校务委员会常委兼主席,亦即新中国第一位北大校长,许德珩、钱端升、曾昭抡、袁翰青、向达、闻家驷及讲师助教代表俞铭传、学生代表许世华为常务委员。同时任命曾昭抡为教务长、郑天挺为秘书长、汤用彤为文学院院长、饶毓泰为理学院院长、钱端升为法学院院长、马大猷为工学院院长、俞大绂为农学院院长、胡传揆为医学院院长、向达为图书馆馆长。

那时,北平刚刚解放,北大领导层的确定要经过一番严格的政治审查,上述人选大多数在抗日战争和解放战争中都经受过锻炼和考验,并且是各个教学和科研领域的杰出专家和带头人。总之,他们有的是"左派"教师和学生,有的是民主进步人士。一般来说,革命一旦成功,便会出现论功行赏之风,在民主党派和知识分子中,也确实有人想分得一杯羹,大小弄个官做。季羡林在这次任命中仍旧保留东语系主任的职位,没有得到升迁,但他并无任何其他想法,足见其超世脱俗的作风。后来他说,他回国后仅仅过了三年,新中国就成立了,在很长一段时间内,他都称自己是"摘桃派",坐享革命胜利的果实。既然如此,他岂能有过分的奢求?

那时,季羡林同大多数知识分子一样,觉得自己真的站起来了,获得了新生。他说:

> 我们高兴得像小孩儿,幼稚得也像小孩儿。我们觉得"解放区的天是明朗的天"。我们看什么东西都红艳似玫瑰,光辉如太阳。

他又说:

> 解放初期,政治清明,一团朝气,许多措施深得人心。旧社会留下的许多污泥浊水荡涤一清。我们都觉得河清有日,幸福来到了人间。

看来,这种情况不止发生在季羡林一个人身上,比如叶圣陶对共产党进城后无官僚作风印象极佳,巴金对共产党的俭朴廉洁作风颇有好感,等等。是的,大凡有良心的知识分子,此时都想为共产党做些实实在在的事情。季羡林当然也如此,不但没有在荣誉、地位上患得患失、锱铢必较,反而实实在在地履行了教授和系主任的职责。除了把校内的工作做好,他还参加了校外的一些活动。

1949 年 5 月 14 日,他应邀出席了关于《赵城金藏》的座谈。《赵城金藏》是北平图书馆的镇馆之宝,对此经的修复和收藏,新中国成立伊始便被人民政府纳入议事日程。出席这次会议的有华北人民政府的杨秀峰、于力、晁哲甫,华北大学的范文澜、张文教、程德清,北平图书馆的王重民、赵万里,文管会的王冶秋、李风雨以及其他各界人士如马衡、向达、孙文淑、周叔迦、巨赞、韩寿萱等。会上,赵万里、张文教、范文澜分别就《赵城金藏》的价值、守护和运送此经的经过以及共产党保护文化遗产的政策做了报告。晁哲甫要求北平图书馆做出《赵城金藏》的修复预算,报请政府批准。会后向达写了《论〈赵城金藏〉的归来》一文,发表于 1949 年 5 月 23 日的《人民日报》上。

这是季羡林第一次参加保护和抢救中国古代典籍的会议,从此以后他一直没有忘记这件事。迨至 20 世纪八九十年代,在任继愈主持下,以《赵城金藏》为底本,整理和编纂出 107 卷《中华大藏经》,其中也不无季羡林的贡献。更为可喜的是,20 世纪 90 年代,他还亲自担任总编纂,整理和编纂出《四库全书存目丛书》和《传世藏书》两部巨著。总之,保护和抢救中国古代典籍堪称季羡林一生十大学术成就之一,为此他付出了毕生心血。

季羡林还被选为新中国成立后的中国史学会的最早会员和理事。在 1951 年 7 月 28 日召开的中国史学会成立大会上,选举郭沫若为会长,吴玉章、范文澜为副会长,季羡林当选为理事,归于亚洲史组,同组的还有向达、张礼千、周一良、马坚、张秀民、余元庵等数十人。

季羡林的本行是对印度古代语言梵文、巴利文以及古代中亚语言吐火罗语的研究,借以追踪、探索和廓清印度佛教产生、衍植和流布的来龙去脉。这是一条曾被前辈学者推崇却难以涉足的路,季羡林要想在此路上一路绿灯,顺利通行,就必须占有新材料,研究新问题。正如陈寅恪所说:"一时代之学术,必有其新材料与新问题。取用此材料,以研求问题,则为此时代学术之新潮流。治学之士,得预于此潮流者,谓之预流(借用佛教初果之名)。其未得预者,谓之未入流。此古今学术史之通义,非彼闭门造车之徒所能同喻者也。"如今,季羡林遇到的问题正是缺少新材料,无法研究新问题,难以入流。因此,他便根据现有的中国史籍和其他有关材料,研究中印、中外文化交流史,凭着他所掌握的语言能力和技巧,预期能够搞出一定的深度和广度。

笔者以为,季羡林的做法并非学术本体发生了转换,而是研究方略有所差异。当时的中国史学界也果真慧眼识英雄,认准季羡林会在此方面发挥自己的特长和潜力。当然,他回国后最初三年的学术成果就是铁的事实和证据,其中《列子与佛典》一文即被周汝昌译成英文 Lieh Tze of Buddhist Sutra,刊登于《汉学研究》(Studio Serica)1950 年第 9 卷上。

季羡林确实不负众望。解放后不久,1954 年和 1955 年,他便在《历史研究》上发表两篇重磅型论文《中国纸和造纸法输入印度的时间和地点问题》和《中国蚕丝输入印度问题的初步研究》,后一篇论文曾送请向达先生指正,蒙他指出一些问题。向达对其研究水平给予高度评价,认为季羡林对唐代中国和印度文化关系的研究,比他本人以前的研究规模壮阔得多了。

迢至 20 世纪 80 年代初,季羡林在长达三十多年与吐火罗语断绝关系之后,意外地获取了新材料,进行了《弥勒会见记剧本》的解读和翻译工作,一部大书《吐火罗文(弥勒会见记剧本)译释》的英译本于 1998 年在德国出版,从而对西域史的研究做出巨大贡献,产生重要影响。而在此之前,他于 1997 年出版的一部长达七八十万字的巨著《文化交流的轨迹——中华蔗糖史》,展示了古代中国与多个国家和地区互相交流的历史画卷,具有重要的历史意义和现实意义。由此可以毫不夸张地说,在季羡林头衔中诸多的"家"字面前,"历史学家"也是当之无愧的。而且,季羡林对历史研究还自有一套理论。他说:

> ……五六十年代我们所学的相当一些内容是"苏联版"的,带有"斯大林的印记"的。在这种情况下,我们的人文社会科学研究,其中当然包括历史研究,都受到了感染。专以中国通史而论,历史分期问题议论蜂起,异说纷纭,仅"封建社会起源于何时"这一问题,就争论不休,意见差距超过千年,至今也没有大家比较公认的意见,只好不了了之。我真怀疑,这样的争论究竟有什么意义。再如一些书对佛教的谩写,语无伦次,连起码的常识和逻辑都不讲……在当时极"左"思潮的指导下,颇写出了几本当时极为流行的《中国通史》,大中小学生学习的就是这样的历史。不管作者学问多么大,名气多么高,在教条主义流行的年代,写出来的书绝对不可能不受其影响,有时是违反作者本意的产品。有人称之为"以论代史",而不是"以论带史"。关键在于一个"论"字。这是什么样的"论"呢?……这是带有前苏联印记的"论",而不一定是真正马克思主义的"论"。历史研究,贵在求真,绝不容许歪曲历史事实,削足适履,以求得适合某种教条主义的"论"。

季羡林既已看出历史研究存在的问题,当然就要从自己做起,力图避免重蹈覆辙。从研究中印、中外文化交流史来看,他都注意收集翔实的资料,让史实说话,取信于人。为了克服"以论代史"的弊病,准确表达马克思主义对印度史的精辟论述,他在 1951 年参与了北大史学系、清华历史系、中国科学院近代史研究所为天津《大公报》编辑《史学周刊》，在第 3 期上发表《介绍马克思的"印度大事年表"》一文。同年，他还与曹葆华共同翻译了马克思著作《不列颠印度的统治》和《不列颠在印度统治的未来结果》，由北京人民出版社出版。

那时，向社会主义苏联学习的呼声日高。1949 年九十月间，苏联文化艺术科学代表团来华访问，9 月 29 日到达东北沈阳，全市万人集会欢迎，然后赴北京出席中华人民共和国成立大典，10 月 2 日受到毛泽东、周恩来等国家领导人接见，10 月 9 日访问北大，季羡林也参加了这次欢迎活动。

毛泽东曾说，苏联共产党"就是我们最好的先生，我们必须向他学习"。20 世纪五六十年代我国受到苏联的影响，肯定还不止人文社会科学研究，其他方面也大致是这种情况。由于这种思潮的影响，季羡林必然会接受中共对苏联的政策观点，对苏联的看法也会与十多年前去德国留学途经"赤都"时有所不同，但他在学术研究中能够洞察和总结"苏联版"的弊端，确实难能可贵。

解放初期，季羡林已经进入中年，他同从旧社会过来的其他中老年知识分子一样，直觉得换了人间——天特别蓝，草特别绿，花特别红，山特别青，共产党执政之初革故鼎新的雄才大略令他心折。但是，他也感到对于共产党领导的政府还有许多思想障碍，比如参加大会时喊"万岁"之类的口号就张不开嘴，总觉得这句话有点儿玄乎；对脱掉大褂换上中山装也很别扭，总觉得中山装是一种代表官方身份的时尚……尽管如此，季羡林还是抓紧适应变化的形势，加速思想转变的过程。比如，1949 年 7 月 1 日，他作为党外代表参加庆祝共产党生日的活动；1949 年 10 月 4 日，他发动东语系 25 名教员联名给毛泽东主席、朱德总司令暨人民政协全体代表寄去祝贺信，表示"对伟大的人民领袖毛主席，我们致无上的敬意，我们永远在他的旗帜下前进"，等等。果然，用不了多久，他喊"万岁"的口号"就喊得高昂、热情，仿佛是发自灵魂的最强音"，先前他一直穿着夫人给做的布衣布袄，后来也换上女儿给买的涤卡中山装……

看来，事无巨细，季羡林对自己的要求都很严格。这里又有三件事值得一提：

其一，1950 年季羡林由闻家驷介绍加入中国民主同盟，在民盟北京市委工作。此后几年，他一直参加北大、清华高级知识分子的学习活动，先后任高校工作委员会副主任、主任委员职务。北平市第一次民盟大会于 1949 年 5 月在沙滩北大子民堂举行,吴晗当选为主任委员。次年办公地点搬到东四北大街一条胡同里,与季羡林一起工作的有华罗庚、周一良、冯亦代、沈一帆、金若年、关世雄、王麦初等人,给季羡林留下美好的印象。他曾到北京市的几所大学,参加那里民盟支部的座谈会或讨论会,大家互相鼓励搞好教学和科研工作。在民盟北京市委或者高校,他的人际关系都非常融洽,令人满意,大家散开心扉,为了一个共同目标努力奋进……

直到1957年,一声"阳谋"引蛇出洞,民盟的几个资深领导人都被揪了出来;此后又一个运动接着一个运动,文艺界、学术界的知识分子一会儿加冕,一会儿挨批,民盟虽曰神仙会,但神仙的处境也很难,"十年浩劫"更是雪上加霜。

季羡林每每提起民盟中的同事和朋友,总认为他们够得上诤友,从加入民盟那天起,就与他们有共通的语言和感情。

比如梁漱溟(1893–1988),中国民盟的发起人,1946年任民盟秘书长,新中国成立后任第一、二、三、四届全国政协委员,季羡林也任第二、三、四、五届全国政协委员,可见他们之间不可谓不相知也。

其二,1950年6月25日朝鲜战争爆发,11月4日北大教师以愤怒的心情发起上书毛主席的签名活动,抗议美帝国主义发动侵略战争,表示决心献出最大的力量,为保卫祖国而奋斗。季羡林也不甘落后,同汤用彤、曾昭抡、冯至、向达、楼邦彦、邓广铭、马坚等教授一起踊跃签名。在整个抗美援朝运动中,他身为北大工会负责人,还组织了其他一些活动表示支持。他又和东语系秘书陈玉龙共同翻译了外文资料,发表后将稿酬捐作抗美援朝之用。

其三,1951年年初,时任中共中央宣传部副部长、新闻总署署长的胡乔木,亲自来到翠花胡同看望季羡林,一见面便说:"东语系马坚教授写的两篇文章《穆罕默德的宝剑》和《回教徒为什么不吃猪肉》,毛先生很喜欢,请转告马教授。"胡乔木预料季羡林当时可能还不习惯说"毛主席"——如同他不习惯喊"万岁"一样——因此用了"毛先生"这个词儿。说者有意,听者有心,季羡林对此留下了难忘的印象,感觉到共产党的高官确实能体察民情,对知识分子很关心和重视。

马坚的文章为何受到毛泽东的重视呢? 1951年1月10日《光明日报》发表一篇题为《语无伦次的山姆大叔》的文章,作者说道:"可怜的人们,能知道过一手执剑一手执经典的穆罕默德,却不知道一手拿枪炮,一手拿钱——对了,还有一手拿'道义',这就叫作'手'的手面目。"北京回教同胞认为此文将伊斯兰教先知穆罕默德与美国的"手"相提并论,是对伊斯兰教的不尊重和误解。1月16日北京召开回民代表大会,马坚在会上讲了阿拉伯民族史和伊斯兰教概论,深受回族同胞信服,事后他发表了这两篇文章,从面避免了一场民族纠纷。

总之,在刚刚解放的日子里,季羡林与广大知识分子,固然沐浴在和煦的春风中,但也有几许忧虑。他们既有与"旧我"决裂的决心,又有适应新时代的过程。今天回过头来评论这些从旧社会过来的人,既应触及社会历史的层面,又应剖析他们的内心世界,洞察他们的欢欣与痛痒、果断与迟疑、进步与守旧、超世与入时……

东语系的辉煌

1949年春夏之交,季羡林突然收到一封从中南海寄来的信,打开一看,发现寄信人是清华念书时的老同学胡乔木。

享有"秀才"美誉的胡乔木,在1941年"皖南事变"后被调到毛泽东身边当秘书。新中国成立前他便写了许多有分量的社论和文章,毛泽东称赞他说:"靠乔木,有饭吃。"解放战争中,他一直跟随毛泽东左右,1948年毛泽东要他担任新华社总编辑兼社长、中共中央宣传部副部长。新中国成立后,他任新闻总署署长、中共中央宣传部副部长。季羡林与胡乔木走的路虽然不同,但对他的人格、品质是了解的,对他的升迁也会有所了解。这本来是一封私人信件,其中却透露出一个重要的信息:现在形势顿变,国家需要大量的研究东方问题、通晓东方语文的人才,问他是否同意把南京东方语专、中央大学边政系一部分和边疆学院合并到北大来。由此可见,当此百废待兴之时,中央的计划安排是何等及时,何等周密!季羡林回国后梦寐以求的事,尚未等到他建言献策,就被中央提到议事日程上来了。如今,他只有竭尽全力,把中央交给的任务完成。从这件事上,还可悟出一个简单的道理,那就是"时势造英雄",倘若中央不做出这样的英明决策,季羡林再有本事,那也只能是单枪匹马,成就不了一番伟业。

从此,季羡林必定要忙起来了。1949年暑假,他一天也没有休息过,因为华北高等教育委员会及时做出了决定,上述三所院校的教师务必于秋季开学前到北大报到。季羡林不但要安排新来教师的食宿等生活问题,而且还要对他们的业务水平、教学能力进行全面考察,着手制订课程设置、教学计划方案。

8月,季羡林亲自到前门火车站迎接从南京来的师生。他们到校后因为宿舍拥挤,被安排暂时住在红楼的教室里。那些日子,一个身穿灰色衬衫,手拿一个黑皮包,面容清瘦,神采奕奕的中年人时常出现在他们之中,这便是为他们日夜操劳的季羡林。他非常关心教师们的饮食起居,为他们介绍北大的变化,阐述培养东方语文人才和研究东方问题的重要性和迫切性,鼓励他们努力工作,为新中国教育事业做出贡献。他那朴实无华、虚怀若谷、热情诚恳的作风和态度,给大家留下了深刻的印象,同时,大家也为能在这样一位饱学之士和洋博士的领导下工作,倍感光荣和自豪。

此时,要说季羡林春风得意、喜气洋洋,那确实是实话。想想看,刚回国那阵儿,东语系"六七个人,七八条枪",那情景也真够寒酸的;如今人多了,枪也多了,注定会兴旺发达起来呀!季羡林的办公室也从红楼搬到沙滩北楼,他高兴得把收藏的古今名人字画摆在办公室的书架上,让人看看他并非是个书呆子,而是性情中人,有广泛的兴趣爱好和深邃的情感寄托。这时,季羡林的客人也多起来,既有他的前辈郑振铎、向达等,也有他的同辈李健吾、萧离等,还有他的老友——以研究东南亚历史著称的德籍专家傅吾康先生。他们来到季羡林的办公室,看见窗前摆放着几盆君子兰和水仙花,闻到氤氲的幽香,仿佛进入"芝兰之室",顿时神清气爽,怡然自得。鸿儒们聚在一起当然不甘平淡,或高谈阔论,或吟诗诵词,直到尽兴而别……

又过了一年多,1951年1月教育部做出决定——"在全国范围内,选送一百名青年来北大学习印地语、蒙古语、阿拉伯语、越南语、泰语、缅甸语、日本语、朝鲜语以及维吾尔语、西南少数民族语文"——东语系便又发生了新的变化。当时的学制为四年,学习期间实行供给制,毕业后由中央统一分配。这一百名学生来到北大确实给东语系带来了生机和活力。

可是,面对这种大好形势,季羡林的头脑却非常清醒,实事求是地看待扩大招生的趋势。他后来回忆说:"我要求学东方语言的学生必须学英文,这一条我坚持了。你不学英文,不行,光靠东方语言不行。"季羡林还一再强调,学习东方语言的人,要有终生接受教育的思想准备,因为改行做别的工作的可能性很大。

截至 1952 年秋京津高等学校院系调整结束，东语系变成了北大最大的系，不但师生的数量增加了，而且所设专业(语种)的数目也增加了，成为全国唯一的培养东方语言人才的最高教学机构。除了长年招生外，还为有关部门如地质局、公安部等举办培训班，突击培养人才。

学生队伍在壮大，他们的文化素质虽说不是太高，但勤奋好学的劲头儿倒是很足，因为新中国刚刚诞生，谁不想学点儿真本事，为她的建设发展贡献一份力量呢！教师的阵容也很可观，尽管其中大多数是从旧社会过来的知识分子，但他们也想为新社会多出一把力，多培养一些共产党需要的人才。这里，不妨简单介绍几位当时任教的老先生，他们中有的人，笔者 20 世纪 60 年代初在北大读书时曾经接触过，受到一定的教益。

金克木 (1912-2000)，安徽寿县人，小学毕业后 1928 年至 1930 年在家乡教书，自学过英语、世界语。1930 年来到北平求学，1935 年在北平图书馆任职，开始从事翻译和写作。1931 年加入九三学社，1938 年任香港《立报》国际新闻版编辑。1939 年到湖南省立桃源女子中学教英文，当时湖南大学招聘法语教师，他找来法语字典和教科书，自学一阵儿便去应聘，结果中选登上了大学讲台。20 世纪 30 年代同施蛰存、戴望舒、徐迟等诗人相交往，创作诗歌，1936 年出版诗集《蝙蝠集》。早年他曾热衷于天文学研究，正是戴望舒将他"从天上拉回人间"，鼓励他从事语言学研究。

从 1941 年起，金先生经缅甸到印度加尔各答，任中文报纸《印度日报》编辑，同时学习印地语和梵文、巴利文，后到印度佛教圣地鹿野苑即释迦牟尼初转法轮处，从娇赏弥老居士钻研梵文佛典，又随迦叶波法师学习印度教经典《奥义书》，并与印度学者师觉月、潘尼迦和戈克雷交往密切，曾协助戈克雷从藏译本、汉译本还原、校勘《集经》梵本。校勘本《集经》不久在美国刊物上发表，这是现代中印两国学者最早的合作成果之一。为此，戈克雷高兴地说："如果中国人和印度人合作，埋葬在西藏的大量印度古书写本就能得见天日，而且不用很久，就可以多知道一些印度的古代面貌了。"

金先生的老师娇赏弥老居士有一子，名 D.D. 高善必，堪称印度现代著名的马克思主义史学家。季羡林曾说高善必"写过 Introduction of the Study of Indian History，还有其他许多历史著作，用马克思主义解释历史，虽然有些狂妄自大，但很有本领……

他看不起苏联,用马克思主义研究历史的,印度人他是第一个,但苏联不译他的书",又说"原来我们是'凡是派',认为他的观点是修正主义,而正是他敢于对马列一些观点提出不同看法……"。金先生的印地语老师则是一位圣雄甘地的追随者,1942年8月9日印度国大党发起要求英国殖民者退出印度运动,国大党领导人全部被捕,金先生的老师便把甘地入狱前的最后一次讲话油印成传单送给他,这又使他加深了对印度革命史的了解。笔者读过他写的《略论甘地在南非早期政治思想》《略论甘地之死》等论文,觉得他对印度近现代史的研究有一定的深度。

金先生1946年回国后任武汉大学哲学系教授,讲授印度哲学,并发表《〈吠檀多精髓〉译述》等论文。1948年胡适聘他来北大任东语系教授,请他讲授梵文、巴利文,从此金先生成了季羡林的同事。1960年,他们共同开设了梵文、巴利文班,招收新中国成立后第一批学生。20世纪五六十年代,金先生陆续出版了《中印人民友谊史话》《梵语文学史》《古代印度艺术理论选》等著作,其中《梵语文学史》是我国梵语文学研究的开山之作。"文革"后金先生调到北大南亚研究所工作,一直笔耕不辍,出版了《印度文化论集》《旧学新知集》等著作。1988年退休后他仍然继续写作,著作颇丰,学术随笔、翻译作品、诗集和散文集频频问世,其中论著和学术随笔有《梵佛探》《谈古新痕》《文化言》《艺术科学丛谈》《燕啄春泥》《燕口拾泥》《书城独白》《文化猎疑》《无文探隐》《文化的解脱》《庄谐新集》《说八股》《蜗角古今谈》等;翻译作品有梵诗《伐致呵利三百咏》《印度古诗选》《〈摩诃婆罗多〉插话选》等;诗集与散文集有《中国新诗库·金克木散文选集》《当代中国散文八大家·华梵灵妙》《雨雪集》《挂剑空垄》《金克木散文选集》《金克木小品集》《末班车》等。无论在学界还是文坛,金先生都堪称佼佼者。"文革"初期,笔者去范文澜家了解季羡林的情况时,范先生说,金先生也与季羡林一样,都是"国宝",哪个也打不倒;后来又听说一位老先生讲,钱锺书去世后,就属金克木的学问最好。

2000年8月1日,金先生去世前四天,在病榻上度过了米寿,他笑着说:"今天是我的生日啊,我是哭着来,笑着走。"

季羡林在《口述人生》中说:"金克木这个人有才气,他没上过大学,在印度待过几年。"又说,"金克木是神童,我只是中等之才。"季羡林晚年住院期间,北大学兄下毓方有一次前去探望,提起了金克木。季羡林说:"实在不敢赞一词,金克木很聪明…"然后他举了两个例子,一是金先生只有小学学历,却能当上北大教授;二是金先生是教梵文、印地文的,却能在北大礼堂给全校师生大讲辩证唯物主义和历史唯物主义。笔者在北大读书时,金克木是东语系印地语教研室主任,但没有听过他的课。在校期间,金先生与我们班的联系似乎没有季羡林那样密切。后来,我们才听说二人之间有些磕磕碰碰,但并不知其详细,权作一种庸俗的解释——"一山不容二虎"。近来,笔者在蔡德贵编《季羡林年谱》中读到,1958年3月20日,季羡林在《致金克木先生》的大字报中写道:"希望你挺身而出,正视现实,抓紧时机,鼓起干劲,挖一下自己思想的根,把那些不健康的东西挖掉,把自己改变成一个又红又专、朝气蓬勃、身体健康的教育和科学研究工作者,再为人民服务三十年!"

诚然,笔者在此无意胶着于对二位先生之间的是非月旦,姑且将其视为一种"瑜亮情结"吧!正如卞统方在其《天意从来高难问——晚年季羡林》一书中写道:"季先生和金先生即使有碰撞,也多半是学问上的事儿,同事同行又同为大家,到哪儿去找这样的对手?这是现代版的瑜与亮,应该从更积极的角度去看。"不管怎么说,笔者也深感二位先生的道德文章可与日月同辉,彪炳千古。

马坚(1906—1978),云南个旧市沙甸人,1929年中学毕业后来到上海伊斯兰师范学校读阿拉伯语,1931年就读于埃及开罗爱资哈尔大学宗教学院,开始译埃及著名学者穆罕默德·阿布笃的《回教哲学》(1934年由上海商务印书馆出版),并将《论语》译成阿拉伯文(1935年由开罗古籍出版社出版)。1935年转入爱资哈尔大学阿拉伯语言师范学院继续深造,1936年译埃及著名学者侯赛因·吉斯尔的《伊斯兰教真相论文集》(中文译名《回教真相》,1937年在上海出版)。1939年结束长达八年的留学生涯,1940年在上海参加中国回教学会译经委员会,译白话文《古兰经》。1941年在重庆出版《伊斯兰教育史》,1942年受聘于云南大学,开设伊斯兰文化讲座,《回教哲学史》在重庆出版。1945年完成汉译白话文《古兰经》初稿。

季羡林在《口述人生》中提到,"马坚先生、金克木先生是我把他们请来的"。蔡德贵在《季羡林的一生》中则说:"经向达和白寿彝教授推荐,北大文学院院长汤用彤教授代表北大聘请马坚到北大任教。1946年10月,马坚携夫人马存真到北京,在北京大学开设阿拉伯语专业。季羡林也于稍晚一些时间到系,从此马坚与季羡林成为同事。"

　　季羡林在《口述人生》中也提到，马坚"原来在伊斯兰教圈子里没有什么名气。后来他写了两篇文章，第一篇是《回民为什么不吃猪肉？》，第二篇是《穆罕默德的宝剑》。这两篇文章让毛泽东主席看见了，毛主席就派胡乔木（在清华时是我的同学，不同系）去找我，我那时候住在翠花胡同。找到我啊，胡乔木说毛先生派我来，主要是传达他对马坚教授的那两篇文章的看法，那两篇文章毛先生评价很高，认为对团结少数民族起了作用"。

　　马坚于 1946 年 10 月刚来北大时，据季羡林回忆，"牛街大阿訇马松亭校长送了一些学生给胡适。这些学生当时如果考，那是考不上的，当时清华、北大是很难考的。所以这次不是正式招生的，胡适也真给面子了。后来这批人在我国驻阿拉伯国家使馆里边当参赞的，当武官的都有"。看来，马先生为培养我国首批阿拉伯语人才做出了不可磨灭的贡献，他所编写的阿拉伯语教材一直为国内各高等院校沿用至今。

　　于道泉（1901-1992），山东淄博人，其父于丹线是我国第一批派往日本的留学生，毕业于日本早稻田大学，回国后任山东第一师范校长，是山东教育界的老前辈，山东近代教育的奠基人。于先生是陈云夫人于若木的哥哥，早年就读于齐鲁大学、北京大学，攻读数学。1934 年赴法国巴黎索邦大学留学，研修藏文。1938 年至 1947年任英国伦敦大学东方非洲研究院高级讲师。后来回国在北平中央研究院历史语言研究所工作过，与赵元任合译《第六代达赖喇嘛仓央嘉措情歌》，著有《藏语口语字典》《北京图书馆馆藏满文目录》等书，为中国藏学研究走向世界做出了卓越的贡献。于先生具有语言天才，精通藏语、蒙语、满语、英语、法语、德语、土耳其语和梵语。

　　1946 年 8 月，北大胡适校长致函远在伦敦大学的于道泉，欢迎他回国任北大东语系蒙藏文教授。1949 年 4 月，于道泉回到北京，季羡林与他磋商，确定开设藏语专业，请他担任组长。同时，于先生还接受了新闻总署署长胡乔木的邀请，参与中央人民广播电台新设藏语翻译和播音小组的筹备工作。1952 年全国高校院系调整后，于先生调到中央民族学院，为国家培养了大批藏语人才。

　　"文革"中在一次 200 多人参加的批判会上，师生们对他的批判发言已经进行了三个小时，他却一直端坐在一根柱子后面，一手抚摸下巴，一手拔自己的络腮胡子，全神贯注,进入沉思状态。主持人叫道:"于先生! 于先生!"他却一声不吭。主持人急了,提高嗓门大声喊道:"于道泉!"他这才被惊醒,懵懵懂懂地问:"什么事?"主持人说:"刚才大家帮助你三个小时了,你也表个态,说几句嘛!"于先生恍然大悟,说:"对不起,我一句也没听见。"引得大家哄堂大笑。原来,他已弃绝尘世,进入冥想王国,正在琢磨着他的"一对多"的翻译机械化问题。早在1956年,他就开始研究这个问题,当时有人认为这是幻想,说他不务正业。"文革"中他利用蹲"牛棚"的机会冥思苦想,终于发明一套"数码代音字",认为可以供翻译机械化使用,可见他当时就思考出一套可以在电脑上使用的汉文和藏文的软件系统了。1982年8月,在北京召开的第五十届国际汉藏语言学学会上,于先生提交了一篇论文《数码字简表:数码字与罗马字对照表》,文中列举了他所设计的数码代音字用来拼读汉字和藏文规则。

季羡林晚年回忆说:"于道泉这个人,是个天才。那时候,陈寅恪先生在伦敦治眼睛。于道泉怕他寂寞,就到医院去陪他。于道泉给陈先生读《资本论》,讲马列主义。陈寅恪先生腻歪透了,又不能说你别来了。于道泉一会儿研究鬼,一会儿搞无土栽培,实际上是个歪才。你'抓'不住他,他就一事无成,后来我就把他抓了一下……(于道泉)外号叫于大喇嘛,有一段时间住在雍和宫,学藏文、学蒙古文,很有点才能的……你不'抓'他,他就东一下西一下瞎搞。研究鬼和无土栽培,相差不可以道里计,但是他就这么搞。他不是在英国念书么,回来以后,先住在陈云家里边,陈云一看这个大舅子不是做官的料儿,后来就不让他在家里住,他就出来了,出来开始先在北大东语系,后来北大东语系中间改革了一下,国内的语言归到了中央民族学院去了,于道泉和马学良后来就合并到中央民族学院去了。马坚、金克木先生留下了。"

季羡林提到的马学良,笔者也附带说几句。马学良(1913—1999)与季羡林是省立济南高中的校友,但他比季羡林晚四届,在校时二人无从见面。1932年,济南高中校长在全校学生面前夸奖一名叫季羡林的学生同时考取清华和北大,用这个例子来激励大家。马学良从此便以季羡林为榜样,勤奋刻苦学习,1934年终于以优异的成绩考上了北大中文系,并深受教师的器重,可谓得"天时、地利、人和"者也。

当年刚刚组建北大东语系时,确实是一张白纸,从教学上来看,既无现成的教材,也无教学经验,一切要从零开始;经过两三年的艰苦奋斗,初步摸索出一条路子,出现了日益辉煌的大好局面,为以后的进一步发展奠定了坚实的基础。这既有季羡林本人的功劳,也是全体教师努力的结果。在搞好教学的同时,季羡林不但自己坚持搞科研,而且还充分发挥各个专业(语种)教师的特长,调动他们的积极性,集腋成裘,群策群力,使得全系的科研工作出现了新局面。1951 年 4 月至 11 月,由季羡林、张礼千、李有义、马学良主编的《新时代亚洲小丛书》,陆续由上海东方出版社出版,其中有吕、陈玉龙著《越南人民反帝斗争史》,陈炎著《战斗中的马来西亚》,马超群、李启烈译《朝鲜民族解放斗争史》,郭应德著《维吾尔史略》,王宝圭著《缅甸人民的解放斗争》,任美锣编著《东南亚地理》,[日]渡部彻著、陈信德译《日本劳动运动史》,[越]长征著、黄敏中译《论越南八月革命》,马霄石著《西北回族革命简史》,白寿葬著《回回民族底新生》,陈肇斌、王清彬著《美帝国主义奴役下的日本经济》等。这些作者都是学有专长的老教师,其中有的笔者在北大读书时也交往过,他们的著作也收集过。他们之所以能够写出这样的作品,完全因为新中国的诞生使他们焕发了青春活力,紧握手中的笔欢呼东方革命的胜利,诚如季羡林所说,那时他们"看一切都是红艳如玫瑰,光辉似太阳,愿意为祖国的建设事业贡献自己的一切"。

北大东语系在经历了非常时期被批判为"智育第一,业务至上"以后,又在季羡林的领导下,解放思想,锐意进取,集四方之力,包括国内的和国外的,从 20 世纪 90年代开始完成了多项重大的学术工程,如《东方文化集成》《神州文化集成丛书》等。

工会主席和人大代表

读者也许会问:"像季羡林那样的斯文的知识分子,'文革'中又曾被打成'资产阶级教授',当年还能是工会主席吗?"是,季羡林确实当过工会主席,而且当得很称职。

前已提及,季羡林回国后不但被破格聘为教授和东语系主任,而且还被授予三顶桂冠:一是北大教授会成员,二是北大文科研究所导师,三是北平图书馆评议会成员。用他自己的话说,获取这三顶桂冠者"皆为饱学宿儒,我一个三十多岁名不见经传的毛头小伙子,竟也滥竽其间,我既感光荣,又感惶恐不安……它对我从那儿以后一直到今五十多年在北大的工作中,起了而且还在起到激励的作用"。

确实,季羡林对于承担的每一项工作,都能尽职尽责,非常了得,自然受到领导和群众的信任和拥护。可是,这与"工会主席"又有何关系呢? 他曾介绍说:

> 我平生获得的第一个"积极分子"称号,就是"工会积极分子"。北平刚一解放,我就参加了教授会的组织和领导工作。后来进一步发展,组成了教职员联合会,最后才组成了工会。风闻北大工人认为自己是领导阶级,羞与知识分子为伍组成工会。后来不知什么人解释,统通,才勉强答应。工会组成后,我先后担任了北大工会组织部长,沙滩分会主席。在沙滩时,曾经学习过美国党选的办法,到工、农、医学院和国会街北大出版社各分会,去做竞选演说,精神极为振奋。当时初经解放,看一切东西都是玫瑰色的。为了开会布置会场,我曾彻夜不眠,同几个年轻人共同劳动,并且以此为乐。当时我有一个问题,怎么也弄不清楚:我们这些知识分子同中华人民共和国的领导阶级工人阶级是什么关系呢? 这个问题常常萦绕在我脑海中。后来听说一个权威人士解释说:知识分子不是工人,而是工人阶级。我的政治理论水平非常低。我不明白:为什么不是工人而能属于工人阶级? 为了调和教授与工人之间的矛盾,我接受了这个说法,但是心里始终是糊里糊涂的。不管怎样,我仍然兴高采烈地参加工会的工作。1952 年,北大迁到城郊以后,我仍然是工会积极分子。我被选为北京大学工会主席。北大教授中,只有三四人得到了这个殊荣。

偌大一个北大,教授肯定不少,但享此殊荣者却寥寥无几,真是难能可贵啊! 而且,其中只有季羡林是搞古文字的,堪称语言学专家,本来与社会,抑或与政治较少接触,但他却风风火火地干起工会的差事来。其他几位的情况怎样呢? 据季羡林介绍,"钱端升当过工会主席,而后是金岳霖当工会主席"。看来,这与他们二人所代表的学科和个人表现不无关系。钱端升(1900 — 1990),著名政治学家,中国现代政治学奠基人,时任北大法学院院长。尽管他思想上积极要求进步,愿意为人民服务,当上了工会主席,但遗憾的是,正是因为政治学的敏感性,在 1955 年中国科学院第一次学部委员大会上,他作为原中央研究院院士,竟无缘当选哲学社会科学部委员,而季羡林则于 1956 年当选。金岳霖(1895 — 1984),著名哲学家、逻辑学家,时任北大哲学系教授。他1953年加入中国民主同盟,1956年加入中国共产党,季羡林也于同年入党。他说过:"解放后,我们花大工夫,长时间,学习政治,端正政治态度。我这样的人有条件争取入盟入党,难道我可以不争取吗?不错,我是一个搞抽象思维的人,但是,我终究是一个活的、具体的人。"有人说,金岳霖的转变乃是一个时代知识分子的普遍选择,这当然没错。季羡林在清华时听过金岳霖先生的课,对他非常尊重,后来在一篇文章中写道:"金岳霖先生是伟大的学者,伟大的哲学家,他平时非常随便,后来他在政协待了很多年,我与金岳霖先生同时待了十几年,开会时常在一起,同在一组,说说话,非常随便。有一次开会,金岳霖先生非常严肃地作自我批评,绝不是开玩笑的。什么原因呢?原来他买了一张古画,不知是唐伯虎的还是祝枝山的,不清楚,他说这不应该,现在革命了,买画是不对的,玩物丧志,我这个知识分子应该作深刻的自我批评,深挖灵魂中的资产阶级思想,不是开玩笑,真的!当时我也有点不明白,因为我的脑袋也是驯服的工具,我也有点吃惊,我想金先生怎么这样呢?这样表现呢?"

不管怎样,从季羡林、钱端升、金岳霖等人当选工会主席这件事上,应该看到这是解放初期知识分子要求思想进步的一种表现。无论何时,为人民服务总是值得提倡和发扬光大嘛!

还有一位前辈也与季羡林在工会工作过,那就是陈岱孙先生。陈岱孙(1900—1997),著名经济学家,早年留学英、美、法,在哈佛时与宋子文是同窗,时任北大经济系教授。季羡林在清华时,他是经济系主任兼法学院院长。2007年7月13日,季羡林接受《人民日报》高级记者毓方采访时说:"陈老原来是我的师辈,后来在北大一起搞工会,在全国政协,又分在一组——社科组,混得很熟,成了无话不谈的好朋友。有一阵子,陈岱孙和我成了北大的象征,有什么要紧事,总是让我们两人同时出席……"可见,季羡林当时工会工作干得很出色,名噪一时,备受拥护。

一般说来,工会工作无非是处理吃喝拉撒之类的事儿,但从中能够潜移默化,培养群众观点和朴实无华的作风。季羡林说:"新中国成立后,我是北大的工会干部,一直当到主席。工会干部穿西服,不伦不类,穿中山装,就显得跟工人靠近,穿着穿着,就成了习惯,习惯成自然,等到全社会都西服化,我就成了守旧落伍分子。"原来,他那招牌式的蓝色卡其布中山装的出处正在这里,当然还有更为深层次的缘由,此不赘述。直到 20 世纪 80 年代初,那件中山装又引出一则众所周知的故事——刚来报到的新生误以为季羡林是学校的工友,委托他来看管行李……还有,笔者当年在北大读书时,听到季羡林跳水救人的故事,但不知详情如何。近读蔡德贵编《季羡林年谱》,也只有短短一句话:"1963 年前后在朗润园后湖跳水救出一名五六岁的落水儿童,湖中水深 1.75 米。"无风不起浪,这事儿想必也是真的。诚然,季羡林从未承认过知识分子是工人阶级,认为它既不是某个阶级,也不是某个阶层,但是看看他的表现,难道能说知识分子就没有工人阶级的思想感情吗?当然,这是从 20 世纪 50年代季羡林从事工会工作引起的话头儿,在此只是为了回顾一下那段历史而已。

闲话少叙,书归正传。当时,季羡林身兼数职,事务颇多。比如,在抗美援朝运动中,他曾以工会主席的身份主持欢迎战斗英雄张积慧的大会。那天北大民主广场人山人海,当击落美国"王牌飞行员"的英雄出现在主席台上时,人群中响起了热烈的掌声。音乐家时乐蒙也前来助兴,唱起了"二呀么二郎山,高呀么高万丈"的曲子。季羡林还为声援抗美援朝运动组织过几次募捐活动,有一回在五道口剧院举办的募捐演唱会上,著名老旦李多奎表演了精彩节目。

另据季羡林说:"还有一次工会组织活动是欢迎陈毅回校。后来陈毅讲,我哪儿是北大毕业的啊?那时候,是他在中法大学挂了个名,中法大学根本没有什么影响。他就在沙滩的中老胡同租了间房子,到北大旁听。所以他说,我这个校友是这么来的。"

那时,季羡林精力旺盛,热情洋溢,经常奔走于广大师生中间,在教学、科研、工会以及其他活动中不停地忙碌着,渐渐地,他的声望日隆,威信倍增,终于在 1951 年当选为北京市人大代表。"人民代表"可谓人民给予的最高荣誉,肩负着为人民办事的神圣责任。于是,季羡林又成了下情上达、上情下达的人民勤务员。请看,《北京大学纪事》有如下记载:

> 1951 年 3 月 9 日下午,学校召开全校师生员工大会,内容:北大参加北京市第三届人民代表会议的代表钱端升、季羡林等传达市人代会的决议,并详细报告了大会对北大所提出的三十九个提案的处理经过。师生们听到自己的意见被提到大会讨论并有了结果,都感到兴奋、满意。

这里,确实有季羡林的一份心血。因为人民代表来源于基层,扎根于人民群众之中,北大虽然很大,牌子很硬,但它毕竟是全国高校中的一所,也属于基层,所以季羡林必须耐心倾听师生们的各种建议,全面了解情况。

那时,季羡林忙得团团转,甚至连正常的生活秩序都被打乱了。早晨,他再也不能像从前那样,坐在红楼前饭铺里的长板凳上,悠闲地喝着豆腐脑,间或跟熟悉的人聊上几句,而是从烤白薯的小摊上买一块烤白薯,边走边吃,就像校园里的学生习以为常的吃法。中午,他时而去食堂吃饭,时而就把早已准备好的两个烧饼拿出来,泡一杯热茶,权作一顿午餐。晚上回到自己的独身宿舍,他也只是凑合着喂饱肚子。看看他那时的照片,确实显得清瘦了许多,但仍然全身心地投入,幸好他无后顾之忧,济南老家由夫人、婶母打理,儿子和女儿也已高中毕业考入大学,只要给家寄一点儿钱就行了。

再说,那时的各种会议也开始多起来,虽然不像后来政治运动来临时有人发出"春花秋月何时了,开会知多少"的慨叹,但由于季羡林兼职多,各种名目的会也多,使他应接不暇。说到这儿,笔者想起叶圣陶先生在新中国成立初同样遇到会务缠身的窘境,在他看来,新中国的会多固然是因为事情多需要讨论,然而形式主义的弊端却有抬头,反复参加一些大致类似的会议,听许多几乎完全相同的发言,相当没有意义。

为了应对这种无法回避的令人生厌的"会风",季羡林发明了如何参加会议的"专利"。正如张光在《季羡林先生》一书中写道:"凡是同季羡林一起开过会的人,都会知道他参加会议的几大特点:一是提前十分钟到会场,绝不迟到;二是发言不说空话、套话,言简意赅,说完就完,绝不拖泥带水;三是语言生动有趣,偶尔说几句诙谐幽默的话,引得哄堂大笑,使会议气氛十分活跃;四是他主持会议到点散会,绝不拖延时间,让与会者都能吃上饭。"

总之,季羡林毕竟不是一部机器,超负荷的运转已使他身疲力竭,看来是该到那避风的港湾歇一歇了。果然,他遇到了一次机会……

一次难忘的远游

1951 年金秋时节,中国政府派出新中国成立后第一个大型代表团——中国文化代表团访问印度和缅甸。这次访问是新中国开展全面外交工作的一部分,目的在于和两个周边国家建立和发展友好关系,宣传新中国的崭新面貌,加强彼此了解和文化交流。因此,中央领导对此次访问十分重视,周恩来总理亲自过问代表团的组建情况,并亲自审定到国外展览的图片、敦煌壁画摹本、工艺美术作品和七部电影。事实证明,这次访问不负众望,达到了预期效果,其中意义最为深远的是,它为三年后即 1954 年 6 月周恩来总理应邀访问印度和缅甸,确定以和平共处五项原则作为指导中印、中缅关系的基本准则,起到了思想舆论的先导作用。

下面,就来看看这次访问的具体情况。

1951 年 9 月 20 日,新华社公布了代表团组成名单:

团长:中央人民政府政务院文化部副部长、物理学家丁西林。

副团长:经济学家李一氓。

团员:前北京大学历史学教授陈翰笙,文物局局长、文学批评家、小说家郑振铎,小说家刘白羽(兼代表团秘书长),清华大学中国哲学史教授冯友兰,清华大学物理学及应用数学教授钱伟长,中央美术学院教授、画家吴作人,北京大学经济学教授狄超白(兼代表团副秘书长),北京大学东方语文学系教授季羡林,戏剧家、电影导演张骏祥,北京师范大学中国文学系教授叶丁易,中国红十字会总会副秘书长倪斐君(兼代表团副秘书长),画家、敦煌文物研究所所长常书鸿,中央音乐学院上海分院教授周小燕。

代表团成员一共十五人(另有工作人员六人),均为精心挑选的文化界、学术界有代表性的学者、教授。临行前,印度、缅甸驻华使馆均设宴欢送代表团。那时,新中国刚刚成立,共产党对于选拔参与外事活动的人员非常严格,要求政治上必须绝对可靠;一些有国际影响的著名人士也在选拔之列,因为他们能更好地发挥作用,得到国外的信任。这是季羡林第一次访问印度。他在德国留学十年,那里是"印度学"的一块"飞地",即印度以外的研究印度学的发源地;如今他既已具备了研究印度学的真功夫,在国内外发表的那几篇学术论文的影响也已超越国界,再到"印度学"的老家溯祖穷源,广交朋友,那当然是天公作美,喜不自胜。再说,季羡林的现实表现也得到了组织和群众的信任,尤其他一手组建的东语系是新中国唯一的培养东方语言人才的基地,理所当然要受到国家的重视,承载人民的期望,因此与东方国家交流和交往的一些外事活动自然会落在他身上。

其实,这件事儿是以私人关系牵头的,但绝非走后门,又是大名鼎鼎的胡乔木找到季羡林头上,事先跟他吹吹风,打个招呼。当胡乔木来信将此事告诉他并征求意见时,他欣然同意了。事有凑巧,在此之前,即 1951 年 6 月 22 日,《人民日报》新增四版刊登了胡乔木的《中国共产党的三十年》一文,长达四五万字。从此,广大读者甚至苏联的斯大林都知道了中国共产党有这样一个了不起的笔杆子。季羡林不会不读这篇文章,对老同学的才华和成就自然非常欣赏;眼下人家又关心自己出国的事儿,他当然要表示感谢。

说到这儿,笔者再附带介绍一件事儿,即 20 世纪 80 年代,胡乔木曾约季羡林一起到甘肃敦煌参观,却被他婉言谢绝了。为什么? 用季羡林的话说,"一想到下面对中央大员那种逢迎招待、曲尽恭谨之能事的情景,一想到那种高楼大厦、扈从如云的盛况,我那种上不得台盘的老毛病又发作了,我感到厌恶,感到腻味,感到不能忍受。眼不见为净,还是老老实实待在家里为好。"从中不是可以看出季羡林并不攀附权贵的另一面吗?

代表团 9 月 20 日从北京出发。前往车站欢送的有政务院文化教育委员会副主任兼文化部部长沈雁冰、文化教育委员会秘书长兼新闻总署署长胡乔木、出版总署署长胡愈之、外交部副部长章汉夫、文化部副部长周扬、教育部副部长韦悫、新闻总署副署长萨空了、政务院文化教育委员会对外文化联系事务局局长洪深、人民革命军事委员会总政治部文化部部长陈沂、中国人民保卫世界和平反对美国侵略委员会副秘书长吴茂荪、中国人民救济总会秘书长伍云甫、中华全国文学艺术界联合会秘书长沙可夫、外交学会副会长周鲠生以及各人民团体代表共一百余人。

代表团转道武汉赴广州,在那里停留了个把月,把发言稿和文件译成英文,完成最后的准备工作。这是季羡林第一次来广州,他急于见的唯一的人便是陈寅恪先生。"无端来作岭南人",如今分别已经三年,陈先生的情况到底如何呢?如同(诗经)所说"逝将去汝,适彼乐园",季羡林深信陈先生会适得其所、安度晚年的,因为他对不去台湾的决定虽九死而无悔。但是,他现在的身体如何呢?他的视力难道真的不能恢复吗?

那天,秋高气爽,风和日丽,季羡林来到岭南大学,在文学院院长王力先生的陪同下,拜谒了陈寅恪先生。陈先生自然欣喜万分,陈师母还做了福建菜招待他。季羡林见陈先生的眼病并未见好,而在加重,但还能看见眼前的白色的东西。季羡林又发现,陈先生楼前的草地上铺了一条白色的路,路旁全是绿草,碧绿与雪白相映照,以供散步之用。这种设计和安排,原来是上面领导,也就是陈毅和陶铸命人做的。季羡林立刻想到,这会给陈先生带来多大的欣慰啊!最后,师生俩依依惜别,但谁会想到,这竟是一次诀别——在以后的将近二十年中,季羡林未能再见到陈先生……

代表团又转道香港,然后乘船途经新加坡,到达缅甸仰光。当船驶进伊洛瓦底江时,只见远处的云霭缥缈中,一座高塔耸立于蔚蓝的晴空,闪烁着耀眼的金光,那便是举世闻名的大金塔。次日,季羡林和代表团其他成员便去参观大金塔,他们赤着脚走过长长的两旁摆满了花摊的走廊,一步步地走到了大金塔跟前。这真是一个奇妙的地方,殿堂林立,佛像成排,许多善男信女长跪在佛像前,闭目合掌,虔心待祝……季羡林最感新鲜有趣的还是大金塔本身,庞大的塔体上竟然糊满了金纸,看上去仿佛用黄金铸成,闪射出的金光把周围的楼阁殿堂、花草树木都化成了金黄色……从此,这座神奇的大金塔连同这个美丽的城市,便深深地扎在季羡林的心中。他一生六次来到仰光,每次必来大金塔瞻仰。

行色匆匆,代表团只能暂时与仰光告别,于10月28日乘飞机抵达加尔各答。那天,天空格外晴朗,代表团来到第一个与中国建交的非社会主义国家,大家的心情格外激动。飞机还没有着陆,印度大地的美丽景致便映入季羡林的眼帘——河流交错,树木葱郁,稻田棋布,小村点点,好一派锦绣山河……飞机降落在加尔各答机场时,眼前的情景更让他陶醉了。他在《到达印度》的一篇散文中写道:

　　我终于走下了飞机,踏上了印度的土地。飞机场上挤满了人,大概总有两三千吧。站在最前列的人是从印度首都新德里飞来的印度政府的代表、加尔各答市政府的代表和各人民团体的代表。稍远的地方,不知道是在木栅栏以内,还是木栅栏以外,有许多人排队站在那里,里面有华侨,也有印度人民,他们手中高举着五星红旗和别的旗子。一阵热烈的握手之后,我们每个人的脖子上都套上了四五个或更多的浓香扑鼻、又重又大又长的花环,仿佛要把我们整个的脸都埋在花堆里似的。……在激昂的呼声中,我们渐渐被人潮拥出飞机场。我们前后左右全是人,每个人都有一张笑脸对着我们。在不远的地方,大概是在木栅栏以外吧,有一队衣服穿得不太好的印度人,手中举着旗子一类的东西,拼命对着我们摇晃。我们走过他们面前的时候,蓦地一声"毛泽东万岁",破空而下,这声音沉郁、热烈,而又雄壮,仿佛是内心深处喊出来的,里面充满了火热的爱。……是他领导我们站了起来的,我今天非常具体地有了站了起来的感觉。

　　季羡林的这种心情是完全可以理解的。新中国成立后,1949 年 12 月 30 日,印度尼赫鲁政府宣布与逃到台湾的蒋介石国民党政府断绝一切关系,承认中华人民共和国。1950 年 4 月 1 日,印度与中国正式建交,从而揭开了中印两国和两国人民友谊的新篇章。20 世纪 50 年代,"印地——秦尼帕依帕依"(中印人民是兄弟)的口号深入人心,两国在国际舞台上互相支持,密切合作,共同创立了和平共处五项原则。印度是首先提出恢复中华人民共和国在联合国合法席位的国家之一。1950 年朝鲜战争爆发后,印度表示愿意协助和平解决朝鲜问题,但被美、英政府拒绝。1950 年12 月,印度和巴基斯坦等国家在联合国大会上提出了"十三国提案",主张朝鲜问题必须在联合国范围内解决,为此应该把台湾代表从联合国驱逐出去,恢复中华人民共和国在联合国的合法席位和权利。印度政府还反对联合国把中国的抗美援朝谴责为中国"侵略"的决议……这一切不但表明印度对中国的友好和支持,而且说明只有中国人民取得了独立和解放,腰杆子硬起来,才能受到世界上一切爱好和平、主持正义的国家和人民的尊敬和热爱。印度人民当然也如此。季羡林深感自己是作为"友好使者"而来,要为促进中印两国人民的友谊,有一分热,发一分光。

　　代表团的下一站是印度首都新德里,季羡林作为先遣队成员先期抵达,住进中国驻印度大使馆,后来又与冯友兰、丁西林、李一氓等人被特邀下榻在印度总统所。当年正是冯友兰先生将季羡林送到德国留学的,今日他们又一块儿出国,住进印度总统府,难道这也是巧合吗? 代表团先后访问了德里大学、阿里加大学,参观了德里红堡、泰姬陵、阿格拉红堡、圣雄甘地墓。在离开新德里时,代表团受到印度总统音拉萨德、印度总理尼赫鲁和教育部长阿萨德的接见,并出席印度外交秘书梅农和印中友协举办的招待会。季羡林是研究印度佛教和印度文学的,因此他很想去浏览印度的佛教圣地。果然,代表团离开新德里到达孟买,便乘印度空军的飞机飞抵阿族陀石窟和爱里梵陀(象岛)石窟参观。这两座佛教石窟规模宏大,阿旃陀石窟堪与中国的敦煌石窟相媲美。代表团还访问了印度安得拉邦首府海德拉巴、西南角的柯钦和最南端的科摩林海角。然后,代表团折向西北行,瞻仰了举世闻名的位于中央知的桑其大佛塔,以及比哈尔邦境内的多处佛教圣地,如大菩提寺、那烂陀寺遗址、灵鹫山等。最后,季羡林还特意来到印度诗圣泰戈尔 1921 年创办的国际大学,并在那里住了两夜,参观了泰戈尔故居和泰戈尔展览馆。

1951 年 12 月 9 日,代表团告别印度,又回到缅甸,在东枝等地参观访问后,于 1952 年 1 月 24 日回到北京。

这真是一次名副其实的远游,因为它耗时多,行程长,所到之处洋溢出浓浓的友好气氛。直到晚年,季羡林还在回忆这次印缅之行:

　　我不能忘记,我们曾经在印度洋的海船上,看飞鱼飞跃。晚上在当空的结月下面对浩淼蔚蓝的波涛,追怀往事。我不能忘记,我们在印度闻名世界的奇迹泰姬陵上欣赏"琼楼玉宇,高处不胜寒"的奇景。我不能忘记,我们在亚洲大陆最南端的科摩林海角沐浴大海,晚上共同招待在黑暗中摸黑走了八十里路,目的只是想看一看中国代表团的印度青年。我不能忘记,在佛祖释迦年尼打坐成佛的金刚座旁流连瞻谒,我从印度空军驾驶员手中接过几片菩提树叶,而芝生先生(冯友兰)则用口袋装了一点金刚座上的黄土。我不能忘记,在金碧辉煌的土邦王公的天方夜谭般的宫殿里,共同享受豪华晚餐,自己也仿佛进入了童话世界。我不能忘记,在缅甸茵莱湖上,看缅甸船主独脚划船。我不能忘记,我们在加尔各答开着电风扇,啃着西瓜,度过新年。一想起印缅之行,我的脑海里就成了万花筒,光怪陆离,五彩缤纷。

季羡林一生四次访问印度,六次访问或途经缅甸。再扩大一点儿说,作为一位著名学者和社会活动家,在长达半个多世纪中,他的足迹踏遍世界上三十多个国家,而且都留下感情充沛、朗朗上口的散文游记名篇。他把中国人民的友好情谊带给世界人民,又把世界各国人民的友好情谊带回中国。

是的,季羡林绝非普普通通的观光者,而是地地道道的"友好使者"。

难尽如人意的学术研究成果与一级教授

新中国成立后,季羡林在红楼待了三年,迨至 1952 年 9 月迁到原燕京大学的校址,即著名的燕园。回顾这段岁月,正如他自己所说:"人民政府一派人来接管北大,我就成了忙人。"他在为群众的事情而忙,也在为自己的学术研究而忙。但是,他在总结 1950 年至 1956 年的学术研究成果时,却惊奇地发现"在整整七年中,有五年我的研究成果竟是一个零。"现在,我们先来看看他在红楼三年(1950 年—1952 年)的学术研究成果。(摘自《学海泛槎季羡林自述》)

1950 年

这一年,我只写了两篇文章。

1.《纪念开国后第一个国庆日》

2.《记〈根本说一切有部律〉梵文原本的发现》

没有一篇学术论文,这一年等于零。

1951 年

这一年我写了八篇文章,汉译马克思《论印度》出版。

1.《〈新时代亚洲小丛书〉序》

2.《语言学家的新任务》

3.《介绍马克思〈印度大事年表〉》

4.《从斯大林论语言学谈到"直译"和"意译"》

5.《对于编修中国翻译史的一点意见》

6.《史学界的另一个任务》

7.《不列期在印度的统治》（翻译）

8.《不列期在印度统治的未来结果》（翻译）

也没有一篇学术论文，这一年又是一个零。

1952 年

这一年只写了两篇文章。

1.《随意创造复音字的风气必须停止》

2.《团结起来，拯救和平》

这一年当然又是一个零。

当然，季羡林对于这种情况并不满意，但又不仅仅出现在他一个人身上，其他许多老一辈学者也有此例。比如，朱光潜先生因为有过在国民党受训、任职、撰文等所谓"历史问题"，1949 年曾被管制八个月，1952 年在北大思想改造运动中被列为重点批判对象。1952 年 4 月 1 日，在马寅初校长主持召开第三次有关朱光潜教授的思想座谈会上，曹联五、郑昕、孙承谔、汤用彤、杨人楩、向达、金克木、季羡林、文重等人参加，大家一致认为，应该进一步帮助朱光潜教授提高和加深对自己资产阶级思想的认识。因此，朱先生自称"怯懦拘谨"，直到 1956 年毛泽东提出"双百方针"之前，"有五六年时间我没有写一篇学术性文章，没有读一部像样的美学书籍，或者是就美学里的某个问题认真地作一番思考。其所以如此，并非由于我不愿，而是我不敢……"季羡林的情况又与朱先生有所不同，详情下面再谈。但对他来说，一个主要原因是会务缠身，兼职繁多，这对于一个视学术研究为生命般重要的人，怎能忍受得了？

除了做好系主任、工会主席、民盟成员、人大代表的工作外，季羡林还承担其他众多的社会职务，也要用去大量的时间。比如，1951 年 12 月 26 日，中央人民政府政务院文化教育委员会举行第 31 次委员会议，会议决定成立中国文字改革研究委员会。会议由文教委员会主任郭沫若主持,首先由文教委员会副主任马叙伦报告了中国文字改革研究委员会筹备经过,会议通过了中国文字改革研究委员会名单:主任委员马叙伦,副主任委员吴玉章,委员胡乔木、韦悫、罗常培、黎锦熙、丁西林、叶恭绰、陆志韦、魏建功、季羡林、陈家康、吴晓铃、林汉达,会议还通过了中国文字改革研究委员会组织细则。此后不久,季羡林又出席了一次汉语规范化会议,出席会议的有语言学界、曲艺界的知名人士老舍、叶圣陶、罗常培、吕叔湘、黎锦熙、侯宝林、马增芬姊妹等。

又如,1952年5月16日,中印友好协会在北京隆重成立,会长为文化部副部长丁西林,副会长是陈翰笙,理事有老舍、吴印咸、吴作人、吴茂荪、季羡林、洪深、胡愈之、陈叔亮、冯友兰、刘白羽、刘尊棋、邓拓、戴爱莲、龚普生、张明养。同年10月2日,中印友好协会会长丁西林、副会长陈翰笙举行酒会欢迎印度诗人哈林德拉纳特·查托巴迪雅亚,出席作陪的有:中印友好协会理事老舍、吴作人、吴茂荪、季羡林、张明养、刘白羽;文学艺术界人士梅兰芳、夏衍、柯仲平、郑振铎、田汉、艾青、邓拓、田间、谢冰心、贺绿汀、丁善德、周小燕、马少波、张骏祥、孙慎、朱明、邹获帆、华君武等人。

尽管季羡林对自己学术研究的成果并不满意,但领导和群众对他的工作和业务表现看得很清楚。1952年7月间,院系调整快要结束时,全国进行首次评定工资活动,季羡林竟然被评为一级教授,跻身于老资格的学者专家之列。其他被评为一级教授的有:陈寅恪、梁思成、陈岱孙、王力、林徽因、郭绍虞、钟敬文等。马寅初是行政三级,相当于政府的副总理,汤用彤、翦伯赞、曹靖华是行政四级,相当于政府的省部级。当时全国共评出一级教授几十名,评审条件极为严格,如冯友兰因所谓"政治关系"问题而被评为四级教授,直到1956年重评时才晋升为一级教授。

这里再略提一笔季羡林与冯友兰之间的关系。冯友兰担任清华文学院院长时,季羡林还是一个普通的学生,后来交了华盖运,冯友兰将他送出国门。"文革"中冯友兰被打倒,季羡林的日子也不好过,但并没有那样惨;"文革"后期冯友兰一度被"关怀""重用",季羡林则遭厄运,被打入"另册",蹲进"牛棚"……正是在此阴差阳错之中,季羡林对冯友兰感恩图报,一以贯之,迨至冯友兰掷笔仙逝,季羡林更以"仰不愧于天,俯不作于地""晚节善终,大节不亏"评论之。

季羡林回忆1956年那次全国评定工资的情况说:

　　这次活动用的时间较长,工作十分细致,深入道慎。人事处的一位领导同志,曾几次征求我的意见:中文系教授吴组细是全国著名的小说家,《红楼梦》研究专家,中国作家协会书记处书记,我的老同学和老朋友,他问我吴能否评为一级教授? 我当然觉得很够格。然而最后权衡下来,仍然定为二级,可见此事之难。据我所知,有的省份,全省只有一个一级教授,有的竟连一个也没有,真是一级之难"难于上青天"了。

　　然而,藐予小子竟然被评为一级,这实在令我诚惶诚恐。后来听说,常在一个餐厅吃饭的几位教授,出于善意的又介乎可理解与不可理解之间的心理,骨后赐给我一个诨名,曰"一级"。只要我一走进食堂,有人就窃窃私语,会心而笑:"一级来了!"我不怪这些同事,同他们比起来,无论是年静或学术造话,我都逊一筹,起个把浑名是应该的。这是由于我的运气好吗? 也许是的,但是我知道,背后有一个人在,这个人不是别人,正是锡予先生。

　　就是在这一年,季羡林又当选为中国科学院哲学社会科学学部委员。原来,在此前一年,即1955年6月1日至10日,在北京饭店举行中国科学院第一次学部委员大会,即学部成立大学。根据国务院发布的命令,共选出233名中国科学院学部委员,其中自然科学学部委员172名,哲学社会科学学部委员61名。季羡林虽然未被选人,却被推荐人选历史学科的主要代表人物,其他还有哲学学科的杨献珍、艾思奇、张如心、汤用彤,语言学科的王力、罗常培、丁声树、吕叔湘,经济学科的狄超白等人。

　　次年召开的第二次学部委员大会上,又增选了自然科学学部委员18名,哲学社会科学学部委员3名,其中一名就是季羡林,评委会对他的评语是:"受旧社会的影响较小,解放后接受新事物较快,政治思想进步较大。这种人约有54人,以季羡林为代表。季羡林在抗战胜利后不久回国,解放前对现实略有不满。解放后当选北大工会文教部长,积极工作,努力学习政治理论及时事政策,参加抗美援朝工作。通过这一系列的现实教育和他自己的努力,政治上进步较显著。"(见于高等教育部:北京大学典型调查材料》,《关于知识分子问题的会议参考资料》第 2 辑,第 48—49 页。)

至此,季羡林可谓"名利双收",犹如火箭般直冲九霄。新中国刚成立时,从 1949 年至 1952 年国家实行供给制,他的待遇是每月相当于 1100 斤小米(副教授 400 斤小米);1952 年被评为一级教授后显然也没有多大变化;待到 1956 年被重新评为一级教授和中国科学院哲学社会科学学部委员后,情况则大大改观了,这时一级教授的工资为每月 345 元,外加哲学社会科学学部委员津贴每月 100 元。有消息称,周恩来总理在 1958 年至 1976 年时的工资为每月 404.80 元,五位中央常委都是一个级别,邓颖超的工资为每月 342.70 元。平心而论,季羡林当时所享受的待遇确实是很高的。而且,此时的物价已不像新中国成立前夕那样突飞猛进,如果到"莫斯科餐厅"吃一次,汤菜俱全,外加黄油面包和啤酒一杯,总共才 1 元 5 角到 2 元,吃一只烤鸭也不过六七元。然而,即使在这种情况下,季羡林仍然过着十分俭朴的生活。

燕园篇

　　母校像是一块大磁石吸引住了他们的心，让他们那记忆的丝缕永远同母校挂在一起，挂在巍峨的红楼上面，挂在未名湖的湖光塔影上面，挂在燕园的四时不同的景观上面：春天的桃杏藤萝，夏天的绿叶红荷，秋天的红叶黄花，冬天的青松瑞雪；甚至临湖轩的传说，红湖旁边的古松，夜晚大图书馆的灯影、绿茵上飘动的琅琅书声。所有这一切无不挂上校友们回忆的丝缕，他们的梦永远萦绕在未名湖畔。《沙恭达罗》里面有一首著名的诗：

　　　　你无论走得多么远，也不会走出了我的心。
　　　　正如黄昏对刻的树影，拖得再长也离不开树根。

　　北大校友们不完全是这个样子吗？

季羡林

第二章 燕园风云（一）

从红楼到燕园

1952年1月24日，季羡林访问印度、缅甸回国后，北大红楼发生了出乎预料的变化。本来，他怀着满腔的热情出国，又怀着满腔的激动回国，可是，当他走下飞机时，骤然产生一种异样的感觉。没错儿，在此短短的四个月中，中国高校发生了两件大事：一是进行院系调整，二是开展"三反""五反"和思想改造运动。

这里先说第一件事。

新中国成立之初，毛泽东于1949年12月－1950年2月访问苏联，其间中苏缔结了《中苏友好同盟互助条约》，从此两国关系翻开了新的一页。毛泽东还说过，苏联共产党"就是我们最好的先生，我们必须向他学习"。这种一边倒的政策必然导致一股"苏联热"，当时流行的口号就是"苏联的今天，就是我们的明天"。在这种政治环境中，院系调整正是向苏联学习的结果，即按照苏联高等学校的模式，调整中国原有高等学校的"院"和"系"。调整的方针是："以培养工业建设人才和师资为重点，发展专门学院，整顿和加强综合性大学。"经过院系调整，高校的性质和任务发生了重大变化：私立学校全部改为公立，工科院校得到加强，综合性大学本来想加强和巩固，但效果并不理想。

调整后的综合性大学有：北京大学、南开大学、复旦大学、山东大学、武汉大学、四川大学、东北人民大学等。多科性工业大学有：清华大学、浙江大学、南京工学院等,并新增设北京钢铁学院、北京航空学院、北京地质学院等一大批工科和单科学院。取消燕京大学、辅仁大学、齐鲁大学、圣约翰大学、沪江大学、震旦大学、岭南大学等私立大学,将其合并到其他院校。

北大和清华的调整方案是:北大工学院、燕京大学工科各系并入清华,清华大学成为多科性的工业高等学校,校名不变;清华大学的文、理、法三学院及燕大的文理、法各系并入北大,北京大学成为综合性大学。调整后的北大包括数学力学系、物理学系、化学系、生物学系、地质地理学系、历史学系、中国语言文学系、西方语言文学系、俄罗斯语言文学系、东方语言文学系、哲学系、经济学系等13个系。

1952年9月,北大从城内沙滩的红楼迁至西郊原燕京大学校址。10月4日,全校举行调整后第一个开学典礼,马寅初校长发表了拥护院系调整和努力建设新北大的热情洋溢的讲话,并对刚调来的副校长(后任北大党委书记)江隆基表示欢迎。至此,北大的院系调整工作全部结束。

在这次院系调整中,北大东语系又做了适当调整,即原属于国内少数民族的语言,划归中央民族学院,只保留东方外国语言。国内外均有的民族语言,如朝鲜语和蒙古语,则与中央民族学院分工培养。调整后的东语系新增加乌尔都语、波斯语,加上原有的梵语、巴利语、日本语、阿拉伯语、朝鲜语、缅甸语、越南语、印地语、印尼语、蒙古语、泰语,成为名副其实的东方语言文学系。

东语系搬进原燕京大学西校门内北侧的一栋二层的古典式建筑,定名为"外文楼",如今已有近六十年的历史了,始终没有再搬过家。季羡林在这里上了三十一年班,直到他于1983年卸掉系主任职务为止。

季羡林的住处也从城内的翠花胡同搬到中关村一公寓的一套单元房里。按级别,他完全可以住进校内的燕南园或燕东园的别墅小楼,当年我们入学时急着要去看看的就是燕南园,那里住的都是教授,最能抢人眼球。可是,当时他只身一人,按北大的住房政策,只能住在中关村一公寓。这里距离外文楼有二三里地远,他每天骑自行车上班。季羡林住在506号,东语系教授杨通方及夫人李玉洁住在505号,他们两家门对门。这里十分荒凉,连马路都没有,还谈什么商店饭馆呢?回想起在翠花胡同时,季羡林每天早晨还可以在红楼前的小摊上喝一碗豆腐脑,吃一个热乎乎的烧饼,时间来不及时买上一个烤白薯,趁热吃下去还蛮惬意的;中饭和晚饭,隔三岔五去"菜根香"打打牙祭,也算能过得去。可现在,他只好天天吃食堂,每天晚饭时多买一个馒头带回家,第二天早晨把馒头切成片,烤热了,再沏上一杯酽茶,外加一碟花生米,如此吃下去,倒也有几分乐趣。

实际上,季羡林着实亏待了自己。他为什么不把叔父(1955年去世——笔者注)、婶母和夫人接来北京,互相照顾和扶持呢? 正如季承所说:"当时我们看到,父亲一个人住在中关村北大的宿舍里,房间无人收拾,卧室由于朝北,窗户缝隙很大,吹进了很多灰尘。父亲就蜷曲着睡在床上,冬天更是寒冷。我和姐姐看了以后很不是滋味,又想到母亲和叔祖母两位也是孤苦伶仃地在济南生活,那为什么他们不能住在一起,互相照应呢? 那时,我和姐姐就是想让他们团聚。于是,我们决定从我们做起,尽量多与父亲接触,增进感情,然后增进他们之间的感情。也许我们做得不够,也许是父亲不肯敞开他的感情之门,我们的努力收效甚微。"季羡林的外甥女弭金冬也说:"1953年,我跟舅舅去北京考学。舅舅那时独自住在中关村的一个单元房子里。这里有三间房间,但他的书更多。屋子里全是书橱、书架,每个房间里都有一张书桌。桌子上有书和稿纸,还有一些书堆放在地板上,非常凌乱。我想帮他收拾,他看到后对我说千万不要动。他说,虽然有点乱,但书放在什么地方他都有数,如果一收拾换了地方找起来会非常麻烦。特别是桌子上的东西,更不能动。"

从上述两位亲人的讲述中,我们似乎觉得,季羡林没有急于让家属来京,看来也绝非只是"感情"问题,还应有其他方面的考虑……

为灵魂中的"原罪"付出代价

前已提及,季羡林从印度、缅甸访问归来,正好赶上国内发生了两件事,第一件事上面已经说过,下面再来说说第二件事。

且说,新中国成立初广大知识分子本来精神焕发,干劲十足,他们将自己的前途和祖国的命运紧密地联系在一起,准备为新中国的建设事业有多少热,发多少光。但是,由于中共中央对知识分子的政策出现了偏差,从而打击和削弱了知识分子的积极性。

1951年10月23日,毛泽东在全国政协会议上强调:"思想改造,首先是各种知识分子的思想改造,是我国在各方面彻底实现民主改革和逐步实现工业化的重要条件之一。"1月30日,中共中央发出《关于在学校中进行思想改造和组织清理工作的指示),要求在学校教职员和高中以上学生中普遍开展学习运动,号召他们运用批评和自我批评的方法,进行自我教育和自我改造。于是,在全国知识界包括学校、科研机构、医院、团体等等凡是知识分子相对集中的地方,全面开展了思想改造运动。与此同时 .952年1月1日毛泽东在元旦团拜会上号召:"我国全体人民和一切工作人员一致起来,大张旗鼓地,雷厉风行地,开展一个大规模的反对贪污、反对浪费、反对官僚主义的斗争,将这些旧社会遗留下来的污毒洗干净!"1月4日,中共中央要求各单位立即限期发动群众,开展"三反"运动。1月26日,中共中央又发出《关于在城市中限期展开大规模的坚决彻底的"五反"斗争的指示),要求在全同大中城市,向着违法的资产阶级开展一个大规模的、坚决的、彻底的反对行贿、反对偷税漏税、反对盗窃国家财产、反对偷工减料和反对盗窃经济情报的斗争。于是,在全国范围内"三反""五反"运动又掀起了高潮。

在北大,1952年1月成立了"节约检查委员会",领导"三反"运动,汤用彤副校长负责,学校各级领导检查了本单位的官僚主义和浪费现象,最后处理了几个管钱管物的贪污分子,"三反"运动也就算过去了。至于"五反"运动,与北大无大干系,同样匆匆而过。唯独思想改造运动,北大不但回避不了,而且还起到了带头的作用。

1951年6月1日,在北大红楼前的民主广场,举行了欢迎马寅初校长就职的盛大典礼。暑假期间,马寅初在北大发起"暑期学习会",组织教职员学习四十天,做法是听报告,读文件,联系本人思想实际和学校情况开展批评与自我批评。8月1日,马寅初在讲话中,陈述这次学习的理由是"政府交给我们北京大学的任务,是做全国的模范","要建设新中国,北大要在大学中起模范作用,搞不好对不起国家。北大是首都的大学,有光荣的革命传统","我想,北大的革命传统要保持下去,学生是进步的,教员跟着也要进步。时代向前跑,你要跟着前进"。马寅初还邀请周恩来总理来校为教职员做了一次报告。

9月7日,马寅初又给周恩来总理写了一封信,信中说,北大教授中有新思想者,如汤用彤副校长、张景钺教务长、杨晦副教务长、张龙翔秘书长等12位教授,响应周总理改造思想的号召,发起北大教员政治学习运动。信中说:"他们决定邀请毛(泽东）主席、刘（少奇）副主席、周（恩来）总理、朱（德）总司令、董（必武）老、陈云主任、彭真市长、钱俊瑞教育部副部长、陆定一副主任和胡乔木先生为教师，嘱代函请先生转达以上 10 位教师。"9 月 9 日，周恩来将马寅初的来信转给了毛泽东。9 月 11 日，毛泽东在那封信上批示："这种学习很好，可请几位同志去讲演，我不能去。"于是，得到毛泽东的首肯事情就好办得多。

9 月 29 日，周恩来总理在中南海怀仁堂向以北大为主的京津高校代表做《关于知识分子的改造问题》的报告。在报告中，周恩来以切身体会详细论述了知识分子如何正确认识思想改造，取得革命立场、观点、方法等问题。

周恩来说，他参加革命三十多年，就是不断进步、不断改造的过程。三十多年中，他犯过很多错误，栽过筋斗，碰过钉子。之所以如此，一方面是由于对理论、原则认识得不清楚；另一方面是由于自己相信的那一点道理跟实际相矛盾，行不通。因此就必须向进步理论请教，向广大群众求教，从实践中求得新的认识，发现新的道理。他说，他这样做了，就有力量，就行得通了，就可以不犯或少犯错误。

周恩来又说，现在自己虽然担负了政府的领导工作，但还要学习和改造，因为自己不知道的事情还很多，没有明白的道理也很多，所以要不断地学习，不断地认识，这样才能够进步。

周恩来还论述了取得正确的立场和态度的重要性。他说，每一个人在学习和工作中都会遇到一个立场和态度问题，即站在什么立场和抱什么态度看待和处理问题。他要求知识分子应该首先站在人民的立场上，即为绝大多数人民的最高利益着想的立场，然后再经过学习、实践和锻炼，进一步站到工人阶级立场。他说，中间立场、中间态度是没有的。

周恩来恳切希望教师们认真学习，开展批评与自我批评，努力使自己成为文化战线上的革命战士。他要求大家建立一个信心：只要决心改造自己，不论是怎样从旧社会过来的，都可以改造好。

周恩来的言传身教感染了广大教师。从此，北大掀起了轰轰烈烈的思想改造运动。

看来，无论是马寅初，还是周恩来，他们的初衷都是好的，与人为善的，但事情的结果却适得其反——这样的自愿学习的活动，竟然变成波及全国两百万知识分子的思想改造运动。从1951年秋到1952年秋,整整一年的时间,这场运动由于思想上急功近利,方法上简单粗暴,最后形成自我检查、揭发批判、上纲上线、个个过关、人人自危的局面,使一些知识分子在思想感情上受到很大的伤害,严重地打击了他们投身新中国建设的积极性。

这种思想改造运动又俗称"洗澡",杨绛便写了一部名曰《洗澡》的同类题材长篇小说,智趣地描绘了那个时代知识分子思想改造的"群像"。她在小说的前言中说:思想改造又称"脱裤子,割尾巴",这些知识分子的耳朵娇嫩,听不惯"脱裤子"的说法,因此改称"洗澡",相当于西方人所谓"洗脑筋"。那么,季羡林在思想改造运动即"洗澡"中的表现如何呢? 他曾回忆说:

> 解放初期第一场大型的政治运动,是"三反""五反"和思想改造运动。我认真严肃地怀着满腔的虔诚参加了进去。我一辈子不贪公家一分钱,"三反""五反"与我无缘。但是思想改造,我却认为,我的任务是艰巨的,是迫切的。先统来说,是资产阶级思想;具体说来,则可以分为几项。首先,在解放前,我从对国民党的观察中,得出了一条结论:政治这玩意是肮脏的,是污浊的,最好躲得远一点。其次,我认为外蒙古是被原苏联抢走的;中共是受苏联左右的。思想改造,我首先检查、批判这两个思想。当时,当众检查自己的思想叫作"洗澡","洗澡"有小、中、大三盆。我是系主任,必须洗中盆,也就是在系师生大会上公开检查。因为我没有什么民愤,没有升入"大盆",也就是没有在全校师生大会上检查。

> 在中盆里,水也是够热的。大家发言异常激烈,有的出于真心实意,有的也不见得。我生平破天荒第一次经过这个阵势,句句话都像利箭一样,射向我的灵魂。但是,因为我仿佛变成一个基督教徒,怀着满腔度诚的"原罪"感,好像活越是激烈,我越感到舒服,我舒服得浑身流汗,仿佛洗的是土耳其慕气浴。大会最后让我通过以后,我感动得真流下了眼泪,感到身轻体健,资产阶级思想仿伟真被廓清。

庆幸的是,季羡林在东语系检查两次就通过了,并且取得了领导系内运动的资格,后来甚至成了文、法两个学院的领导小组组长。

一滴水可见大海,一粒沙可知宇宙。当时,许多著名的科学家、大学教授,纷纷在会议上、报纸等刊物上公开做自我检查,汇报自己的资产阶级思想改造的心得,说的都是过于自辱的话,妄自菲薄,负荆请罪。从此,许多知识分子为灵魂的"原罪"付出了沉重的代价……

北大的思想改造运动,最后只剩下两个"钉子户",即西语系的朱光潜和经济系的周炳琳。朱光潜教授的情况上面简单介绍过,因为所谓"政治历史问题",他与周炳琳教授在院、系做过多次检查,均未通过,又在全校大会上做过三次检查,仍未通过。

1952年4月8日,周炳琳教授在法学院全体师生大会上做第三次检查,大会的主持者收到了五百四十多条意见,足见群众革命热情之高。周炳琳教授向马寅初校长表示,他拒绝再做检查,"愿意承担一切后果"。于是,马寅初校长、钱端升院长亲自登门看望周炳琳,但他仍旧抱有抵触态度。法学院为了帮助周炳琳教授检查过关,甚至成立了四个研究小组,对他的思想进行研究。运动到了这个地步,群众发动起来了,群众说了算,群众认为不满意,便要继续检查下去。马寅初校长不知如何是好,4月18日,他专门主持会议,研究周炳琳教授在全校大会检查的有关事宜,甚至动员周炳琳教授的共产党员女儿给他做工作。最后,周炳琳教授表示愿意听取大家的批评,进一步做思想检查。

毛泽东得知此事后,4月21日写信给北京市市长彭真:"送来关于学校思想检讨的文件都看了。看来除了张东苏那样个别的人及严重的敌对分子以外,像周炳琳那样的人,还是帮助他们过关为宜,时间可以放宽些。北京大学最近对周炳琳的做法很好,望推广至各校,这是有关争取许多反动的或中间派的教授们的必要的做法。"

毛泽东的批示下达后,4月22日周炳琳教授在民主广场举行的全校大会上做思想总结和检查,终于获得通过。

朱光潜教授也随之通过检查。

季羡林晚年在《口述人生》中说:

当时一般教员就不洗了,但教员里的特殊人物,比如张东苏的大儿子,当时的张宗燧（也得洗）。实际上，张宗燧是老二，张宗柄是老大。"结婚比嫖娼便宜"等，这是张宗燧的名言。他的名言挺多的，结果让他洗的不是"中盆"，而是比"中金"要大一点，也不是"大金"，比"大金"小点。因为他的口碑不好，所以给他洗"大盆"。这个故事我讲过了：他洗啊，一次不通过，两次不通过，反正洗了几次，后来，通过了。大家拿他的发言稿来看，上面写的"买"、"哭"以及到什么时候灵，弄得大家啼笑皆非。既然通过了，就完了。张宗燧啊，那个人聪明，但是也留下笑柄了。这有什么办法？他就是这种人。

这小小的花絮将当时知识分子的众生相暴露无遗。季羡林认为自己在思想改造运动中是"双清干部"，也就是清楚、清白。综观季羡林的一生，这也是完全符合事实的。他在《口述人生》中说：

> 我这个人是从来不跟人斗的，不搞小圈子。在北大，我当了一辈子中层、高层干部，跟同事没有过矛盾。我主张大事化小，小事化了。当然，也有人认为我不对，是好人主义。除了好人主义，我还有一个主义——修正主义。什么是修正主义？主张业务至上、智育第一，就是修正主义。我这一辈子啊，幸亏"修正"了一下，要不然的话，我这个"皮"上就一根"毛"也没有了。现在留了一些"毛"，就是因为"修正"了一下。

于是，检查自己所谓的"修正主义"，便成为季羡林在以后的历次政治运动中惯用的做法。正如他后来所说：

> 如果这就是修正主义的话，我乐意接受修正主义这顶颇为吓人的帽子。解放后历届政治运动，只要我自己检查或者代表东语系检查能够检查这一点，检查到自己智育第一，业务至上的修正主义思想，必然能顺利过关。"文化大革命"也不例外。但是我是一个"死不改悔"者，检查完了，关一过，我仍然照旧搞我的修正主义。到了今天，回首前尘，我恍然有所悟。如果我在过去四十年中没有搞点修正主义的话，我今天恐怕是一事无成，那七八百万字的著译也绝不

会出现。我真要感谢自己那一种死不改悔的牛劲了。

大批判中的良心发现

在解放后的第一次政治运动"三反""五反"和思想改造运动中,季羡林在"中盆"里洗了澡,似乎感觉到褪去了不少污垢,身轻体健,尝到了甜头儿,满以为从此相安无事,天下太平。然而,暴风骤雨般的大批判又接踵而至,批判《武训传》,批判《红楼梦研究》,批判胡适,批判胡风,批判丁玲、陈企霞……季羡林都参加了,但并没有觉得批判本身有什么问题。换句话说,他是怀着改造旧思想、接受新思想的善良愿望参与其中的。他后来说:

> 解放后不久,正当众多的知识分子兴高采烈、激情未熄的时候,华盖运便临到头上。批完了《武训传》,批俞平伯,批完了俞平伯,批胡适,一路批、批、批,斗、斗、斗,最后批到了陈寅恪头上。此时,极大规模的、遍及全国的反右斗争还没有开始,老年反思,我在政治上是个蠢材。对这一系列的批和斗,我是心悦诚服的,一点没有感到其中有什么何题。我虽然没有明确地意识到,在我灵魂深处,我真认为中国老知识分子就是原罪的化身,批是天经地义的。

季羡林的"老年反思"是他一生说真话、不说假话的表现,在真话稀缺的年代,敢于以"真"来还原"自我",实为一位正直老人对自己的最好注脚和怀念。季羡林"认为中国老知识分子就是原罪的化身,批是天经地义的",这从某种意义上反映出当时知识分子普遍的真实的心理状况。然而,面对无休止的批斗,其程度越来越激烈,打击对象越来越宽泛,他又怎能不冷静下来,重新思考一下孰是孰非呢?

季羡林的家乡山东聊城晚清出过一位热心办"义学"的奇人武训,赵丹主演的电影《武训传》在大批判运动中首当其冲受到批判。这场批判在 1951 年 10 月毛泽东发出知识分子思想改造的号召之前就开始了。1951 年 5 月 20 日,《人民日报》发表社论,把《武训传》定为"诬蔑中国历史,诬蔑中国民族的反动宣传",于是凡与《武训传》有美的作者、编导、演员、文化官员,说过赞美话、写过赞美文字的人,凡是涉及武训的绘画、故事、曲艺的作者,都无一幸免,即使一而再、再而三地做检讨,有的还过不了关。

这虽然只是对一部电影的批判,与身处学术界的季羡林并无直接关系,但批判一旦在政治思想、文化艺术领域,乃至全社会形成沸沸扬扬、惊天动地的局面时,这种政治空气对于季羡林来说不可能不产生精神压力,他感到很不适应,甚至彷徨和苦闷。正如他后来所说,对于当时那些刀笔吏式的指摘和谴责,他无论如何也想不通。但他并没有在公开场合表态,也没有在公开刊物上发表批判文章。

实际上,季羡林历来对武训这个历史人物十分敬仰,对于强加在武训头上的种种莫须有的罪名以及那场批判一直耿耿于怀,1990年6月他给武训后人武广成的信中说:

> 武训先生为千古奇人,素所景仰。以前的所谓"批判"是不公道的,是异常荒谬的,"四人帮"头子江青在里面起了极不光彩的作用。这位"女皇梦"患者是靠这一次批判才"露峥嵘"的,值得我们永远牢记。向全庄武氏族人致意。

紧接着是对电影《早春二月》的批判。据季羡林回忆,他曾被召集在西四西大街的一所大院子里看过这部电影,然后举行座谈。如果不是因为临时有事中途退场,他一定会在发言中对这部电影大大地赞赏一番,认为画面美丽,人情味儿极浓。事后有人告诉他,那天发言赞美者都要主动写文章批判自己的言论,因为这部电影已被定为"坏片子",是宣传资产阶级人道主义的,这显然是有人故意安排的一场闹剧。季羡林虽然侥幸躲过一劫,但他是高兴不起来的。像他那样的知识分子——绝非一般的知识分子——就像三岁的小孩子一样轻易地被人家唬了!

继批判电影《武训传》《早春二月》之后,又开始了对俞平伯的《红楼梦研究》的批判,以及对胡适资产阶级唯心论思想的批判,这又是一次"反对资产阶级思想的严重斗争"。全国各人文社会科学研究机构、高等院校、文联、作协纷纷举行批判会,著名的教授、学者、作家纷纷发言和撰文批判俞平伯,批判胡适。对胡适当然是"缺席批判",对俞平伯则是活靶子,只能承认错误,低头检讨,本来属于学术范畴的问题竟然连解释分辩的机会都不给,更不用说据理反驳了。

在这次批判中，北大作为全国的最高学府绝不会落后，季羡林也要投身其中。他曾回忆说："我对幕后的活动并不清楚，估计也有安排，什么人发动，然后分派任务，各守一方，各司其职。最后达到了批倒批臭的目的，让所谓的'资产阶级学术思想'成为过街的老鼠，人人喊打。"12月1日，由北大工会出面召集文科部分教师和文学研究所研究人员举行座谈会，讨论如何通过《红楼梦研究》进一步开展学术批判的问题。会议主持人正是工会主席季羡林，而党委成员无一人参加，校长马寅初只作为教授出席，常务副校长江隆基代表学校给会议定下调子。

众所周知，季羡林与这两位被批判者俞平伯和胡适都有师生之谊。20世纪30年代，他在清华时便听过俞平伯先生的课，给他留下了"是真名士自风流"的极佳印象。如今批到了俞先生的头上，作为学生，他在感情上自然是接受不了的。再者，季羡林又处于一种十分尴尬的局面，俞先生是著名的红学家，而他是搞印度古文字研究的，"隔行如隔山"，二人在治学上可是互不了解。如今一方遭到了批判，另一方又能说些什么呢？因此，季羡林的态度只能是，在内心中对俞先生的道德文章景之仰之，在表面上还要拥护大批判的号召，不过平心而论，他压根儿没有发表任何攻击和污蔑俞先生的言论。

对于胡适先生的批判更是如此。胡先生离开大陆刚好六年，他的名字又被人们重新提起，一夜之间仿佛成了一个稻草人，浑身是箭，一个不折不扣的"箭垛"。季羡林与自己的同事兼师长胡适先生分别后，对他的情况渐远渐淡，已经不很熟悉。批判一旦开始，季羡林的神经自然绷得很紧。他注意观察周围的动静，只见"众家豪杰，各个义形于色，争先恐后，万箭齐发"。本来，季羡林是认真对待这场大批判的，他读了许多批判文章，只觉得在那种极"左"思潮影响下，满篇都是僵硬庸俗的教条，有的竟流于谩骂、污蔑，殊不足以服人。总之，他没有读到真正能搔到痒处的文章。

这样的批判虽然是在冠冕堂皇的"革命"的名义下进行的，正如有人宣称的那样，"为着保卫和发展马克思主义，为着保卫和发展社会主义现实主义，为着发展科学事业和文化艺术事业，为着经过社会主义将我国建设成为一个伟大的社会主义国家，我们必须战斗"，但在季羡林看来，除了浪费许多纸张和笔墨、时间和精力以外，别无收获，到头来只能"竹篮打水一场空"，变成乱哄哄一场闹剧。就在大张旗鼓地批判胡适先生的反动思想，他的众多故旧被迫表态与"我们的朋友胡适之"划清界限之时，季羡林仍旧没有丢失良心。退一步讲，假如季羡林头脑稍一发热，作为了解胡适先生的人，写出个把儿批判的文章来，绝非难事，但他没有，绝对没有。他甚至在不得已参加批判胡适的会上，公开表示简直是浪费时间。这是季羡林人格的铁证！

可以想见，此时远在大洋彼岸的胡适先生，闲来翻看大陆上数百万字的战斗檄文，独不见季羡林的只言片语，他会感到多么的激奋和欣慰啊！在胡适眼中，季羡林同样是北大人的骄傲，他保持了北大人的精神和气节。胡适对北大情有独钟，就在他遭受批判的时候，仍然惦记着北大，1957 年春胃溃疡大手术后，他在纽约立下遗嘱，其中第二条是："确信中国北平北京大学有恢复学术自由的一天，我将我在 1948 年 12 月不得已离开北平时，所留下请该大学图书馆保管的一百零二箱内全部我的书籍和文件交付并遗赠给该大学。"胡适先生直到晚年，还曾念叨着北大的同事季羡林，跟台湾"中央研究院"年轻的研究人员说，做学问应该像北京大学的季羡林那样。看来，胡适先生对季羡林的为学，不，还有为人，看得真真切切，清清楚楚。

这场对俞平伯、胡适的资产阶级学术思想的批判，很快又发展到揭露和批判"胡风反革命集团"阶段上。1954 年年底，中国文联和作协联合召开八次扩大会议，批判俞平伯的《红楼梦研究》和《文艺报》负责人向资产阶级投降，以贵族老爷态度对待"小人物"，压制新生力量。这终于"引蛇出洞"，对党的文艺政策有许多意见并已上呈党中央"三十万言书"的胡风按捺不住，在会议上主动发言，慷慨陈词，将矛头指向文艺界上层领导人……1955 年年初，党中央在中宣部的报告上做出批示：胡风披着马克思主义的外衣，在长时期内进行着反党反人民的活动，对一部分作家和读者发生欺骗作用，因此必须加以彻底批判。不久，斗争的性质发生了根本性的转变，几年来胡风给友人的信成为反革命罪状的铁证。随着三批《关于胡风反革命集团的一些材料》陆续公布，胡风及其朋友被送进监狱，成为阶级敌人。于是，开展了一场"肃清胡风反革命集团的斗争"，并进行了一次全国规模的清查历史反革命的"肃反"运动。据季羡林回忆，除胡风外，被牵涉的人数不少，艺术界和学术界都有；"肃反"中自杀的人时有所闻，北大的一位汽车司机告诉过他，晚上开车要十分警惕，怕冷不防有人从黑暗中一下子跳出来，甘愿做轮下之鬼。

季羡林在批判胡风乃至后来批判丁玲、陈企霞的运动中仍然按兵不动，因为他与他（她）们几乎没有任何关系。1955 年 4 月，他作为以郭沫若为团长、巴金为副团长的中国代表团成员赴印度参加"亚洲作家会议"。返回北京后,批判胡风运动进入白热化阶段,但季羡林却未说一句批判的话,未写一个批判的字,这不见得他有多么高明,多么有远见,只是他对胡风及其作品知之甚少,更不想置身于这场文化人自相残杀的悲剧中。季羡林对人对事一向极为认真,绝不会采取任何不负责任的态度和轻率的做法。不过,胡风给友人的信竟然成为反革命罪状的铁证,季羡林却没有从中吸取"教训",正如他在《牛棚杂忆》中说:"我有一个好坏难明的习惯:我不但保留了所有的来信,而且连一张小小的收条等等微不足道的东西,都精心保留下来。"又说,"我从不反党,反社会主义;我也没有加入任何反动组织,'反革命'这一顶帽子无论如何也是扣不到我头上来的。"

最后,再来看看陈寅恪先生遭受批判时,季羡林的表现如何。

1948 年 12 月,陈寅恪先生与胡适一起同机抵达南京,然后转道上海去广州,最后留在那里。在那兵荒马乱、时局难测之时,陈先生没有去香港、台湾或出国,正是他热爱祖国的铁证。因此,共产党对他的表现是认同的,在他先后任教于岭南大学和中山大学期间,他受到了周恩来、陈毅、陶铸等领导同志的关怀照顾。1953 年国家拟聘陈寅恪回北京,担任新成立的中国科学院历史研究所中古所所长,但他却提出两个条件:一是允许研究所不宗奉马列主义,并不学习政治;二是请毛公、刘公给一允许证明,以做挡箭牌。陈寅恪在《对科学院的答复》中又详细阐明了自己的观点:"我认为研究学术,最重要的是要具有自由的意志和独立的精神。……没有自由思想,没有独立精神,即不能发扬真理,即不能研究学术。……因此,我提出第一条:'允许中古史研究所不宗奉马列主义,并不学习政治',其意就在不要有桎梏,不要先有马列主义的见解,再研究学术,也不要学习政治。不止我一个人要如此,我要全部的人都如此。我从来不谈政治,与政治决无连涉,和任何党派没有关系。怎样调查也只是这样。因此我又提出第二条:'请毛公或刘公给一允许证明书,以做挡箭牌。'其意是毛公是政治上的最高当局,刘少奇是党的负责人。我认为最高当局也应和我有同样的看法,应从我说。否则,就谈不到学术研究。"

陈寅恪的这种言论,别说在当时极"左"思潮正滋长、蔓延的情势下,就是今天在某些人看来,都是不合时宜,甚至是石破天惊、胆大妄为。但是,陈寅恪并未遭受批判。他虽然拒绝北上任职,却在 1955 年中国科学院第一次学部委员大会(学部成立大会)上被选为学部委员。据时任中国科学院党组书记的张劲夫回忆,陈寅恪的入选则是特例,"他是这个学科(历史学)的权威人士,不选进学部委员会不行,他下边一班人也会有意见。若选他进学部委员会,他却又一再申明不信仰马克思主义。我们只好请示毛主席,毛主席指示:'要选上。这样,陈寅恪就进了哲学社会科学的学部委员会。"

然而,树大招风,对于陈先生这样的固守"独立精神,自由思想"的一代宗师来说,对他的褒贬总会相伴而生。20世纪50年代前半期,陈先生虽然没有遭受像俞平伯、胡适等人那样大张旗鼓、急风暴雨似的批判,但他的学术观点、思想方法则不时被攻击、污蔑和讥讽,对他的精神打击也不可谓不大也。1957年反右运动中,陈先生又躲过去了,其中大概也有中央采取保护政策的因素,或者在此期间他也没有发表任何公开的言论。可是,躲过了初一躲不过十五,1958年"大跃进"时代,教育界掀起"厚今薄古"之风,对骨子中浸透着封、资、修的学术界权威人士进行大肆批判,陈先生再也躲不过去了,他被数百张大字报包围,沉没在"人民战争"的汪洋大海中。从此,他终年承受疾病和政治风暴的双重折磨。1963年他不仅早已失明,而且又不幸将腿摔断,只能单足站立。"屋漏偏逢连夜雨,船迟又遇打头风",没过多久"文革"的灾难又降临在他头上,造反派的大字报贴到他的床头上,随后又被抄家,赶出教授楼,住在没有医护人员护理断了药的小屋内,终因心力衰竭,伴以肠梗阻、肠麻痹而含冤去世。

前已提及,季羡林对陈寅恪先生从来是知恩图报的,二人之间的感情联系和沟通有三十余年。患难见知己,正当陈先生遭受厄运时,季羡林没有背叛恩师,投井下石。有人查遍当年的主要报刊,尚未发现季羡林写过批判陈先生的文章,访问当年与季羡林共事的北大东语系的人,也没有谁记得季羡林发表过批判陈先生的言论。而遭遇厄运的陈先生一旦发现了这种情况,他会感到何等的熨帖和感激! 季羡林晚年曾对陈先生坦露心声,无愧地说:

> 但是,一旦批到了陈寅恪先生头上,我心里却感到不是味。虽然经人再三动员,我却始终没有参加到这一场闹剧式的大合唱中去。我不愿意厚着脸皮,充当事后的诸葛亮,我当时的认识也是十分模糊的,但是,我毕竟没有行动。现

在时过境迁,在四十年之后,想到我没有出卖良心,差堪自慰,能够对得起老师的在天之灵了。

自谦与自叹:五年学术研究成果竟是"零"

上文介绍过,新中国成立后季羡林在红楼三年(1950—1952)的学术研究成果难尽如人意。而且,他在总结1950年至1956年的学术研究成果时又说:"在整整七年中,有五年我的学术研究成果竟是一个零。"情况到底如何呢? 下面就再看看他来到燕园最初四年(1953—1956)的学术研究成果(摘自《学海泛槎——季羡林自述》):

1953 年

这一年我写了两篇文章:

1.《学习〈实践论〉心得》

2.《纪念马克思的〈不列颠在印度的统治〉著成一百周年》

1954 年

这一年我写了四篇文章:

1.《中国纸和造纸法输入印度的时间和地点问题》

这是颇费了一些力量才写成的一篇论文。我这篇论文的主要结论是:中国纸至迟到了唐代已经传入印度。造纸法的传入,由于材料缺乏,不敢肯定。传入的道路是陆路,也就是广义的丝绸之路。

2.《中印文化交流》

3.《中缅两国人民的传统友谊》

4.《充满信心迎接1955年》

后三篇都不是什么学术论文。

1955 年

这一年,我写了四篇文章:

　　1.《〈金刚般若波罗蜜经谚解〉序》

　　2.《吐火罗语的发现与考释及其在中印文化交流中的作用》

　　过一篇她强可以算作一篇学术论文,因为并没有费多少力量,不过�拾旧文,加以拼凑,勉成一篇而已。

　　3.《中国垂丝输入印度问题的初步研究》

　　这同前面1954年关于纸和造纸法的文章属于同一类型。我在上面下过一些功夫,可以算得上一篇学术论文。

　　4.《为我们伟大的祖国而欢呼》

　　这是一篇应景的杂文,毫无学术价值可言。

　　汉译《安娜·西格斯短篇小说选》出版。

1956年

　　这一年共写了五篇文章:

　　1.《纪念印度古代伟大诗人迦梨陀娑》

　　2.《印度古代诗人迦梨陀娑的〈云使〉》

　　3.《〈中印文化关系史论丛〉序》

　　4.《沉重的时刻》(译文)

　　5.《原始佛教的语言问题》

　　这是印度佛教史上和西方梵文巴利文学界的一个老问题,一个比较重要的问题,即关于原始佛教究竟使用什么语言学习佛言。我的结论是:佛允许比丘们用比丘们自己的话来学习佛言。

　　在以上五篇中,只有最后一篇可以算是学术论文。

　　汉译《沙恭达罗》出版。

　　季羡林将新中国成立后七年的学术研究成果,说成其中五年竟是“零”,这一方面是自我谦虚、严格要求的表现,另一方面也是从心底发出的无所适从、徒唤奈何的慨叹。

　　1946年季羡林回国后,立刻面临与国外学术界中断联系、国内研究资料非常匮乏的尴尬局面,他曾想放弃本行,洗手不干,但经过一番思想斗争,最终选择了一条"中间道路",即通过掌握的现成资料,尤其借助中文典籍进行中印文化关系史的研究。

在这七年中,他的学术论文《中国纸和造纸法输入印度的时间和地点问题》和《中国蚕丝输入印度问题的初步研究》具有一定的学术价值。在《中国纸和造纸法输入印度的时间和地点问题》一文中,季羡林一反中印文化交流史研究中所持"单向交流"的不合理说法,努力探求两国历史上文化交流中中国对印度的影响问题,即中国纸和造纸术传入印度的问题。文章从纸在古代西北一带传播的情况讲起,所用资料和研究方法有三:一是中国古代文献;二是考古发掘成果;三是运用独特的通过梵文语言资料进行研究的手段。文章考证了唐代《梵语千字文》《梵唐消息》《梵语杂名》等书中关于"纸"的梵文字,比如《梵唐消息》中的 Saya 就很有可能是汉文"纸"的音译,从而得出中国纸至迟在唐代已传入印度的结论。

《中国蚕丝输入印度问题的初步研究》所用的考证方法也与《中国纸和造纸法输入印度的时间和地点问题》相同。

1956 年 4 月 7 日,向达撰文对季羡林的这一研究给予高度评价:"像近来季羡林对于唐代中国和印度文化关系的研究,比我以前的规模要壮阔得多了。"1956 年 8 月 5 日,季羡林在其《中印文化关系史论丛》一书序中称:"十多年来,我一直对中印文化交流的问题感到很大的兴趣,曾陆陆续续搜集了一些资料,也曾学习着写过一些文章。但是在解放前,我一直把这件工作当作'副业',只是为了个人的兴趣,兴之所至,随笔一挥。近几年来,才逐渐了解到这个工作的严重意义。我现在正在着手写一部比较详细的中印关系史。我的许多中国朋友对这工作感兴趣,他们给了我不少鼓励。有一些印度朋友也知道我正从事这工作,他们也给了我不少的鼓励,有的还答应把它译成印地文。这更增强了我的信心和勇气。"由此可见,季羡林对于中印文化关系史的研究已经旗开得胜。

然而,季羡林真正的兴趣还是他的本行——印度古代语言的研究。由于客观条件的限制,回国后他被迫搁笔,但只要有机会有场合,他就不会将这个问题置于脑后,而要摆在面前,付诸笔端。姑且不谈季羡林耄耋之年在此方面的研究课题日渐增多,即使回国后的最初十年间(1946—1956),他也曾抓住机会,当仁不让,写了几篇关于印度佛教梵语的学术论文,有的在国际学术界产生重要影响。

比如,1947年11月22日他写的《论梵本妙法莲华经》,涉及初期佛典文字方面的问题,提出其原本一定是用古代东部方言古代半摩揭陀语写成的,因此《妙法莲华经》是从印度古代东部古摩揭陀地区传到西北部,然后由中亚传到中国和日本。1950年10月1日他写的《记〈根本说一切有部律〉梵文原本的发现》,也论证了同样的问题。

1956年12月17日他写的《原始佛教的语言问题》,是他在1955年到德意志民主共和国参加"国际东亚学术讨论会"时,有机会看到一些有关佛教梵语的著作,回国后又浏览几篇国内外学者关于印度佛教史的文章以后,"忽然心血来潮,灵机一动,觉得可以利用他们使用的材料,来解决一个他们没有想到的问题",于是将一个当时国外学术界的前沿问题第一次引入国内。1959年他应邀赴缅甸参加"缅甸研究会(Buma Research Society)五十周年纪念大会",宣读了这篇文章,英译文发表在会刊上。

当然,从这篇文章使用的资料来看具有很大的局限性,但季羡林具有锲而不舍、持之以恒的韧劲头儿,1958年4月4日写了《再论原始佛教的语言问题——兼评美国梵文学者弗兰克林·爱哲顿的方法论》;时隔二十六年,1984年2月又写了《三论原始佛教的语言问题》。"三论"一出,季羡林终于实现了把佛教梵语的研究同印度佛教史的研究结合起来、把佛教梵语发展规律的研究同印度语言发展史的研究结合起来的双重目的。

至于对吐火罗语的研究,1955年他写了《吐火罗语的发现与考释及其在中印文化交流中的作用》,首先介绍吐火罗语在中国新疆发现的经过,最后指出佛教初入中国时,最早翻译的佛典几乎很少用梵文写成,而是用中亚的某一种"胡语"写成,其中以吐火罗语为最多。因此,最早的汉文译名若以梵文为标准去对比,往往不得其解,"佛"字就最能体现这个问题。过去法国学者烈维已经举出过几个例子,但范围还过于狭隘。季羡林注意到这个问题,下了一些功夫,做了一些笔记,又举出两个例子,一个是"恒河",一个是"须弥山",这两个词都不是直接来自梵文,而是经过吐火罗语的媒介。季羡林曾经谦虚地说,此文不过是摭拾旧文,加以拼凑勉成一篇而已,实际上这篇论文是有新意的,不能说是拼凑。从广义上讲,文章指出佛教初入中国时,佛典大都以中亚某一种"胡语"为媒介,根据资料来看以吐火罗语为最多,这就将尚未得到重视的吐火罗语的意义凸显出来;从狭义上说,文章以丰富的资料证明,"恒河"来自于吐火罗语 A 的 gank、吐火罗语 B 的 gank 或 gan,而"须弥山"则来自吐火罗语(A、B同)的 sumer。实际上,季羡林当时已经掌握了大量的有关证据,上述两个字仅仅是其中之一二。由此看来,季羡林虽然已无可能像在德国那样,在西克教授的指导下用其成名作所表现出的成熟的方法,专门从事吐火罗语的研究,但他仍然念念不忘坚守留有自己足迹的奇妙的学术前沿阵地。

季羡林在回国后的最初十年间,竟然写了五篇有关吐火罗语研究的论文,即《浮屠与佛》(1947)、《论梵文 td 的音译》(1948)、《列子与佛典》(1949)、《三国魏晋南北朝正史与印度传说》(1949)、《吐火罗语的发现与考释及其在中印文化交流中的作用》(1955),连同那几篇有关原始佛教语言即佛教梵语研究的论文,都是很有分量的佳构杰作。

然而,季羡林却低估了自己的学术研究成果,这反而说明他一方面对自己的要求极其严格,另一方面始终保持谦虚谨慎的治学态度。

正因为有这样的要求和态度,季羡林才穷毕生之精力,不但用佛教梵语和吐火罗语解决佛教史上某些重要问题,而且又从语言学,尤其是从比较语言学出发,对吐火罗语本身进行研究,几十年来一直独立支撑着吐火罗语残卷的出生地——中国在该研究领域的国际学术地位,堪称中国学术史上第一人。

另外,季羡林又充分利用驾驭德文、印度古典梵文的能力,翻译出版了《安娜·西格斯短篇小说选》和印度古代著名诗人迦梨陀娑的名剧《沙恭达罗》。安娜·西格斯是德国现代著名女作家,以其特有的异常细腻的笔触,描写德国人民反法西斯的斗争。季羡林的这部译作 1955 年 7 月由作家出版社出版。笔者注意到,同年 10 月季羡林作为中国史学家代表团成员,应邀与刘大年、吕振羽赴民主德国参加"国际东亚学术讨论会"和德国汉学家会议,这应该是他带去的一份最好的礼物。笔者还注意到,1956 年 1 月巴金和周立波作为中国作协代表团成员,应邀参加民主德国第四届作家代表大会,会上见到了安娜·西格斯,他们很有可能谈起季羡林的这部译作……

季羡林翻译迦梨陀娑的名剧《沙恭达罗》曾经轰动一时,这是中国翻译史上第一次从梵文原著直接译出印度古典戏剧,虽然要比我国古代翻译佛经晚千余年,比西方翻译《沙恭达罗》也晚百余年,但毕竟是印度古典戏剧破天荒地首次与我国传统戏曲相碰撞,因此意义非同寻常。

《沙恭达罗》是一部诗剧,剧中有散文对白,中间掺杂着一些诗,有点儿像中国的京剧。剧中人国王、婆罗门(丑角除外)、男性神仙都讲梵文,小丑和女性只讲俗语。从语言可以看出身份的高低,印度古代戏曲都是这样。剧情取材自印度古代史诗《摩诃婆罗多》,情节并不复杂:国王豆扇陀到山林中游猎,遇到仙人的养女沙恭达罗,二人一见钟情,私下结婚。国王回了城里,留下一个戒指做信物。从此,沙恭达罗朝思暮想,失魂落魄,甚至怠慢了一位脾气极大的仙人。仙人发出诅咒,让国王永远忘记沙恭达罗,沙恭达罗的女友向仙人求情,仙人方才改口,允许国王见到信物后想起沙恭达罗。养父送沙恭达罗进城去见国王,国王却不认她。沙恭达罗想拿出戒指给国王看,但戒指在路上洗手时不小心掉进河里。沙恭达罗无奈只能去找母亲——一个仙女,暂时在母亲那里住下来。一天,渔夫打鱼从鱼肚子里得到一枚戒指,把它献给国王,国王看见戒指立刻想起了沙恭达罗,急于想见到她。后来沙恭达罗生了一个儿子,国王来寻沙恭达罗,先见到儿子,后见到沙恭达罗,最后以大团圆结局。

该剧歌颂了纯真的爱情,语言生动流畅,故事曲折感人,深受印度人民喜爱,许多世纪一直传诵不衰,许多民族语言都有《沙恭达罗》的译本。两个多世纪以前,该剧传到欧洲,18世纪末译成英语,后来又有法语和德语译本,产生了巨大影响。德国大诗人歌德曾写诗赞颂,在创作《浮士德》的时候,有意模仿《沙恭达罗》的结构,在正文前加了一个序幕。

季羡林翻译的《沙恭达罗》在我国出版后,中国青年艺术剧院曾先后两次将该剧搬上舞台,受到我国观众的欢迎,反响强烈。周恩来总理曾陪同来访的印度副总统拉达克里希南观看演出,季羡林现场向周总理和贵宾介绍了该剧的故事情节。

季羡林喊出振聋发聩的声音:五年的学术研究成果等于"零"!这一声狮子吼,给予当时极不正常的学术研究氛围重重的一击。正当国家百废待兴之际,上层领导即使出于某种好意,怀着对广大知识分子改造旧思想,树立新思想的关心,也不能采取过分激进的手段,一股脑儿地将所有的污泥浊水都泼到他们的头上,致使他们产生那种与生俱来的"原罪感",自惭形秽,一门心思做检查。正如季羡林所说,那时"虽然还没有像以后那样昭告天下:阶级斗争必须年年讲,月月讲,日日讲,时时讲,但是阶级斗争的势头已颇可观"。但话说回来,并非所有的领导人都同意这种观点,季羡林在一次报告会上就亲耳听到当时的中央宣传部长陆定一说到江西苏区的一个故事:一个人在街上小便,被人抓住则遭到批判,说他这样做危害公共卫生,就是危害人民的性命,就是危害革命,就是现行反革命。看来,陆定一是反对这样做的,但可惜的是在极"左"路线的统治下,斗争之声洋洋乎盈耳,滔滔者天下皆是矣。

同其他人一样,那时季羡林几乎每天都要参加批判和开会,大大小小的批判会一直弄得他焦头烂额,浑身疲惫。他曾听周扬说"国民党的税多,共产党的会多"的牢骚话,又听到诗人冯至甚至套用李后主的词说"春花秋月何时了?开会知多少"。确实,当时即便有人像陈寅恪那样发出"不参加政治学习"的不和谐的声音,那也是极个别的例子。在那些无穷无尽的批判会上,不管与季羡林有无直接关系,他都要不断地表态,不断地重复报纸上的那些空话、套话。他对这种做法很不习惯、很反感,整天处于精神痛苦之中,在这种情况下,却能写出几篇学术论文来,实在是难能可贵。

须知,在当时极其紧张的政治空气下,有许多著名的教授、专家、作家都是在谨小慎微中度过的,解放后六七年中一直没动过笔。上文介绍的1952年北大思想改造中被列为重点批判对象的朱光潜先生便是一例,他在解放后五六年的时间里没写过文章。再说文艺界,就是身为中国作家协会主席的茅盾也不可避免。表面看他每天都在坚持写作,写小说、写电影剧本,但都没有成功,因为他没有信心公之于世。1955年1月,他给周恩来总理写信请假说:"五年来,我不曾写作,这是由于自己文思迟钝,政策水平思想水平低,不敢妄动,但一小部分也由于事杂,不善于挤时间,并且以'事杂'来自我解嘲……每当开会,我这个自己没有艺术实践的人却又不得不鼓励人家去实践,精神上实在既惭愧且又痛苦……年来工作余暇也常以此为态。"他向周总理请假,要先整理出写作大纲,"拿出来请领导上审查,如果可用,那时再请给假,以便专心写作"。可见,大批判不仅白白浪费时间,误人子弟,而且禁锢人们的头脑。当时,文艺界、学术界盛行贴马克思主义标签的教条主义,紧跟党的政策,突出思想政治,将本来属于创造性、个性化的实事求是的文艺创作和学术研究,纳入统一规范的僵死、呆板、极端简单化了的教条主义的框架中,从而产生极其恶劣的影响。

季羡林的情况有所不同。在大批判中他虽然耗去大量时间,但仍然搞出了一些学术研究成果。一方面,解放后他在政治上的表现还是比较积极,而且没有历史问题,他当了六年北大工会主席,被选为北京市人民代表,1954年当选全国政协委员(连任二、三、四、五届),数次参与外事活动,出国访问,既说明政治可靠,又说明在国际上有某些影响;另一方面,他所从事的语言学研究并不具备政治的敏感性,与所谓的意识形态很难沾上边儿,对本专业以外的学术问题他也无意牵涉。于是,他既没有引火烧身,成为大批判的靶子、极"左"路线打击迫害的对象,也没有被选中参加批判班子,成为打手,为极"左"路线推波助澜。因此,季羡林能够在沸沸扬扬的大批判中得闲读书,写出几篇有见地的文章来。

在此期间,季羡林也确实太累了,心情又烦躁得很。1955年4月,他作为中国代表团成员赴印度参加"亚洲作家会议"。代表团乘坐火车到广州,然后绕道香港飞抵新德里。这是季羡林第三次路过香港,小住一天半,住在幽静的山上别墅中。他与巴金等人坐在阳台上,俯瞰烟波浩渺的大海,不禁思绪万千。他们真想在此长久住下来,全身心地投入创作和研究,因为对那些无休止的、徒劳无益的会议的确感到太厌倦了,仿佛自己手中的那支笔不是很轻,而是很重很重……

正当春风得意时

自从1952年秋北大迁至燕园直到1956年,季羡林除做好东语系的教学和科学研究的管理工作,即系主任的工作外,还参加了诸多社会活动并担任社会职务。比如,1953年他当选为北京市第一届人民代表大会代表;1954年当选为中国人民政治协商会议第二届全国委员会委员;1954年出任中国文字改革委员会委员,其他委员有丁西林、王力、朱学范、吴玉章、吕叔湘、邵力子、林汉达、胡乔木、胡愈之、马叙伦、韦悫、陆志韦、傅懋勣、叶恭绰、叶圣陶、叶籁士、董纯才、赵平生、黎锦熙、聂绀弩、魏建功、罗常培,吴玉章为主任委员、胡愈之为副主任委员;1954年出任《历史研究》杂志第一届编委会委员,其他委员有郭沫若、尹达、白寿葬、向达、吕振羽、杜国庠、吴晗、侯外庐、胡绳、范文澜、陈垣、陈寅恪、夏鼐、嵇文甫、汤用彤、刘大年、翦伯赞;1955

年出任中国科学院哲学社会科学学部文学研究所东方文学组组长；1955 年出任中国
科学院语言研究所第一届学术委员会委员，其他委员有丁声树、王力、方光焘、叶圣
陶、叶籁士、吕叔湘、吴文祺、吴晓铃、罗常培、高名凯、马学良、袁家骅、陆志韦、陆宗
达、傅懋勣、郑奠、魏建功……由此看来，季羡林虽然才刚到中年，但在学术界已占有
一席之地，甚至可以与许多前辈学者相提并论。而且，他的思想比较活跃，接受新鲜
事物的能力比较强，"小荷才露尖尖角"，似有培养和发展之前途。

转眼到了 1956 年，久违的春天似乎要降临中国大地。1 月 4 日至 20 日，中共中
央召开了关于知识分子的会议，周恩来在会上做了《关于知识分子问题的报告》，指
出："他们中间的绝大部分已经成为国家工作人员，已经为社会主义服务，已经是工
人阶级的一部分。我们要发展社会主义建设，必须依靠体力劳动和脑力劳动的密切
合作，依靠工人、农民、知识分子的兄弟联盟。"周恩来讲话的中心思想就是"为了最
充分地动员和发挥知识分子的力量"，对知识分子工作中存在的问题和缺点进行了
批评，并提出了一系列改革措施。会议最后一天毛泽东讲了话，向全党发出努力学
习科学知识，同党外知识分子团结一致，为迅速赶上世界科学先进水平而奋斗的号
召。这次会议吹响了"向科学进军"的号角，预示着全国将出现一派新气象。

5 月 2 日，毛泽东在最高国务会议第十一次（扩大）会议上，提出以"百花齐放、
百家争鸣"作为我国发展科学、繁荣文学艺术的方针。

9 月 15 日 −27 日，中共中央召开了第八次全国代表大会，会议明确提出"国内
主要矛盾已经不再是工人阶级和资产阶级的矛盾，而是人民对于经济文化迅速发展
的需要同当前经济文化不能满足人民需要的状况之间的矛盾；全国人民的主要任务
是集中力量发展生产力，实现国家工业化，逐步满足人民日益增长的物质和文化需
要"。刘少奇在这次党代会上做的政治报告指出："党对于学术性质和艺术性质的问
题，不应当依靠行政命令来实现自己的领导，而要提倡自由讨论和自由竞赛来推动
科学和艺术的发展。"

中共中央发出这种指令，采取这样的举措，当然有其社会背景和政治原因。一
方面，新中国成立后先后进行了土地改革、抗美援朝、肃清反革命、"三反""五反"、
知识分子思想改造的五大运动，取得了社会主义革命的基本胜利，同时对农业、手工
业、资本主义工商业的三大改造和发展国民经济的第一个五年计划取得了巨大的成

功,因此可以转入和平建设的轨道上来了;另一方面,新中国成立后接二连三的政治运动和批判斗争,都是在中共领导下以群众性的斗争形式进行的,出现了政策性的偏差,挫伤了许多从旧社会来的知识分子的自尊心,引起了社会变动,政治空气紧张,知识分子心存疑虑,惶恐不安,积极性受到了极大的打击,因此必须缓解矛盾,创造一种平和宽松的环境,以求最大限度地发挥知识分子在社会主义建设中的作用。

中央的声音和精神一经传来,真是乐煞了广大知识分子,曾几何时,他们还被戴着"资产阶级知识分子"的帽子,现在终于属于"工人阶级的一部分"了。在学术界和教育界,在经历了五年的"脱胎换骨"的思想改造后,那些教授、学者、专家又一次感受到党的温暖和关怀,他们决心将自己的才能重新施展出来,承担起教书育人的重任;在文学艺术界,许多作家、艺术家新中国成立后一直没动过笔、演过戏,现在他们又受到外在事物和客观形势的激发,文艺灵感喷涌而出。总之,全国上上下下弥漫着春天的气息。

在北大,1956年的春天也似乎比往年来得早些。教授们能够扬眉吐气,挺胸昂首,漫步在燕园中。他们在课堂上讲课的声音格外慷慨激昂,仿佛证明这门课"只此一家,别无分店,想听课的赶快来!"有的甚至还端起了教授的架子,走路旁若无人,高视阔步,成了当时燕园独特的风景……学生们也潇洒自如,满面春风,吃饭时一边敲打着饭碗,一边哼着颇为流行的《拉兹之歌》,"到处流浪,到处流浪"萦绕在大饭厅的木梁上……

对于春天的来临,季羡林的感觉自然非常敏锐。因为,他对大自然的任何微妙的变化,都是心有灵犀、相知相通的。对于周恩来在关于知识分子会议上的讲话,他深信无疑,相信共产党说话是算数的。感动之余,他发誓要掏出心窝子"向科学进军"贡献光和热。1956年3月,北大东语系创办了《翻译习作》刊物,季羡林撰写的发刊词足以代表他此时的心声:

> 党和政府已经向全国的科学工作者发出了向科学大进军的号召,这是一项光荣而观巨的任务。说它光荣,因为我们做的事情是前人所未做过的,只有今天在党的领导下才有可能。说它艰巨,因为目前我国的科学工作者,不论在质量上,还是在数量上都不够。要想接近世界先进水平是要经过极大的努力的。

为了完成这个任务，一方面老科学工作者要努力发挥自己的潜力；另一方面，年轻的科学工作者也要努力学习，努力向苏联和其他兄弟国家学习，向老科学工作者学习。这两个环节并行不学，相辅相成。

在整个科学领域中，东方学是一门极为薄弱的学科。我们在这方面的研究工作同人民的需要有极大距离，和新中国的蒸蒸日上的国际地位比起来极不相称。从语言、文学、历史各方面的研究来说，我们都几乎毫无基础，都须要大力开展。但是在这个领域内，年老的科学工作者很少，因此，能不能在二十年内接近先进水平，主要是由年轻的科学工作者培养的程度来决定。

我们当前主要任务是培养翻译干部，我们将来要做的工作是翻译工作。在这方面的科学研究工作中，也同样是迫切需要的，垂待展开的。展开的方式有多种多样的，出这样的小册子也是方式之一。

我们有绝对的信心，完成这一项光荣艰巨的任务，因为我们有党的领导，有马克思列宁主义作为指导的明灯，愿我们大家共同努力，携手前进！

接着，季羡林的政治生活中发生了一件大事。为了落实中国共产党突如其来的对知识分子政策的调整，1956 年前后全国发展了一批"红色专家"入党，季羡林便是其中之一。提起季羡林入党，今天回头看看，那是完全符合党章要求的，或者说，他经受住了党的考验，称得上名副其实的中国共产党优秀党员。

季羡林从个人申请入党到组织批准入党，其时间之短是创纪录的，但他的思想转变却是漫长的。中国俗话说"日久见人心"，共产党的形象在他心目中，经历了从模糊到清晰、从好感到挚爱的变化过程。毋庸置疑，季羡林是一名卓越的爱国者，无论是国外十年（1936—1945），还是国内十年（1946—1955），他的一言一行，都无愧于我们的国家和民族。在解放初的思想改造运动中，他自称为"双清干部"，一清楚，二清白，甚至可以与年轻的党总支书记相比。他检查自己的问题主要是"对政治不感兴趣"，认为解放前的政治是肮脏的，而现在不肮脏了，这本来应该看作是他思想进步的表现，并反映出他解放前的政治理念是努力具备一个方正耿直的知识分子的爱国爱民思想，不带有党派色彩和参加任何党派活动，不谈论政治和参加任何政治活动。他检查的另一个问题是，外蒙古是被苏联抢走的，中共是受苏联左右的，这也不算严重的问题,当时一些人,比如萧乾就持有这种看法。季羡林在思想改造运动和大批判中虽然经历了阵痛甚或煎熬,但只是作为一名普通分子参加,运动的急风暴雨并没有降临到他头上,况且,他又一直认为共产党为了国家和人民的利益,为了中国的言强和社会进步,还是做了许多好事大事。他在《充满信心,迎接 1955 年》一文中对共产党表示由衷的赞扬:

> 我们中国人民现在之所以能蓬蓬勃勃像生龙活虎一般从事于各种建设事业;使我们的祖国天天改变着面貌,我们之所以取得上面那些胜利,是和毛主席和中国共产党的领导分不开的。

正因为这种积极向上的思想认识,再加上积极主动的行为表现,季羡林在新中国成立后这几年在政治上不但一帆风顺,而且步步走运,自然受到群众的拥护和好评,受到党组织的信任和重视。

然而,季羡林在申请入党的问题上,一直采取谨慎稳重的态度。解放以来,他的思想重心一直放在反省所谓旧时代知识分子的"原罪"上,无时不感到它像枷锁一样束缚着自己的思想。他要求进步,努力工作,似乎包含有一种"赎罪"的想法,抑或一种朴素的阶级感情。据传,他曾向东语系党总支书记汇报思想说,假如有特务向大饭厅扔炸弹,而他恰好在旁边,一定奋不顾身地把炸弹捡起,再扔到没人的地方;他甚至突发奇想,让时间倒流,再回到战争年代,给他上前线的机会,立功赎罪;他的幻想又几乎达到如痴如狂的程度,如果党和国家领导人遇到生死危机,他一定会挺身而出用自己的鲜血和生命保卫……但奇怪的是,季羡林如此想来想去,竟觉得自己还不配做一名真正的共产党员。因此,他在申请入党上犹豫再三,莫衷一是,经过反复思想斗争才下定入党决心。正如了解他入党问题的减克家所说:

"北平解放后不久,他还有点清高、谦逊思想。谈到有些知识分子入党问题时,他说:'共产党打下了天下,这时候你申请入党了。'环境在教育人,时间在改变人。50 年代初,我在济南开人代会,恰好季羡林在家,我去看他。亲密的朋友,相会于旧地(他与我都是在济南上中学的),自然别有情意。记得,他留我在他家吃饭,饭罢,羡林亲切又严肃地对我说:'党组织培养了这几年,现在我在考虑这件大事,我的为人你是知道的,人了党,就要为党工作,全力以赴,把个人的一切全交给党。听了他的话,我感动不已。我也严肃地对他说:"你以前关于知识分子入党的看法,今天要用事实纠正了。这一步,你是迈过来了。党和群众培养你,信任你,你应该写申请书!他听了我的话,很感动的样子,没多说什么。我心里想,美林不论做人,做学问,不是暴风雨似的,而是沁透式的。他入了党,一定会给党好好工作,只想给党添什么,决不会想向党要什么。果然,美林是这么做了。"

从臧克家的这段话中,我们可以清晰地感受到季羡林的入党动机和目的多么纯洁无瑕,朴实无华,没有掺杂着任何一己私利。

1956 年 4 月 4 日,春光明媚,和风轻拂,燕园的景色美如画。当日下午,俄文楼二楼音乐厅座无虚席,人们静静地等待着一件喜事来临。东语系教员党支部在这里召开会议,讨论季羡林的申请入党问题。参加会议的除了东语系的党员以外,还有外系的高级知识分子中的入党积极分子。北大党委书记江隆基亲临会议,表示对此事的关心和重视。最后,经过认真严肃的讨论,一致通过季羡林的入党申请,预备期为一年,会场上爆发出一阵热烈的掌声。江隆基还发表了热情洋溢的讲话,他除了对季羡林入党表示祝贺外,又重申了党的知识分子政策,号召知识分子跟党走,同心同力建设新中国。

季羡林的入党,可以说是知识分子追求进步、献身共产主义事业的典型例证,是实现人生价值的重要之举,但是在那次会议上,他并没有说更多的话,而要以实际行动来兑现自己的入党誓言。直到一年后,他才写了《入党一年》的文章,抒发自己的思想和心得。他说:

> 对年纪较大的知识分子来说,提高觉悟和改正缺点并不像一些人想得那样十分困难,当然也不是特别容易。组织上的教育,同志们的帮助,以及个人的努力,三者缺一不可。前二者可以说是外因,最后一条可以说是内因。只有内因与外因相结合,觉悟才能逐渐提高,缺点才能逐渐改正。

季羡林本来是一个非常认真的人,入党后又以组织观念强、严守党的纪律而著称。据说,有一次他正要参加支部会时突然接到通知,请他出席周总理主持的宴会,他急忙到处找支部书记请假,得到批准后方才离开。他每月准时交纳党费,直到"文革"被"解放"出来后仍然补交了党费。平时党组织交给他的工作,他总是认真负责、竭尽全力完成,从不讲条件。他从不以党员自居,高人一等,盛气凌人,而是谦虚谨慎,老老实实做自己分内的事。他越到老年越能体现一名共产党员的本色,20世纪80年代初他已是古稀老人,却以北大"优秀党员"的美誉扬名校园,在北大西校门,一位老者身穿类似炊事员的衣服,站了一两个小时为新生看守行李,那便是作为老党员的季羡林。

总之,季羡林正当春风得意时,实现了人生道路的重大转折,从此为党的事业奋斗终生……

第三章 燕园风云（二）

躲过一劫

1956 年，知识分子的政策调整一闪而过，他们"已经是工人阶级的一部分"转瞬即逝，"向科学进军"的春天也很快花开花落，付诸东流了。

全国知识分子从平静的 1956 年走到 1957 年，在乍暖还寒的初春以至气温日渐升高的夏日，他们解放思想，排除顾虑，以"鸣放"的方式真心实意地向各级党组织和党员干部提出大量有益的批评和建议。但是，就在 5 月 1 日中共中央发出开展反官僚主义、反宗派主义、反主观主义的整风运动指示过去半个月，5 月 15 日毛泽东写了一篇文章，名曰《事情正在起变化》，严厉批评"有一部分人有修正主义或右倾机会主义错误思想。这些人比较危险……"并认为鸣放"在民主党派中和高等学校中，右派表现得最坚决最猖狂""他们不过是一小撮反共反人民的牛鬼蛇神"。6 月 8 日，毛泽东为中共中央起草了《关于组织力量准备反击右派分子进攻的指示》，提出"高等学校组织教授座谈，向党提意见，尽量使右派吐出一切毒素来，登在报上。可以让他们向学生讲演，让学生自由表示态度。最好让反动的教授、讲师、助教及学生大吐毒素，畅所欲言。他们是最好的教员……"同日，《人民日报》发表社论《这是为什么》，指出"在"帮助党整风"的名义下，少数右派分子正在向共产党和工人阶级的领导权挑战，甚至公然叫嚣要共产党'下台'"。至此，反右派运动拉开大幕，全国共有552877 名知识精英被一网打尽，成了人民的敌人。

现在,再来看看北大整风运动和反右派运动的情况。

整风运动开始之前,全国各民主党派曾经召开会议,讨论毛泽东于 1956 年 5 月 2 日在最商国务会议上提出的"长期共存、互相监督"和"百花齐放、百家争鸣"的方针。3 月 24 日,北大教授费孝通首先在《人民日报》上发表《知识分子的早春天气》一文,谈了高等学校中存在的各种问题,以及对百家争鸣的认识与顾虑,真诚地道出了当时知识分子的真实想法。"草色遥看近却无",这说明知识分子的积极性虽然被调动起来了,但对百家争鸣心里还是不落底,疑虑重重,甚至提心吊胆,生怕被揪住辫子。4 月 27 日和 29 日,北大教授傅鹰在学校召开的讨论正确处理人民内部矛盾问题的干部座谈会上发言,指责"学校里的衙门习气比解放前还重",甚至主张"最好废除人事处",认为"党和知识分子关系紧张,是党员瞎汇报的",提出"并非主张教授治校,但应与教授商量"等等意见。傅鹰的发言明显表现出对官僚主义、对党的一些政策以及对一些党员的不满情绪。北大党委召开的这次全校干部座谈会从 4 月 25 日开始,一直开到 5 月 14 日,参加会议的有党委委员、各行政部门的党员负责干部,并道请校务委员、系主任、民主党派、工会、学生会负责人等 150 人参加。会议学习毛泽东 2 月 27 日所做的《关于正确处理人民内部矛盾问题》的讲话精神,本着"知无不言,言无不尽,言者无罪,闻者足戒"的原则,揭露和批评学校存在的官僚主义、宗派主义和主观主义。5 月 14 日会议结束时,党委第一书记江隆基宣布这次会议开得很好,这只是北大整风运动的序幕。

其实,中国共产党发动整风运动的初衷是好的,是无可挑剔的。1956 年社会主义改造基本完成以后,大规模的社会主义建设即将开始,知识分子在建设中的作用凸显出来。中共提出整风,请知识分子和党外人士提意见,表明充分发挥他们建设社会主义的积极性。然而,谁也没有料到,这竟是中国知识分子一段可悲命运的转折点,整风运动迅速逆转为反右派运动。

就在北大召升的这次全校干部座谈会上,有 50 多位教授和干部发了言,本来是在一派和风细雨的述人春色的气氛下,各抒己见,毫无顾忌,对学校领导工作中的缺点和错误进行了失锐批评,提出了中肯的建议,未曾想到头来却祸从口出,许多人被打成右派。

北大如此,社会上的整风运动也轰轰烈烈地开展起来,许多著名的党外人士成了地地道道的大右派,如章伯钧、罗隆基、储安平、章乃器等人。除了这些社会知名人士,广大的青年学生也纷纷行动起来,利用大字报、大辩论等形式进行大鸣大放。北大学生当然也不会甘居落后,气氛热烈,争论激烈,一时间搞得沸沸扬扬。

5月19日,北大大饭厅的东墙上——正是1966年5月25日聂元梓等人贴出"全国第一张马列主义大字报"的地方——出现了历史系学生许南亭以"历史系一群学生"的名义写的大字报,质问学校团委关于出席共青团"三大"代表是如何产生的。这是北大整风运动出现的第一张大字报。同时,又贴出哲学系学生龙英华的大字报,建议开辟"民主墙"。这两张大字报出现后学生激愤起来,大鸣大放随之开始。次日清晨,大饭厅附近的墙上已经被五颜六色的大字报布满,许多大字报对学校和党的工作中的官僚主义、宗派主义、主观主义以及教学工作中的缺点提出了尖锐的批评和建议。当时发表的《北大民主运动纪事》一文这样写道:

> 同学们激动起来了,大家蜂拥着、奔走着、争先围着。其中张元勋、沈泽宜二同学写的《是时候了》一诗,特别引人注意。(诗略)
>
> 这首激情的充满了战斗气息的诗,鼓舞了人们的情绪,也激起了一些人的反对,他们说:"五四"的火炬是对敌人的,对人民内部就不应该再举起,并指责作者的情调简直像白毛女伸冤。然而绝大多数同学都对诗作了积极正确的理解。认为诗人唱出了年青人心底的声音,刘奇弟同学并和咏一首《白毛女伸冤》,用北大确切的事实说明了"我的冤屈像白毛女"。关于诗的争论是运动前两天的中心之一。
>
> 当天下午出现了一张署名"一个强壮而怀有恶意的小伙子——谭天荣"所写的"一株毒草"。作者在这里吹响了反对教条主义的号角,提出了许多令人惊异的观点,他并建议北大学生自己办一个综合性学术刊物。作者缺乏透澈的说理和谦逊的态度,引起了许多同学的不满和攻击。"一株毒草"的争论又成了人们注意的中心。
>
> 大字报像雨后春笋一样增多着,宿舍、饭厅的墙壁上都贴满了。据"新闻公报"统计,载至20日下午5时20分止已有大字报162张。
>
> ……

晚饭后，新的辩论会形式出现了，大家把饭桌当了讲台，发表自己的见解，这就弥补了大字报不能充分说理的缺陷。

晚上，江书记代表党委宣布支持大字报。

21号，刘奇弟贴出了"胡风不是反革命分子，要政府释放他"的大字报，轰动了全校。账着许多讨论胡风问题的文章出现了。不少人都抱着杯疑的态度，认为根据三批材料不足以说明胡风是反革命分子。双方展开了争论。

22号，大字报大量增加，由饭厅附近扩展到宿舍和教室区了。到处是辩论会、演讲台。人们沸腾起来了，许多同学要求停课参加民主运动。

那么，季羡林在"整风运动"和"反右派运动"中的表现如何呢？

无疑，这期间季羡林一刻也没有离开北大，但他却像一个传奇人物一样躲过了一劫，既没有被划为右派，也没有参加批判右派的斗争，正如他自己所说成了"道通派"。这岂非咄咄怪事？是的，局外人也许会产生疑问，但当时东语系的师生清清楚楚知道其中的来龙去脉。

原来，一个突发事件竟成了季羡林的"挡箭牌"。反右派运动初期，东语系由于几年来毕业生分配有改行的现象，被视为招生工作出现失误，存在问题，在校学生对此反应强烈，意见纷纷，一部分学生提出转系的要求，其他学生也对毕业后的前途忧心忡忡。于是，东语系掀起了一阵转系风，学生情绪激昂，四处张贴大字报，指责招生计划的弊端，要求批准他们的转系要求，甚至在黑板上大字书写"救救没娘的孩子！"以此表示强烈的抗议。季羡林作为一系之长，学生的矛头当然要首先指向他。他们天天缠着他不放，要他做出明确回答，言辞十分激烈，甚至几次出现过围攻他的紧张场面，事态越来越严重。但是，季羡林的权力毕竟有限，他无法解决眼前的问题，只好向上面汇报。最后，高教部派了一位副部长亲自负责处理这件事情，并派一位司长天天来北大协助季羡林做学生的工作，事情才得以妥善解决，104名学生转了系。专就这件事情而论，季羡林本来对学生是同情的。根据长期的切身体验，他历来主张学生应独立自主地选择专业，按照自己的志趣选择专业，并且认为不能自由选择专业也与招生时的严格政治审查有关，有些人正因为所谓的政治原因不能进某系学某专业。

这股"转系风"一吹，真就耽误了季羡林参加运动。反正有公务在身的借口，谁也挑不出毛病来,他尽可逍遥自在,为所欲为。正如他所说:"现在学校到处摆满了反击右派分子的战场,办公楼礼堂是最大的一个。此处离东语系最近,我有时就坐在办公楼前的台阶上,听大礼堂中批右派分子的发言,其声清越,震动楼瓦。听腻了,便也念点书,也写点文章。我悠闲自在,是解放后心理负担最轻的一段时间。"这是季羡林在那场运动后说的话,他向来实话实说,绝不做事后诸葛亮。他甚至语出惊人:即使他参加了运动,"竹筒倒豆子",把心里话全部倒出来,也不会说右派分子说的话。

季羡林并非传奇人物,他一生没有大激荡,没有大震动,是一个平凡人的平凡的经历。1949年解放后,中国发生的翻天覆地的变化以及共产党执政初期的革故鼎新、俭朴廉洁的锐气和作风,他看在眼里,记在心上,愿意老老实实地跟党走。他听党的话,努力改造自己的旧思想,接受新思想,积极参加历次政治运动;他勤奋工作,刻苦钻研业务,终于成为北大教授中"又红又专"的典型,光荣地加入了中国共产党,受到组织和群众的信任和拥护。因此,季羡林说:

> 一方面,我有一件红色的外衣,在随时随地保护着我,成了我的护身宝符。另一方面,我确实是十分虔诚地忠诚于党。即使把心灵深处的话"竹筒倒豆子"全部倒了出来,也决不会说出违碍的话。因此,这虽是一次暴风骤雨,对我却似乎是春风微拂。

这不正是他的真心话吗?

那么,在这样一场新中国成立后极"左"思潮全面泛滥并达到登峰造极的政治运动中,季羡林就没有自己的立场和观点吗?不,绝不。三四十年后,季羡林开始对那场运动重新反思:"有一件事情,我脑筋里开了点窍:这场运动,同以前的运动一样,是针对知识分子的。我怀着根深蒂固的'原罪'感,衷心拥护这一场运动。"在《记张岱年先生》一文中,他的话更为石破天惊:

> 1957年反右,张岱年先生受到了牵连。这使我对他更增添了一种特殊的敬意。我有一个自己认为正确的意见:凡被划为"右派"者,都是好人,都是正直的人,敢讲真话的人,真正热爱党的人。但是,我决不是说,凡没有被划者都不是

好人,好人没有被划者遍天下,只是没有得到被划的"幸福"而已。至于我自己,我蹲过牛棚,说明我还不是坏人,是我毕生的骄傲。独没有被划为右派,说明我还不够好,我认为这是一生锈事,永远再没有机会补课了。

这段话曾引起众多议论,它似乎背离了党的文件中对1957年"整风运动"和"反右派运动"的评述。但是,除了季羡林,还有多少人能直言阐明自认为正确的意见呢?正如他晚年所著《牛棚杂忆》以及其他一些杂文、随笔,方显出一位世纪老人刚直正义的铮铮铁骨!

狂热的梦

反右派运动过后,又迎来了狂热的"大跃进"年代,但"美好的梦想"又像泡沫般地破灭了。

回忆1958年,人们似乎还会记得,毛泽东曾经提出一些口号:破除迷信,解放思想,厚古薄今,不要怕教授,青年人要胜过老年人,学问少的可以打倒学问多的人,不要被权威、名人吓倒,外行领导内行,插红旗拔白旗等等。高等院校是知识分子成堆的地方,自然要首先响应和贯彻毛泽东的指示精神。这一年北大没有放暑假,全校师生在烈日炎炎下坚守自己的岗位,一面"务虚",改造精神世界,进行红专大辩论。批判资产阶级思想,树立马克思主义思想;一面"务实",改造物质世界,夜以继日地苦干加巧干,每天都在放"卫星",有时一天放好几个"卫星",神气十足,得意洋洋仿佛刹那间缔造了人间神话。

北大东语系所放的"卫星"就是各专业(语种)的师生组织起来编词典。8月8日,朝鲜语专业师生敲锣打鼓,向学校党委报喜,宣称他们放出了全系第一颗"卫星",奋战一周时间完成了两万词条、一百万字的《汉朝词典》。季羡林作为系主任,当然要积极支持群众的这种热情。如果说,刚刚过去的一年,季羡林没有按照上面的意图,写过一篇反右派的大批判文章,那么,他在新中国成立十周年时却写出了一篇文章,题目是《在大跃进中庆祝国庆节》。文中称:

只是化学系一个系就完成了研究项目一千多项,经过严格审查,其中七十几项超过了国际水平。……我所在的东语系,在短短的二十几天以内,已经编出了《汉朝词典》《朝鲜外来语词典》《华日词典》《越汉词典》《乌尔都汉语词典》《印地汉语词典》等等。这些词典,无论是从量的方面来看,还是从质的方面来看,都已经达到了世界先进水平。

本来,新中国成立后每年国庆节前夕,季羡林都要写一篇文章,有的名人也一样,比如老舍。向海外华侨介绍祖国社会主义建设的成就,抒发自己的感想,这当然是一件好事。但是,季羡林的这篇文章显然不符合事实。东语系的这些词典也许都编出来了,至于是否出版则是未知数,有的甚至至今还没有出版。说它达到了世界先进水平,那更是玄之又玄,但在当时疯狂浮夸的环境下,季羡林只能这样写,信手拈来,自成文章。这难道符合他的一贯的思想方法和作风吗? 不,绝不。

下面,就来看看当时身为朝鲜语教研室主任的张明惠后来撰文所介绍的情况:

"1959 年我为编纂《汉朝词典》去延边一年,中途回京交稿,季先生在百忙中听取了汇报,又亲自带我去同出版界联系。记得是在政协俱乐部,在座的有胡愈之、陈翰伯等十多位学术、出版界的老前辈。他们谈笑风生,古今中外,涉及甚广,我既幼稚,知识又贫乏,许多见闻我听起来像'天方夜谭'似的,特别是谈到当时各大专院校师生发射所谓'科研卫星',大轰大嗡,不实事求是之风时,真是笑话百出,令人忍俊不禁。当时我的头脑还有些发热,还很不理解他们谈话的真谛,反而觉得在座的这些鸿儒名流,也真够大胆的,敢于给'大跃进'泼冷水。当时季先生可能因为是会议主持人,他没有侃侃而谈,但是看得出季先生和他们的看法是一致的,他不时很幽默诙谐地插一些话,言简意赅,一语破的,令人折服。后来我到商务去和老编辑同志具体讨论词典初稿时,他指出我们稿中的许多疏漏之处,犹如当头一棒,使我认识到我们词典的质量离出版水平相去甚远。临离京时,季先生语重心长地对我说:'编词典是一门科学,是很细致而艰苦的工作,一定要保证质量,不能急于求成,不能老搞群众大会战,应该有高水平的人把关,踏踏实实地坐下来认真研讨、推敲。'多亏季先生和出版社把关,'卫星'没有放上去,否则后果真不堪设想。时隔若干年后,人们都对'大肤进'有了正确的评价,我才进一步认识到当年季先生带我去参加的那次会议是多么有意义,在那'火红'的年代里,与会的许多长者忧国忧民,毫不考虑个人得失,敞开心扉,说出自己的肺腑之言,真是字字珠玑,句句是金玉良言,极为难能可贵。他们那种不摘浮夸,不随波逐流的求实精神,对我的教育极其深刻。我能在场聆听季先生等前辈的高见,真是十分幸运,受用无穷。"

从张明惠的这段介绍中,可以看到人们所熟悉的季羡林,看到季羡林的"真我"。

10月4日,季羡林随同中国作家代表团,前去乌兹别克加盟共和国首都塔什干参加亚非作家会议。代表团团长是茅盾,副团长是周扬、巴金,团员有肖三、许广平、谢冰心、赵树理、张庚、季羡林、祖农?哈迪尔(维吾尔族)、杨朔、戈宝权、杨沫、叶君健、纳·赛音朝克图(蒙古族)、袁水拍、刘白羽、郭小川、曲波、库尔班·阿里(哈萨克族)、玛拉沁夫(蒙古族)。

塔什干是中亚的一座美丽的城市,时值金秋,阳光灿烂,天高气爽,到处散发着玫瑰花香,到处是玛瑙般的葡萄和香甜的西瓜。代表团刚来时下榻在城外的杜尔明别墅,环境十分幽静,季羡林与代表团其他成员早晨在院中的花丛中散步,感到非常惬意,远离国内的那种吵吵嚷嚷的气氛,真是在享受着一种"清福"。后来为开会方便,他们迁到城内的塔什干旅馆,与大会会场纳沃伊剧院只隔一个广场。他们每天经过广场时,总是被友好、热情的塔什干人们所包围,争着与他们合影,请他们签名。这次会议的主题是发展文学创作,反对殖民主义和种族主义,强调"友谊、和平、民族的独立、人类美好的将来"。季羡林回国后写的两篇散文《歌唱塔什干》和《塔什干的一个男孩子》,便是宣传和平、友谊的佳作。

会议共开了六天(10月7日至12日),会后到哈萨克加盟共和国首都阿拉木图访问五天,直到17日离开塔什干取道莫斯科回国。在莫斯科时传来郑振铎先生逝世的噩耗,他率领中国文化代表团去阿富汗、阿联酋访问途中因飞机失事而遇难。季羡林与其他人都惊呆了,为失去一位多年的师长和老朋友而惋惜,他在后来写的《西谛先生》一文中,引了江文通的名句悼念之:

春草暮兮秋风惊,秋风罢兮春草生。

绮罗毕兮池馆尽,瑟瑟灭兮丘垄平。

自古皆有死,莫不饮恨而吞声。

巴金当时也不敢相信这个事实，郑振铎与他也是二十多年的老朋友，离京前还与他一起吃过饭。对于当时狂热的政治气氛，他们都有点儿紧张。郑振铎说，人民公社成立了，共产主义快要实现了，我能够亲眼看见共产主义社会，我个人再没有什么要求了，以后得好好改造自己，多多地做事情。巴金赞同地说，你不仅可以见到共产主义社会，还可以活到一百岁，为国家做出许许多多事情。

的确，当时的政治气氛已经热得不能再热了。季羡林出国访问前就听到北京西城区正在搞人民公社试点，公共食堂，吃饭不要钱，过共产主义生活，反正粮食产量放"卫星"，堆得像山一样嘛！还有，那时报纸和广播里都在宣传批判资产阶级个人主义，认为个人主义是万恶之源，一切献给党，一切归功于党，做革命事业的螺丝钉……

上面定啥调，下面吹啥号。季羡林在《在大跃进中庆祝国庆节》一文中也曾说道：

> 我以前常用"祖国的建设简直是日新月异"这句话；但是在今年，这句话无论如何也不够了。如果允许我杜撰的话，我想改为"祖国建设简直是秒新分异"。
>
> 最初在报纸上读到有人想亩产小麦千斤的时候，我的脑袋里也满是问号。然而不久亩产千斤的纪录就出现了。不但出现了，而且像给风吹着一样，纪录一天天升高。有的时候报上的最高纪录，第二天早晨就被打破。有一些科学家也着了慌，他们用最高深的数学、物理和化学来证明，小麦亩产最高产量是三千斤；然而事实却打了他们一记耳光，纪录一直升到七千多斤，这是人类历史上前所未有的纪录。现在有许多农民和科学家已作出计划，明年的产量不是以千斤计，而是以万斤计。
>
> 稻子也是一样，早稻的最高纪录已经达到亩产三万六千九百多斤，中稻竟达到四万三千多斤。有些人觉得这些数字简直是神话，他们有点半信半疑。信嘛，他们不能够想象，在那有限的一点点地方，这么多的稻子如何摆得下；疑嘛，他们又知道，中国报纸从来不说谎话。不管这些人怎么想，我可以告诉诸位侨

胞;这些纪录还只是牛刀小试,不用说明年,就是在今年,也还会有许多地方打破这一配录。至于最高纪录究竟是多少,现在很难预言;我只希望侨胞们有一个思想准备,将来不至于过分吃惊。

　　文中这种令人眼花缭乱的喜讯捷报,这种魔术般的变幻莫测的数字,季羡林真的相信吗?如果不相信,那又为什么白纸黑字,出现在他向侨胞做宣传的文章里呢?那个年代,不用做实地调查,只要照抄报纸,大讲豪言壮语,多用漂亮而时髦的形容词、富有煽动性和刺激性的词句,文章就很快写出来了。写出这种文章的又岂止季羡林一人,具有深厚文学修养和艺术造诣且一向说真话的巴金,不是也写出《变化万千的今天》《为振奋人心的消息而欢呼》《大快乐的日子》《空前的春天》《我们要在地上建立天堂》等等文章吗?
　　后来,季羡林在反思这件事情时说:

　　　　那时候我已经有四十八岁,不是小孩子了;我是受过高等教育、留过洋的大学教授,然而我对这一切都深信无疑。"人有多大胆,地有多大产",我是坚信的。我在心中还暗暗地嘲笑那一些"思想没有解放"的"胆小鬼",觉得唯我往马,唯我独革。

　　在"大跃进"中,季羡林也去过农村,难道他真的亲眼看见自己文章中描写的那种情景吗?不,绝不。他在《一双长满老茧的手》的文章中写道:

　　　　去年秋天,我随着学校里的一些同志到附近乡里一个人民公社去参加劳动。同样是秋天,但是这秋天同我五六岁时在家乡摘绿豆荚时的秋天大不一样。天仿佛特别蓝,草和泥土也仿佛特别香,人们的心情当然也就特别舒畅了——因此,我们干活都特别带劲。人民公社的同志们知道我们这一群白面书生干不了什么重活,只让我们砍老玉米秸。但是,就算是砍老玉米秸吧,我们干起来,仍然是缩手缩脚,一点也不利落。于是一位老大娘就走上前来,热心地教我们:怎样抓玉米秸,怎样下砍刀。在这时候,我注意到,她也有一双长满了老茧的手。我虽然与她素昧平生,但是她的这一双手就生动地具体地说明了她的历史。我用不着再探询她的姓名、身世,还有她现在在公社所担负的职务。我一看到这一双手,一想到母亲和王妈的同样的手,我对她的感情便油然而生,而且肃然起敬,再说什么别的话,似乎就是多余的了。

在这里,季羡林向人们展示的并非农村粮食放"卫星"的情景,也并非自己看到农业大丰收的喜悦心情,而独独是老大娘的那双长满老茧的手,使他抒发出贫农之子的真挚淳朴的情怀和对勤劳一生的农村母亲的感念。

季羡林写的为"大跃进"歌功颂德的文章,没用多久,当"大跃进"被确认为是一种浮夸现象时,立刻就报废了。前面说过,写文章的人不止季羡林一人,说明受骗的是一大群人,这是一个严重的教训。而严酷的事实正好表明,1958年5月开始的"大跃进"使中国的社会主义建设脱离了国情,到年底就给国民经济和社会生活造成了严重的损失。当年的钢铁生产指标虽然勉强完成,但质量极差,浪费极大;日用工业品的生产和供应锐减;农作物丰产不丰收,全国粮食库存吃紧,人民生活水平急剧下降,少数地方出现了逃荒和饿死人的现象。

严峻的形势迫使毛泽东和中央其他领导人的头脑有所冷静,开始着手纠正已经察觉到的实际工作中的"左"倾错误。自1958年11月至1959年7月,中央召开多次会议向全党过热的头脑"泼冷水"降温,"压缩"过热的空气,主要是纠正人民公社所有制和管理体制上急于向共产主义过渡的倾向,降低工农业生产过高的指标和扭转国民经济比例失调,等等。

迫至1959年7月2日至8月1日,在庐山召开了中共中央政治局扩大会议,突然杀出来一个彭德怀,他向毛泽东递上"万言书",说了真话惹出大祸。于是风云突变,由反"左"又变成了反"右"。

北大在批判彭德怀和反右倾运动中,仍然不得安静,会议一个接着一个;同时"大跃进"非但没有得到遏制,反而继续前行,全校师生仍然处于大轰大嗡中。

季羡林事后说过:"我一生最佩服四个人,其中有一个是共产党员。这四个人是:陈寅恪、梁漱溟、马寅初和彭德怀。"对于彭德怀"为人民鼓与呼"的义举,他表达了自己的崇敬之情:"一直到今天,开国元勋中,我最崇拜的无过于彭大将军。他是一个难得的硬汉子,豁出命去,也不会阿谀奉承,代表了中华民族的浩然正气。"他在晚年"口述人生"时又说:"实际上,我跟彭德怀没有什么关系,就是佩服他。我见过他,在并不是一个很好的地方,是在航空学院组织的一次批斗会上。我去看过批斗会,不是批斗我的会,那时候我还是没有被批斗的。我去的时候很担心,因为知道彭老总的脾气很暴躁。那个集会不是讲理的地方,他一暴躁,就不可收场了。那时候'文化大革命'啊,把人性完全歪曲了,好人坏人也分不清楚,真正活跃的,大概都不是好人,好人不参加的。所以我去看,老是捏一把汗:我怕彭德怀脾气爆发,不堪设想。什么叫不堪设想呢?一个是挨打,一个是甚至于被打死。那时候打死太容易了。"

看来,季羡林对彭德怀所蒙受的不白之冤,是一辈子耿耿于怀的。这说明了什么呢?只能说明彭德怀,还有陈寅恪、梁漱溟、马寅初等人的人格和信念,在他心中碰撞出火花,产生了共鸣。彭德怀是国家和军队的领导人,季羡林不可能与他有直接关系。可是陈寅恪、梁漱溟、马寅初,或是恩师,或是民盟和政协中的老友,或为北大的领导和同事,季羡林与他们均保持着长期的友谊,他认为这些人"值得佩服的标准,就是敢跟(领导人)顶嘴"。如果说,1958年是风行说大话假话的年头儿,那么,1959年则更加狂热地鼓吹"造神运动",即神化领袖。这种敢顶嘴的做法当然是大逆不道,但季羡林却作如是观,不营是对以上四位刚直不阿人士的由衷叹服。

转眼到了1960年深秋,北风瑟瑟,寒气逼人,中国大地上正经历一场严重的饥荒危机。"大跃进"、反右倾把国家的经济推到崩溃的边缘,愈是搞浮夸、虚报产量厉害的地方,饿死人的事件愈严重。农村笼罩在一片恐怖肃杀的气氛中,城市里商店的货架上空空如也,北京的一些机关动员干部到城外采榆树叶吃。这时的北大燕园也呈现出冷清萧条的景象。人们都在挨饿,浮肿病四处蔓延,校医院门口排起了长龙。学校领导不得不发出指令:减少生产劳动,停止剧烈的文体活动,暂停体育运动会,严格控制会议。党委的中心工作转到"办好食堂,劳逸结合",抽调许多得力干部抓食堂工作,口号是"政治到食堂,干部下伙房"。可是,在这种人命关天的时刻,谁还敢来承担责任呢?

季羡林事后说过:"我在德国挨过五年的饿,'曾经沧海难为水',我现在一点没有感到难受,半句怪话都没有。"他在晚年"口述人生"时又说:"三年困难时期怎不挨饿呢!也挨饿。那时候,我是政协委员,政协委员一个月八张粮票。一张吃一顿饭。我带着我的婶母和我夫人，拿着那八张饭票，到政协礼堂对过的一个扬州馆子里面去吃过几次。在家里吃不到什么好的。家里不行。后来给补助了。那时候孩子们相互问，你爸爸是什么干部啊？是'肉蛋干部'，是'糖豆干部'啊？'糖豆'就是低一级的。'肉蛋干部'有肉，还有一条纸烟，纸烟很贵的，是大双喜啊。（领这些特供的地方）在海淀南街。我每月去领肉。我是'肉蛋干部'，不是'糖豆干部'。烟，都送给司机了。也不是全送，一次给一盒。"

在这全民挨饿的时期，季羡林的境遇即使稍微好一些，但是那种饿殍遍野的惨状又怎能不影响他的情绪呢？他说他"半句怪话都没有"，这又该如何理解呢？刚刚过去的两年，在全民高举"三面红旗"大跃进的时候，高校的教授又受到了"拔白旗"的冲击，他们身上的"白旗"代表的就是资产阶级思想，是与代表无产阶级革命思想的"红旗"相对立的。他们真就被拔怕了，再加上不久前刚刚反了右倾，一些人又被扣上了各种帽子，当此饥肠辘辘之时，只好默默地忍受着，即使有腹诽也不敢形于色。季羡林的心理状况大概就是如此吧！不管怎么说，季羡林承认，他在这段时间的精神面貌还是不错的。1960年9月，东语系招收了新中国成立后第一批17名学习梵文、巴利文的学生，由他和金克木授课。这些学生中有人已经成为当今著名学者和专家。

《春满燕园》：一只报春的燕子

1961年虽然经济萧条，物质奇缺，生活清苦，但政治气氛却变得相对宽松一些。在胡乱地折腾了几年以后，北大终于恢复了正常的教学秩序，师生们可以过上安稳的日子了。就在这一年，季羡林将婶母和夫人从济南接到北京，结束了夫妻间长期的两地生活，拥有一个平静的生活港湾。这件事下面还要谈到。

上文说过，1959年庐山会议上批判彭德怀以及会后反右倾、"大跃进"又狂飙再起，获得新的更大的动力。由于"左"倾错误的严重泛滥，中苏关系出现了危机，加上连续三年的所谓农业自然灾害，使国民经济面临新中国成立后最严重的困难局面。1960年7月，北京开始实行凭粮票购粮，1959年—1961年全国的非正常死亡和减少出生人口约有4000万。严重的困难教训了中共全党，毛泽东和党中央开始从狂热中逐渐清醒，1961年1月召开的中共八届九中全会，正式决定对国民经济实行"调整、巩固、充实、提高"，即所谓的"八字"方针。与此同时，1961年6月，党中央指示对在1959年以来反右倾等运动中受过批判和处分的干部和党员进行甄别，批判和处分错了的恢复名誉，官复原职。总之，无论从经济上看，还是从政治上看，当时都出现了令人可喜的变化。

在北大，为响应党中央的号召，对最近几年受过批判和处分的干部、党员进行了甄别和平反。1961年5月28日，党委书记陆平在全校党员大会上，一改以往的口气说："当前仍然坚持资产阶级方向的人是极少数……今后不要用白专的概念了。"到了1962年，北大又贯彻《高教六十条》精神，将原来的党委领导制改为"党委领导下的以校长为首的校务委员会负责制"，各系的党总支对行政组织也只能起"保证和监督作用"。这时，全校师生不用为大炼钢铁、大放"卫星"、批资批修而疲于奔命了，他们又重新回到课堂上。学校明确规定教师要"确保六分之五的时间用在业务上"，学生要"确保每天有六小时的学习时间"，而政治学习的时间只有六分之一。在这种情况下，中文系、历史系的学生甚至响应毛泽东的号召，研究起孔孟之道来，他们背诵《论语》《孟子》以及先秦古籍《左传》《战国策》等。学生会还举办了"星期天讲座"，沈同教授讲《生命的奥秘》，黄昆教授讲《半导体》，赵以炳教授讲《健康与长寿》，李赋宁教授讲《怎样阅读西方文学作品》等。季羡林应向达教授之邀，给历史系学生讲《吐火罗语》，当时听课的学生回忆说："季羡林讲吐火罗文文法，虽然只讲两个小时，但仍是精心准备，自己制作了大幅的字母表，向同学们展示。我想季先生教我们的并不是吐火罗文，因为我们学习这门学问还缺乏起码的基础。先生那种孜孜以求的探索精神，却使我们终生受到鼓舞。"

1961年7月1日，季羡林在全国外语教材编写会议外文组汇报会上，针对"大跃进"以来师生放"卫星"编教材出现的弊端，向周扬提出："现在我们学生的情况是只能说大话(政治大块文章)，不能说日常生活小话，选的教材全是政治性的，并不能帮助学外语。例如教材中有'鼓足干劲'字样，就可以猜到下面一定是'力争上游'了。现在的问题是大家的思想还未解放，而不是忽视思想性。重复政治术语，这还是高一级的。还有更庸俗的，例如我们印地文课文中谈到房间陈设非要有一张毛主席像，谈到小说非加上'红色'二字不可。"1962年5月5日，周扬在给周恩来总理的

《关于高等学校文科教材编选情况和今后工作意见报告》中,提出建立八个教材编选专业组,季羡林被指定为外语二组组长。

可见,季羡林敢于提出这样的意见,只有在政治空气宽松的情况下才能做到,否则就有可能被一棍子打死。实际上,毛泽东和中共中央正在克服阻力,纠正政治经济建设和工作中的错误。1962年1月11日至2月7日,在北京人民大会堂举行了扩大的中央工作会议,共有7118人参加,故称"七千人大会"。刘少奇在会上代表中央做出书面报告和讲话,总结了1958年以来社会主义建设的基本经验教训,分析了几年来工作中的主要缺点错误。讲话指出,当前经济困难的原因除了由于自然灾害造成农业歉收外,"还有一条,就是从1958年以来,我们工作中的缺点和错误"。报告指出,全党当前的主要任务是踏踏实实地、干劲十足地做好调整工作,并认为"1962年是对国民经济进行调整工作最关键的一年","我们必须抓紧"。毛泽东在会上做了重要讲话,反复强调"不论党内党外,都要有充分的民主生活,就是说,都要实行民主集中制,要真正把问题敞开,让群众讲话,哪怕是骂自己的话,也要让人家讲"。他还表示对这几年工作中的问题承担责任,说"凡是中央犯的错误,直接的归我负责,间接的我也有份,因为我是中央主席"。关于知识分子问题,他也有新的说法,即"只要他们爱国,我们就要团结他们,并且要让他们好好工作"。当然,毛泽东仍然肯定总路线、人民公社、大跃进三面红旗,仍然再次强调"整个社会主义阶段,存在着阶级和阶级斗争。这种阶级斗争是长期的,有时甚至是很激烈的",这就为半年以后政策的改变埋下了伏笔。

接着,2月21日至3月8日,国家科委在广州召开了科学工作会议。会上,周恩来做了《关于知识分子问题的报告》,指出"十二年来,我国大多数知识分子已有了根本的转变和极大的进步","知识分子中的绝大多数已属于劳动人民知识分子,如果还把他们看作资产阶级知识分子是错误的"。看来,周恩来的报告精神在于恢复1956年召开的知识分子会议上对知识分子的正确估计。陈毅在会上的讲话则更直截了当,说"知识分子是人民的劳动者,是为无产阶级服务的脑力劳动者","你们是人民的科学家,社会主义的科学家,无产阶级的科学家,是革命的知识分子,应该取消资产阶级知识分子的帽子"。同时,他还形象地说:"今天,我给你们行脱帽礼。"这个"脱帽加冕"的说法在当时广为流传,成为美谈。虽然,其后几年直到"文革"爆发,知识分子仍然处于时而加冕、时而被批的局面,但由于在这次会议上对粗暴打击知识分子的做法给予严厉的批评,确实使知识分子几年来被压抑的情绪舒缓了许多,一直悬着的心终于放了下来,他们似乎觉得周围变得一片光明,祖国的前途充满了希望。

此时的季羡林也莫不如是。而且,他还一直保持着 1956 年入党后"红色专家"的美誉,因此在 20 世纪 60 年代初的四五年中,他心情舒畅,劲头儿十足。他曾经在文章中写道:

> 到了 1962 年,人们的头脑似乎清醒了一点,政策改变了一点,对知识分子的政策也开始有点落实。广州会议,周总理陈教副总理脱帽加冕的讲话像是一阵和煦的春风,吹到了知识分子的心坎里,知识分子仿佛久旱逢甘霖,仿佛在狂风暴雨之后雨过天晴,心里感到异常的喜悦,觉得我们国家前途光明,个人如处春风化雨之中。
>
> 我算是知识分子之一,这种春风化雨之感也深深地抓住了我,在我灵魂深处萌动、扩散,让我感到空前的温暖。

的确,季羡林受到党组织和群众的高度信任和拥护。1962 年 3 月,他是北大选出的出席北京市党代会 12 名正式代表之一,1964 年第三次连任全国政协委员。除了担任中国文字改革委员会委员外,他还担任中国亚非团结委员会委员、中国亚洲非洲团结委员会委员、中国亚非学会理事兼秘书长、中国作家协会理事等职务。除了作为中国代表团成员访问过印度、民主德国、苏联塔什干、缅甸外,他还应邀访问了伊拉克、叙利亚、埃及、阿尔及利亚、马里、几内亚等国家。在当时知识分子中,能够享此殊荣者毕竟是极少数。

季羡林在这种"春风化雨"的情势的感召下,从 1961 年开始直到"文革"爆发,又写出了 27 篇散文,将他在国内外所见、所闻、所思、所念、所感、所怀,以其生花妙笔,浓墨重彩地跃然纸上,抒发对国家、民族和人民的无限热爱的情怀。其中,他写于 1962 年 5 月的《春满燕园》如同一只报春的燕子,传递着春天来临的气息。

1962 年春天,季羡林接待外宾的任务非常繁重,每隔几天便到临湖轩去一趟。

那里挂着一张水墨印的郑板桥的竹子,上面题着一首诗:

> 日日红桥斗酒卮,
> 家家桃李艳芳姿。
> 闭门只是栽兰竹,
> 留得春光过四时。

季羡林非常喜欢这首诗的最后两句。他有时早到了,就一个人坐在客厅的沙发上细品诗意,悠然神往,觉得经过几年的运动,社会环境终于安定了,人们的心情舒畅了,这一切就像春天又回到了人间,真正是春色满寰宇,和风吹万里。于是,一篇美妙绝伦的文章便应运而生。

《春满燕园》是 20 世纪 60 年代季羡林散文的代表作。文章第一段写时令已是暮春,燕园花事渐衰,看来春天就要归去了。第二段说:"人们心头的春天却方在繁荣滋长。这个春天,同在大自然里的春天一样,也是万紫千红、风光旖旎的,但它却比大自然里的春天更美、更可爱、更真实、更持久。"第三段倒叙昨天晚上,一位年老的教师在灯下伏案工作的情景。第四段写今天早晨,校园里到处书声琅琅,图书馆里青年学生们全神贯注学习的情景。接着,他满怀深情地写道:

> 我很自然地就把昨天夜里的情景同眼前的情景系了起来。年老的一代是那样,年轻的一代又是这样,还能有比这更动人的情景吗?我心里陡然充满了说不出的喜悦。我仿佛看到春天又回到园中:繁花满枝,一片锦绣。不但已经开过花的桃树和杏树又开出了粉红色的花朵,连根本不开花的榆树和杨柳也满树红花。未名湖中长出了车轮般的莲花,正在开花的藤萝颜色显得格外鲜艳。丁香也是精神抖擞,一点也不显得疲惫。总之是万紫千红,春色满园。

他在文章的结尾写道:

> 这难道仅仅是我一个人的幻象吗?不是的。这是我心中那个春天的反映。

我相信,住在这个园子里的绝大多数的教师和同学心中都有这样一个春天,眼前也都看到这样一个春天。这个春天是不时间的。即使到了金风送爽、霜林染醉的时候,到了大雪漫天、一琼瑶的时候,它也会永留心中,永留园内,它是一个永恒的春天。

季羡林呼唤着永恒的春天,憧憬着永恒的春天。他愿把自己的学识和心血全部奉献给这个美丽的春天!

季羡林对自己的这篇散文也很满意,他说:"这是我比较喜欢的一篇东西,一写出来,我就知道,我个人感觉,它的优点就在一个"真'字。"

果然,(春满燕园)一发表,就获得了好评和强烈的反应。季羡林的学生给他写信,称费这篇散文。许多中学和大学课本选它做教材。在此后几年时间里,每年秋天接待新生人学时,好多学生告诉季羡林,他们在中学里读过这篇散文。笔者便是在这篇散文的感召下,报考北大,迈进春光明媚的燕园。

然而,就是这篇散文竟使季羡林在"文革"中招惹了麻烦。有一天,他到东语系学生住的四十楼去看大字报,有一张大字报正是批判他的散文《春满燕园》。在贴大字报的"小将"心中,春天就象征资本主义,歌颂春天就是歌颂资本主义,季羡林对此大惑不解,心里感到非常憋气。是呀,就连他的老朋友、著名诗人威克家,不是也写过"我爱生活。我爱人生。我爱春天。春天,给生命带来了活力;春天,给人类带来了希望"的诗句吗? 为什么古今中外的人士无不欢迎的象征生命昭苏的明媚的春天,会单单是资本主义的象征呢? 于是,他不由自主地哼了一声,就是这一"哼",竟然像他在南口参加"四清"时对姚文元《评新编历史剧〈海瑞罢官〉》表示不满一样,被隐藏在他身后的人记在心上,等他后来跳出来反对"老佛爷"聂元梓时,成了批判他的一颗重型炮弹。

话题拢回。这种春天的感觉不久便烟消云散了。如同 1956 年对知识分子政策的调整一闪而过,转瞬即逝,1962 年对知识分子"脱帽加冕"的说法过了半年便变了味儿。风云激荡,山雨欲来,这一年的 9 月 24 日至 27 日,中共八届十中全会在北京召开,毛泽东在会上作了《关于阶级、形势、矛盾和党内团结问题》的讲话,"千万不要忘记阶级斗争"的口号随即响遍神州大地。季羡林在《春满燕园》中呼唤着的憧憬着的永恒的春天终究没有常驻人间。从此时起,一直到"文革"爆发,全国处处以阶级斗争为纲,使得人心惶惶,人人自危。尤其上面说"三分之一的政权不在马克思主义手里",更加骇人听闻,令人发指。于是,一场大规模的"社会主义教育运动"在全国轰轰烈烈地开展起来。季羡林在"社教"运动中,一改过去运动中受教育、被改造的角色,受到组织的信任和重用,成为积极分子和工作组领导,正如他所说"我也惜惜懂懂地参加了整人的行列"。这是后话,下文再谈。

朗润园的家

正当全国人民遭受"三年自然灾害"的时候,季羡林远在济南的夫人和婶母的情况如何呢? 季承曾经回忆说:"北大食品极度匮乏,叔祖母和母亲在济南也是处于半饥饿状态,挣扎过活……"

1961年,季羡林的夫人彭德华和婶母终于来到了北京。这是季羡林回国后时隔十五年最后与家人团聚,其时他已届天命,终究知道应该过家庭生活了。北大分给他后湖岸边朗润园十三公寓的一套四居室的房子,季羡林与夫人在这里一直住了四十多年。从此,朗润园的家充满了温馨与和谐,成为宁静的港湾,季羡林对此感到很满足。他曾津津乐道地说:"我过单身汉生活数十年,现在总算是有了一个家。这也是德华一生的黄金时期,也是我一生最幸福的时候。我们家里和睦相处,你尊我让,从来没有吵过嘴。"他还如此描述过他的夫人:

> 德华天资不是太高,只念过小学,大概能认千八百字……她没有给我写过一封信,她根本拿不起笔来。到了晚年,连早年能认的千八百字也都大半还给了老师,剩下的不太多了。因此,她对我这一辈子搞的这一套玩意儿根本不知道是什么东西,有什么意义。她似乎从来也没有想知道过。在这方面,我们俩毫无共同的语言。

然而,说真的,唯其身边有这样一位老伴,才更有利于季羡林成为一位名人,一位著名的学者。

　　20世纪80年代初,笔者在北大进修住在北大北招待所,离季家近在咫尺。每天早晨,笔者站在窗前都会看见季羡林夫人手拿一个布口袋,到"一体"附近的按门外采购食品。老人家有时走累了,就坐在后湖边的石凳上歇一会儿。笔者心想:这样的活儿季羡林能做吗?有一次,笔者到季家闲坐,亲眼看到饭后夫人给他端来一杯热茶。笔者心想:季羡林有这样的夫人,应该知足呀!那时,我听说季羡林每日起得很早,伏案写作,有一次便起早来到他的屋前,果然看见里面亮着灯光。正如张光璘在《季羡林先生》一书中描写道:"他工作三四个小时之后,窗外渐渐亮了起来,黎明来了。他抬起头来,透过玻璃窗,往远处望去,东方的天空已是一片青白,朝霞正在慢慢地散开,博雅塔的身影清晰可见。往近处看,窗前的白玉兰正含苞欲放,湖岸物枝提曳,湖中碧波荡漾。间或有散步的老人从窗前走过,或者晨练的年轻人跑过,传来咚咚的脚步声。这时,房门轻轻地打开了,老伴来招呼他,早饭已经做好。于是,他放下笔,来到隔壁的大屋,坐在八仙桌前吃早饭。早饭极简单:一杯热茶,几片烤馒头片,一碟炸花生米。吃完早饭,他便提着那个用了几十年的人造革书包,走出家门,沿着西侧的一条小路,向外文楼走去。"

　　正是因为有这样的老伴,季羡林才能"饭来张口,衣来伸手",一头扎在书堆里,专心致志、全神贯注地搞他的那套玩意儿。再说,还是再说,凡是到过季家的人都知道,几近半个世纪,那屋子从来也没装修过,所有家具一仍旧贯。想想看,那是一级教授呀,即使季羡林不是那种追求时髦的人,那他夫人呢?笔者心想:要是搁别人,屋子不知要装修多少次,家具不知要换多少回了!尤其,在生死攸关的"文革"中,季羡林的夫人又给他多少精神安慰和生活关心啊!这是其他人无法替代的。当然,季羡林把节省下的时间用于教学和科研上,把分内的事做好,这就是他对家庭的最大的担当,他的家人对此也会感到理解和欣慰。

　　总之,季羡林应该为有这样温柔而贤惠的夫人感到幸福,应该为有这样温馨而和谐的家庭感到满足。

　　说到这儿,有人似乎会提出这样的问题:既然如此,季羡林何不早点儿将夫人接来北京呢?

　　季羡林逝世后,社会上对他的"夫妻感情""家庭情结"有种种猜测、疑问和议论,笔者觉得这是很正常的;同时发现很多人对此能够做出入情入理的评判,这正好应了"人同此心,心同此理"这句话。笔者认为,对季羡林生前这方面的议论应该采取全面的、客观的、宽容的态度,否则就没有什么实际意义了。

季羡林迟迟没有将济南的家人接来北京,笔者认为:

首先,季羡林回国后踌躇满志,雄心勃勃,他的精力完全用在工作上。十年留德,独闯天涯,他已经锻炼出独立生活的能力,习惯于自由自在独来独往地搞学问的环境。他的想法是,只要按时给家里寄钱,假期里回去看看,就算尽到了责任和义务,也心安理得了。季羡林的祖父1955年去世,在此之前他是不可能将祖父接来北京的,因为他与祖父的脾气不相投合,虽有养育之恩,但有龃龉之嫌。还有,1951年和1952年季羡林的女儿和儿子分别考到天津和北京上大学,直到1955年下半年才毕业从事工作。据季承说:"那时父亲虽然已经是大学正教授,但工资也不过100多元。"可能是季羡林从1956年第二次评工资后待遇才涨上去,而在此前担负养家糊口和培养孩子读书,使他在经济上感到吃紧,生活并非富足,倒不如这样两地生活下去,暂时维持,到时候再说吧。所以,季羡林迟迟没有让家人来京,自然有他个人的种种考虑,也就是说,不接有不接的理由。

其次,新中国成立后一个接着一个的政治运动,也使季羡林不想让家人跟他一起遭罪。眼不见为净,到时候只要向他们报个平安,也就不会太惦记了。那时他还年轻,小时的经历,异邦的磨练,已锻炼出他吃苦的能力,有困难咬咬牙就过去了,与其全家吃苦,不如一个人撑着。20世纪50年代,他的儿子、女儿和外甥女都来京亲眼看见他在中关村公寓过着的那种形单影只的生活,真就是糊弄着过日子,但他仍然坚持着。说他们夫妻感情不和,不愿意走到一起去,笔者无权做这种猜测,毋宁相信季羡林自己反复说的,他也是一个性情中人,有七情六欲,甚至感情超过了需要。

最后,季羡林在天命之年把夫人和婶母接来北京,那时他夫人已经五十五岁了,季羡林十八岁结婚,两人已是老夫老妻了。在那全国挨饿的时候,有难同当,季羡林再不这样做那真说不过去了,已经成人的儿女也不会答应。正如季承所说:"我于1961年把叔祖母和母亲接到北京,就住在中关村我的宿舍里,我同时给北大校长陆平写了一封信,请求组织上批准将叔祖母和母亲的户口迁到北京,让她们和父亲团聚。陆平校长非常重视,很快就写报告给北京市委,彭真书记也迅速地批准了北大的报告。于是,叔祖母和母亲就回济南搬家,不久就到北京和父亲团聚了……"儿子替老爸老妈主动办了这件好事,当然是尽孝心,也很正常。季羡林全家团聚后,确实充满了温馨与和睦。正如季承所说:"我们家度过了1962年、1963年两年的平静生活。国家落实知识分子政策,给父亲带来了相对的平静。父亲忙着他的著述和各种社会活动。对他来说,这是一个难得的机会。我和姐姐则开始了为维护这个家庭的默默努力……我们那时的工资只有几十块钱,父亲的工资则是我们的十多倍,我每月都要给叔祖母和母亲一些零用钱,姐姐则给他们添置一些衣物……父亲一家的日子过得还是非常和谐温馨的。每个星期天中午,总有一顿团聚的午餐……当然,父亲有吝啬的一面,也有浪漫大方的一面,他每逢'五一"十一"春节'总要邀请在北京舞蹈学院工作的五舅、舅妈和我们全家一起郊游,吃大餐……我们几乎玩遍了北京各处景点,如故宫、天坛、颐和园、动物园、大觉寺、樱桃沟、八达岭等,吃遍了多处著名餐馆,如东来顺、全聚德、翠华楼、莫斯科餐厅等……"

　　至于季羡林与夫人团聚后的三十余年朝夕相处的情景,笔者作为先生的弟子,只能从外表的观察和读他的一些谈及家庭生活的文章中得以了解。这种外表的观察是肤浅的,片面的,季羡林的文章则是真实感情的流露,请看他在一篇文章中这样写道:

　　　　在家庭中,我这种煞戏的感觉更加浓烈。原因很简单,必然是因为我认为这一出戏很有看头,才不希望它立刻就煞住,因而才有这种浓烈的感觉。如果我认为这一出戏不值一看,它煞不煞与己无干,淡然处之,这种感觉从何而来?过几年,我们家屡遭大放。老祖离开我们,走了。女儿也离我而去。这在我的感情上留下了永远无法弥补的伤痕。尽管如此,我仍然有一个温馨的家。我的老伴、儿子和外孙媳妇仍然在我的周围。我们和睦相处,相亲相敬。每一个人都是一个最可爱的人。除了人以外,家庭成员还有两只波斯猫,一只顽皮,一只温顺,也都是最可爱的猫。家庭的空气怡然,垂然。可是,前不久,老伴突患肺溢血,住进医院。在她没病的时候,她已经不良于行,整天坐在床上。我们平常没有多少话说。可是我每天从大图书馆走回家来,好像总嫌路长,希望早一点到家。到了家里,在破藤椅上一坐,两只波斯猫立即跳到我的怀里,让我接它们睡觉。我也联上眼睛,小憩一会儿。睁眼就看到从窗外流进来的阳光,在地毯上流成一条光带,慢慢地移动,在百静中,万念俱息,怡然自得。此乐实不足为外人道也。然而老伴却突然病倒了。在那些严重的日子里,我从大困书馆走回家来,我在下意识中,总嫌路太短,我希望它长,更长,让我永远走不到家。家里缺少一个虽然坐在床上不说话却散发着光与热的人,我感到冷清,我感到寂寞,我不想进这个家门。在这样的情况下,我心里就更加频繁地出现那一句话:"这一出戏快煞戏了!"但是,就目前的情况来看,老伴虽然仍然住在医院里,病情已经有了好转。我在盼望着,她能很快回到家来,家里再有一个虽然不说话但却能发光发热的人,使我再能静悄悄地享受沉静之美,让这一出早晚要煞戏的戏再继续下去演上几幕。

在此,让我们怀着一颗美好而虔诚的心,祷祝季羡林与夫人在另外的世界里,长相厮守,永不分离!

十年学术研究成果来之不易

从1957年至1966年的十年中,虽然经历了"反右""大跃进"反右倾"社教"直到"文革"爆发,耗费了大量的宝贵光阴,但是季羡林仍然搞出了一些学术研究成果,那都是在运动的夹缝中挤出来的,非常不容易。这些学术研究成果共包括三个方面:

1. 出版了两部专著,即《中印文化关系史论丛》(人民出版社,1957年5月)和《印度简史》(湖北人民出版社,1957年5月)。

《中印文化关系史论丛》主要收入1946年至1956年的作品,本来不属于本节叙述的范畴,但因为是于1957年出版的,所以在此略提一笔;同样,《印度简史》完成于1956年,出版于1957年,在此也略提一笔。《印度简史》简明扼要地介绍了印度历史,根据当时出书要求"厚今薄古",对印度古代史写得很简单,重点介绍了印度近现代史,这对季羡林真是勉为其难,因为他所研究的梵文和巴利文是印度的古文字,让一个搞古文字的人来写近现代史,实属风马牛不相及。

2. 出版了两部译作,即《五卷书》(人民文学出版社,1959年10月)和《优哩婆湿》(人民文学出版社，1962 年 12 月)。

《五卷书》是一部印度古代寓言故事集。该书序言称，南方一个国王的三个儿子"笨得要命"，"对经书毫无兴趣"，婆罗门老师采用讲故事的方式，在 6 个月内把"修身处世的统治论"教会了王太子。老师讲的故事共分 5 卷。第一卷《朋友的分裂》，讲述鲁王狮子与牛为友，狮子的两个臣仆豺狼罗吒迦和达摩那迦遭到疏远，于是达摩那迪施离间计咬使狮王杀死了牛；第二卷《朋友的获得》，讲述乌鸦、老鼠、乌龟和鹿结为朋友，互助合作，躲过猎人的追捕；第三卷《乌鸦和猫头鹰从事于和平与战争等等》，讲述乌鸦和猫头鹰结怨，乌鸦族的一位老臣施苦肉计打入猫头鹰巢穴，里应外合，全歼猫头鹰族；第四卷《已经得到的东西的丧失》，讲述猴子与海怪为友，海怪的老婆想吃猴子心，猴子施计脱险；第五卷《不思而行》，讲述理发师贪财，鲁莽行事，犯下死罪。上述五卷讲述的主干故事通过主人公之间的对话，又插入各类故事 80 余个，借以传授印度婆罗门教的"正道论"和"利论"、即广义的统治论，同时也不乏明显的伦理道德和为人处世的道理。

据季羡林评论，《五卷书》通过波斯文和阿拉伯文的译本传入欧洲后，"在几百年之内，欧洲古今所有的语言几乎都有译本，有的语言前后翻译竟达六七次之多，可见其吸引力之广，受欢迎程度之高。有人甚至说，在世界上所有的著作中，《五卷书》译本数量之多仅次于耶教的《圣经》。19 世纪德国著名学者 Theodor 几乎是穷毕生之力，追踪此书传播发展的轨迹，从而建立了一门新学问叫作'比较文学史'，实际上就是后来发展起来的比较文学的前身"。20 世纪三四十年代中国翻译出版了《五卷书》，但并非由梵文原著译出，而是译自英文译本。季羡林第一次用梵文译出，译文准确，语言优美，深受读者的喜爱。笔者的一些同事曾说，他们认识季羡林正是从读《五卷书》开始的。

《优哩婆湿》是印度古代著名诗人迦梨陀娑的另一部名剧，季羡林从梵文原著直接译出。剧中故事情节是：国王补卢罗婆娑从恶魔计身手里救出天宫歌伎优哩婆湿，二人一见倾心，彼此产生了强烈的爱情。国王回宫以后，朝思暮想，优哩婆湿回到天上，也是念念不忘。她偷偷地同女友质多罗离迦离开天宫，来到人间，到国王花园里去看他。优哩婆湿施隐身术把身子隐藏起来，偷听国王同丑角的谈话，还写了一首情诗送给他，又派质多罗离迦去和国王见面，最后，她收起隐身术和国王相见。

恰在这时,老天爷因陀罗派人找她回天宫演戏。优哩婆湿快快回到天宫,由于心不在焉,在演出时念错了台词,把剧中人物补罗输陀摩的名字念成了补卢罗婆婆。她的师傅罗多很生气,把她痛骂一顿,赶下天宫。因陀罗对她发了慈心,告诉她:她什么时候看到亲生儿子的面孔,就能再回到天上。她下凡后同国王住在一起,王后最初有些嫉妒,后来也就无可奈何地容忍了。有一天,国王带优哩婆湿出游,国王老是看一个女妖,优哩婆湿很嫉妒,忘记了一个禁忌,走入了鸠摩罗林里去,她的脚刚一踏入,立刻变成了一株蔓萝。国王见不到她,十分着急,在林子里东找西找,对孔雀、杜鹃、蜜蜂、大象倾诉自己的心情,打听优哩婆湿的下落,可是毫无结果。最后他捡到了一块红宝石,用它一碰那株蔓萝,优哩婆湿立刻恢复原形。他们回到宫中,一只老鹰叼走了那块红宝石。有一个少年用箭射中了老鹰,这个少年就是优哩婆湿的亲生儿子。优哩婆湿不愿意回到天宫,所以她不敢和儿子见面,就把儿子寄养在一个女苦行者家里。女苦行者把儿子送来,优哩婆湿又悲又喜。悲的是要回到天宫去,喜的是见了儿子。恰在此时,因陀罗派那罗陀下凡告诉她,她可以和国王白头偕老,不必急着回天宫去。于是皆大欢喜。

据季羡林考证,这个故事不完全是迦梨陀娑创作的。天女优哩婆湿和国王补卢罗婆婆的故事是印欧语系流传最广的最古老的爱情故事,有长期演变的历史;在迦梨陀娑之后,这个故事的演变仍在进行。这属于比较文学的研究课题。

季羡林第一次从梵文原著译出迦梨陀娑的《沙恭达罗》和《优哩婆湿》两部名剧,是中国翻译史上破天荒的大事,为中印文化交流做出了杰出的贡献。

3. 写了十五篇论文。

《试论1857年—1859年印度大起义的原因、性质和影响》1957年是印度民族大起义百年纪念,季羡林为此写了这篇论文,发表于《历史研究》1957年10月号。后来这篇论文扩大成了专著《1857年—1859年印度民族大起义》(人民出版社,1958年3月)。在论文中,季羡林利用了新学到的辩证法和历史唯物主义的知识,对这次大起义提出了一些新的看法。

《中国纸和造纸法最初是否由海路传到印度去的?》1954年,季羡林写的《中国纸和造纸法传入印度的时间和地点问题》一文中,认为中国的纸是由陆路传入印度的,后来有人反对这种说法,主张是由海路传入印度的。为了回应此说,1957年季羡林再次提文,列举了大量论据,论证"海路传入说"之不当。这篇论文收入《中印文化关系史论丛》。

《印度文学在中国》这篇文章是季羡林根据平时阅读时所做的笔记,加以整理,按时间顺序排列写成的。他在题目中用了"文学"这个词,这是广义而言,童话、神话、小故事以及真正的文学作品都包括在内。文章用大量事实论证了印度文学通过各种渠道传入中国,以及对中国文化的影响。这其实是一篇比较文学的论文。

这篇文章虽然写于1958年,但是由于个别领导受极"左"思潮的干扰,未能同意和批准发表,一直到1982年5月收入生活·读书·新知三联书店出版的季羡林《中印文化关系史论文集》一书。在此期间,他还写过两篇文章《泰戈尔与中国——纪念泰戈尔诞生一百周年》和《泰戈尔的生平、思想和创作》,也同样遭到"枪毙"的命运。

《再论原始佛教的语言问题》这是一篇论争性的学术论文,发表于《语言研究》1958年第1期。季羡林就"混合梵语的佛典语言"问题,与美国梵文学者弗兰克林·爱哲顿(Franklin Edgerton)展开了一场论争,这是其中的一篇论文。论争的焦点仍然是季羡林在德国时发表的论文中提出的"语尾 –am>o 和 u"的问题。

《泰戈尔短篇小说的艺术风格》这篇文章对泰戈尔短篇小说的艺术风格,提出了颇有新意又很有见地的看法。因为运气比较好,写好后立即发表于《光明日报》1961年5月15日。

《五四运动四十年来中国关于亚非各国文学的介绍和研究》和《最近几年来东方语文研究的情况》这两篇文章严格说来算不上是学术论文,因为文章的内容以资料为主,没有多少分析和论证,但是这些材料很有用,搜集时下过比较大的功夫。这两篇文章分别发表于《北京大学学报》1959年第2期和《中国语文》1958年6月号。

《〈优哩婆湿〉中译本前言》和《关于优哩婆湿》季羡林于1962年翻译了迦梨陀婆的剧本《优哩婆湿》。这两篇文章是关于《优哩婆湿》的评介,收入人民文学出版社出版的中译本《优哩婆湿》。

《古代印度文化》这篇论文比较全面地介绍了印度古代文化的辉煌成就,包括文学、艺术、哲学、法律、天文、数学、医学等方面,发表于《历史教学》1962年第10期。

《〈十王子传〉浅论》《十王子传》是一部著名的印度古典小说,在印度国内受到重视,欧洲许多国家也有译本,但中国读者并不熟悉。论文对这部古典小说作了详尽的介绍与分析,发表于《世界文学》1963年5月号。

《关于巴利文〈佛本生故事〉》季羡林曾经选译一些巴利文"佛本生故事",在给学生讲授巴利文时,又选用《佛本生故事》原著作教材,这是一篇关于巴利文《佛本生故事》的论文。"佛本生故事"即释迦牟尼前生的故事,实际上绝大部分是寓言、童话等文学类作品,是佛教徒为宣传教义用的。它最初产生于印度,但随着小乘佛教的传布,后来在斯里兰卡、缅甸、泰国、老拉、柬埔寨等国广为流传。这些故事随着汉译《大藏经》传入我国,如《撰集百缘经》《贤愚经》《杂宝藏经》等经书里的故事即是。这篇论文发表于《世界文学》1963年5月号。

《原始佛教的历史起源问题》这篇论文从经济、政治、思想等方面,论述了原始佛教起源于印度的原因,发表于《历史研究》1965年第3期。

经过二十年(1946—1966)的学术研究,季羡林已经大大超出了他的老本行——梵文和吐火罗文,使其研究对象扩展到印度历史文化、中印文化关系、佛教、比较文学和民间文学等等。其中原因上文已经说过,主要是他回国以后缺乏梵文、吐火罗文的资料,难以继续深入研究。他的这种扩大研究范围的做法,开始是不得已而为之,后来逐渐在新开辟的领域取得了很大的成绩。到了20世纪60年代,季羡林已经不仅仅是一位语言学家,还是比较文学、印度学、佛学等方面的专家,以及翻译家,成了一个名副其实的"杂家"。在以后的岁月里,季羡林又继续沿着这条"杂家"的道路继续走下去,而且越走越"杂",终于在众多的学术领域内取得了辉煌的成就。

上文说过,在此期间季羡林写的三篇论文给"枪毙"了,在一般人看来,无论如何也挑不出这三篇文章有何问题。

第一篇《印度文学在中国》写于1958年1月10日,是一万多字的论文。首先,文章全面、系统地论述了两千多年来印度文学对中国文学的影响,其中包括屈原的《天问》,《三国志·魏书》中的"曹冲称象"故事,六朝志怪,唐传奇、变文、柳宗元的《黔之驴》,元杂剧和明代吴承恩的《西游记》等,从题材或结构上都直接或间接地接受到印度文学的影响,论据确凿,论证严谨,无懈可击。接着,文章又介绍了近代以来印度大诗人泰戈尔的作品对中国的影响,还介绍了泰戈尔1924年访华的盛况。最后,文章谈到印度现代作家普列姆昌德、钱达尔、安纳德等人的小说在中国的传播,以及印度电影《两亩地》《流浪者》在中国受到热烈欢迎的情况。

第二篇《泰戈尔与中国——纪念泰戈尔诞生一百周年》写于 1961 年 2 月 21 日,是为了纪念泰戈尔诞生一百周年而写的,是一篇两三万字的长文。文章主要论述了泰戈尔与中国的关系,包括泰戈尔论中国文化和中印关系、泰戈尔访问中国、泰戈尔对中国抗日战争的支持、泰戈尔对东方文明和中印友谊前途的望等。

第三篇《泰戈尔的生平、思想和创作》也写于 1961 年,与前文不同的是,它主要对泰戈尔的思想和作品进行了详尽的分析,并提出了自己的看法。

为何"枪毙"三篇文章

明眼人一看便知,以上三篇文章之所以被"枪毙"了,其原因正出在泰戈尔身上。

20 世纪 60 年代初,极"左"思潮泛滥,文化部门的领导对西方十八九世纪的著名作家,包括俄罗斯的著名作家在内,都挥舞"千钧棒"大肆批判而毫不留情。举例来说,上海作协在批判蒋孔阳、钱谷融的人性论、人道主义的同时,对所谓 19 世纪的外国资产阶级文学也进行批判,整整开了四十九天会,还发动他们所在的复旦大学、华东师大的师生大张挞伐,最后连同托尔斯泰等人一起被批"倒"了。然而,当此动辄得咎、人人自危之时,印度的泰戈尔却是幸运的,他不但没有遭到批判,还被出版了作品集。

1961 年是泰戈尔诞生一百周年,各国都开展了纪念活动。人民文学出版社也出版了一套十卷本的《泰戈尔作品集》。季羡林参加了这项工作,他后来回忆说:

> 为什么叫《奉戈尔作品集》这个名字呢?为什么不顺理成章地称之为《泰戈尔作品选集》呢?主其事者的一位不大不小的分管意识形态工作的官员认真地说:"'选'字不能用!一讲'选'就会有人选。谁敢选肯选泰戈尔的作品呢?"最后决定用《作品集》,仿佛这些译成汉文的奉戈尔的作品是从石头缝里蹦出未的,没有任何人加以挑选。这真是掩耳盗铃,战战兢兢,如临深履薄之举,实在幼稚可笑。

季羡林提到的这位不大不小的分管意识形态的官员，正是当年在文坛上翻云覆雨、叱咤风云的极"左"人物，他所以不敢也不肯选泰戈尔的作品，正是因为在泰戈尔的作品中，除了有反帝反殖民者的"金刚怒目"一面，还有赞扬母爱、童心、人类之爱的"菩萨慈眉"一面。当此阶级斗争天天讲、月月讲、年年讲的时候，报刊上正在大张旗鼓地批判"资产阶级人性论、人道主义"，西方作家莎士比亚、罗曼·罗兰、俄国作家托尔斯泰、苏联作家肖洛霍夫都成了批判"人性论""人道主义"的靶子，谁敢去选泰戈尔的作品，不是惹火烧身自蹈死地吗？

其实，泰戈尔的作品集也好，作品选集也好，反正都无伤大雅，对他还是开了绿灯的。因为泰戈尔毕竟是泰戈尔，他不仅是亚洲第一位诺贝尔文学奖得主，其作品长期受到中国读者的喜爱，广为流传，弥久不衰，而且他对中国怀有一种特殊的感情，是中国人民的好朋友。他年轻时就写文章痛斥英国殖民者在中国推行鸦片贸易的罪行。1924年他为了寻求友谊，不顾年迈体衰，远涉重洋来中国访问，历时五十天，兴致勃勃地访问了半个中国。回国后他在自己创办的国际大学里增办了中国学院。1937年日本帝国主义发动侵华战争时，他写诗怒斥日本侵略者的暴行，并且在给日本所谓"爱国诗人"野口米次郎的著名公开信中，义正词严地谴责日本军国主义制造的侵华谬论。由于上述原因，1956年周恩来总理访问印度时，亲笔为国际大学题词，其中写道：

> 泰戈尔是伟大的诗人、哲学家、爱国者、艺术家，深受中国人民的尊敬。泰戈尔对中国的热爱，对中国人民民族解放斗争的支持，会永远留在中国人民的记忆中。

对于这样一位既宣扬"人类之爱"，又是中国人民的好朋友的外国著名作家，即使是奉行极"左"路线的权威，也不知如何是好，于是想出一招儿，只能出版泰戈尔的作品集，这样就不会捅出娄子；如若加上一个"选"字，或对泰戈尔及其作品进行代表个人观点的评论，则会犯上作乱，必将严加禁止或"封杀"。这也正是季羡林的文章不能发表的原因之一。

另一个原因是，1924年泰戈尔访华一事，似乎仍然触及当时文化界领导的神经，成了他们十分敏感而棘手的问题。20世纪20年代,中国文坛上正开展一场所谓"新文化阵营同封建复古派、资产阶级右翼文人的斗争"。"新文化阵营"主要指左翼作家;"封建复古派"指以胡先啸、梅光迪、吴宓为代表的"学衡派",以章士钊为首的"甲寅派",以张君劢、辜鸿铭为首的"玄学派":"资产阶级右翼文人"指"现代评论派"的胡适、徐志摩、林长民等。泰戈尔当然不知道中国文坛上的这场斗争,他只是为了寻求友谊、膜拜中国古老文化而来。他在中国访问期间一直由徐志摩、林长民等人接待。泰戈尔访华成了当时轰动一时的大事,报刊上天天在头版登载他的行踪,发表有关他的评论。正因为泰戈尔的思想既有"金刚怒目"的一面,又有"菩萨慈眉"的一面,因此当时中国思想文化界对他这次访华便形成了三种截然不同的态度:欢迎、反对、利用。"现代评论派"持欢迎态度,并且宣传泰戈尔是"爱的象征",是来传播"爱的福音"。"新文化阵营"则持反对态度,瞿秋白、郭沫若、茅盾、冯乃超等人都曾著文委婉地批评泰戈尔的思想和作品。"封建复古派"则利用泰戈尔访华为自己张目。由于这种错综复杂的关系,泰戈尔访华便成为中国现代文学史上的一件大事。应该说,泰戈尔这次访华是"不适时宜"的,正如鲁迅所说"印度诗圣泰戈尔先生临中国之际,像一大瓶好香水似的很熏上了几位先生以文气和玄气",而泰戈尔本人则"被带印度帽子的震旦人弄得一塌糊涂,终于莫名其妙而去"。

20世纪60年代初,泰戈尔访华时上述对立两派的代表人物大都健在,尤其当年的左翼作家则已位居要津,掌管着意识形态领域的大权,他们对三十多年前的那场斗争记忆犹新。季羡林文章的一个重要内容正是介绍和评论泰戈尔访华这件事,如此看来遭到"封杀"也就自在情理之中。

季羡林这三篇与泰戈尔有关的文章,尘封了二十多年后于20世纪80年代初重见天日,分别收入《中印文化关系史论文集》一书和发表在《社会科学战线》期刊上。值得庆贺的是,2000年12月河北教育出版社出版了《泰戈尔全集》,共24卷,约1000万字。至此,终于可以告慰这位中国人民的伟大朋友在天之灵。泰戈尔对中华民族的一往情深,中国人民是永远不会忘记的。而13岁便在济南目睹了泰戈尔并认为他一定是一位伟人的季羡林,也对印度民族一往情深,古稀之年他应印度朋友之邀,倾力译出了《家庭中的泰戈尔》一书。

"文革" 篇

现在，我们只能寄希望于那些受害者了。这些人是"童子何知，躬逢胜饯"。他们有幸成为一场空前的、千载难遇的悲剧的参与者。其中有一些"自觉与人民"者，无从追踪了。我们这一些厚着脸皮活下来的人，绝不应当错失良机，无所作为，否则就对不起这个上天的恩赐。

现在"棚友"马识途通知的《沧桑十年》可能就要问世了。马识途"棚友"的经历同我是不同的，它是老革命，是著名的作家。它在牛棚中的经历，同我大同而小异，殊途而同归。它肯写出来，对我来说，实如空谷足音。我翻看了它的原稿，觉得他的写法同我不完全一样，他写得更详尽，更质直，但是我们的目的却完全一样，是我们留给后代的最佳礼品。

季羡林

第四章 坠入炼狱

从"社教"到"文革"

1964 年冬天,北京大学开始进行"社会主义教育运动",简称"社教运动"。"社教"也叫"四清",即清政治、清经济、清组织、清思想。11 月,两百多人的"四清"工作队进入北大,队长是时任中央宣传部副部长的张磐石。对于"社教"运动,当时中央发的文件"二十三条"明确规定:"这次运动的重点,是整党内那些走资本主义道路的当权派。"究竟谁是"走资派"?像历次运动一样,工作队必须发动和依靠积极分子,"以阶级斗争为纲",先背靠背揭发"问题",然后把这些"问题"梳成辫子,目标集中到部分党员领导干部,这些人就成了"走资派",最后面对面开展批判斗争。东语系也进了工作组,组长是后来在暨南大学担任领导工作的一位姓罗的同志。工作组首先要组织积极分子队伍。在"左"的思潮影响下,虽然说是"有成分论,不唯成分论,重在政治表现",但成分即家庭出身,是一个重要的砝码;另一个重要砝码是政治历史。季羡林出身贫农,政治历史清白,有了这两条,再加上他在师生中口碑很好,于是便被工作组认定是积极分子,尽管他也属于当权派。

季羡林多年的搭档、系党总支书记贺剑城,还有副书记和党员副系主任,他们就没有这么幸运了。或者因为出身不好,或者因为有历史问题,或者被群众揭发出了什么问题,他们统统成了"走资派",变成这次运动的靶子。

工作队给北大的定性是"烂掉的单位"。校长兼党委书记陆平成了头号走资派。

党委书记6人有5人被斗,常委14人有11人被斗;东语系党总支负责人也被批判了13次。北大校园一时满城风雨,乌烟瘴气。教师和干部队伍分成了泾渭分明的"左派"和"右派",即整人派和挨整派。"左派"中有位校党委委员、哲学系党总书记聂元梓,是反对校党委、批斗陆平的带头人,后来成了"文化大革命"中的风云人物。

季羡林的情况怎么样呢? 在新中国成立后历次政治运动中,他是一个"跟跟派",他晓得自己政治水平不高,总是有一种"原罪"感,但认定响应党的号召,跟党走不会错。既已被指定为积极分子,尽管他对许多问题并不理解,可是仍然稀里糊涂地站在"左派"一边。他在《牛棚杂记》中提到自己当时的想法说:

> 我的水平奇低,也中了极"左"思想的毒,全心全意地参加到运动中来。越揭越觉得可怕,认为北大已经烂掉了。我是以十分虔诚的心情来干这些蠢事的,幻想这样来保卫所谓的革命路线。我是幼稚的,但是诚实的,确实没有存在什么个人考虑、个人打算。专就个人来讲,我同陆平相处关系颇为融洽,他对我有思而无怨。但是我一时糊涂蒙了心,为了保卫社会主义的前途,我必须置个人恩怨于度外,起来反对他。这就是我当时的真实思想。

运动进行到1965年1月,北京市委出来干预,说北大党委是共产党的党委,彭真亲自出马批评工作队,邓小平也批评了北大的"社教运动"。接着,在国际饭店开会为挨整的校系领导平反,工作队给北大的结论被推翻,张磐石被中央书记处撤销了工作队队长职务,跟着工作队跑的积极分子一个个泄了气,主动或被动检讨。北大像烙大饼一样,翻了一个个儿,说是群众运动,实际是运动群众,因为上头的情况,下头是弄不清的。季羡林这时候只好跟着检讨。最后,工作队领导班子全面改组,中宣部副部长许立群接任队长,北京市委书记处书记邓拓参加运动的领导,校党委书记陆平和副书记彭佩云、戈华也都参加了领导小组。

北大的"社教运动"就这样结束了。"社教"积极分子虽然挨了批评,做了检讨,但是相当一部分口服心不服。特别是聂元梓和哲学系的一些青年教师,依然认为北大党委执行了资产阶级、修正主义路线,对北京市委甚至中央书记处处理北大"社乳运动"、保护北大党委心怀不满,抵触情绪很大,伺机翻案。

国际饭店会议结束不久,1965年秋天季羡林又参加了另一次"社教",即被派到京郊南口村搞"四清",担任工作组副组长。组长是昌平县的一位干部,指导员是东语系总支书记贺剑城。他们互相配合融洽,合作愉快。他们办了几起案子,还抓了人,后来都平了反。这年冬天和第二年春天,季羡林都是在南口度过的。此时风声越来越紧,"文化大革命"已经迫近,而他却浑然不知。虽然天天学习,天天搞"阶级斗争",可他竟然没有一点儿政治敏感性。他心里又存不住话,不会韬晦,许多无意间说出的话竟被"有心人"记下来,后来成了打他的炮弹。比如,读了姚文元的《评新编历史剧〈海瑞罢官〉》,他说:"我根本看不出《海瑞罢官》同彭德怀有什么瓜葛。"读了姚文元的《评"三家村"——〈燕山夜话〉〈三家村札记〉的反动本质》,他更不以为然,别人回避犹恐不及,他却到处说:"三家村的三位作者我都认识,有的还可以说是朋友。吴晗是我的清华老同学。"

说到政治敏感性,季羡林但凡"聪明"一点儿,学习和借鉴一下别人的经验,也不至于招惹麻烦。比如,与他一起来参加"四清"的公安总队的一位陈同志,无论收到什么信都以火焚之,以免日后惹祸。可是,季羡林对此却大感不解,反其道而行之,平时"不但保留了所有的来信,而且连一张小小的收条等等微不足道的东西,都精心保留下来",结果"文革"中惹出了麻烦。这是后话,下文再谈。

当时,北京市被认为是一个"针插不进、水泼不进的独立王国",北大则被康生等人选定为攻打北京市委的突破口,也就是发动"文化大革命"的突破口。1966年5月,康生派他的老婆曹轶欧带领调查组进驻北大,名义上是调查学术批判的情况,实际上是来搞串联,伺机发难的。曹轶欧找到聂元梓等人,给他们看了尚未公开传达的《五一六通知》,于是聂元梓以为给北大"社教运动"翻案的时机到了。聂元梓约集几位哲学系的青年教师,抓住北京市委大学工作部副部长宋硕的一次讲话,开始起草向北大党委和北京市委发难的大字报。5月25日下午大字报出笼,题目是《宋硕、陆平、彭佩云在"文化大革命"中究竟要干些什么?》,署名是聂元梓、宋一秀、夏剑豸、杨克明、赵正义、高云鹏、李醒尘(后面的六位后来都与聂元梓分道扬镳了)。大字报贴出后,立刻引起极大的争议,少数人坚决支持,多数人强烈反对。由于长期受到党和毛泽东思想的教育,许多师生对身为党委委员的聂元梓带头反对党委感到不能容忍。当天夜里,华北局第一书记李雪峰来到北大,在党员干部大会上强调要遵守党纪国法和内外有别,康生则把大字报底稿报送到远在杭州的毛泽东那里。

6月1日,《人民日报》发表社论《横扫一切牛鬼蛇神》,这篇社论是经中央"文革"小组组长陈伯达修改定稿的,至此"文化大革命"全面展开。同日,毛泽东打电话给康生和陈伯达,下令广播聂元梓等人的大字报。第二天,大字报登上《人民日报》,还配发了评论员文章《欢呼北大的一张大字报》。聂元梓等人对反对这张大字报的人展开激烈反攻,学校党政领导、专家教授和一些无辜群众被当作牛鬼蛇神一批又一批揪出来示众,戴高帽子挂牌子游街,校园里大字报铺天盖地,观看者络绎不绝。张承先率领的工作组虽然进校,但难以控制局面,北大动乱已呈燎原之势。

6月4日,在南口参加"社教运动"的东语系师生接到通知:"立即返校,参加运动。"他们乘坐汽车一进校门,就发现校园里人山人海,热闹非凡。一下汽车,东语系总支书记贺剑城就被揪走,被拉到一个地方批斗去了,但却没有人来揪季羡林,他仍然是一个"自由人"。回校后,季羡林做的第一件事就是看大字报。他发现东语系的大字报主要针对两个人:一个是总支书记贺剑城,是钦定的"陆平黑帮""走资派";另一个是教梵文的金克木教授,他的罪名是"历史反革命"和"资产阶级反动学术权威"。当然,被炮轰挨火烧的不只这两人,还有一些人的名字也上了大字报,其中也有季羡林,说他"业务挂帅""智育第一""白专道路""修正主义",他的那篇散文《春满燕园》也"榜上有名",挨了批判,说是"歌颂资本主义",对此他既莫名其妙,又很不服气,随即哼了一声,结果惹出了大祸。

季羡林在"社教运动"中虽然是积极分子,但在师生中并没有"民愤",在以往运动中也没有得罪什么人,因此还没有被定为牛鬼蛇神,尚属人民内部矛盾。在一次基层选举中,公布的选民榜上也有他的名字。看到许多自己尊敬的老师被揪斗,许多自己熟悉的朋友被打倒,场面残忍而野蛮,他的心情是矛盾复杂的。一方面他难免物伤其类;另一方面他认为"文革"是为了"反修""防修",自己应该竭诚拥护、积极参加。可是,这一次他不可能成为积极分子了,而要认认真真地考虑自己的问题自己是什么问题呢? 他认为有两顶帽子是非戴不可的,一是"走资派",二是"资产阶级反动学术权威",按说,即使戴上这两顶帽子,也还是属于人民内部矛盾,可是广大革命群众究竟会怎样对待他呢? 他知道自己是泥菩萨过河,因此格外小心谨慎,对大字报只看不写,斗"黑帮"、轰工作组之类的活动概不参加,只是做一些为外地来京串联学生服务的工作,或者下乡帮助农民麦收。用他自己的话说,"文革"伊始他当了半年"逍遥派"。

这期间也发生过不少小插曲。一次,一帮"红卫兵"闯入季羡林家"破四旧",砸烂了他的一些心爱的小摆设,其中有惠山泥人大阿福。他们看到墙上的毛主席像一尘不染,问是不是新挂上去的,季羡林急中生智说:"我对领袖极其尊重,每天都擦拭一遍。"于是得以蒙混过关。还有一次,几个"红卫兵"演了一场恶作剧,勒令他交出人民币三千元,看他老实不老实。季羡林岂敢违抗,老老实实准时把钱送到指定地点,弄得"小将"们不知如何是好,其中一人说:"这都是人民的血汗,拿回去,不许随便乱花!"这真让人哭笑不得。

舍得一身剐

1967年夏秋之交,北大师生已经分为两派。在分裂之前的一个短时期内,北大曾有过一个大一统的局面。聂元梓由于得到江青、陈伯达、康生等人的大力支持,一时飞黄腾达,成为全国瞩目的中心人物,成了燕园的霸主,集党政大权于一身,为所欲为。

有压迫就有反抗。对于这样一个女人,有的学生逐渐感到不能忍受,于是在"新北大公社"之外,风起云涌,出现了大大小小的群众组织,大都自称为某某战斗队,命名几乎都取自毛泽东的诗词。至于战斗队的人数,大则几十人、几百人,小则十几人、四五人,据说还有一个人的战斗队。当时究竟成立了多少战斗队,谁也说不清楚。后来逐渐形成5个反对派组织:"红旗飘""东方红""井冈山""北京公社"和"新北大公社造反团"。8月17日,这5支队伍联合成立了"井冈山兵团",要求成立"革命委员会"取代"校文革"。于是,大一统的局面被打破,全校师生分成了两派:一派是正宗的、老牌的、掌权的"新北大公社",他们的口号是"老子铁了心,誓死保聂孙";一派是汇集众流、反抗"新北大公社"的"井冈山兵团",口号是"孙蓬一下台滚蛋,聂元梓靠边站"。这样就产生了一种新的"东西",叫作"派性"。派性一经产生,便表现出无比强大的生命力,如果谁有了派性,则亲不亲,派来分,朋友割席,夫妻反目,从北京到全国,莫不皆然。

　　两派的基本力量都是由年轻的教员和学生组成,都有各自的政纲,执行的都是极"左"路线,打、砸、抢、抄都干,不分彼此,难定高下。一个被诬蔑成有问题的教员或干部,两派都抓去批斗。批斗的方式也一模一样,都以打人为乐事。被打者头破血流,打人者嗜嘻哈哈。打人的武器颇具匠心,自行车链条,外面包上胶皮,打得再重,也不会把皮肉打破,不给人留下口实。"老佛爷"聂元梓经常打出江青的旗号,拉大旗,做虎皮,借以吓唬别人。对立面"井冈山兵团"也不示弱,同样打出江青的招牌。究竟谁是江青最忠实的信徒,谁也说不清楚。但是,两派之间有一个极大的区别:"新北大公社"有"校文革"支持,大权在握,作威作福,不可一世;而"井冈山兵团"则始终处在被压迫的地位,很容易引起一般人的同情。

　　斗争的焦点集中在争夺领导权上。"有了权,就有了一切",这是两派共同的信条。为了争权,为了独霸天下,就必须搞垮对方。这时,两派都各自占领了一些地盘。"新北大公社"占有整个北大,"井冈山兵团"只在学生宿舍区占领了几座楼,每一座楼成了一个堡垒,守卫森严。两派都制造了一些土武器,掌权的"新北大公社"财大气粗,把昂贵的钢管锯断,一头磨尖,变成长矛。这种武器虽然"土",但是对付手无寸铁的"井冈山兵团",还是绰绰有余。"井冈山兵团"也不肯示弱,拼凑了一些武器。据说两边还有研究炸药的人。在这剑拔弩张的情况下,两派发生过几次"武斗",地质学院附中学生温家驹和无线电系学生殷文杰就无缘无故地惨死在"新北大公社"的长矛下。

　　现在的北大世纪大讲堂当年是大饭厅,两派群众经常在此举行辩论会,主要领导人坐在台上。有一次,台上的"井冈山兵团"领导人中出现一位老者,吸引了人们的眼球,他就是著名的流体力学和相对论专家周培源教授。周培源身为北大副校长,在群众中有相当高的威信,是党中央明令要保护的少数几位专家之一。他是怎样参加"井冈山兵团"的? 原来,他不满于那位"老佛爷"的所作所为,逐渐流露出偏袒"井冈山兵团"的情绪,于是"新北大公社"就发动群众向他围攻,有的找上门去,有的打电话漫骂恫吓,弄得这位老先生心烦意乱。他本来没有参加"井冈山兵团"的意愿,但是万不得已,被通上了梁山,并被"井冈山兵团"选为总勤务员之一。现在,他也来到大饭厅参加这一场大辩论,成为坐在主席台上年龄最大的人。周培源的举动对季羡林影响很大,他在清华念书时就认识这位老先生,有时看见周先生伉俪在校园林荫路上走过。

辩论会上两派群众把大饭厅挤得水泄不通,辩论的题目很多,无非是自以为是,而视对方为非。这真正是你死我活的搏斗,但中间也不乏令人解颐的插曲。主斗者都是青年学生,还带着几分孩子气,他们的一些举动如同儿戏。有一次,辩论会正在激烈进行,两派群众唇枪舌剑,充满了火药味,恨不得喷出火焰焚毁对方。正当辩论到紧急关头,忽然从大饭厅屋顶的大木梁上,嘭的一声掉下来一串破鞋。"破鞋"是什么意思,大家都明白,那一位"老佛爷"就有这样一个绰号。群众先是惊愕,立刻转为哈哈大笑。辩论会只好潦草收兵。

当时全北京乃至全国的群众组织基本上形成了两大派,在北京叫"天派"与"地派"。每一派都认为对方是敌人,唯我"独革"。就连被派出来支"左"的军队,也搞不清楚谁是"左",谁是"右",甚至有的地方军队也分了派。

运动初期,原来的校系两级领导,除了极少数的几个"左派",全都"靠边站"了,季羡林也不例外。然而,他的"问题"应该不算是敌我矛盾,还算是"人民"。他深知这实在得之不易,所以下定决心,不参加任何一派,只做一个逍遥派。他不用教书,也不用写文章,有兴趣就看看大字报,听听辩论会,看起来优哉游哉,无忧无虑。

但是,校园里每天发生的事情无时不在刺激着季羡林。他是一个有知觉有感情的人,故作麻木状办不到;他又是一个嫉恶如仇的人,对坏人坏事绝不姑息迁就。在这种情况下,即使北大有一个避风港,他也钻不进去,命中注定要站在暴风雨中。

季羡林认为,对待群众的态度如何,是判断一个领导人执行不执行革命路线的重要标准,而偏偏在这个问题上,那个"老佛爷"背离了正确道路。她目空一切,对于胆敢反对她的人采取残酷镇压的手段,停职停薪,给小鞋穿,是家常便饭;令人发指的是,她任意宣布"打倒"某人,那人便立即成为敌人,然后格杀勿论,惨死在她的屠刀下。常言道:"天网恢恢,疏而不漏。""老佛爷"多行不义必自毙,最终逃脱不了法律的制裁,这是后话。

季羡林看了她对待群众的态度,心里愤愤不平,但他深知这位"老佛爷"心狠手辣,不敢冒同她为敌的风险,只好暂时韬晦,依违于两派之间。

然而,严酷的现实又不容许季羡林保持"中立"。上面要求成立新领导班子必须"老中青三结合",两派都不缺中青,唯独缺少有影响力的老干部,所以都努力拉拢教员和干部,特别是那些在群众中有影响力的教员和干部,以壮大自己的声势。为了拉拢干部,两派都组织了干部学习班。在前一阶段被打成"走资派"的干部,批斗了一阵儿,靠边站了,现在又变成"香饽饽",成了两派争取的对象。"新北大公社"和"井冈山兵团"都争着动员季羡林参加他们的学习班。季羡林想,如果到"井冈山学习班"去"亮相",那有极大的危险性:"新北大公社"毕竟是大权在握,人多势众,兵强马壮,而且又有那样一个心胸狭隘,派性十足的领袖,倘若得罪了她,后果不堪设想。迟疑了很久,季羡林还是参加了"新北大公社"的学习班。两派学习班的宗旨,从表面上看不出有什么差别,都拥护伟大领袖,竭尽全力向领袖夫人表忠心。

季羡林不善于隐瞒自己的观点,有话一吐为快。他直言不讳地说,应该正确对待不同意见的群众,不可以以势压人。这下子给他招来了麻烦,两派组织都采用车轮战术来拉他。"新北大公社"的学生找到他家,明白无误地说:"你不能参加'井冈山'!"甚至直截了当地提出警告:"当心你的脑袋!"还不断地给他打电话,劝说、警告、甜言蜜语、高声怒斥,可谓花样繁多,频率极高。季羡林不胜其烦,他发了牛脾气:"你越来逼我,我就越不买账。"

经过激烈的思想斗争,季羡林豁出去了,舍得一身剐,要把聂元梓拉下马!他决定"上山",并在日记中写道:"为了保卫毛主席的革命路线,虽粉身碎骨,在所不辞!"

季羡林就这样上了"井冈山",并立即被选为东语系"井冈山九纵"的勤务员。如同周培源一样,季羡林的举动在当时是非常少见的。

季羡林不再为参加哪一派而伤脑筋了,但却被卷入了派斗。他与同派的学生一起贴大字报,发表演说,攻击"新北大公社",抨击"老佛爷"。他自恃从来没有参加过国民党或任何其他反动组织,历史是清白的,认为"新北大公社"不一定敢"揪"他。

此时,那个"老佛爷"已经当上了"北京市革命委员会"副主任,炙手可热,趾高气扬。季羡林竟敢在太岁头上动土,她岂能善罢甘休?而且,此时形而上学猖獗,在对立派成员的言谈中、文章中,抓住片言只语,加以歪曲,诬陷罗织,无限上纲,就可以把他打成现行反革命。这样的形而上学再加上派性,确实能够杀人。对于这一点,季换林心里清清楚楚,所以,他自从"上了山"心里就像揣着十五只吊桶,七上八下。当时传言四起,一会儿说要揪他了,一会儿又说要抄他的家了。他在日记里几乎每一周都写上一句:"暴风雨在我的头上盘旋。"确实,暴风雨随时都会压下来的,把他压垮、压碎。炎炎的长夏,修淡的金秋,季羡林就是在这种简惕不安中度过的。

被打成"反革命"

1967 年 11 月 30 日深夜,季羡林服了安眠药正在沉睡,忽然被一阵异常激烈的打门声惊醒。他开了房门,闯进来六七条大汉,人人手持大木棒,威风凛凛,面如寒霜。他们都是"新北大公社"的铁杆儿。由于早有思想准备,季羡林并不吃惊,这叫"革命行动"嘛!

季羡林没有来得及穿好衣服,就被赶到厨房里,他那年近古稀的婶母和老伴,也被赶到那里,小小的厨房成了一家三口的囚室。此时正是夜深风寒,厨房里刺骨的过堂风吹得他们浑身打战。他们被禁止说话,厨房门口站着两个彪形大汉,手持大棒,正在监视他们。季羡林既不敢顽强抵抗,也不屑早躬屈膝请求高抬贵手,只是蜷缩在冰冷的地上,冷眼旁观,倾耳细听。他知道,一家人的性命就掌握在这些人手中。

季羡林看不到外面的情况,但耳朵是能听到的,只听到一大一小两间屋子里乒乒乱响,抄家的人正在挪动床桌,翻箱倒柜。他们愿意砸烂什么,就砸烂什么;愿意踢碎什么,就踢碎什么。遇到锁着的东西,一律不用钥匙,而用斧头,管你书箱衣箱,管你木柜铁柜,咔嚓一声,铁断木飞。季羡林多年来省吃俭用积攒的一些小古董、小摆设,灌注着他的心血,又多有纪念意义,在这些革命者眼中,却被视若草芥,顷刻被毁。这些人对抄家已经驾轻就熟,"横扫千军如卷席"。

楼上横扫完毕,一个姓王的学泰语的学生来要地下室的钥匙。原来他到季家来过,知道书都藏在下边。他要钥匙,季羡林不敢不给。地下室里那些心爱的书籍遭殃的情景,季羡林既看不见,也听不到,可是他的心在流血。

他们又强逼季羡林交出通信录,以便进行"瓜蔓抄"。季羡林又多了一份担心:那些无辜的亲戚朋友也都要跟着倒霉了,他的心仍然在流血。

此时,季羡林与婶母和老伴就好像是几只蚂蚁,只要人家手指一动,立即变为齑粉。他们真是呼天天不应,叫地地不灵啊!

抄家完毕,门外静了下来,两个手持大棒的彪形大汉立马不见了。楼外响起汽车开动的声音,马达声渐渐远去。

此时正值朔日,天昏地暗,空气窒息着,宁静弥漫天地之间,仿佛刚才什么事情也没有发生,只留下三个孤苦无告的老人,茫然地面对一片狼藉。桌子、椅子,只要能打翻的东西,都打翻了,那一些小古董、小摆设,只要能打碎的,都打碎了,地面堆满了书架上掉下来的书和从抽屉里散落出来的文件。季羡林辛辛苦苦几十年积累起来的科研资料,一半被掳走,一半被丢弃在地上。睡觉的床被彻底翻过,被窝里非常结实的吸水袋被踏破了,水流了一床。看着这一切,三个人谁都不说话,又有什么话可说呢?

好不容易熬到了天亮。这一夜是季羡林毕生最长的一夜,也是最难忘的一夜,用任何语言也无法形容的一夜。天一亮,他就骑上自行车到"井冈山"总部去,企图从"自己的组织"那里得到一点儿安慰。走在路上,北大所有的高音喇叭都放开了,一遍又一遍地嚎叫"打倒季羡林",历数他的"罪行"。在弥漫着刺耳的巨大声浪中,季羡林孤零零地骑在自行车上,仿佛变成了一只鸟儿,人人都可以得而诛之了。

季羡林来到"井冈山"总部,说明了情况。头头们表示同情,立刻派摄影师去现场拍摄,并跟他说:"如果你有什么历史问题,只管向我们讲出来,我们会保护你的。"实际上他们决定开始调查季羡林的历史,以便必要时把他抛出去,甩掉这个包袱,免得受到连累。尽管季羡林的历史他本人最清楚,但那种可怕的形而上学和派性确实能杀人。因此,季羡林心想,与其将来被"自己人"抛出去,陷入极端尴尬的境地,还不如索性横下一条心,任凭敌人宰割吧!

于是,季羡林毅然离开了"井冈山"总部。从此,他把家当成囚笼,仿佛成了躺在砍头架上的死囚,时刻等待着利刃向自己的脖颈砍去……

一夜之间,季羡林发生了质变:由人民变成了"反革命分子"。没有任何手续,也无须什么证据,"新北大公社"一声"打倒"就被打倒了。东语系的公社"红九团"命令他必须待在家里,只许规规矩矩,不许乱说乱动,随时听候传讯。最初一两天,他等呀,等呀,却没有人来。原因何在呢? 当时公社虽然把他视为眼中钉,必欲拔之而后快,但也感到"罪证"不足。于是,他们便采用先打倒、后取证的战略,希望从抄家抄出的材料中获得"可靠的"证据,证明打倒是正确的。

果然,他们"胜利"了,用诬陷罗织的手段,深文周纳,移花接木,终于找到了季羡林的"罪证"。

到了抄家后的第三天或第四天,突然来了两个臂缠红袖章的公社红卫兵,把季羡林押解到外文楼去受审。以前季羡林是外文楼的主人,今天则是阶下囚,他的心情可想而知。

这是"文革"中季羡林首次被审讯,他使出了犟脾气,自恃没有辫子和尾巴,同他们硬顶,结果审讯不出子午卯酉。可是,后来审讯者的态度竟然变得强硬起来,因为他们自认为"定罪"的材料已经凑足,心中有"底"了。

那么,季羡林被打成"反革命"的三大罪证是什么呢?

其一,是一只竹篮子,里面装着一些烧掉一半的信件。他们声称,这是季羡林企图焚信灭迹的铁证,烧的全是一些极端重要的含有重大机密的信件。事实是,季羡林原来住四间房子,"文革"起来后看形势不对,赶忙退出两大间,房子减了一多半,积存的信件太多,想烧掉一些,减轻空间的负担。他在光天化日之下公开焚烧,说明心中并没有鬼。然而,怕的不是鬼,而是造反派的那张嘴,他们信口雌黄,把没有烧完的信件当成了"罪证"。季羡林极力向审讯的人说明真相,人家却说他态度极端恶劣。

其二,是一把菜刀,从季羡林婶母枕头下搜出来的。原来,"文革"开始时,社会治安极坏,传说坏人闯入人家抢劫,进门先奔厨房搜寻菜刀,威胁主人。婶母年老胆小,夜里就把菜刀藏在枕下,以免被坏人搜到。审讯者却说是在季羡林的枕头下搜出来的,是准备杀红卫兵的。季羡林又极力说明真相,人家又说他态度更加极端恶劣。

其三,是一张印有蒋介石和宋美龄照片的明信片。看来,季羡林既没有汲取"四清"时那位陈同志的正面经验,也没有汲取"胡风"的反面教训,为什么不把它付之一炬呢?原来,这张明信片是他在德国哥廷根时一个姓张的留学生送的。他对蒋介石的态度,从1932年南京请愿一直到今天,从来没有好过,认为他是一个流氓。他也从来没有幻想过蒋介石真会反攻大陆,认为历史的规律是,一个坏统治者一旦被人民赶下台,绝不可能再复辟成功。可是季羡林有一个习惯,别人给他的信件,甚至片纸只字,都保留着。这张明信片是他无意间夹在一本旧书里的。审讯者硬说,季美林保留这一张照片是想在国民党反攻大陆成功后邀功请赏。季美林当然要向他们解释清楚,人家照样认为他的态度更加极端恶劣。

以死抗争

季美林百喙莫辩。在那个年代里,谁拥有权力谁就是上帝,说你是什么就是什么,说你是"反革命"就是"反革命"。面对这些看上去十分可怕的"铁证",尽管季美林并没有失去信心,还想据理力争,但是在这些"革命家"的派性和形而上学面前,他实在没有办法说服他们。

季美林白天神经紧张到最高限度,随时都在恭候提审;晚上则躺在床上辗转反侧,睁大眼睛,等待天明。他茶不思,饭不想,眼前一片漆黑,不知道什么时候黑暗才会过去,又能不能过去。

他已经坠入陷阱,周围布满了蒺藜和铁刺,让他动弹不得,寸步难挪。他反对那一位"老佛爷",一下子捅了马蜂窝。他相信站在对立面的不都是坏人,绝大部分是好人,可是一旦中了派性的毒,无论谁都不可理喻,必欲置之于死地而后快。原以为是自己一派的人,现在的态度竟与敌对者毫无二致。也就是说,他被公社"打倒"了,"井冈山"的人也争先恐后,落井下石。最让季美林难以忍受的是,他在"井冈山"上的"及门弟子"把他揪去审讯,竟动手动脚,拧他的耳朵。其中一位姓马的"烈属"还扬言:"不做资产阶级知识分子的金童玉女!"想到自己教他们时的良苦用心竟被恩将仇报,季美林伤心极了!他左右无路,进退不能,究竟该怎么办呢?

季美林认为,面前的道路只有两条,一是忍受一切,一是以死抗争,离开这个世界。第一条路又是绝对行不通的,看来只能走第二条路了!

然而,事情又并非那么简单。人们常说:缕蚁尚且贪生,何况人乎?倘若有万分之一的生机,一个人绝不会做出这样的决定。况且,那时还有一个紧箍咒,谁要是走这一条路,谁就是"自绝于人民"。但一个人既然被逼得走投无路,到了死都不怕的地步,那还怕什么呢?"身后是非谁管得",眼睛一闭,让世人说三道四去吧!

季美林以死抗争的决定一旦做出,心情反倒平静下来了,此刻他心如止水,异常清醒,考虑着实施这个决定的方法和步骤。他想得很多、很细、很具体、很周到、很全面。在比较了各种自杀方式的优点和缺点之后,他认为服安眠药最合适。虽然这是典型的资本主义方式,但自己已经被打倒,成了"反革命分子",这一点儿资本主义的嫌疑也无须避讳了。接着,他考虑行动的时间和地点。时间问题很容易解决,越快越好;地点问题则颇费周折,最方便当然是在家里,但他怕惊吓婶母和老伴,自己家的北边过了马路就是圆明园废墟,那是一个理想的地点。

决心既下,决不回头。季羡林开始考虑自己一生五十多年最后几个钟头必须做的事情。他觉得有点儿对不起为自己担惊受怕的年迈的婶母,对不起风风雨雨、坎坎坷坷、陪伴自己度过四十年的老伴,对不起儿女孙辈,对不起那些对自己仍然怀有深情厚谊的亲戚和朋友。他把仅有的几张存款单不动声色地递给婶母和老伴,强抑住自己,没有让眼泪滴出来。她们好像明白了他的意思,感情没有激动,眼泪也没有流下。这就是季羡林生离死别的一幕,一切平静又平淡得超乎想象。

季羡林几十年患有失眠症,中西安眠药服用了成箩成筐,平日积攒了不少,药片与药水齐备。他搜集在一起,找了一个布袋子装在里面,准备走出家门,从楼后爬过墙头,再过一条小河和一条马路,那就是圆明园了。

血的洗礼

说来也巧,正当季羡林要去圆明园自杀的时候,忽然响起了十分猛烈的打门声。他一开门便闯进来三个学生,他们是来押解他去批斗的。

季羡林深知,如今他是一头被赶赴屠宰场的牲畜,任人驱使,任人宰割,毫无发言的权利,于是只好偷偷地放下那只装着安眠药的袋子,俯首帖耳,跟着出去了。两位老太太眼睁睁地看着自己的亲人被押走,也只能一言不发。走在路上,那三个学生边走边大声训斥,说他态度恶劣至极,今天要给他一点儿颜色看看,煞煞他的威风。季羡林只有洗耳恭听,一声不吭,他意识到一场特大的风暴正在头上盘旋。以前看过的那一些残酷斗争的场面,今天就要临到自己头上了!他认为被押去批斗还不如杀头或者枪毙,那只是一秒钟的事儿,刀光一闪,枪声一响,就渡过了难关,现在却不知道批斗要延长多久,也不知道有些什么折磨人的花样……

　　季羡林被押解到大饭厅，这是全校最大的室内聚会场所。从后门进去，走到一间小屋子里，那里已经有几个"囚犯"面壁而立。季羡林不敢看任何人，不知道他们是谁。他也被命令面壁而立，但他的耳朵能听到说话的声音，有的声音是熟悉的，凭直觉判断，到场的人都是"新北大公社"的。蓦地，他听到一声清脆的耳光声，那是啪在别的"囚犯"脸上的；接着他又听到一声更为清脆的耳光声，自己脸上立刻火辣辣的。过了片刻，他的背上又挨了重重的一拳，腿上挨了重重的一脚。他既紧张又恐惧，既清醒又糊涂，浑身的神经都集中到耳朵上，身体的各个部位随时准备承受拳打脚踢。他知道，这些都只是序曲，大轴戏还在后头哩！

　　果然，大轴戏开演了。只听到空中一声断喝，犹如一声霹雳："把季羡林押上来！"于是走上来两个红卫兵，每人抓住他的一条胳膊拧到后背上，其中一人腾出来一只手，重重地压在他的脖颈上，不让他抬头。他就这样坐着"喷气式"被押上了批斗台，跟跟跄跄地被推操到台的左前方。"弯腰！"好，弯腰。"低头！"好，低头。紧接着脊梁上又重重地挨了一拳："往下弯！"好，往下弯；腿上又被凶猛地踢了一脚："再往下弯！"好，再往下弯。他站不住了，双手扶在膝盖上，又立刻挨了一拳，还被踢了一脚："不许用手扶膝盖！"此时，他双手悬在空中，全身的重力都压到了双腿上，又酸又痛，真想索性跪在地上，但他知道那样一定会再招来一阵拳打脚踢，唯一的办法只有咬紧牙关忍受。

　　忽然，他听到身后主席台上有人讲话了。台上究竟有多少人，他不清楚，有多少批斗者，又有多少被批斗者，他更不清楚。他只听见人声鼎沸，口号声震天动地。那个讲话的人究竟讲些什么，他根本没有心思去听，只是影影绰绰地知道，今天自己不是主角，只是押来"陪斗"的。被斗的主角是北大副校长、党委副书记戈华。这样一位老革命，只因反对了那一位"老佛爷"，也被"新北大公社"打倒了。季羡林听见清脆的耳光声，剧烈的脚踢声，沉重的拳头声，声声不绝，便知道那位老革命正在受难。忽然，传来了一阵惨叫声，大概有人正在用点着的香烟烧他的皮肤吧！此时，季羡林自己也是泥菩萨过江，自身难保。他的双腿已经没有力气支撑全身了，酸痛得简直无法忍受，眼前直冒金星，满脸流汗。他咬紧了牙根，不断警告自己："要忍住！要忍住！你可无论如何也不能倒下去呀！否则那后果就不堪设想了！"忽然，一口浓痰啪地吐在他的左脸上，他想用手去擦，但绝对不可能，只能"唾面自干"。他牙根咬了再咬,心里默默地数着数,希望时光赶快过去。

突然间,大饭厅里沸腾起来,口号声此起彼伏,批斗大会结束了。季羡林还没来得及松一口气,又被人卡住脖子,反剪双手,押出会场,押上一辆卡车,要出去"示众"。季羡林只见马路两旁挤满了人,有人用石头向他投掷,打到他的头上,脸上,身上。他觉得有一千只手挥动在他的头顶上,有一千只脚踢在他的腿上,有一千张嘴向他吐着唾沫。他招架不住,也无法招架。现在生命掌握在"上帝"手中,他只有横下了一条心,听天由命。

不知过了多久,车猛然停了。季羡林被一脚踹下汽车,他跌了一个筋斗,躺在地上,又拼命爬了起来。刚好又有一个老工人走上来,对着他的脸猛击一掌,他的鼻子和嘴里立即流出了鲜血。季羡林仓皇不知所措,忽然听到头顶上一声断喝:"滚蛋!"这真像旧小说中在"刀下留人!"的高呼声中被释放了的死囚,此时他的灵魂仿佛才回到自己身上。他发现,头上的帽子早已经丢了,脚上的鞋也只剩下一只。季羡林就这样一瘸一拐地走回家来,两位老太太见状大吃一惊,然而立即转忧为喜:人总算是活着回来了!

这是"文革"中季羡林首次挨斗,活生生地把人的残酷本性暴露无遗,令人惊心动魄,三生难忘;然而,造化小儿也真会捉弄人,于千钧一发之际歪打正着地救了季羡林的命。

"这样残酷的批斗原来也是可以忍受的呀!"他心里想,"有此一斗,以后还有什么可怕的呢?还是活下去吧!"

是的,如果红卫兵晚来一会儿,那他早就去见上帝了;或者,如果他的态度稍微好一点儿,东语系公社的头头也不会想到煞煞他的威风,不让他来陪斗,那他早就横尸圆明园大苇塘中了。因此,季羡林从中得出了一条人生经验:对待坏人的态度有时候还是坏一点儿好!

季羡林既然决心活下来,就要准备迎接更残酷更激烈的批斗。

果然,隔了几天东语系的批斗又开始了,原来他做配角,现在升级成了主角。批斗程式一切如仪,只听大教室里一声大喊:"把季羡林押上来!"从门口到讲台只不过十几步,然而这十几步可真难走呀!四只手扭住了他的胳臂,反转到背上,还有几只手卡住脖子,季羡林身上起码有七八只手。他被摁倒在地,接着又把他从地上拖起来，遭到更激烈的拳打脚踢。此时，他想坐"喷气式"也不可能了。围殴者有学印地语的郑某，学朝鲜语的谷某某，还有学泰国语的王某某。前一个能说会道，有"电门"之称，后两个都是彪形大汉，"两臂有千钧之力"。对付季羡林这样一个手无缚鸡之力的糟老头子，却用牛刀杀鸡，其结果可想而知。

且不说批斗进行了多长时间，反正是批得淋漓尽致。忽然，又听一声大喊："把季羡林押下去！"他又被反剪双手，在拳头之林中，在高呼的口号声中，被押出外文楼。然而，革命群众的义愤似乎还没有完全发泄出来，又有人追在他的身后，仍然是拳打脚踢。他想落荒而逃也办不到，前后左右都是追兵。刚好，一个姓罗的教员说了几句话，追兵同仇敌忾的劲头儿才稍有缓和。季羡林乘机逃到了民主楼，回头一看，后头没有了追兵，于是把心放回腔子里，深深地吁了一口气。这时，他只觉得浑身上下又酸又痛，鼻下、嘴角、额上黏糊糊的，全是血和汗。

季羡林终于逃回家中。对他来说，这真正是一场血的洗礼。

从煤场到太平庄

季羡林终于被打倒了，成了阶下囚。从 1967 年冬到 1968 年春，批斗、审讯和劳改成了他生活的全部。

批斗的单位很多，批斗的借口也很多。首先是工会，因为刚解放时，季羡林参加了教授会的组织和领导工作，然后教授会演变成教职工联合会，最后组成了工会，他又先后担任工会组织部长、沙滩分会主席，1952 年北大从红楼迁至燕园又当选为工会主席。"文革"中便成了季羡林的一大"罪状"。北大工人阶级的逻辑是：一个旧社会过来的臭知识分子，竟当了工人阶级组织的头儿，简直是大逆不道。现在季羡林被打倒了，工人阶级批斗他合情合理。与知识分子不同，工人阶级有力量，"革命行动"也就更加粗野。他们把室内的批斗改为游斗，在校内的大马路上，边游边斗，口号声震天价响，还夹杂着哈哈大笑，招徕了不少围观者。工人阶级理论讲得少，粗话骂得多，口号喊得响，拳头打得重，耳光加拳脚，演出全武行。

工会批斗的风暴还没有过去，亚非所的"革命群众"又来揪斗季羡林，因为他是陆平任命的亚非所所长。这次批斗比较"文雅"，没有打骂，只坐了半个"喷气式"，而批斗发言百分之九十九是胡说八道,百分之九十九是罗织罪名,只有百分之一说到了"点子"上。

当然,斗得次数最多的还是东语系,对立两派已经"联合对敌"了。原因是,他们又在抄来的季羡林日记本上发现了新"罪证"。日记中写道:"江青给新北大公社扎了一针吗啡,他们的气焰又高涨起来了。"这简直是大不敬,滔天之罪!每次批斗,拳打脚踢自然少不了,最难受的还是坐"喷气式",撅在那里,一动不能动,两条腿实在受不了。"喷气式"坐到半小时以后,季羡林感到腰酸腿痛,浑身出汗,身子直打晃,脑袋发晕,眼前发黑,耳朵轰鸣。他只能咬紧牙关,告诫自己:"坚持,坚持,再坚持!千万不能倒下!"有时他默默背诵毛主席语录:"下定决心,不怕牺牲,排除万难,去争取胜利!"那些日子,他幻想着变成一只麻雀,或者一只乌龟,躲到什么地方去,让他们抓不到,批不成。他叫天天不应,叫地地不灵,被迫给最高领导人写信,可是没有结果。他已经是任人宰割的囚徒,无所逃遁于天地之间。

除了批斗,季羡林还经常被押到什么地方去受审,主要是外文楼,但不总是在一个房间里。审讯者不是东语系的学生就是教员,他们的"炮弹"还是抄来的他的手稿和日记。在数百万的文字中捕风捉影,挖出几句话,断章取义,加上一些歪曲,提出一些匪夷所思的问题,硬要他回答,逼他认罪。这种极其卑鄙恶劣的手法,实在让季羡林感到气愤,感到荒唐;同时,这又给他带来巨大的心灵创伤,他觉得与其用这种软刀子杀人,还不如挨一顿痛打,只是皮肉之苦而已。

批斗和审讯过后,便是接受"劳动改造"。季羡林与同他一起创建了东语系的老教授金克木,在手握鞭子或者大棒的工人的监督下,不准说话,只能老老实实干活。有一次,季羡林被押去拆席棚,地上拆下的木架子净是钉子,他一不小心,脚踏在钉子上,刺透了鞋底,直插脚心,一拔脚立刻血流如注。监管的工人勃然大怒,大骂他是"没用的废物",叫他"滚蛋"。他脚痛得无法走路,又不敢不"滚",一瘸一拐挨回家去,简单包扎一下,下午还得继续干活。那时候经常发生武斗,两派把校园变成了战场。季羡林有时要去清理满地的碎石烂砖,还要随时躲避楼上飞来的"炮弹"。看着被包围的"井冈山"据点,窗口挂着一串破鞋,他不由得笑了。须知,季羡林已经多日没有了笑容,人类这个特有的表情似乎要被他遗忘了!

1968年5月4日,季羡林被押到煤场。看守煤场的是"老佛爷"的武斗干将,一个个凶神恶煞。在这里劳改的"黑帮",一提起煤场都心惊肉跳。与季羡林一起被押来的还有陆平、彭佩云这些"走资派",每人的脖子上用细铁丝挂了一个十几斤重的大木牌。他们从煤场被押到学三食堂批斗,又是一顿拳打脚踢,坐"喷气式",口号声此起彼伏。时间一长,季羡林的两条腿实在吃不消,挂着木牌的铁丝深深勒进肉里,眼前直冒金星,好不容易批斗完了,又被拖到马路上,如同拖一条死狗一样,衣服、鞋子磨烂了,脚趾头磨出了血。不知挨了多少拳脚,飞来多少砖头瓦块,季羡林迷迷糊糊地又被拖回煤场。他精疲力竭,再没有力气站立起来,扶他回家的是与他一起被批斗的张学书和王恩涌。

第二天,季羡林和一些"囚徒"被押到昌平县太平庄北大分校去劳动,任务是栽白薯秧,这活儿并不累,但他们一个个都带着伤,用手栽白薯秧,跪着爬着,还不时挨打挨骂,实在不轻松。不久,季羡林生病了,睾丸肿胀得像个小皮球,两腿无法并拢,站都站不起来。押解人员命他去昌平北大分校找大夫,但要向大夫声明自己是"黑帮"。季羡林爬行了两个小时,好不容易找到了一位医生,终于看见了希望。可是,当这位大夫知道了他的"身份"后,竟然拒绝为他看病。季羡林极度失望,艰难地爬回去。过了几天,季羡林既没有停止劳动,也没有用药,他的睾丸竟然奇迹般的恢复如初。从此例中,人们也许会问,人类忍受痛苦和灾难的能力,难道没有极限吗?

再说,"文革"中季羡林的家已经不是宁静的港湾,而是囚笼。此时,那个占据了他的一多半房子的女教员,逼着他把一张红木小桌和书柜搬走;邻居们贴出大字报,勒令他把书从地下室的自行车车库里搬出去;还有人鼓动家里的两个老太太和他"划清界限",季羡林的老伴儿一言不发,婶母态度非常明确,说道:"我们还得靠他吃饭呢!"

"牛棚"炼狱

"牛棚"者,关押"牛鬼蛇神"之棚也,是"文化大革命"中实行所谓"群众专政"的一种形式,即当时"革命群众组织"私设的监狱。所关"犯人"是"走资派""资产阶级反动学术权威"等,统称为"黑帮"。他们绝大多数是好人,因此,可以把"牛棚"等同于但丁《神曲》中的"炼狱"。"炼狱"中的人虽然也像在地狱中一样经受痛苦,但却是为了接受教训,磨练意志,得到净化,趋向天堂的至善之境。1968年春夏之交,季羡林被圈进了这样的"牛棚"炼狱。

"牛棚"地点就在外文楼和民主楼后面的三排小平房。如今这些小平房早已被拆除,原址上建起了塞勒克考古博物馆。这些平房属于临时建筑,质量十分低劣,屋顶极薄,地面潮湿,门窗破败,勉强可以遮风挡雨。新北大公社命令"黑帮"们把周围用木桩芦苇挡起来,只留一个出口对着民主楼的后门,于是就成了一处牢房,牢头禁子住在民主楼内。这里没有什么正规的名称,俗称"黑帮大院",向南的一面墙上写了8个白色大字"横扫一切牛鬼蛇神!"大约5月中下旬,牛棚建好后季羡林等人被关了进去,无须履行任何法律程序。从此,他们如同进了监狱,被剥夺了任何自由、权利和尊严,遭受残酷的迫害和骇人听闻的折磨。

他们一二十人住在一间屋子里,潮湿的砖地上铺一张席子,人挨人睡在上面。后来发下来几块铺板,铺在地上,多少好一些。地上老鼠、蚂蚁、壁虎都有,白天苍蝇成群,晚上蚊子把人咬得遍体鳞伤。墙上贴着一张《劳改人员守则》,这就是法律,规定"黑帮"们必须遵守的各种清规戒律,既具体又严厉。过了两天又改成《劳改罪犯守则》,一词之改,由"人"变成"犯",名正言顺了。

早晨铃响起"床",先在院内跑步,不为锻炼身体,专为折磨人,让他们在正式劳动改造之前就耗尽体力。跑步结束,到院子里水龙头前洗脸刷牙,洗漱之后排队去学二食堂吃饭。一路上谁都不许抬头走路,如有违反不是一拳就是一脚。一百多人的队伍,一个个垂头丧气,如丧考妣。到了食堂,只准买窝窝头和咸菜,油饼之类奢侈品是绝对不许买的。当时"罪犯"的工资已被"校文革"扣留,每月只发生活费16元5角,家属只有12元5角,即使允许,他们也买不起肉菜。中午和晚上,他们也只能买点盐水煮白菜之类就窝窝头下饭。食堂里当然有桌有凳,但那是给人预备的,"牛"们只能蹲在地上用餐。

自从有了这只劳改大军,北大的工人就不干活了,他们成了甩手掌柜,什么脏活累活都是"黑帮"们的事儿。季羡林被分到北材料厂搬耐火砖、筛沙子,到学生宿舍区运煤、拆席棚、疏通下水道、砌污水井、修房子、拔草、打扫卫生。有时,两个人抬一个百多斤重的煤筐,还要爬煤山,风一吹,满脸满嘴都是煤灰,个个变成"黑脸大汉"。活很重,尚在其次,更要命的是,必须随时忍受监改人员的训斥和打骂,这种训斥和打骂不需要任何理由和借口,只是为了取乐而已。

劳改以外,审讯也是家常便饭,"牛棚"设有专门的审讯室,那是阴森恐怖的地方。主审者有时是专案组的人,有时是外调人员,刑讯逼供,各种花样翻新的审查方式轮流上演,被审者经常被打得皮开肉绽。

最可怕的是晚间训话。每天晚饭之后,全体"罪犯"在院子里集会,站成4排,由一个上头来的什么人训话。"罪犯"们列队肃立,监改人员先逐个点名,被点到的人必须大声回答"到"。有一位西语系的华侨教授,年过花甲,而且病得奄奄一息,也被圈进了"牛棚"。他连吃饭都爬不起来,点名当然就无法到场了,每当点到他的名字,就从牢房里传出一声微弱凄凉的应答声。训话人员经常抓住白天劳动时一些芝麻绿豆大的事儿,大做文章,或者抓住"罪犯"的书面思想汇报,鸡蛋里挑骨头,故意折磨人。只要谁有什么事情被点到,立刻就有两个彪形大汉冲过来把他拖出队列,一顿拳打脚踢,然后坐"喷气式"。清脆的耳光声和沉重的脚踢声响彻夜空,引来许多看客站在席棚外的土山上欣赏燕园里独特的一景,如同观看英国白金汉宫卫队的换岗奇观。可惜这些看客没有耐心等到深夜,独不见更加折磨人的镜头。有一次,季羡林起来上厕所,看见一位"棚友"笔直地站立在院子里,两手向前平举,做拥抱空气状。不知道他在这里站立了多久,也不知道为什么要他那样站立,不过可以肯定,他是不可能自愿这样做的。

"黑帮"们还经常被拉出去批斗。有几次吃过早饭,别人都被分到什么地方劳动改造去了,只有季羡林被留下来。他心里七上八下,不知道什么倒霉的事要轮到自己头上了。押解的红卫兵一到,监改人员就命令道:"季羡林,好好接受批斗!"于是他被押出去批斗了一通。由于季羡林是名教授,当过工会主席,而且是"井冈山"的勤务员,接受批斗的次数格外多。好在他已经是一个"老运动员"了,司空见惯,即或被打得鼻青脸肿,也没有什么新鲜的。

1968年6月18日,是北大斗"鬼"纪念日(1966年6月18日,北大第一次"斗鬼"——笔者注),仪式格外隆重热烈。季羡林被押到哲学楼一带斗了一通,回到"牛棚"才发现,背后画了个大王八,衣服后襟用柳条绑了一条"尾巴"。季羡林心里觉得可笑又可鄙。就在这次斗"鬼"时,季羡林的"棚友"都"光临"了。中文系教授朱德照回忆说:"纪念'六一八'两周年的那一天,全校开批斗会。会后让我们这帮

'牛鬼蛇神'在红卫兵排成的人巷中通过,他们挥舞木棒在我们身上乱打。我正好走在王先生(即王力先生——笔者注)后头,一棍子打在他身上,他惨叫一声跌倒在地上,眼镜也摔掉了,两只手在地上乱摸。我连忙把他扶起来,给他戴上眼镜。这个时候我自己头上也狠狠地挨了一棍。"

还有一件最最重要的事情,"黑帮"们无论如何不能忘记:每次劳动之前,必须到悬挂在树干上的黑板下,抄录当天要背诵的"最高指示"。这指示往往相当长,不管今天是干什么活儿,也不管到哪里去干活儿,都必须背得滚瓜烂熟。监改人员不管在什么场合,也不管什么时间,白天或者晚上,都可能让你背诵,倘若背错一个字,轻则一记耳光,重则是更严厉的惩罚。如果被叫到办公室,要先喊一声"报告",然后垂手肃立,监改人员提个头儿,必须一字不差地把整段语录背完。地球物理系有位老教授,因为年龄太大,完不成背诵语录的任务,经常被打得青一块紫一块。为了背诵语录,"囚犯"们在高强度的体力劳动中,还必须把神经绷得紧紧的。

不知什么时候,监改人员中来了一个生物系的学生,名叫张国祥。此人是个出类拔萃的迫害狂,每次晚间训话之后,他都搬来一把椅子,把脚丫子放在椅子上,边抠脚边叫来一位"囚犯"问话或者训斥。

有一次,被训斥的是北大校长兼党委书记陆平,然后被关进了"特别号"。过了不久就轮到了季羡林,这位张老爷一边用右手抠着脚丫子,一边问:

"你怎么同特务机关有联系呀?"

"我没有联系。"

"你怎么说江青同志给新北大公社扎吗啡针呀?"

"那只是一个形象的说法。"

"你有几个老婆呀?"

"我没有几个老婆。"

"我今天晚上对你很仁慈!"

张老爷的确很"仁慈",没有打骂。但是,第二天晚上,季羡林刚准备睡觉,忽听外面鬼哭狼嚎地大叫:"季羡林!"他立刻跑出去,只见那位张老爷怒气冲冲地问:"叫你为什么不出来?你聋了吗?"接着就用包裹着皮子的自行车链条劈头盖脸一顿猛抽。季羡林不敢躲闪,直挺挺站在那里,咬着牙忍受着。起初他还有剧烈疼痛的感觉,后来就变得麻木了,仿佛挨打的不是他自己,而是一块木头或者石头。他在潜意识中不断告诫自己:"挺住! 千万不要倒下!"打了不知有多久,也许张老爷的手打累了,季羡林隐隐约约听到一声"滚蛋"。他如遇大赦,逃回了牢房,没有镜子,看不见自己被打的惨状,只觉得身上黏糊糊的,到处是血。

第二天,季羡林照常去干活,照常背语录。晚上,他被搬到了"特别号",就是他在门口受刑的那间屋子,不许关灯,不许睡觉。

自从这次挨打之后,季羡林的"待遇"提高了,提高到陆平那样的级别;劳动改造的任务也加码了,他和一位姓王的教授每天推着水车,一日三次去茶炉房打开水,供"囚犯"饮用,其他活照干,语录照背。不管刮风下雨,就是下刀子,他俩也得准时把开水打回来。

"黑帮"们遭受这般非人的折磨,丧失了人的尊严,没有了任何生活的乐趣,看不到任何希望。在此情况下,又何谈"思想改造"呢? 只能自暴自弃,变得人不像人、鬼不像鬼,成了行尸走肉。

说到底,这场"文化大革命"是全中国的大悲剧,燕园里"牛棚"上演的则是北大的小悲剧。

进入冬季,"黑帮"们越来越少了,因为"校文革"改变了政策,"牛棚"下放到各系,分散管理。季羡林回到东语系,被关在外文楼缅甸语教研室,当然还是"专政对象"。由于不识相,他顶撞了东语系"支左"的赵营长,又被全系斗了一次,接着在各教研室和各班"走穴"仅仅三天就被斗了二十多场,只是不用再坐"喷气式",也不再挨打了。

1969 年 2 月,"牛棚"宣告解散,这一页沉重的历史终于翻过去了。春节到来的时候,季羡林可以回家了。尽管邻居中还有人喊:"季羡林回来了,大家都要注意他呀!"可是对于曾经沧海、饱受炼狱之苦的季羡林,这已经不算什么了。

或许,季羡林的灵魂已经在炼狱中得到了净化……

"桃花源"中译史诗

季羡林从"牛棚"中被放出来,有了有限的活动自由,但他的头上仍然带着一大摞"帽子",只能算是"半解放",这种状况一直持续到 1973 年以后。

季羡林回到家里,发现一家人挤在那间 9 平方米的小屋里,原来他住的那间大屋子,被"革委会"封了门,有段时间一个"造反派"学生带着一个女人住了进来,就睡在他的床上,用他家的煤气罐做饭,鬼混了好久,还威胁两个老太太说:"不许告诉别人! 否则后果相当严重!"

季羡林心想:自己现在算是什么呢? 是人是鬼他搞不清楚,真的糊涂了。在"牛棚"待了八九个月,他已经习惯低着头走路,进商店买东西也如同一个白痴,不知道说什么好,叫"同志"吧,感到自己没有资格,叫"小姐""先生"吧,又感到实在不妥,只落得一副六神无主、无所适从的狼狈相。在街坊邻居面前,他是被"群众监督"的对象。印度有一种"贱民"被称为"不可接触者",季羡林认为自己就是"不可接触者",人家避之唯恐不及,他更不敢自讨无趣,仿佛又是一个麻风病或者艾滋病患者。

不久,季羡林奉命到四十楼学生宿舍参加学习,不知有什么样的厄运又要降临在头上,他如临深渊,如履薄冰。原来,东语系的"棚友"都被召唤到那里,印地语一位老教师被无端打成"地主分子",这回被安排打扫厕所。季羡林也准备去干最脏最累的活。可是出乎意料,他被安排在一个印地语的班级——就是笔者当年所在的班级——参加学习。青年学生是活泼好动的，他们有说有笑，休息时吹拉弹唱，嬉笑打闹。季羡林游离于人鬼之间，不知何以自处，只好呆坐一旁，如同木雕泥塑一般。

1969 年秋，林彪"一号命令"下达之后，北大大部分师生去了江西鲤鱼洲"五七干校"，季羡林却被"疏散"到北京远郊延庆县新华营，仍然跟着那个班级活动。他在星光下出早操，顶着凛冽的西北风挑类，在山坡下挖防空洞，如此接受贫下中农"再教育"，不时还要充当"大批判"的"活靶子"。

1970 年年初，"工农兵学员"进校之后，东语系搬到三十五楼。不知过了多久，季羡林分配了新的"工作"，当门房。三十五楼是一栋四层楼房，三四层住女生，一二层住男生，系党政办公室在二层。季羡林的具体任务是坐在门口的收发室里，看守门户、传呼电话和分发报纸信件。第一项任务难也不难，"不许闲杂人等入内"，教职员和老学生他都认识，新学员都不认识。谁是闲杂人等？他索性一律不管。第二项任务并不简单，因为全楼只有一部公用电话，而女生电话又特别多，来一次电话爬一次三四楼，腿脚实在受不了，于是他站在楼前使劲儿喊，人家听见了就会下来。第三项任务好说，报纸来了，他先送到办公室，然后就把信放在窗台上，让收信人自取。季羡林每天上午 8 点从朗润园十三公寓走到三十五楼，12 点回家，下午 2 点再去，6点回家。每天 8 小时，步行十几里，权当锻炼身体了。此时他的工资恢复了，却没有教学、科研任务，也没有谁敢给他写信，没有谁敢来拜访他，没有任何干扰，倒是清静多了，宛如神仙过的日子。

可是，季羡林毕竟是一个闲不住的人，这"神仙"般的日子他过不惯。每天在收发室枯坐，瞪大眼睛看着人们出出进进，时间久了便觉得无聊。他想起了古人的两句话："不为无益之事，何以遣有涯之生？"无独有偶，陈寅恪先生在晚年也曾想到这两句话，于是开始研究陈端生的《再生缘》，为柳如是写传。季羡林也决计来做"无益之事"，借以"遣有涯之生"。他又想起了《诸葛武侯集·诫子书》云："孔明曰：'夫君子之行，静以修身，俭以养德。非淡泊无以明志，非宁静无以致远。夫学须静也，才须学也。非学无以致远，非志无以广才。"于是决计利用"有限的活动自由"，开辟一块悠闲自得的"桃花源"。

季羡林舞文弄墨惯了，想来想去也出不了这个圈子。但他写文章也没有心情，当时"四人帮"还在台上耀武扬威，他敢写些什么呢？翻译倒是可以做的，他不想翻译原文短而容易的,而想翻译原文长而难的,即使不能一劳永逸,也可以一劳久逸。这正好是"无益之事",因为他翻译出的东西,那年月没有哪家出版社敢出版,翻译而不能出版,岂非无益?根据反复考虑,季羡林决定翻译蜚声世界文坛的印度两大史诗之一《罗摩衍那》。这部作品可够长的,光是精校本就有两万颂,至少可以翻译成八万多行,够他忙活几年了。

于是,季羡林抱着有一搭无一搭的想法,向东语系图书室提出请求,通过国际书店向印度订购精校本《罗摩衍那》。那年月,订购外国图书是一件十分困难的事,季羡林不敢抱太大希望。谁知他的运气不错,过了不到两个月,八大本精装的梵文原著居然摆在了他的面前。季羡林只觉得这几本大书熠熠生辉,这是"文化大革命"折腾了几年后最大的喜事啊!他那久已干涸的心田,似乎又充满了绿色的生命,他那早已失掉的笑容又挂在了脸上。《罗摩衍那》是一部世界名著,对印度、南亚、东南亚,对中国,甚至对欧洲一些国家都产生过巨大的影响。在印度、南亚和东南亚一些国家可谓家喻户晓,深入人心,历时两千多年而不衰。

虽说"托无能之词,遣有涯之日",但此时季羡林的身份何止是门房,他头上还顶着那么多"帽子"呢!岂敢把原书公开拿到收发室来翻译?如果被发现"不务正业",说不定还会招来什么样的麻烦呢!最后,他还是想出来一个"妥善"的办法。季羡林认为,《罗摩衍那》原文是诗体,翻译过来也应当是诗体,不是古体诗,也不是白话诗,而是有韵脚的顺口溜;但要找出合适的韵脚,要推敲字句,让每句字数基本一致,不是容易的事。于是,他晚上在家仔细阅读原文,把梵文诗句译成白话散文,潦潦草草写在纸片上,揣在口袋里,再利用上下班的路上和看门房、传呼电话、收发报纸信件的间隙,拿出译稿仔细推敲琢磨,改写成诗体译文。你看,坐在收发室里的季羡林,他眼望虚空,心悬诗稿,若无其事,乐在其中,甚至神仙都不知道他在干什么。

《罗摩衍那》和《摩诃婆罗多》这两部印度古代大史诗,最初是口头创作,没有文字,由伶人口耳相传。《罗摩衍那》大约流传了几个世纪之后,由一个叫蚁垤的人记录整理出来。内容以英雄罗摩和美女悉多的悲欢离合的故事为主线,中间插入许多神话、童话、寓言和小故事,幻想丰富,文采绚丽,在印度和世界文学史上占有崇高的地位。《罗摩衍那》很早就传到东南亚、中亚和西亚,19世纪传到欧洲,20世纪有了俄文和日文译本,后来又有了意大利文、英文和法文译本,深受各国人民喜爱。遗憾的是,在季羡林之前,此书还没有中国人从梵文直接翻译出来。

大约从1973年起,日复一日,年复一年,季羡林用了五年多的时间,把八大册《罗摩衍那》翻译完了。当"四人帮"像《罗摩衍那》中的十首魔王一样完蛋了的时候,季羡林的翻译工作还没有完成一半。然而,天日重明,振奋了他的精神。人民文学出版社得知季羡林正在翻译《罗摩衍那》,赶忙告诉他准备出版这部书,季羡林十分高兴,立即加快速度,一鼓作气译完了全书。季羡林翻译《罗摩衍那》这一浩大的工程,本来以悲剧的形式开始,却以喜剧的形式结束了。1980年第一卷出版,1984年七卷(共八册)全部出齐。1985年,季羡林应邀参加在印度新德里举行的印度与世界文学讨论会和蚁垤国际诗歌节,受到与会各国学者的热烈欢迎,并当选为印度与亚洲文学分会主席。季羡林为中国翻译史和中印文化交流史树立了一座丰碑。1994年,《罗摩衍那》中译本荣获中国第一届国家图书奖。这些殊荣,季羡林当年在收发室里偷偷摸摸搞翻译时,又怎能有所奢望呢?后来,他在反思"文革"的一篇文章中说:

> 我扪心自问:我是个有教养、有尊严、有点学问、有点良知的人,我能忍辱负重地活下来,根本缘由在于我的思想还在,我的理智还在,我的信念还在,我的感情还在。我不甘心成为行尸走肉,我不情愿那样苟且偷生,我必须干点事情。二百多万字的印度大史诗《罗摩衍那》,就是在那段时期,那个环境,那种心态下译完的。
>
> 我活下来,寻找并实现着我的生命价值……

重执教鞭

在季羡林偷偷摸摸翻译印度古代史诗《罗摩衍那》之前,还有一个小小的插曲,就是他在离开讲台数年之后,又重执教鞭,给学生上课了。

1971年秋季开学,东语系来了一批进修生。多数是本系69届、70届的毕业生,也有从广播学院和外贸学院毕业的外语系学生。他们都是外交部储备的外语干部,由于专业底子太薄,需要"回炉"。因为他们在唐山解放军某部农场接受过"再教育",故被称为"唐山班",笔者便是这个班的成员。这批学生来校不久,就发生了几件大事。"九一三"事件发生后,周恩来主持中央日常工作,极"左"思潮和无政府主义受到批判,形势出现了转机。10月,我国在联合国的合法权利得以恢复。次年2月,尼克松访华,中美关系走向正常化。在这样的大背景下,"唐山班"的同学为了适应迫在眉睫的工作需要,渴求学习专业知识,决心把耽误的时间补回来。在他们进修的最后一个学期,即1972年秋季开学时,增加了两门课,即与所学语种相关的国家概况和第二外语。

"唐山班"学习印地语和乌尔都语的学生有二十几人,他们增加的课是印度概况和英语。教这两门课的正是季羡林。当时季羡林头上还有"走资派"和"资产阶级反动学术权威"的帽子,身上背着留党察看的处分,政治压力之大超乎想象。而且,上课地点就在外文楼北边的平房,就是季羡林曾经蹲过的"牛棚",大有"左手是天堂,右手是地狱"之感。当时"文革"虽然越来越不得人心,但是"左"的东西还有很大势力,师生要用相当多的时间学习"政治"、参加"运动",甚至"学工、学农、学军"。学生要把有限的学习时间用于提高专业外语的口、笔译水平,两门副课安排的教学时间少得可怜,印度概况课每周一次,英语每周两次。就是在这样的环境和条件下,大家的确感受到季羡林不同凡响的名师风采,听他讲课如同春风化雨,其乐无穷。

印度概况课没有教材,季羡林授课实际是讲座式的。他作为一名印度学家,印度学知识已经娴熟于心,没用多长时间就把印度的历史、地理和经济情况简明扼要地介绍出来。他着重讲解印度近代以来的历史事件、主要政治人物、阶级关系和民族矛盾,使学生在短时间内掌握了从事南亚国家外交工作必备的基本知识。印度概况课的教学显示了一位马克思主义史学家的非凡功力。

英语教材是北大自编的公共英语课本,困难在于要用四个月学完两年的基本内容。而且,大多数学生没有英语基础,必须从字母学起。季羡林从小就开始学习英语,英语水平十分了得,教这些初学者实在是小菜一碟。可是,他仍然认真备课,为了弄准一个单词的读音,他有时要请教几名外教。英语是一种世界性语言,同一个单词在不同的地域、不同的国度,不仅读音差距明显,就是拼写和词义有时也不尽相同。季羡林在课堂上旁征博引,使学生知道了一个词牛津音怎么读,美国腔怎么念,还知道印度人是怎么说的。这样,大家就弄懂了,为什么说英国和美国是被同一种语言分开的两大民族。另外,初学英语的人又都会遇到这样的问题:一个单词,不但要记拼写,还要记音标,二者往往并不一致,相当麻烦。于是,学生问他:"英语到底是不是拼音文字"季羡林耐心解释了英语读音的演变,幽默地说:"所以,德国人说,英国人手里写的是 A,嘴里念的是 B。"大家听了哄堂大笑。讲到词义辨析,季羡林在黑板上画了两个部分重合的圆圈,他说:"不同语言的词义不是一一对应的,只有重合部分可以相通,所以必须根据上下文的意思分析判断词义,在翻译时才不会出错。"学生一看就明白了,因此戏称为"季羡林大饼"。季羡林讲课绝不照本宣科,他抓住重点,煞费苦心,把两年课程中的"干货"全捞出来,在最短时间内让学生掌握了基本语法和一批基本词汇,还推荐一本可以用一辈子的工具书——《牛津高级双解词典》。这样,通过这个名副其实的速成班,学生们具备了自学英语、继续深造的坚实基础。

事情的发展正如季羡林期望的那样,1972 年年底,这批学生毕业之后,有的去了驻外机构,有的进了科研单位,有的以教书为业,英语成了他们工作和交际的重要工具。俗话说,师傅领进门,修行在个人,学生能够掌握英语,全赖季羡林先生之赐。所以,每次他们从国外或者外地回到母校的时候,都必到朗润园十三公寓看望恩师,几十年一直如此。

此后,季羡林是否又教了其他学生的英语,笔者没有做过调查。但据他在文章中说,他被命令去看大门、传呼电话和分发信件,后来不知怎么一来,又成了教师,教一点英文,总之是靠边站。

插曲和闹剧

正当季羡林在自己营造的"桃花源"里,一面安心当门房,一面眼望虚空,心悬史诗,自认为绝不会有任何人——除非神仙——知道他在干些什么的时候,有一个小小的插曲又偏偏来找碴儿。

有一天,他突然看见门外贴着数十名东语系教师签名的大字报,内容是批判他这个"五一六"嫌疑分子。季羡林看后未做任何反应,不再像"文革"初期看到批判他的《春满燕园》时哼出声来。因为经过了七八年的大风大浪的冲击,他已经锻炼出识别是非的能力。当时轰动一时的"五一六"组织,旨在反对周总理,反军乱军,是由一些所谓"红五类"且极"左"的青年人发起的。如果能从此等人中揪出个季羡林来,那真是天方夜谭似的神话!对于这种滑天下之大稽的事儿,季羡林只能嗤之以鼻,心想:东语系的"革委会"和"军工宣队"也太"高明"了!那些签名的教师也太容易受骗了!是的,英国诗人乔叟说得好:"傻瓜不能控制自己的舌头。"那些人又想借季羡林之名鼓噪一番。

季羡林之所以对这张大字报的看法很有底气,因为他既非青年,又是"牛鬼蛇神",不可能参加这样的组织,显然,这是强加在他头上的莫须有的罪名。事实终于证明,所谓"五一六"组织原来子虚乌有,是人为制造的神话,正如季羡林所说,"像堂·吉诃德大战风车一样,成为'文化大革命'中众多笑话中最可笑的一个"。

1973年3月1日北京大学党委扩大会议终于做出了公正的结论:经过两年调查,涉嫌"五一六"分子的117人的问题已经查清,其中认定为"五一六"反革命分子的仅两人,即聂元梓和孙蓬一,其他人则"事出有因,查无实据"。会议决定给聂、孙戴上"五一六"反革命分子帽子,开除党籍,报北京市委后召开全校大会进行批斗,同时宣布清查"五一六"运动到此结束。这里所说的"事出有因",不也正好暴露出给季羡林写大字报的幕后操纵者的丑恶嘴脸吗?

插曲过后又来了一幕闹剧,虽然不像那张大字报那样,是直接对着季羡林来的,但必然要与他沾边儿。

斗转星移,当广大群众感到"文化大革命"不能再这样马拉松似的搞下去的时候,果然出现了看似要收尾的迹象,亦即要恢复正常的秩序了。其中,一件重要的工作就是恢复各单位的党组织生活。

在北大,虽然不知道从什么时候起,根据哪条法律,每个党员都与组织失去了联系,但大家对于现在要经过一定的手续,重新进入党的大门还是非常重视的。东语系的"军工宣队"左挑右选,让一个人作为标兵出演恢复组织生活的开场戏,他就是本文几次提到的季羡林的"得意弟子"马某某。此人由已成为"资产阶级学术权威"的季羡林一手栽培,可见"中毒"匪浅,今日要想重新进入党的大门,就必须显示他的党性坚定,其重要表现就是与资产阶级学术权威一刀两断,彻底决裂。

经过一番准备,这场戏终于开演了。那天,季羡林与全系师生一起来到了会场,只见前面的桌子上摆满了毛料衣服和裤子,还有几本用很粗糙的纸张油印的讲义。季羡林满腹孤疑:在恢复党员组织生活这样严肃的会上,竟然出现这些不伦不类的东西,到底葫芦里卖的什么药?

大会主席讲完话,那位马某某便登台表演了。他威仪俨然,义愤填膺,口口声声宣称自己不做资产阶级学术权威的金童玉女,接着列举了一些事实,证明自己中了资产阶级的糖衣炮弹和资产阶级思想的毒。季羡林听了,既有点儿吃惊,又不太吃惊,吃惊的是"文化大革命"搞到这个份儿上,自己的这位弟子难道就没有一点醒悟吗?不吃惊的是自己已经变成"老运动员"了,这出戏固然是影射他的,但又会怎样呢?的确,当时季羡林已做好了思想准备,大不了自己被开除出党,流放到边远的地方去。

那么,马某某列举自己中毒的证据是什么呢?就在漂亮的毛料衣服、裤子和几本粗糙的讲义上。他指着那些东西控诉着,声泪俱下,突然怒从中来,顺手拿起那几本讲义——地地道道的梵文讲义——三下五除二撕了个粉碎。当人们静静地观察着他的下一步的举动时,他却再没有去撕那毛料衣服和裤子。这时季羡林确实是吃惊了,难道这位弟子还要继续穿着它,继续贪图资产阶级的生活享受吗?

大会的高潮已过,那位标兵本来应该获得的掌声,却被全场一片惊愕的寂静所代替。季羡林和其他老师一样,只感到哭笑不得。这一幕闹剧终以失败而收场。

官庄之行

1973 年 8 月 3 日,季羡林夫妇携儿子季承、孙子季泓、孙女季清,回到了一别四十余年的故乡。当然,季羡林这时还谈不上被恢复党组织生活,也就是还没有被"完全解放",仍然处于"半解放"的状态。但是,当时的政治气氛毕竟宽松了些,对像他那样的高级知识分子的禁锢有所撼动,因此他的回乡申请得到了批准。

季羡林 1933 年秋回官庄为母亲奔丧,从那时起就再没回去过。如今整整过去了四十年,他已届花甲之年,庶几动了思乡之情。他说:"在官庄过了六十二岁生日。那年头不能大张旗鼓,私下悄悄过,谁也没告诉。"儿的生日娘受罪,季羡林是想借此来怀念生育自己的母亲吧！据季承回忆，父亲带着他们去祖父母坟上磕头。

陶渊明有诗曰："羁鸟恋旧林，池鱼思故渊。"此时季羡林的心境大概也如此吧！在"文革"中，北大的那个"老佛爷"为了将他打成"地主"，千方百计罗织罪名，竟然暗中派人两次蹿到官庄调查。但是，乡亲们却指着那些人的鼻子说："咱村要是开诉苦大会，季羡林家应该第一个上台诉苦！"季羡林这次还乡，也是为了感谢养活过他的衣食父母，保护过他的父老乡亲呀！

季羡林的同乡好友马景瑞曾在文章中记述了他此次还乡的感人情景：

1973年8月3日，季老带着夫人彭德华、儿子季承、孙子季泓、孙女季清，一家五口人，回到了一别四十余年的故乡。这也是新中国成立以后季老第一次回故乡。

这时季老还处于"半打倒状态"。他们一家人从北京坐火车到禹城车站下车，转乘汽车到达康庄。这里离我们官庄村还有八里路程。当时条件差，没有别的交通工具，季老本家的人和村干部到康庄迎接季老一家人，只是准备了自行车和地拉车。原来打算让季老也坐地拉车的，季老执意不肯坐，说："我能骑自行车。"商量的结果，季老和儿子季承骑自行车，季夫人和孙子、孙女坐地拉车回村。到了村头，季老一家人下车步行回老家。小学师生一齐出动，列队欢迎，村里男女老幼一听说也都从家里走出来，站在街两旁欢迎季老一家人。季夫人结婚几十年，还是第一次来官庄，看见村上这么多人欢迎，笑着大声说："都来看老'新媳妇'啊！"一句话逗得街两旁的群众都乐了。

季老的旧居，当时还有四间西房，一家人就在这老屋里住了下来。每天来看望季老一家的村民络绎不绝，屋里屋外挤满了男女老幼。季夫人在屋里，和前来看望她的老太太、年轻媳妇拉家常。大家看到季夫人落落大方，说话和蔼亲切，以为她是一位教书先生；后来知道她没有文化，几十年勤勤恳恳，操持家务，不少人感叹地对她说："你也不容易啊！"季老在院子里摆放一张长矮桌，几条长凳子，一壶茶水，他就和老乡坐在院子里说话。他最关心的是家乡人的生活状况，询问的最多的是收成情况和孩子们的上学情况。当他得知村里有些人家忙活一年还不能吃饱，便唉声叹气，愁眉不展。当他听说村里孩子们都能念到小学毕业,还出了一批中学生和几个大学生,又非常高兴,笑容满面地说:"这比解放以前强多了。"儿时的伙伴杨狗来看望季老,久别重逢,两个人都很激动,说起小时候的一些趣事,又都开怀大笑。儿时的另一个小伙伴哑巴小的父亲哑巴马洪保老人也来了,季老赶忙站起来让座,让茶。1998年8月,我去北京大学向季老汇报筹建资料馆的事,季老又给我谈起哑巴小的父亲:"哑巴怎么那么聪明!当时我问他多大年纪了,他伸手比画八十三岁了,他怎么听见的?"

　　1973年我还在临清一中教书。季老回故乡的第二天上午,问村里的干部:"咱村里有一个叫马景瑞的,现在在哪里工作?他是咱村和我通信的第一人。"当天村里干部便打发人到临清一中给我送了信。8月5日,我急急忙忙赶回村里,放下自行车就往季老的故居跑,心里想,这回我终于能见到仰慕已久的季先生了。来到院子里,我看见季老身穿短袖白衬衣、灰裤子、圆口黑布鞋,正和村里人说话。我一时很激动,也很拘谨,原来在回村的路上想好的要对季老说的一肚子话,要向季老请教的一连串的问题,竟不知从何说起,最后只说了一句:"您是什么时候到家的?"季老让我坐在他身旁,告诉我回来两天了,随后很慈祥地询问起我的工作情况和学习情况,还问我有什么业余爱好。我的心情慢慢平静下来,告诉季老,我很喜欢读他的散文,把刊有他的散文的报刊,能找到的都找来看了。我不知道季老当时的处境,还向他提议:"您该把自己写的散文搜集起来,出一本集子。"季老沉思地说:"等机会吧。将来出了散文集子,我一定给你寄一本来。"

　　村里安排专人给季老全家做饭。每次吃饭,季老总是称赞他做饭技术高,饭菜可口。有一次,做的一道菜是烧茄子,季老笑着说:"从来没吃过这么好吃的菜。"有一天吃饭时,孙子季泓说"不饿,不想吃",孙女季清拿起一块上顿剩下的馒头,又放下了,说"不好吃"。季老深情地说:"你们看着这样的饭菜不好,这是村里特意招待我们一家的。这样的饭菜,村里的群众,别说过去,就是现在也吃不上。这次我们住的时间短,不然,我们得吃一次忆苦饭。"季夫人也给孙子,孙女讲述起季老小时在老家吃的苦:"那时你爷爷还没有你们现在大哩,一年到头吃不上几顿'白的'。"

　　8月6日上午,季老领着儿子、孙子和孙女,来到村南头一口砖井旁边,拿起井绳,挂上水桶,来自打水。村里有人看见,忙跑过来要替他,他不让,并对他的孩子们说:"从古至今,这里没有自来水,村里人吃水,就是这样从井里打水的。"提上水来,他让孙子、孙女把一桶水抬回家。随后,他又让儿子季承从这口砖井里打了一桶水,抬回家去。

当时,村里人都不知道8月6日是季老的生日。我也是事隔多年以后才知道的。后来季老告诉我:"1973年回官庄,没有什么事。我只是想老家。我在老家过了一次自己的生日。"显然,当时季老选择回老家的日子是有意为之的,只是不想告诉村里人,怕给老家添麻烦。季老一家人在官庄住了四天,时间虽短,却给村里的群众留下了美好的印象。不少人告诉我,别看人家是大学教授,在北京住了这么多年,从穿戴到说话,一点儿也没变。

8月7日,吃过早饭,季老一家人要到康庄坐汽车到济南。听说季老要走了,小学生敲锣打鼓列队欢送,村里的群众也纷纷跑来相送。季老眼含热泪,边走边回头,频频向欢送他的父老乡亲挥手致意,并几次大声对小学生们说:"回到北京,我一定会给你们寄书来的!"

恢复党组织生活始末

花开花落,瞬息之间,北大恢复党员组织生活的工作已经过去了一些时日,季羡林也早已调离门房,参加印地语教研室的活动。正当这一工作快要结束时,他又遇到了麻烦。因为,在全校党员中,虽然只有两三名还被拒之门外,但偏偏就包括了季羡林,用他自己的话说,叫作"名落孙山"。

为什么竟是这样呢?据时任东语系教师党支部书记的张保胜透露,原来,所谓季羡林的问题已经在北京市委备了案,而且市委还有一个亲笔签批的"留党察看两年"的处分决定。现在市委又通知北大党委,责成季羡林所在的基层党支部补办一个支部大会的"处分决议"。显然,这种未经支部大会讨论就做出处分决定的做法是违反党章规定的,只有在"文革"中才会出现这种荒唐事。再说,市委签批"留党察看两年"的处分决定到底是怎么回事?原来它所依据的正是北大一派组织的"秘密报告",其中的"钢鞭材料"又正是从季羡林被抄家时搜出的那张印有蒋介石和宋美龄照片的明信片。季羡林因此被打成"反革命",并付出了血的代价,现在又要最后跟他算账了!

张保胜说,当时在东语系"引发了该不该给先生处分的大辩论。在全系教工参加的大会上,争论是激烈的。经过双方的争论,真相大白";他还亲自主持了一次支部大会,"会上的发言是热烈的、感人的,从中可以深切感触到他们坚持真理、敢抱不平的高贵精神。最后一致认为:未经支部大会讨论、决议,就对一个党员做出处分决定是违反党章的;处分所依据的皆为不实之词;故本支部不同意给任何处分。我将这个意见递了上去。我知道,这是不会有什么好结果的。不出所料,没过几天,我们这个支部就解散了,理由是我们犯了'右倾'错误。不久,季先生被转移到一个学生支部。在那里,按照上级的指令,终于补上了那个'决议'。"

在此期间,东语系"军工宣队"的头儿和总支书记也曾几次找季羡林谈话。第一次告诉他,给他发全月的工资,以前扣发的也全部补上,并当场交给他1500元,并答应还有四五千元以后给他;季羡林决定将补发的工资全部作为党费上缴给国家,随即将1500元交给了总支书记。第二次来找他,总支书记问道:"你考虑过没有,自己的问题究竟在哪里?"季羡林愕然不知所措。他心里想,要说思想问题,他有不少毛病,要说政治问题,他没有参加过国民党和任何反动组织,只能说没有。想着想着,季羡林终于没有回答他的问题。同来的那个"军工宣队"的头儿颇为机灵,也很知趣,赶忙岔开话头儿,结束这次不愉快的谈话。

第三次,总支的一个干部又来找他,向他宣布支部的决议:恢复他的组织生活,给予留党察看两年的处分。如同晴天里一声霹雳,季羡林在震惊之余勃然大怒,他在《牛棚杂忆》中写道:

> 由于我反对了那位一度统治北大的"女皇",我被诬陷,被迫害,被关押,被批斗,几乎把一条老命葬送了,临了仍然给自己扣上莫须有的罪名。世界上可还有公道可讲!世界上可还有正义可说!这样的组织难道还不令人寒心!这位干部看到我的表情,他脸上也一下子严肃起来:"我们总支再讨论一下,行不行?"他说。说老实话,我已经失望到了极点。我盼星星,盼月亮,盼着东方出太阳,太阳出来了,却是这样一个太阳。我不想再在这个问题上伤脑筋了,够了,

够了,已经足够了。如果我在支部意见后面签上"同意"二字,那是绝对办不到的。如果我签上"不同意"三字,还有不知道多少麻烦要找。我想来想去,告诉那位干部:"不必再开会了!"我提笔签上了"基本同意"四个字。我着重告诉他说:"你明白,'基本'二字是什么意思!"然而又一想:"我戴着留党察看二年的帽子,我有什么资格把补发的工资上缴给国家呢?"结果预备上交的那四五千块钱,我就自己留下。

就这样,直到"四人帮"被粉碎,季羡林的这桩冤案才得以昭雪,还了他一个清白。这是一个沉痛的教训啊!

由此,笔者想起了巴金老人的一段话:

我明明记得我曾经由人变兽,有人告诉我这不过是十年一梦。还会做梦吗?为什么不会呢?我的心还在发痛,它还在出血。但是我不要再做梦了。我不会忘记自己是一个人,也下定决心不再变为兽,无论谁拿着鞭子在我背上鞭打,我也不再进入梦乡。当然我也不再相信梦话!

没有神,也就没有兽。大家都是人。

我们的传主——季羡林,难道不也是这样吗?十年一梦,也真的把他害苦了!

新生篇

1988年是一个什么样的年头呢？改革开放的政策已经实行了十年，取得了异乎寻常的成功。经济繁荣，人民欢乐，知识分子这一个解放后历届政治运动都处在挨整的地位上的社会群体，现在身上的枷锁砸掉了，身心都感到异常的欢说，精神又振奋了起来，学术界和文艺界真是一派大好形势。我自己当然也感觉到了这种盎然的春意。虽然早已过了退休的年龄；但是，学校决定我不退休，我感到很光荣，干劲倍增。不似少年，胜似少年，恰恰然忘记了老之已至。我虽然已经没有正式的行政工作，但是社会工作和社会活动，却是有增无减。全国性的学术团体中我被选为主席、会长或名誉主席、会长的有七八个之多。至于理事之类，数目更多。不顾不问的顾问，一个团体的或一部书的，总有几十上百个，确实数目只有天老爷知道，我个人是搞不清楚的。大型丛书，上千册的，上百册的，由我担任主编的，也有三四部。至于电视采访，照相录音，也是常事。几乎每天下午都是宾客盈门。每天接到各式各样的来信也有多封，里面的请求千奇百怪。一些偏远省份青年学生的来信，确实给我带来很大的欢乐。我从内心里感谢这一些天真无邪的青年学生对我的信任。一位著名的作家，在自己的文章中提到我，说我每信必复，这难免给一些男为大孩子们带来了失望。我内疚于心，然而却无能为力。

季羡林

第六章 季副校长

公元 1978 年

1978 年，是中国国家民族命运的重要转折点，也是季羡林人生之旅的重要转折点。1997 年，季羡林在回顾自己数十年的学术生涯时写道：

> 从我上面叙述的几十年的经验和教训来看，学术研究绝对脱离不开政治，绝不能不受政治的影响，而且，不管你有意或无意，愿意或不愿意，不管是直接或间接，它总是会为政治服务的。在新中国成立后将近五十年的历史中，根据我个人的经验，别人的经验也差不多，什么时候政治气氛宽松一点，阶级斗争强调得少一点，极"左"的东西少一点，什么时候学术研究开展得就好一点。这是一个事实，唯物主义者应该首先承认事实。
>
> 根据我个人的经验，新中国建立后将近五十年可以分为两大阶段，分界线是 1978 年，前面将近三十年为一阶段，后面将近二十年为一阶段。在第一阶段中，搞学术研究的知识分子只能信，不能想，不允许想，不敢想。天天如临深履薄，天天代圣人立言，不敢说自己的话。在这种情况下，在学术研究中搞点什么名堂出来，真是难于上青天了。只有真正贯彻了"百花齐放、百家争鸣"的精神，学术才能真正繁荣，否则学术，特别是人文社会科学，就只能干瘪。这是古今中外学术史证明了的一条规律，不承认是不行的。

从 1978 年起,改革开放宛如和照的春风,吹遍了祖国的大地。重点转入市场经济以后,我们的经济得到了发展。虽然还有一些不尽如人意之处,但成就却是不可忽视的。在意识形态方面,从事学术研究工作的学者们,脑袋上的紧箍兄被砸掉了,可以比较自由地、独立自主地思考了,从而学术界思想比较活妖起来。

思想活跃历来都是推动学术研究前进的重要条件。中国学术界萌生了生气勃勃的生机。

在这种非常良好的政治大气候下,我个人也仿佛从冬眠中醒来了,心情的舒畅是将近五十年来没有过的。

的确,在粉碎“四人帮”,结束了“文化大革命”两年之后,中国社会正在发生巨大的变革。当时,与季羡林密切相关的政治大气候,笔者不妨再介绍一二:

1978 年初,季羡林当选第五届全国政协委员。2 月 24 日至 3 月 8 日,第五届全国政协第一次会议在北京召开,会议通过《中国人民政治协商会议章程》,邓小平当选全国政协主席。而在此之前,邓小平已于 1977 年 10 月在党的十一届一中全会上当选中共中央副主席。

1978 年 2 月 17 日,国务院转发教育部《关于恢复和办好全国重点高等学校的报告》,北京大学是首批恢复的 60 所重点高校之一。

1977 年秋季高考恢复之后,北大的教学秩序逐渐恢复正常。季羡林担任的东语系主任职务也得以恢复。3 月 7 日,国务院批转教育部《关于高等学校恢复和提升职务问题的请示报告》,此后各高校恢复了教员原来的职称,并开始根据“坚持原则、保证质量、全面考核、择优提升”的原则,分期分批地提升和确定教师的职称。不久,经周培源校长推荐,季羡林被任命为北京大学副校长。

4 月 22 日至 26 日全国教育工作会议在北京召开,会议讨论了《1978 年至 1985 年全国教育事业规划纲要(草案)》《全国普通高等学校暂行工作条例(草案)》等文件。邓小平在会上发表重要讲话,指出要提高教育质量,提高科学文化教育的水平;学校要大力加强秩序和纪律,造就具有社会主义觉悟的一代新人;教育事业必须同国民经济的发展的要求相适应;提高人民教师的政治地位和社会地位;要研究教师首先是中小学教师的工资制度,要采取适当的措施,鼓励人们终身从事教育事业。

大约在此前后,中国社会科学院从中国科学院分离出来,在酝酿领导成员时,曾经考虑让季羡林担任社科院副院长。有一种说法是季羡林婉拒了,其实不然。季羡林没有当上副院长,另有别的原因。季羡林对当官看得很淡,没有什么兴趣,这是真的,就他的本意,如果可以不搞行政工作,专心科研和教学,是求之不得的;可是在中国现行体制下,不当官,科研和教学也会遇到一些难以克服的困难,这也是有目共睹的。

1978 年 5 月 11 日,《光明日报》发表特约评论员文章《实践是检验真理的唯一标准》。关于真理标准的大讨论就此展开,大讨论导致了思想的大解放。

5 月 27 日至 6 月 5 日,中国文联三届三次扩大会议在北京召开。文学艺术界联合会、作协、剧协、美协等学术团体陆续恢复。

1978 年 6 月,中国社会科学院同北京大学商定,合作建立一个南亚研究所,季羡林以北大副校长身份任筹备小组组长,成员有陈翰笙、中联部林华轩、北大亚非所所长赵宝煦、社科院宗教研究所副所长黄心川、社科院世界史研究所研究员陈洪进、孙培钧。季羡林慨叹:"我本来下定决心,不再搞行政工作。然而事与愿违,奈何奈何!" 10 月,南亚研究所正式成立,季羡林担任所长。1985 年,中科院与北大分别办所,季羡林仍然担任北大南亚所所长,直到 1989 年卸任。

胡耀邦担任中组部部长之后,平反冤假错案的工作搞得轰轰烈烈。9 月 1 日,中共北京大学党委召开全校落实政策大会,为原北大副校长、著名历史学家翦伯赞,北大一级教授、著名胶体化学家付鹰等一大批在"文革"期间遭受迫害的干部、教师和学生平反。

11 月 10 日至 12 月 15 日,中央工作会议在北京召开。会议决定从 1979 年 1 月起,把全党工作的重点转移到社会主义现代化建设上来。12 月召开了具有伟大历史意义的十一届三中全会。自此,中国进入了改革开放的新时代。

季羡林在 1978 年不但官复原职,而且官升一级,压在他肩头的行政工作担子越来越重。每个星期五下午,必开校长办公会。连学生食堂几点几分开饭,都要在校长办公会上反复讨论。学生宿舍的水龙头坏了,也有人半夜打电话向季副校长反映。还有没完没了的迎来送往,一大堆关乎吃喝拉撒的事务性工作,处理过了,就扔到脑后去了。若干年后,季羡林回忆他当副校长时的"政绩",有两件事还有印象:一件是北大西校门南边开了一个西侧门,在马路上就可对校内景色一览无遗,季羡林主张在门口堆一个土山遮挡一下,建议被采纳;另一件是在俄文楼前花园内建了两尊李大钊和蔡元培的塑像,在朝向、空间等问题上发生争执,季羡林提出栽几棵树,把空间区隔一下,解决了这个问题。说到这件事,笔者见蔡德贵编的《季羡林年谱长编》有这样的记载:982 年 10 月,北京大学举行李大钊、蔡元培铜像落成典礼,校领导陪同中央首长和来宾来到会场,季羡林还是同平时一样身着朴素的衣着去参加典礼。一位不认识他的学生以为他是来参加建像的工人代表,就带他到后排的座位上。他不声不响地坐下来参加了会议。后来,当学生知道他是季副校长时,都啧啧称道。

季羡林对担任行政职务很不情愿,以为是"不务正业",整天陷于会议和各种事务。他要从事写作和科研,只好利用最"保险"的一段时间,即每天凌晨 4 点到早上 8 点,因为这时总不会有人拉他去开会。当然不只是季羡林,流体物理学家周培源担任学校一把手,更是为一大堆行政事务所困扰,最终不得不辞去校长职务,此为后话。

尽管无法全心全意搞业务,当时的政治气候,却让季羡林有枯木逢春之感。从1966 年"文革"开始,到 1977 年的十二年间,他的学术研究是一段巨大的空白;1978 年是他新生的一年,复苏的一年,学术研究有了较好的气氛。尽管还有许多毫无内容的会议和一些大大小小的干扰,但季羡林仍然写了 16 篇文章,其中有 5 篇是学术论文。

第一篇《〈罗摩衍那〉中译本前言》。这时,《罗摩衍那》全书的翻译已经完成。前言简要介绍了《罗摩衍那》的成书过程和主要内容、产生的年代以及对这部书的评价。说到评价,自然带有那个时代明显的印记,无非强调思想性和艺术性。首先是思想性,思想性又是批判地继承,首先是批判,什么"破字当头,立在其中"之类,这合乎当时的潮流。不过,几年之后季羡林发现这样的说法有问题。他认为,谈思想性和艺术性,应该把艺术性摆在前面。因为,文学作品或艺术品之所以受人喜爱,首先是艺术性。没有艺术性的东西,再好、再伟大、再正确也只能是宣传品,而不能成为艺术品。有些作品没有什么思想性,或者思想性模糊,但因有艺术魅力,照样可以流传千古。至于说批判地继承,也有些问题。历史上能够流传下来的东西,必然有其优异之处,否则早就被淘汰了,所以对于文化遗产首先应该继承,对于好的东西,我们今天的任务首先应该继承,即立,而不应该首先批判,即破。

第二篇是《〈沙恭达罗〉译本新序》。《沙恭达罗》的作者迦梨陀娑是印度历史上首屈一指的伟大剧作家,可是由于印度没有历史典籍,对其生卒年月众说纷纭,莫衷一是。季羡林根据现有的材料分析推断,迦梨陀娑应该生活在复多王朝,可能在公元 350 年至 472 年之间,这也只是一个假设。接着,他根据当时流行的做法,分析这部作品的思想性和艺术性。关于思想性,季羡林指出这部作品主要描写国王豆扇陀与沙恭达罗之间的爱情;关于艺术性,季羡林分析了该剧的艺术风格、女主人公性格的特点,并同《罗摩衍那》的女主人公悉多做了对比,对这部作品的艺术形式进行了细致剖析,一反当时对作品分析着重思想性、而对艺术性一笔带过的通常做法。

第三篇是《〈西游记〉里面的印度成分》。《西游记》的主人公孙悟空的原型是谁,中国学术界历来颇有争论,主要有两派意见:一派以胡适、郑振铎和陈寅恪为代表,主张来源于印度史诗《罗摩衍那》中的神猴哈努曼;另一派以鲁迅为代表,主张来自无支祁的神话。季羡林步其老师陈寅恪的后尘,在汉译佛经中找出了许多同《西游记》类似的故事,说明《西游记》受印度的影响。

第四篇是《〈中印文化关系史论文集〉前言》。此文的主要用意在于纠正印度朋友的一种说法:新中国成立之前,印度是中国的老师;新中国成立之后,中国是印度的老师,因为这种说法不符合历史事实,文化交流从来都是双向的。

第五篇是《〈罗摩衍那〉浅论》。关于这篇文章以及《〈罗摩衍那〉初探》,笔者下文还将叙述。

总而言之,1978 年季羡林的学术研究进入了一个新时期,范围涉及印度学、中印文化关系史和比较文学,以后逐步扩大,形成了学术研究的第二个高峰。

不薄西方爱东方

"不薄西方爱东方",这是季羡林的一句名言。他是中国东方学的开拓者、奠基人。自从 1946 年创建北大东方语文学系开始,直到 1983 年,除"文革"期间外,他一直担任这个系——后来改称东方语言系、东方语言文学系——的系主任。

季羡林辞去系主任的职务后，依然担任博士生导师，几十年来为国家培养了大批东方语言研究人才，其中不少人成为著名学者、教授、研究员以及外交家、翻译家。

季羡林"官复原职"以后，尽管工作繁忙，还是身先士卒，亲自带研究生，在他最擅长的印度古文字专业，1978年秋季招收硕士研究生任远、段晴，1979年招收硕士研究生王邦维、葛维钧。这四位硕士研究生于1982年7月同时毕业。

1984年9月，钱文忠等八人考入北大本科学习梵文，季羡林的早年弟子蒋忠新、郭良为他们授课，而季先生也对他们关怀备至。学梵文的难度人所共知，加上对毕业后前途的担心，1985年北大规定学生可以转系，于是该班半数学生转走。为了把剩下的学生培养好，1987年季羡林亲自联系、协调，安排他们赴德国汉堡大学就读。同年，王邦维获得博士学位。1991年钱文忠获得硕士学位，日籍研究生辛岛静志获得博士学位。此后季羡林的博士研究生还有三人，即李南，1996年毕业；高鸿，1998年毕业；刘波，2000年毕业。

作为研究生导师，季羡林还经常开设学术讲座，除了讲授印度学之外，最多的还是传授治学的基本方法和学术规范。他教育研究生必须有翦伯赞先生所提倡的"板凳甘坐十年冷，文章不写半句空"的治学精神，写论文前要做好相关资料的检索，写作中要经常翻阅各种工具书，以减少事实记忆差错和错别字，要努力多掌握几门外语，不断提高汉语水平，尽力拓宽知识面。他反复强调要老老实实做学问，引用别人的东西，哪怕是一句话，也要注明出处，不可掠人之美。

1990年，南亚所印度留学生沈丹森的论文《宋代中国与南印度的关系》通过答辩，获得硕士学位。恰巧一位美国教授请季羡林推荐一个既懂梵文又熟悉中国古典文献的学生做助手，他便推荐沈丹森去美国工作。季羡林说，沈丹森虽然是印度人，但汉语说得流利，谙熟中国古代文化，是一位"有印度名字的中国人"。

季羡林的研究与教学绝不面于南亚古代语言，他是综合比较研究的积极提倡者和实践者。从20世纪80年代早期开始，他就组织了一个"西域研究读书班"，把与研究西域有关联的学者召集起来，不定期交流读书心得，一年数次，延续十年之久。这个读书班效仿德国大学的 Seminar，季羡林利用自己的组织力和号召力，把不同学科的研究者召集在一起，相互切磋，取长补短，探讨问题，效果比一个人单打独斗要好得多,特别是对于青年学者,更是难能可贵的学习机会。

据当事人回忆,参加这个读书班的有:北大历史系的荣新江、张广达、王小甫,北大南亚所的王邦维、耿引曾、段晴、张保胜、钱文忠,社科院南亚所的蒋忠新、郭良鋆,社科院外国文学所的黄宝生,中央民族学院的耿世民,文物局文献研究室的林梅村等等。他们有研究梵文、于阗文、卢文、回鹘文的,有研究中亚、南亚历史的,有研究佛教、摩尼教的,都学有专长。在读书班里,他们学到了在课堂上学不到的东西,也遇到了从未遇过的挑战。季羡林还请来京访问的研究中亚问题的外国学者到读书班交流,这时英语就成为必不可少的交流工具了。几年下来,读书班成员感到,不仅学识上有长足进步,外语水平也有明显提高。

1990年季羡林担任中国亚非学会会长,直至1999年卸任。他对这项工作相当重视,曾经说:"我担任的其他学会的领导职务可以推掉或者挂名,但亚非学会不同。"事实是,这个学会是1962年在周恩来总理、陈毅副总理的亲切关怀下成立的,是当时全国唯一的研究国际问题,特别是亚非问题的学会。那时候周扬担任会长,季羡林任副秘书长。1986年亚非学会重组,宦乡担任会长,季羡林任第一副会长。宦乡逝世后季羡林担任会长。他在主持第二、第三届理事会期间,为学会的发展做出了很大贡献。

在季羡林的倡导下,亚非学会召开东西方文化和作用的座谈会,参加会议的除学会领导成员以外,还邀请了中国社会科学院副院长李慎之、国家图书馆馆长任继愈等人。会上两种观点针锋相对,争论十分激烈。季羡林阐述了自己的观点:第一,东西方文化"三十年河东,三十年河西",每一种文化都有它产生、发展、衰落的过程,21世纪将是东方文化占主导地位的时代;第二,"天人合一",人类的生产活动必须符合自然规律,那种"与天斗、与地斗"的观点是站不住脚的,西方一些国家只顾发展经济,破坏自然环境的做法只会殃及人类自身生存;第三,西方强调分析,东方强调综合,也就是微观和宏观的问题,现在微观分析再也分不下去了,21世纪必须微观与宏观结合。季羡林的这些观点当然不是凭空想象出来的,他阅读了大量的中外有关资料,凭借自己渊博的历史知识、敏锐的观察能力,才得出这样的推论。他把这些观点发表出来,不怕人家反驳,是需要很大的学术勇气的。实际上,这是对独霸世界并长期统治人们头脑的"欧洲中心论"的一次勇敢的挑战。

季羡林还自费出版了《东西文化议论集》上下两册,笔者就亲自听他说过:"这个问题不要光听我说,还要听别人的意见。"果然,问题一直在争论中,比如1998年李慎之在其《东西方文化之我见》一文中说:"近年来,季羡林先生以梵文专家的身份一再合三为一把东方文化作为一个整体,而且以为东方文化优于西方文化,进而按照据说'三十年河东,三十年河西'的'规律'断定:既然最近几个世纪是西方文化主导世界,那么下个世纪必然是东方文化主导世界,而且即使东西方文化汇合为一种世界文化也一定是东方文化在其中起主要作用。我对此不敢苟同。三年前曾撰《辨同异,合东西》一文,就是为说明我的这个观点。虽然如此,东西文化之说仍然日渐流行。"

早在改革开放伊始,季羡林和他带领的团队,就发起了对"西方中心论"或"欧洲中心论"的宣战。1979年他倡导成立中国南亚学会并担任会长;1980年他带头在北大成立比较文学学会和比较文学中心;1982年成立全国印度文学研究会;1982年暑假在他的提议下,教育部在承德避暑山庄举办首届全国东方文学讲习班,一大批来自各地的青年教师接受东方文学的启蒙教育;1983年全国高校东方文学研究会在四川乐山成立;1984年季羡林为《东方文学作品选》作序时写道:

> 解放以后,介绍外国文学开创了一个新时代。
>
> 十五年以来,我们做了大量的翻译、介绍、研究、阐述的工作,成绩辉煌,远迈前古。……但是,美中也有不足,主要是对东方文学的介绍还不够普遍,不够深入。在这个领域内,不论是古代或是近、现代,都有不少的空白点。严格一点说,我们的读者对东方文学还没有看到全貌,对东方文学的价值还不能全面评价。其影响就是中国人民对某些第三世界国家人民的思想与感情,憧憬与希望,都缺乏实事求是的了解,从而影响了我们之间思想交流和友谊增长,也可以说是不利于我们的团结。特别是在某一些同志心目中那种鄙视东方文学的看法,更不利于东方文学的介绍与研究。我不愿意扣什么帽子,但如果说这些同志还有点欧洲中心论的残余,难得还不能算是恰如其分吗?

1990年季羡林在他担任主编的《印度古代文学史》前言中进一步尖锐地指出:

中国地处东方,同印度做了几千年的邻居。文学方面,同其他方面一样,相互影响,至深且巨。按理说,印度文学应该受到中国各方面的重视。可是多少年来,有一股欧洲中心论的邪气洋溢在中国社会中,总认为印度文学以及其他东方国家的文学不行,月亮是欧美的圆。这是非常有害的。我们搞印度文学的人,一方面要努力学习,一方面又要同社会上这一股至风抗争,任务是艰巨的。……但愿中国的外国文学专家和一般的读者们能摒除偏见,平等地对待东西各国的文学,跂予望之。

季羡林向"西方中心论"挑战的武器,一是教学,包括开设讲座,二是创办杂志,三是写书或者编书。20世纪70年代末,季羡林决心创办《外国文学》杂志,从当时的东西俄三个外语系每系抽出个把人,用心征集北大师生的内部稿件,既彰显北大外国文学研究方面的实力,又可以发现和培养新人。当时下立强、刘安武、范大灿、李明滨和陆嘉玉五人为编委,李铮协助做一些具体工作,季羡林亲自指导编辑部组稿,把关审查每期发刊的文稿,80年代初《外国文学》正式出刊。季羡林认为,老一代专家学者的治学经验和心得,都可以算是理论,而且是有中国传统的外国文学理论,不能轻视。《外国文学》杂志聘请的顾问如冯至、田德望、刘振瀛、李赋宁、陈占元、金克木、闻家驷、梁佩贞、曹靖华、颜保、魏荒弩等,都是这方面的名家,他们亲自撰写稿件,使这本杂志有了很高的水准和知名度。

90年代初,杂志出版遇到经济困难,有一位系领导表示可以独资承办,条件是要拥有杂志的主编权,季羡林坚决不答应。他说:"主编不是花钱就可以随便买到的。我别的职位可以不要,副校长、系主任都辞去,主编坚决不辞!"季羡林创刊并担任首任主编的《南亚研究》杂志,情况也是如此。筚路蓝缕,惨淡经营,锲而不舍,这就是季羡林的治学态度,足见彰显和弘扬东方传统文化的信心和勇气。

学(协)会种种

季羡林在总结自己学术研究的特点时,用了一个字来概括,就是"杂"。杂到什

么程度呢？根据他本人统计归纳,大概是以下十四个方面:

1．印度古代语言,特别是佛教梵文;

2．吐火罗文;

3．印度古代文学;

4．印度佛教史;

5．中国佛教史;

6．中亚佛教史;

7．糖史;

8．中印文化交流史;

9．中外文化交流史;

10．中西文化差异和共性;

11．美学和中国古代文艺理论;

12．德国及西方文学;

13．比较文学及民间文学;

14．散文及杂文创作;

季羡林说自己是"杂而不精,门门通,门门松"。这似乎有点儿自我调侃的意味。其实,在这些学术研究领域他都达到了常人难以企及的高度,甚至在某些方面又是名副其实的领军人物。

"文革"结束后,我国进入改革开放的新时期,各种各样的学术团体如雨后春笋般出现,参加相关学会、协会的组织、领导工作,参与、组织或策划这些学术团体的学术活动,便成为季羡林无法推卸的社会工作。他究竟参加了多少学术团体和组织的活动,连他自己都说不清楚。笔者只能根据手头不完整的资料,择其大者、要者列举如下:

1．中国外国文学学会:1978 年 12 月成立,季羡林当选副会长,1987 年 12 月当选第一副会长。

2．中国南亚学会:1979 年成立,季羡林当选会长。

3．中国语言学会:1980 年 10 月 21 日—27 日在武汉举行成立大会,与会代表195 人,全国三十个省、自治区、直辖市和港澳地区都有代表参加。开幕式由吕叔湘主持,王力致开幕词,十三位代表做学术报告。周有光向大会介绍中国文字改革委员会改组情况和正在进行的主要工作。代表们对制定语言学科规划交换了意见。大会选举王力为名誉会长,吕叔湘为会长,傅懋勣、季羡林、罗竹风、严学宭、朱德熙为副会长。1983年在中国语言学会第二届年会上,季羡林当选会长,王力、吕叔湘当选名誉会长。

4. 中国民族古文字学会:1980年8月1日,中国民族古文字学会成立大会及首次学术讨论会在承德召开。会议选举包尔汉、季羡林为名誉会长,傅懋勣为会长。翁独键、江平到会讲话。会议期间展示了中国民族古文字珍贵资料。

5. 中外关系史学会:1980年10月,季羡林、翁独键、孙毓棠等发起成立中外关系史学会,同时成立筹备组。1981年5月,中外关系史学会成立大会暨第一次学术讨论会在厦门大学召开。推举宦乡为名誉理事长,陈翰笙、季羡林、翁独键、韩儒林、侯方岳、朱杰勤、张巽、陈毕笙为名誉理事,选举马雍等7人为常务理事。

6. 中国翻译工作者协会:1981年4月3日,由国家人事局牵头,在国务院第二招待所召开中国翻译工作者协会筹备会议。人事局副局长田光涛主持,社科院梅益、编译局宋书生、北大季羡林、出版局陈原、大百科姜椿芳、外文局吴文焘和刘德有,以及中科院人事局、新华社干部部、社科院外国文学研究所、教育部高教一司、中央广播事业局等单位领导同志到会。自此,中国翻译工作者协会的筹备工作紧锣密鼓地开展起来。11月7日,召开第二次筹备会议,会议由国家人事局局长焦善民主持,出席会议的都是各单位的翻译名家,可谓群星璀璨,其中有冯至、朱光潜、孙冶方、师哲、张仲实、张报、张香山、盛成、张锡畴、赵安博、柯柏年、梅益、曹靖华、王子野、陈庶、吴文焘、刘德有、季羡林、钱伟长、德林、张纪明、阎明复、王效贤等。会议一致表示支持成立协会,并讨论了章程草案和人员名单。1983年5月20日,中国翻译工作者协会第一届理事会第一次全体会议和北京市翻译工作者协会成立大会同时在全国政协礼堂举行。季羡林当选中国译协副会长(姜椿芳任会长)、北京市译协会长。他在讲话中表示,市译协成立之后,要尽快发展会员,建立基层组织,把翻译人员组织起来,协助有关部门解决翻译工作者的一些实际问题,使他们在"四化"建设中充分发挥积极作用。1992年季羡林被中国译协选为名誉理事长。

7. 中国外语教学研究会:1981年成立,季羡林当选会长。

8. 中国敦煌吐鲁番学会：1983年8月，季羡林与常书鸿、周林等二十位学者联名给党中央、国务院写信，建议成立中国吐鲁番学会，很快得到中央领导同志批准，在财政部大力支持下，开始敦煌吐鲁番学会筹备工作。8月15日—22日，中国敦煌吐鲁番学会成立暨1983年全国敦煌学术讨论会在甘肃兰州和敦煌召开，季羡林当选会长。

9. 中国史学会：成立于1949年，"文革"结束后恢复活动，1984年8月季羡林当选常务理事。

10. 中国教育国际交流学会：1984年成立，季羡林当选会长。

11. 中国高等教育学会：1984年成立，季羡林当选副会长。

12. 中国比较文学学会：1985年10月11日，季羡林在深圳参加中国比较文学学会成立大会暨首届国际学术讨论会，被推举为名誉会长。他在会上致闭幕词，强调指出："只有把东方文学真正纳入比较文学的研究范围，才能开阔视野。"

13. 中国作家协会：1985年季羡林当选第四届理事会理事。

14. 中国亚非学会："文革"以前，季羡林是该学会理事、副秘书长，1986年当选第二届理事会副会长，1990年当选第三届会长。

季羡林参加这些学会、协会的活动，必然占用了大量的时间和精力，但他始终热情不减，态度积极，工作认真，有力地推动了我国民间学术研究的发展。

生存状态

季羡林承担的社会工作，远不止于学会和协会。1978年，他当选第五届全国政协委员；1983年，当选第六届全国人大代表、常务委员会委员。参政议政，参与法律的审议和制定，成为他的本职工作。1980年5月，他奉命参加充实和加强后的中国文字改革委员会的工作，12月被任命为国务院学位委员会委员兼外国语言文学评议组负责人。他还受聘担任中国大百科全书外国文学卷、语言文字卷的编纂，担任新闻出版署中国图书奖评委、文化部中国文学翻译奖评委等等。至于接受学校、企业、事业单位的聘请，担任各种职务或名誉职务，更是多得不胜枚举。有人做过统计，季羡林担任的各种职务有五十多个。

季羡林担任北大东语系主任兼南亚研究所所长期间，他每天必须上班，1978 年担任北大副校长以来，每次校长办公会议必须参加。人大常委会每年要开几次会，一次就是十天半月，他从来没有缺席过。其他兼职，虽然不是经常开会，可是架不住职务太多，而且有些事务需要他亲自处理，比如校内外经常请他参加研究生论文答辩，他就无法推辞。

总之，季羡林每天的日程总是安排得满满的，有时甚至要提前排出去一两个月。1984 年 2 月 22 日，《人民日报》发表了杨匡满的一篇报告文学《季羡林：为了下一个早晨》，向读者展示了季羡林一日生活的特写镜头。笔者无法写出这样的妙文，只好当一次文抄公，以便使更多的人对古稀之年时季羡林的生存状态有所了解：

A：四点钟光景，黎明还没有来到这所被雅称为燕园的著名学府，楼群、塔影、湖光、松林，连同长满连翘、丁香和刺梅的路边土坡，无不沉浸在朦胧的夜色里，像是泼在宣纸上已经濡开了的淡墨。这时，朗润园一座楼下的灯亮了，一位老人起床了。一二十年来，他都是这个时候起床。简简单单地抹一把脸，便走到靠窗的书桌跟前，准备开始一天的工作。

偌大的一张书桌，堆满了前一天就摊开的各种中外文书籍、报刊、夹书的纸条、各色的卡片。桌面的空地小得只能容下两叠稿纸和一个水杯。老人戴上眼镜，时而翻阅那一堆堆书刊，时而抬头凝视开始发白的天幕，时而握笔疾书。一会儿，他离开了藤椅，坐到一张小马扎上。就在书桌旁边，是两个大木箱，箱盖上同样堆满了各种中外文书籍、杂志、夹书的纸条、各式的卡片……不同的是除此之外几乎没有空地了。……原来，他在写作一篇学术论文的同时，还在进行另一个翻译项目。在另一个房间里还有一张书桌，同样摊开着各种材料。那里还有他的"第三战场"。近年来，他习惯在两三个"战场"同时作战。他计算着剩下的时间，紧迫啊，每一分钟都不能白白放过。

B：门被轻轻地推开，老伴出现在房门口。七点整，她叫他吃早饭。牛奶、花生米、烤馒头片——他爱吃烤馒头片。他像个老农，让老伴烤了盛在一个布袋里，放在他的工作间，饿了好就着茶吃。

七点十分，他走出了门，走过弯弯的湖边小路，走过条石搭起的小桥，微风把水浮莲和青草那种清香而又带涩味的气息送到他的鼻孔里,他深深地吸着,不由自主地加快脚步。这是他三小时紧张工作后的一次体育锻炼。

不,这是他去系里上班。东语系的办公楼是一座中国宫殿式的建筑,飞檐画梁,巨大的屋顶显示着一种古老的庄重、曲深和神圣。然而,这位老人的办公室在这座楼里相当于传达室的位置,同整座楼的威严可极不相称。

同屋的青年人也早早地到了,那是他的助手。青年人一面向他汇报,一面把一大堆文件、信件、杂志交到他手里。老人点着头,坐到自己的办公桌前。桌上已经堆放着许多别的书籍、材料。哦,这里是他的另一处战场,他每天要在这里工作三四个小时,处理系里的教务、行政方面大大小小的事情,回答国内外学者的各种询问,指导学生、研究生和教师的各种课程和研究项目。

不时有人推门进来向他请教。他中断手头的工作,耐心地解答着。来人一走,他马上又埋头潜心工作……了解他的人,总是把话尽量说得简明扼要,尽量少占他的时间。但即使是一个人几分钟,十个人加起来,也就够可观的了。

C:下班了,他沿着来时那条小路往回走。正午的阳光刺得他眼球发胀,浅浅的湖水蒸腾着一股热浪。他不觉得热,在那间阴凉的"传达室"里坐久了,这暖和的阳光,流动的空气恰好能使他放松一下疲惫的身体。回家路上的这十几分钟,是他一天中第二个三小时紧张工作后真正的休息。

老伴准备好了午饭,简单的三两样家常菜。他基本食素,偶尔吃点牛羊肉。来客人时,才让炒两个肉菜。他从不提什么要求,至多要一根辣椒、一根葱什么的,山东人嘛。

各色各种的书籍散发着淡淡的气味,清香的或带潮味的,异国的或古旧的。他习惯在这种气息的包围中躺到他的木板单人床上。那是他的唯一可以歇脚的岛屿,四周便是浩瀚的书的海洋。经过凌晨以来紧张的脑力劳动之后,他利用中午时间闭上眼睛喘息一下,以获得重新去海浪中搏击的力量。

D:他醒来了。刚刚两点,不过睡了一个小时。电话铃响过两次了,老伴推门进来。还有人在隔壁房间等他。他看了看书桌和箱子盖上的那两摊东西,走了出去。

找他的人得挂号、排队。他的时间总是排得满满的,管事也好,顾问也好,挂名也好,他兼任着大小五十个辞也辞不掉的职务,人们对他实行着"轮番轰炸"。

E:有一天晚上,他已经躺下了,电话铃响了。

"季副校长,我们这楼停水了。"

"我家里也没水。"

"那请你赶快反映反映吧!"

"行行行!"

谁让他没有架子呢? 别人什么都愿意找他。

有人在他的桌上发现过这样的纸条:"学生开饭时间有十一点一刻、十一点半、十一点三刻三个方案,据学生反映,倘十一点一刻开饭,晚下课晚去就吃不上好菜……"

这是他亲笔记下,准备在校长办公会议上发言用的。他生气地感慨道:"就一个熄灯打铃问题,讨论了几年还没有解决。"

F:夕阳西下,他走下办公楼的台阶,站在窗前的梧桐树下。那么多年,他竟没有留意这两棵梧桐属于什么品种。

他绕湖信步走着,遇到相识的师生或工友,他主动地停下来招呼,聊上几句话。这是他一天中第三次真正的休息。远方落日的余晖衬托着燕山山脉黑色的廓影。上弦月悄悄地走向中天。燕园的黄昏空气格外纯净。他绕着湖滨,又踏上了回家的小路。

朗润园里,静静的后湖边上,那盏橙色的灯又亮了。他又开始伏案工作了。不过,他不会睡得太晚,为了下一个早晨,为了再下一个早晨……

新闻媒体向人们展示的季羡林一日生活中的六个镜头,看似平平常常,但很有代表性。须知,他已是一位年逾古稀的老人了,长期超负荷地运转,怎么能吃得消呢? 于是,他一次又一次提出要求辞去副校长的职务,1984年4月终于得到批准,改任校务委员会副主任。这一年中共北京市委宣传部编写出版了一本《优秀共产党员事迹选》,其中有北大校刊记者写的《甘为春蚕吐丝尽——记优秀共产党员、副校长季羡林同志》一文,应是对他的实事求是的评价吧!

中国文化书院

1984年底,梁漱溟先生和北大教授冯友兰、季羡林、周一良、张岱年、汤一介、李中华、魏常海、王守常等人发起,联合国内外数十位著名学者,成立了中国文化书院。汤一介担任首任院长,梁漱溟担任院务委员会主席。这是一家民间学术机构,既研究又办学。书院的宗旨是:通过对中国传统文化的研究和教学活动,继承和发扬中国优秀文化遗产;通过对海外文化的介绍及国际性学术交流活动,提高中国传统文化的研究水平,促进中国文化的现代化。季羡林作为中国文化书院的发起者之一,参与书院的各项活动,20世纪末他接替梁漱溟担任院务委员会主席职务。

1999年是中国文化书院创建十五周年,季羡林在《〈中国文化书院十五周年华诞纪念论文集〉序》中写道:

> 普天之下,从来没有完全笔直平坦的道路。一个人,一个学术团体,所能走的道路,都不是完全笔直的,绝对平坦的。我们中国文化书院当然不能例外。回想十五年前,为了认真弘扬中华优秀文化,北京大学哲学系几位老中青教师,振臂一呼,就呼唤出一个中国文化书院。创业维艰,筚路蓝缕,凭着满怀壮志,一腔热血,不畏艰苦,一往无前,时而山重水复,时而柳暗花明,风风雨雨,颠颠簸簸,终于走到了今天,罗致了一批在海内外广有声誉的专家学者,还有了一个优美固定的院址,颇成气候了。这样的十五年是值得庆祝的十五年。

几千年来,中国的学术和教育一向是两条腿走路,一公一私,而又以私为主。私人办的通称书院,历代真正的大学者多出身于书院,有的自己也办书院。近一百多年以来,欧风东渐,中国才开始官办大中小学,私人办学的那条腿逐渐萎缩。新中国成立以后,私人办学一度被禁止。改革开放以来,在自由的春风吹拂下,私人开始办学,中国文化书院便应时而生。

中国文化书院的主旨就是研究和弘扬中国文化。狭义的文化属于人文社会科学范畴,而人文社会科学同自然科学和技术又有很大不同。人文社会科学家,到了六十岁的年龄乃如日中天,正是读书写作的大好时候。此时,他们书读得越来越多,知人论事的能力越来越强,通古达今的本领越来越高,究天人之际的愿望越来越旺,即使退休也往往是退而不休。中国文化书院礼聘的正是这样一些学者作为导师。导师又不限于中国大陆,港、澳、台甚至国外都有一些名流加盟。总之,这是一个极其重要的学术群体,对弘扬中华文化、促进学术交流、增强学者间的了解、加深民族间的友谊,都做出了可贵的贡献。

中国文化书院成立伊始,1985 年 8 月和 1986 年元旦举办了大型中国文化讲习班和中西文化比较研究讲习班,国内外著名学者应邀讲学,影响甚大。与此同时,类似的讲习班、研讨会除北京外,也在武汉、杭州、上海等地相继举行。全国各地几十家报刊,刊发了两百多篇研讨中国文化的文章,开辟了专栏,展开了讨论。一场研讨传统文化的热潮在全国兴起。这场"文化热"研讨的主要内容是:(一) 中国传统文化的核心精神;(二) 对中国传统文化的评价;(三) 对中国传统文化应持的态度;(四) 中西文化的交流和比较;(五) 目前中国文化面临的问题;(六) 中国文化发展的前景。

从对中国文化特点的研究而言,书院编辑出版了《论中国传统文化》一书,即中国文化书院讲演录第一集,书中许多大家的观点发人深省,如梁漱溟先生说:

> 中国人把文化的重点放在人伦关系上,解决人与人之间怎样相处。

冯友兰先生说:

> 基督教文化重的是天,讲的是"天学";佛教讲的大部分是人死后的事,如地狱、轮回等,这是"鬼学",讲的是鬼;中国的文化讲的是"人学",注重的是人。

庞朴先生说:

> 假如说希腊人注意人与物的关系,中东地区则注意人与神的关系,而中国是注意人与人的关系,我们的文化的特点是更多地考虑社会问题,非常重视现

实的人生。

总之,中国文化书院成立至今,举办了许多全国范围的培训班、研究班,召开了一些国际学术讨论会,出版了大量论著和学报,团结了大批中国大陆,中国港、澳、台地区及国外学者,还编纂了《中国文化年鉴》,填补了中国年鉴出版工作的一项空白。

尤其引人注目的是,1994 年 3 月,中国文化书院成立了绿色书院,这是中国第一家民间环保组织。其领导者梁从诫教授将这个组织命名为"自然之友"。季羡林给予积极支持,他评价说:

> 从诚本来是一个历史学家,如果沿着这条路走下去的话,就能有所成就的。然而,他不甘心坐在象牙塔里,养尊处优;他毅然抛开那一条"无灾无难到公卿"的道路,由一个历史学家一变而为"自然之友"。这就是他忧国忧民忧天下思想的表现,是顺乎民心应乎潮流之举。我对他只能表示钦佩与尊敬。宁愿丢掉一个历史学家,也要多一个自然之友。

与胡乔木谈话

发生在 1986 年冬天的学潮,直接导致了胡耀邦辞去中共中央总书记职务。关于学潮问题,季羡林曾经同中央政治局委员胡乔木进行过一次谈话。

那时候,季羡林是北大校务委员会副主任,不过,他并非以学校领导的身份向中央首长汇报,而是应胡乔木的要求,以老朋友的身份,向胡乔木反映个人的看法。为了便于读者了解这次谈话的背景,笔者根据 2009 年中共中央党史研究室与新华社合作编印的《中华人民共和国大事记》,简单介绍一下当时的情况:

12 月中下旬,合肥、武汉、上海、南京、杭州等地的一些高校的少数学生上街游行,参加游行的大多数是一二年级学生,有些学生表现出偏激的情绪和行动,地方和学校对他们进行了教育和疏导工作。23 日,《人民日报》发表题为《珍惜和发展安定团结的政治局面》的社论。25 日和 29 日,《人民日报》就部分高校学生上街游行集会之事,先后发表题为《政治体制改革只能在党的领导下进行》和《讲民主不能离开四项基本原则》的评论员文章。26日，北京市人大常委会通过并公布实行《北京市关于游行示威的暂行规定》，但是仍有少数学生不经申请批准上街游行。30日，邓小平就少数学生集会游行问题，约胡耀邦、赵紫阳、万里、胡启立、李鹏、何东昌谈话，谈话中他向全党提出旗帜鲜明地反对资产阶级自由化的任务。同日，何东昌在中外记者招待会上介绍了我国近期部分城市一些高校上街游行的情况，并回答了记者提出的问题。12月30日，邓小平就学生闹事问题同几位中央负责人谈话指出：学生闹事，大事出不了，但是从问题的性质来看，是一个很大的事件。凡是闹起来的地方，都是因为那里的领导旗帜不鲜明，态度不坚决。这也不是一个两个地方的问题，也不是一年两年的问题，是几年来反对资产阶级自由化思潮旗帜不鲜明、态度不坚决的结果。要旗帜鲜明地坚持四项基本原则，否则就是放任了资产阶级自由化，问题就出在这里。我们讲民主，不能搬用资产阶级的民主，不能搞三权分立那一套。我们执行对外开放政策，学习外国的技术，利用外资，是为了搞好社会主义建设，而不能离开社会主义道路。

那次学潮的发源地虽然不在北京，但北京的学生，特别是北大的学生是不甘人后的。"文革"中有句话说，上海的工人、北京的学生历来是"革命先锋"，这次也不例外。季羡林虽然退出了一线领导岗位，但对十年动乱记忆犹新。面对学生的行动，他一方面肯定学生的爱国热情，另一方面又忧心忡忡，担心局面弄得不可收拾，希望上面对学潮有个正确的估计，进行强有力的教育和恰当的引导。胡乔木当时在党中央担任要职，找季羡林了解情况，给了他一个向上面反映意见的机会；而胡乔木又是季羡林的清华校友，不同于别的领导，找他谈话也并非正式的工作或思想汇报，完全可以敞开心扉。关于那次谈话，季羡林在胡乔木逝世之后所写的《怀念乔木》一文中说：

> 1986年冬天，北大的学生有一些爱国活动，有一点"不稳"。乔木大概有点着急。有一天他让我的儿子告诉我，他想找我谈一谈，了解一下真实的情况。但他不敢到北大来，怕学生们对他有什么行动，甚至包围他的汽车，问我愿不愿意到他那里去，我答应了。于是他把自己的车派来，接我和儿子、孙女到中南海他住的地方去，外面刚下过雪，天寒地冻。他住的房子极高极大，里面温暖如

春。他全家都出来作陪。他请他们和我的儿子、孙女到另外的屋子去玩。只留我们两人，促膝而坐。开宗明义，他先声明："今天我们是老朋友会面。你跟前不是政治局委员、书记处书记，而是六十年来的老朋友。"我当然完全理解他的意思，把我对青年学生的看法，竹简倒豆子，和盘倒出，毫不隐讳。我们谈了一个上午，只是我一个人说话。我说的要旨其实非常简明：青年学生是爱国的。在上者和年长者唯一正确的态度是理解与爱护，诱导与教育。个别人过激的言行可以置之不理。最后，乔木说话了：他完全同意我的看法，说是要把我的意见带到政治局去。能得到乔木的同意，我心里非常痛快，他请我吃午饭。他们全家以夫人谷雨同态为首和我们祖孙三代围坐在一张非常大的圆桌旁。让我吃惊的是，他们吃的竟是这样菲薄，与一般人想象的什么山珍海味、燕窝、鱼翅毫不沾边儿。乔木是个什么样的官儿，也就一清二楚了。

季羡林是中国共产党的优秀党员，他在晚年与党和国家领导人有过多次接触和交谈，其中与温家宝同志的谈话新闻媒体报道过部分内容，这无疑是经过领导同志批准的；至于同江泽民、李岚清、李铁映、陈至立、刘延东等同志都谈过些什么，他本人从未对外提及。

论北大传统

1988 年是北京大学建校九十周年。为了迎接校庆，吕林写了《北京大学》一书，讲述北大的历史。季羡林为此书作序，指出北大的特点或优良传统：一是以天下为己任的思想；二是爱国主义思想。他写道：

> 为什么北京大学九十年的历史竟引起各方面的关注呢？首先当然是由于北大所处的地位。有一个简单的事实值得考虑：北大实际上是中国历史上从东汉起一直到清朝的太学或国子监的继承者，又是中国现代教育的开拓者。自从九十年前北京大学的前身京师大学堂成立以后，历经清代、北洋军阀政府、军阀混战、国民党统治各个时代，一直到了解放，北大都无愧于她的这样一个历史

地位。

　……我到北大工作已经四十多年了。经过四十多年的观察与思考,我觉得,北大最突出的特点就是继承而且发扬了中国知识分子的优良传统:关心国家大事。"天下兴亡,匹夫有责",这是中国的优良传统。从汉朝的太学生起,一直到了解放后,中国的大学生以天下为己任的意识很强,北大尤甚。从五四运动,一二·九运动,反饥饿、反迫害的斗争,一直到解放后抗美援朝运动,北大无不走在运动前面。对国家对人民的责任感可以说是已经形成了北大的光荣传统。

　但是,一切发光的不一定都是金子。北大在"十年浩劫"期间,也曾走在前面。臭名昭著的所谓"第一张马列主义大字报"就在北大出笼,我们北大人从来不隐瞒这一件事实,而且从中吸取了教训。教训就是,在今后我们仍然要关心国家大事,以天下为己任,但必须有远见,有理智,不能盲目乱干。"十年浩劫"的教训,再也不能重现了。

　与以天下为己任的思想有密切联系的是爱国主义思想。这一点在中国知识分子,从历史上一直到今天表现得特别突出。这原因,一方面由于中国历来有爱国主义的传统,另一方面则由于中国曾长期处在半殖民地地位。殖民地和半殖民地的知识分子,因为本身受到压迫,最容易产生爱国主义思想。

　九十年来,北大的学生,当然也有教职员,在以上提到的两个特点方面,表现得十分突出。现在我国虽然已经走到了社会主义初级阶段,不压迫别人,也不受别人压迫,但是以天下为己任和爱国主义思想仍然是我们迫切需要的。

关于如何发扬北大的以天下为己任和爱国主义思想的光荣传统,季羡林在2000年12月写的《欢送北大进入新世纪新千年》一文中,又有新的阐述和发展。他说:

　多少年来我形成了一个看法,我认为,中国的知识分子——古代所谓"士"——同其他国家是不相同的。两千年来,中国知识分子形成了一个优良的传统:关心国家大事,用今天的话来说就是爱国主义。从不同朝代的学生运动来看,矛头指向的对象是不一样的,但其为爱国则一也。中国近代当代的知识分子继承了这个传统,而北大则尤为突出。

北大进入了新世纪、新千年将会怎样呢? 我认为,仍然将会继承这个爱国的优良传统,这一点决用不着怀疑。但是,我却有一个进一步的希望。我们今天的知识分子,不管是年轻的还是年老的,在这个地球已经变成了鸡犬之声相网的地球村时,我们的眼光必须放远。我们不应当只满足于关心国家大事,而应当更关心世界大事。

目前,我们的世界大事是什么呢? 我们的世界形势是怎样呢? 大家都能看到,依然是强凌弱,富数贫,大千板荡,烽烟四起,发达国家依然是骄纵跋扈,不可一世。发展中国家有的依然是食不果腹。可是,在另一方面,正如二百多年前恩格斯在《自然辩证法》中所说的那样:"我们不能过分陶醉于我们对自然界的胜利,对于每一次这样的胜利,自然界都报复了我们。"报复的表现已经十分清楚:生态失衡,物种灭绝,人口爆炸,淡水圈乏,污染严重,臭氧出洞,如此等等,不一而足。其中任何一个问题不解决,都会影响人类生存的前途。这一点世界上已经有人注意到,但是远远不够。

到了下一个世纪,我们北大人一方面要继承爱国主义传统,加强学术研克,增强国家的力量。另一方面又要记住恩格斯的话,努力实行张载的民胞物与的精神。最后,我赠大家四句话:热爱祖国,热爱学术,热爱人类,热爱自然。北大将会永远活着,永远生长。

季羡林作为北京大学终身教授,为北大服务整整六十三年,经历了北大全部历史的一半多,他把整个生命和全部智慧献给了北大。他所总结的北大光荣传统和赠送后人的四句话,值得北大人永远牢记并努力弘扬。

清塘季荷

1987 年中秋,季羡林写了一篇优美的散文《清塘荷韵》,记述他在朗润园池塘里栽种荷花的故事。荷花是花中君子,中国人没有不喜爱的。宋人周敦顾的《爱莲说》,赞颂荷花"出淤泥而不染,濯清涟而不妖"的品格,读书人没有不知道的。季羡林是人中君子,君子人爱君子花,君子人种君子花,成就了燕园一段佳话。

朗润园位于北大校园最北端,与昔日皇家园林圆明园仅一路之隔,是燕园风景绝佳之处。湖光潋滟,花木扶疏,杨柳依依,独少了荷花。如果是早些年,"文革"风暴还没有过去,季羡林自顾不暇,他是不可能考虑种什么荷花的;可是,现在情况根本不同了,燕园的第二个春天开始了,一切都变得那样美好,唯有这楼前的池塘,依然是"天光云影共徘徊"。每念及此,季羡林总觉得是一块心病。

于是,季羡林决定栽种荷花。朋友从湖北来,带来了几颗洪湖的莲子,外壳呈黑色,极硬,据说埋在淤泥中千年不烂。细心的季羡林找来铁锤,在莲子上砸开了一条缝,为的是让莲芽能够破壳而出,不致永远埋在泥中。但是莲芽能不能长出,还是个极大的未知数。他把五六颗敲破的莲子投入池塘,然后就听天由命了。

莲子种下之后,季羡林心里多了一份儿牵挂,每天都到池塘边去看上几次,心里总希望忽然有一天,"小荷才露尖尖角",有翠绿的莲叶钻出水面。可是,事与愿违,投下莲子的第一年,一直到秋凉落叶,水面上也没有出现任何东西。经过了寂寞的冬天,到了第二年,春水盈塘,绿柳垂丝,一片旖旎的风光,让人翘首以盼的水面上仍然没有露出什么荷叶。此时季羡林已经完全灰了心,以为那几颗湖北带来的硬壳莲子,大概不会再有长出荷花的希望了。

但是,到了第三年,却出现了奇迹。有一天,他忽然发现,在投莲子的地方长出了几片圆圆的绿叶,颜色极惹人喜爱,却细弱单薄,可怜兮兮地平卧在水面上,像睡莲的叶子似的。最初只长出了五六个叶片,季羡林嫌有点儿太少,总希望多长出几片来。于是,他盼星星,盼月亮,天天到池塘边去观望。有校外的农民来捞水草,他指着那几片叶子,请求他们手下留情,不要碰断了叶片。

经过了漫漫的长夏,凄清的秋天又降临人间,池塘里浮动的仍然只是孤零零的五六个叶片。这又是一个虽微有希望但终究令人丧气的一年。

真正的奇迹出现在第四年。严冬一过,池塘里溢满了春水。到了荷花长叶的时候,在往常漂浮着五六个叶片的地方,一夜之间,突然冒出了一大片绿叶。原来荷花的生命在严冬的冰下并没有停止,在离开原有五六个叶片比较远的池塘中心,也长出了叶片。叶片扩张的速度和范围都是惊人的。几天之内,池塘的大部分水面,已经全为绿叶所覆盖。而且,原来平卧在水面上的像是睡莲一样的叶片,不知道从哪里聚集来了力量,有一些竟然跃出了水面,长成了亭亭的荷叶。季羡林原本迟迟疑疑,唯恐池中长出的不是真正的荷花;而今疑云一扫而光:那着实是洪湖莲花的子孙。季羡林惊喜道:这几年总算没有白等!

楼前池塘里的荷花,自从几个勇敢的叶片跃出水面,许多叶片接踵而上,一夜之间出来了几十枝,而且迅速地扩散蔓延,不过十几天工夫荷叶已经遮蔽了半个池塘。从撒种的地方出发,向东西南北四面扩展,无法知道荷花是怎样在深水中淤泥里走动的。反正从霹出水面的荷叶来看,每天至少要走半尺的距离,终于形成了眼前这种景象。看到荷花创造的奇迹,季羡林又慨叹道:"天地萌生万物,对包括人在内的动植物等有生命的东西,总是赋予一种极其惊人的求生存的力量和极其惊人的扩展蔓延的力量,这种力量大到无法抗御。"

常言道,浮萍扎根方能开出映日荷花。季羡林本人又何尝不是如此呢? 在经历了"文革"的严冬,春回大地之时,在这片肥腴的土壤上,他的生命也在创造奇迹,开出灿烂的花朵——科研和写作正处于第二次井喷状态。

荷叶前行,荷花接踵而至。据了解荷花的行家说,季羡林门前池塘里的荷花,同燕园其他池塘里的不一样。其他地方的荷花颜色浅红,而这里的荷花不但红色浓,而且花瓣多,每一朵都能开出十六个复瓣。这些红艳耀目的荷花,高高地凌驾于莲叶之上,迎风弄姿,似乎在睥睨一切。季羡林小时读杨万里的诗:"毕竟西湖六月中,风光不与四时同。接天莲叶无穷碧,映日荷花别样红。"心里生出无限向往。现在自家门前池塘中呈现的不就是一派西湖景象吗? 西湖美景从杭州搬到燕园来了,怎能不令人高兴呢? 朗润园的邻居们无不感谢季羡林为这园子增添了美景,周一良先生还把这里的荷花命名为"季荷"。

当夏日荷花盛开时,季羡林每天徘徊在池塘边,坐在石头上,静静地吸吮荷花和荷叶的清香。"蝉噪林愈静,鸟鸣山更幽",在一片寂静中,他默默地坐在那里观看着。

水面上荷叶田田,那样肥壮;荷花明艳,同样肥壮。荷花的倒影映入水中,风乍起,一片莲瓣坠入水中,从上向下落,水中的倒影却从下向上升,霎时一接触水面,合二为一,像小船似的漂着……季羡林曾在一本诗话中读到"池花对影落",这样的境界能有几人欣赏到、参悟透呢?

　　夏天异常闷热,荷花则开得特欢。绿伞擎天,红花映日,把一个不算小的池塘塞得满满当当,几乎连水面都看不到了。一个喜爱荷花的邻居,天天兴致勃勃地数着荷花的朵数,今天有四五百朵,明天有六七百朵,但他未必真能数出确实的朵数,那荷叶底下,石头缝里,旮旮旯旯,不知还隐藏着多少菁葵儿呢!粗略估计,大概开了将近一千朵,真可谓洋洋大观了!面对如此美景,季羡林岂能按捺得住,他铺开稿纸,写下了一篇优美的散文《清塘荷韵》。在写了荷花盛开的情景后,他又笔锋一转,写道:

　　　　连日来,天气突然变寒,好像是一下子从夏天转入秋天。池塘里的荷叶虽然仍然是绿油油一片,但是看来变成残荷之日也不会太远了。再过一两个月,池水一结冰,连残荷也将消逝得无影无踪。那时荷花大概会在冰下冬眠,做着春天的梦。它们的梦一定能够圆的。"既然冬天到了,春天还会远吗?"

　　这的确是见道之言,点睛之笔。你看,那季荷多么美丽,又多么顽强,经得起风霜雨雪的考验,决心去圆春天的梦……

《罗摩衍那》研究

季羡林翻译的印度古代大史诗《罗摩衍那》共七卷,1980年由人民文学出版社出版第一卷,以后每年推出一两卷,到1984年全部出齐。这部巨著的出版,在文艺界、翻译界以及外事部门引起了巨大的反响,无疑是中印文化交流史上的一件大事。这一年9月15日,中国人民对外友好协会在北京隆重召开庆祝大会,大会由对外友协副会长楚图南主持,季羡林到会讲话,人民文学出版社社长韦君宜向印度驻华大使文卡特斯瓦兰赠送了《罗摩衍那》中文全译本。10月7日,季羡林出席在杭州召开的"印度两大史诗讨论会",并在会上致辞。1994年这部译著荣获第一届国家图书奖。

关于《罗摩衍那》这部史诗,季羡林发表了几篇重要论文和专著。1978年,他发表《〈罗摩衍那〉浅论》一文,首先介绍印度古代文学的一般情况,接着谈史诗文学,分析《罗摩衍那》这部史诗的思想内容,几个主要人物的形象,如罗摩、悉多、罗什曼那、阔婆离、须羯哩婆、哈努曼、罗波那等等。季羡林指出:阔婆离的言论是印度古代唯物主义者的言论,很值得注意,由于受到正统保守的婆罗门的迫害,唯物主义言论已经很难找到了。季羡林还分析了《罗摩衍那》的艺术特色。

1979年季羡林出版专著《〈罗摩衍那〉初探》,主要介绍了这部史诗《罗摩衍那》中的神猴哈努曼,诗的性质和特点,史诗作者的情况,史诗的故事梗概,所谓"原始的"《罗摩衍那》,与另一部史诗《摩诃婆罗多》的关系,与佛教的关系,与中国的关系,成书年代、语言、诗律、传本、译文版本、译音及文体等。

1982年和1983年,季羡林又写了《〈罗摩衍那〉简介》《〈罗摩衍那〉译后记》和《〈罗摩衍那〉译后漫笔》三篇文章,文字都不长。

1984年,季羡林写了《〈罗摩衍那〉在中国》,这是一篇分量很重的学术论文,还附了英文译文。长期以来,中国翻译印度古代典籍多得不可胜数,但几乎都是佛经。自从季羡林直接从梵文翻译出《罗摩衍那》全译本,中国人才有机会目睹这部大史诗的真容。他在《〈罗摩衍那〉在中国》一文中,介绍了这部史诗在中国各民族中流传的情况:(一)《罗摩衍那》在古代汉译佛经中的痕迹;(二)在傣族中的流传;(三)在西藏的流传;(四)在蒙古族中的流传;(五)在新疆,包括古和阗语、焉耆语(吐火罗文A)中的流传。他在结束语中分析了罗摩故事宣传的思想,印度两大教派都想利用它为自己张目;罗摩故事传入中国,被一些民族涂上民族色彩和地方色彩,都想利用它为自己的政治服务;汉译佛经中的罗摩故事强调伦理道德,特别是忠孝,以博得统治者和人民大众的欢心;中国人不大喜欢悲剧,给它加了一个带喜剧色彩的收尾,等等。他还介绍了罗摩故事在中国文学作品中的嬗变。

1985年,季羡林写了《印度史诗〈罗摩衍那〉的诗律》一文,介绍了印度古代诗歌的表现形式:每个诗节分四个音步,音步有两种组成方式。《罗摩衍那》的诗律是按音节数目计算的,全书大约有一万九千首诗,绝大部分是用一种诗律写成的。这种诗律名叫输洛迦,有四个音步,每个音步八个音节,共三十二个音节。

1991年,季羡林还为他主编的《印度古代文学史》写了关于《罗摩衍那》一章,其他文学史类书籍也引用了其中的内容。这是对《〈罗摩衍那〉初探》那部专著的丰富和发展,增加的部分主要是骨干故事的历史真实性、主要故事情节、艺术风格、在印度国内外的影响、与中国的关系等等。

从以上介绍中,我们可以看到,从20世纪70年代至90年代,季羡林一直进行《罗摩衍那》的翻译和研究,体现出"抓住一个问题始终不放",不断有所探索、有所前进的治学精神。正因为季羡林以丰厚的学养蜚声国内外文坛,为翻译和研究印度大史诗《罗摩衍那》做出了巨大贡献,恰逢1985年"印度与世界文学国际讨论会暨蚁垤诗歌节"在新德里举办,他应邀参加,并被大会指定为"印度与亚洲文学"(中国和日本）分会主席。这是季羡林第四次访问印度。

1992 年八十一岁的季羡林，又被印度瓦拉纳西梵文大学授予最高荣誉奖"褒扬状"。

四访天竺

印度是南亚大国，中国的近邻。中印两国人民交往有数千年的历史。中国历史上对印度国名的称呼几经改变。西汉时称身毒，东汉时称天竺。到了唐代，才使用"印度"一词。据季羡林考证，这是唐代高僧玄奘给起的。

玄奘对"印度"一词做了如下阐述：

> 仔细探讨天竺的名称，很多不同的说法，弄得一团混乱。旧时叫身毒，或者叫贤豆。现在根据正确的发音，应该称作印度。印度人民随着居住地方之不同而自名其国，远方外国，异俗之人，从远处看，采用了一个总名，对自己所喜欢的地方，称之为印度。印度者，唐朝的话就是月亮。月亮有很多名你，印度是其中之一。意思是说，所有的生物生生死死，轮回不息，好像一个没有光明的长夜，没有一个清展的掌管者，太阳既已落山，晚上就点上蜡烛，虽然有星光来照明，哪能如同朗月的明亮。就是由于这种情况，才把印度比成一轮明月。实在是因为在这个国家，圣贤相继出世，遗法相传，教导群生，条理万物，好像月亮照临一般。由于这种原因，才把本国称为印度。

看来，"印度"之名，还是玄奘起得雅，叫得响。

印度是一个文明古国。关于印度文明，印度大文豪泰戈尔说："印度文明源于丛林，而不是在都市，这是一种奇特的现象。印度文明最初惊人地发展的地域，人口不多。树木、河岸、湖泊获得足够的机会与人相处。那儿，有人，有空阔，唯独没有人群拥挤。但空阔不曾迟钝印度的心，反而辉煌了它的思想。"

印度学是季羡林主要的学术研究方向之一。他年轻的时候使用过笔名"齐奘"，决心像玄奘那样，为中印两国人民的友好交往架桥铺路。他曾经四次出访印度：第一次是在 1951 年,作为中国文化代表团的成员访问印度和缅甸;第二次是 1955 年,作为中国代表团成员去新德里参加亚洲国家会议;第三次是 1978 年 3 月,应印度柯棣华大夫纪念委员会邀请,作为对外友协代表团成员取道巴基斯坦访问印度;最后一次是 1985 年,应邀去新德里参加印度与世界文学国际讨论会暨蚁垤诗歌节。季羡林在第三次访印归来之后,连续写了十四篇散文,记录他三次访问印度的见闻和感受,总字数五六万字。1980 年,这十四篇文章结集出版,书名是《天竺心影》。为什么他在第一、第二次访问印度归来,没有文章问世,而独独这一次写了如此之多呢? 这恐怕只能从当时国内及中印两国之间的气候中去找原因了。

第一篇文章是《楔子》,之所以使用这样一个题目,是借《儒林外史》的一个回目"说楔子铺陈大义"。季羡林说:

> 什么是我的大义呢? 我的大义就是中印两国人民的传统的、既古老又崭新的友谊。下面的故事和经历,虽然有前有后,而且中间相距将近三十个年头;时移事变,沧海桑田,难免有一些变化;但是哪一个也离不开这个"大义"。而且这个"大义"不但在眼前起作用,在将来也还要起作用,要永远地起作用。这就是我的坚定信念。我相信,这也是印度人民的坚定的信念。

这次访问印度历时半个多月,季羡林随身带了一个笔记本,却一个字都没有写。当告别印度、回到祖国的时候,他一时百感交集,感觉到如果不把自己所见、所闻、所思、所想写下来,就是对印度人民犯了罪,也是对中国人民犯了罪,至少是自私自利的行为。于是,他把三次访印的见闻、感受糅合在一起,诉诸文字,写成一组优美的散文游记。

《初抵德里》,记述了他二十七年间三次到达印度时不同的场景和心境。第一次恰在中印建国之初,机场人潮如海,红旗如林,他们的脖子上被印度朋友挂满花环,给他留下终生难忘的印象。而这一次(指第三次——笔者注)是在经历了两国之间小小的不愉快之后,印度人民会怎样看待中国人民,季羡林脑子里是有一些问号的。他作为先遣队员于夜间到达,到达时接待方并不知晓,当晚下榻在中国驻印度大使馆。当团长王炳南结束了对孟加拉国的访问来到德里,季羡林去机场迎接的时候,他眼前一亮:二十七年前的那一幕重现眼前。德里大学和尼赫鲁大学的师生,为中国客人涂抹香油、佩戴花环,一个高举红旗的青年学生高喊"印中是兄弟!"二十多年的风云变幻,仿佛从来没有发生过一样,季羡林的精神一下子抖擞起来,脑子里的各种问号顿时消除。他立即投入了十分紧张、十分兴奋、十分动人、十分愉快的对印度的正式访问。

接下来是《德里大学和尼赫鲁大学》一文,写这两所大学邀请季羡林去参观和讲演。在德里大学,一位女学生用印地语致欢迎词,她讲到中国和印度两千多年的友好交往历史,提到了佛图澄、鸠摩罗什、柯棣华、巴苏和法显、玄奘、义净这些两国人民的友好使者,在座的中国同志感到十分亲切,大家的心一下子就拉近了。在这样的场合该讲些什么呢?季羡林对中印文化交流史做过深入的研究,他想,印度朋友也喜欢听这样的历史。于是他讲到关于两国文化交流从何时开始的问题,对此学术界有不少争议,他不同意两国文化交流始于佛教传入中国的说法,认为还要早得多,至少要追溯到公元前三四世纪的屈原时代。在屈原的《天问》中有"顾菟在腹"这样一句话,"顾菟"汉以来的注解都是"兔子"。月亮里有兔子的神话在印度也极为流行,玄奘在《大唐西域记》中有明确记载,在汉译佛典中还有多处记载,因此,这个神话很可能源于印度,传入中国后被屈原写入《楚辞》中。这样一来,中印文化交流至少已有两千三四百年的历史了。再如二十八宿,中印两国都有这样的名称,这个文化交流的历史甚至可以追溯到公元前11世纪的周初,时值印度吠陀时代末期。总之,两国文化交往源远流长,值得引以为傲。讲演之后,季羡林被师生团团围住,提出各式各样的问题,表达了对了解中国的渴望,整个校园都笼罩着浓烈的中印友好气氛。

在尼赫鲁大学,情况同德里大学差不多,不同的是,季羡林竟听到这里的学生用中文唱的中国歌曲,倍感亲切。学校图书馆所藏中文典籍和成套的《人民日报》缩微胶卷,也给季羡林留下了深刻的印象。季羡林没有想到的是,在这两所学校见到了中国人民的老朋友,八十六岁的经济学家吉安·冒德教授和九十四岁的印中友好协会主席森德拉尔先生。看见为两国人民友好奋斗了一生的老朋友,看见热情好客、渴望了解中国的青年一代,季羡林坚信中印两国的传统友谊一定能够世代相传。

印度的泰姬陵是有名的世界奇迹,是印度的骄傲。《琼楼玉宇,高处不胜寒》一文,就是季羡林关于泰姬陵和阿格拉红堡的游记。泰姬陵是美丽的,美得让人心醉,与之密切相关的是,那个莫卧儿王朝的老皇帝沙杰汗与他的爱妃泰姬的古老的爱情故事。季羡林没有为此多费笔墨,却笔锋一转,回忆起第一次来到泰姬陵时的一段往事:他在旅馆观看穷苦艺人耍蛇、驯鸟的表演,邂逅了一位印度青年。青年送给他一件微雕作品——在一粒大米上刻着"印中友好万岁"几个字。他觉得,两国人民的友好感情比泰姬陵更美。

《难忘一家人》一文写的是老朋友普拉萨德先生一家。普拉萨德 20 世纪 50 年代在北京大学东语系任教,是季羡林的同事和部下。普拉萨德为人正直、坦荡,和中国教师和学生相处得非常融洽。那时候他得了肺病,精神紧张,季羡林送去关怀和劝慰。他想去莫斯科参加世界青年联欢节,季羡林出面协调,帮助他实现了这个愿望。普拉萨德把季羡林看作自己的长辈。60 年代当两国关系出现乌云的时候,有些对中国友好的人士跟风转向,可是普拉萨德很坚定,他不相信那些流言蜚语,一直坚持到护照要被吊销,才忍痛离开中国。普拉萨德回到德里,依然坚持每天到中国使馆上班,顶住了巨大的压力,坚持同中国人民友好。他的夫人普拉巴夫唱妇随,人家要她捐爱国捐,她问为什么,回答说为了对付中国,她坚定地说:"爱国人人有份。但捐金银首饰是为了打中国,我死都不会干!我决不相信,中国会侵略印度。"在那黑云翻滚的日子里,说这样的话需要有多大的勇气啊!没有想到,这次老朋友能在德里重逢,他们之间有说不完的知心话。在即将告别德里的时候,季羡林又一次来到普拉萨德家,他们紧紧相拥吻别,眼睛里充满了泪水,对这样始终如一的朋友情谊,用任何语言表达都显得苍白无力。

孟买在印度的西海岸,是一座年轻的工业城市。季羡林第一次访问印度的时候,曾经在这里同印度朋友一起欢度当地最大的节日明灯节。这次他们到来的时候,虽然已经过了午夜时分,却有一千多名各界人士举着红旗到机场欢迎。马哈拉施特拉邦和孟买市召开万人欢迎大会,参加会议的大部分是工人和他们的家属,中国代表团深受感动。孟买是柯棣华大夫的故乡,他的哥哥和妹妹就生活在这个城市里。当年刚刚大学毕业的柯棣华大夫,不远万里来到中国,投身中国人民的抗日战争,全心全意为伤病员服务,并在中国娶妻生子,终因积劳成疾而英年早逝。代表团来到柯棣华大夫的家,受到热烈欢迎,望着悬挂在墙上的毛主席亲笔题写的挽词,大家心潮难平,思绪万千。

著名的"印度门"建在孟买的海边,季羡林以《孟买,历史的见证》为题著文,指出这座建筑物见证了殖民主义的垮台,新生正义力量的胜利,也见证了中印两国人民的友谊。

《一个抱小孩的印度人》是一篇追忆文章。1951 年那次出访,中国代表团的专车挂在一列客车的尾部,车上日常所需的东西一应俱全。当列车在车站停靠的时候,中国代表团的团员往往走下车厢,在站台上同当地的印度人民以及乘车的旅客有所接触。季羡林发现,有一位穿白色衣服的中年男子,抱着一个三四岁大小的男孩儿,每次停车时都急匆匆赶过来,走到中国代表团所在的专车附近,站在拥挤的人群里,朝中国客人微笑。久而久之,引起了季羡林的注意:他是什么人? 要到哪里去? 为什么每一站都来看我们? 是不是对我们有什么要求? 在到达一个大站的时候,季羡林便同他攀谈起来,原来这是一位小职员,从小就听人说到中国,知道中国是印度的朋友。可是,他从来没有见过中国人,这次出门探亲,没有想到恰巧和中国代表团同乘一列火车,这是千载难逢的机会呀! 其实,他早就到了目的地,该下车了,但舍不得离去,便补了票,想多看几眼中国朋友。他还希望自己,至少自己的孩子能有机会去中国看一看。季羡林听到这些朴实的话语,心里感到热乎乎的,紧紧握住他的手,仿佛感到他就是中印友好的化身。他还摸了摸孩子可爱的脸蛋,孩子天真地笑了。一晃将近三十年过去了,当季羡林旧地重游的时候,怎能不回忆起那一对父子呢?

《佛教圣迹巡礼》同样是一篇追忆文章。季羡林这次来到孟买,思绪又回到二十七年前。他想到了孟买附近的象岛,由象岛想到阿旃陀,由阿旃陀想到桑其,由桑其想到那烂陀,由那烂陀想到菩提伽耶。季羡林是治佛教史的,那次访问他对这些佛教圣迹一览无遗。

阿旃陀是由二十九座石窟围成的一个半圆形,窟内壁画、石刻精美绝伦。当年玄奘到过这里,后来就淹没在荒草中,直至一百多年前被重新发现,成为举世闻名的佛教艺术宝库。

桑其大佛塔建在一座山顶上。这塔与中国的塔相比大不相同,如同一个石雕的大家。四面石门上雕凿着许多佛本生故事。大塔的建筑据说可以追溯到公元前三世纪阿育王时代,与释迦牟尼的大弟子大目健连的舍利有关。

那烂陀如今只是一片废墟,可是在历史上却是个不得了的地方。数百年间,这里不仅是佛教中心,而且是学术中心。从晋到唐,中国的许多高僧来此留学。玄奘曾在此学习佛法和印度其他经典,历时五年,回国后撰写的那部《大唐西域记》被历史学家视为稀世珍宝,玄奘也就成为中印两国人民妇孺皆知的友好使者。面对一片废墟和一个小小的博物馆,季羡林只能凭书中的记载去想象当年的辉煌了。

菩提伽耶这个释迦牟尼悟道成佛的地方,是佛教史上最著名的圣迹,季羡林在这里参观了那棵举世闻名的菩提树和树下的金刚宝座,眼前仿佛闪动着法显、玄奘和义净在此虔诚礼佛的影子。他还想起了一位不知何时来此修行的中国老年尼姑。见到他们第一句话就问:"老爷们的行李下在哪一家店里?"虽然她是桃花源中人,但终究是中国同胞,大家百感交集,所能做到的不过是布施一些卢比,希望她的晚年过得好一些。

《回到历史中去》写的是柯钦。那还是第一次访印时,季羡林同另外一位中国同志一道去了科钦,科钦在南印度的喀拉拉邦,是明代航海家郑和的船队多次停泊的港口。他们一下飞机,就受到隆重热烈的欢迎。在海滩上,召开万人欢迎大会,还燃放了只有节日才得一见的礼花。印度各界朋友把白色的茉莉、黄色的月季、红色的石竹、紫色的玫瑰用金丝银线穿成在中国朋友的脖子上,每人脖子上不知挂了多少鲜花,成了一个花人,一个花堆,一座花山。主人安排他们乘游艇游览科钦渔港,看到了用木架支撑起的"中国渔网";他们又来到一座小岛上,在椰林隐映下,一排排民居都是中国式的屋顶、中国式的山墙。一时间季羡林仿佛回到了历史中——靠岸的郑和宝船正在卸货,成捆的中国瓷器就堆放在码头边的椰树下……

《深夜来访的客人》又是一篇追忆之作。季羡林从科钦联想到近在咫尺的特里凡得琅,那里是喀拉拉邦首府,印度南方大都会。季羡林随代表团来到这里,会见了刚刚从英国留学回国的当地年轻的大君,参观了一所小学校,欣赏了六七岁的小女孩儿跳得惟妙惟肖的蛇舞,然后驱车去亚洲大陆最南端的科摩林海角,在大海中游泳。当晚他们回到宾馆,正准备休息时,季羡林听到了一阵啄剥的敲门声,打开房门只见一个十五六岁的男孩子,手里拿着一卷纸,显得几分兴奋、几分羞涩、几分喜悦、几分疲惫。问他找谁,他回答说找中国人,问他有什么事,他说没有什么事,就是想看一看。原来,他是一个中学生,住在离这里几十里远的地方,听说中国人来了,就住在这家宾馆里。他从小听说过遥远的中国,听说过中国人聪明友善,但从来没有见过中国人,于是就走了几十里路,赶来见中国人。他手里拿着自己画的一幅画——印度教的一个神祇像,作为送给中国人的礼物。见到了想见的中国人,他感到心满意足了。代表团的同志问他吃饭了没有,请他进屋坐,喝点水,他都谢绝了,只在大厅里站了一会儿就告辞了,季羡林目送他那消瘦的身影消失在夜色里,心里深深缕刻下了这位不知名的少年的影子。

海德拉巴是一座大城市,季羡林来此重游,写了《海德拉巴》一文。二十七年前的海德拉巴是什么样子,记忆已经变得模糊了,唯一清晰的是高大的木棉树上开满碗口大的红花。海德拉巴本来是清新美妙、富丽堂皇的,可是眼前却完全变成另外一副模样:拥挤不堪的街道,熙熙攘攘的人群,显得喧阗吵闹,烟雾迷腾。季羡林在奥斯马尼亚大学出席隆重的欢迎大会,讲了中国唐代梵文研究的情况,讲了玄奘的《大唐西域记》、义净的《梵文千字文》、礼言的《梵文杂字》等等。他还参观了动物园,在饲养员的一再鼓励下,摸了一把儿老虎屁股。

《天雨曼陀罗》一文的副标题是"记加尔各答"。曼陀罗又叫洋金花,印度古书上常有"天落花雨"和"天女散花"的说法。季羡林他们来到加尔各答,只见欢迎会上万头攒动,各种花环、花束如海如山,中国客人所到之处,地面上、地毯上总是撒满五颜六色的花瓣。所以,季羡林使用了这样一个标题。这花雨自然并非"天"或"天女"撒的,而是人撒的,是酷爱中印友好的人撒的,这样的人成千上万,多如恒河沙数。季羡林特意写到了一位满脸病容的青年学生,他患有哮喘病,却拖着病体,像影子一样紧随代表团,带领群众呼喊口号,实在令人感动。

《国际大学》是写 1924 年泰戈尔创建的国际大学,1937 年该校成立中国学院,20世纪三四十年代我国著名学者谭云山、许地山教授、画家徐悲鸿、教育家陶行知等曾来此访问、讲学。季羡林到此也是故地重游,同样受到了热烈的欢迎。

来到印度人民视为圣地的国际大学所在地圣蒂尼克坦,季羡林自然而然地想起当年泰戈尔访问中国时说过的话:"印度认为你们是兄弟,她把她的爱情送给了你们。""在亚洲,我们必须团结起来,不是通过机械的组织的办法,而是通过真诚同情的精神。""我的心也宣布伟大的未来将要来临,它已经来到我们身旁。我们必须准备去迎接这个新时代。"

　　最后一篇《别印度》,主要记述了离开加尔各答的前一个晚上,主人特意安排的一场魔术表演。令人称奇的是魔术师用两团白面糊住双眼,又蒙上呢绒,然后请别人在黑板上写字,别人写什么,魔术师马上就写在自己前面的黑板上。中国代表团的一位大夫和一位印地语翻译被请上了台。中国大夫用中文书写了"中印友谊万岁!"那位魔术师也用同样的速度,写出了这几个汉字;翻译用印地文写了"印地秦尼巴伊巴伊"(印中是兄弟),魔术师立即大声朗读起来,引起了满堂喝彩。次日,在机场的贵宾室里,挤满了送别的人群,著名歌手比斯瓦斯高唱《印中友好之歌》:

> 友好的歌声四处起,
> 印中人民是兄弟。
> 黎明降临到大地,
> 朝霞泛起在天际……

　　至于季羡林第四次访印,笔者上文已经提及。

治印度史

　　季羡林研究印度学的重要内容之一是治印度史。20 世纪 50 年代,他与曹葆华合作翻译出版了《马克思论印度》之后,又有几部印度史学著作陆续问世,如《印度简史》《中印文化关系史论丛》《1857 年—1859 年印度民族起义》等。众所周知,印度史是印度学研究的难点,马克思便说过:"印度社会根本没有历史,至少是没有为人所知的历史。"季羡林 1988 年接受《电影艺术》杂志采访时也说过这样的话,说明治印度史的难度非同一般:

> 　　我说印度人思想很深刻,可没有条理,也表现在他们的时间观念上。印度人的时间观念是很有意思的,与我们的大不一样。我们可以为玄奘西天取经启程的年代争得不亦乐乎,是贞观元年,还是贞观三年?我们争得津津有味,但印

度人却十分不理解,不就是两三年的事嘛。就是一两千年,印度人也不放在眼中。关于世界名剧《沙恭达罗》的作者出生年代,在印度有两种意见,这两种意见之间,相差了100年。在他们心目中,差个1000年又有什么关系呢? 因此,马克思说,印度没有历史。这是很深刻的。

长期以来,西方和印度本国的一些历史学家对印度历史提出这样或那样的学说和理论,可是重视考据、主张无证不信的季羡林,对此产生了质疑。他独辟蹊径,从印度古代的非史学典籍中寻找证据,用马克思主义历史唯物主义的观点进行审视,从而获取崭新的创见。

1985 年,季羡林的学生蒋忠新从梵文翻译了《摩奴法论》一书。印度古代关于"法"的书籍特别多,其作者都是婆罗门,他们为了维护以婆罗门为中心的社会秩序,创制律条,规定风习,为社会各阶层制定行为规范。这一部法论产生年代大约是公元前 2 世纪至公元 2 世纪之间,其中约四分之一内容讲法律,其余部分讲宗教伦理。季羡林为该书的汉译本作序,副标题就是"兼论印度封建社会起源问题"。

关于印度封建社会起源于何时,这是一个十分关键的问题,印度国内外的学者对此分歧很大。唯心主义史学家一般不重视这个问题,试图以历史唯物主义解释印度古代史的史学家的意见也不一致。季羡林在《〈罗摩衍那〉初探》中提出,印度封建社会开始于公元前五六世纪,中国学者对此也有不同的意见。印度唯物主义史学家多半认为印度封建社会兴起较晚,如高善必主张自上而下的封建主义从 4 世纪笈多王朝到 7 世纪玄奘访印,自下而上的封建主义的时间则在公元十三四世纪。印度史学家夏尔马也认为封建主义出现较晚。季羡林认为,这种观点不够全面,是受了西欧封建主义起源说的影响。

季羡林根据《摩奴法论》的资料,认为这部书的成书时间远早于笈多王朝。他指出,《摩奴法论》说"国王任命一、十、二十、百、千村之长,十村之长享有一个家庭占有的土地,二十村之长享有五个家庭的田赋,百村之长享有一个村庄的田赋,千村之长享有一个城镇的税收",这同中国封建社会的采邑制度几乎完全一样,高善必称之为原始封建制度;《摩奴法论》规定工匠每月为国王无偿劳动一日,高善必称之为封建徭役制度,这同他主张封建社会从笈多王朝或其以后开始是自相矛盾的。季羡林认为,上述《摩奴法论》的说法,是封建主义生产关系的明显证据,表明封建主义已进入成熟发展阶段。

1985 年 8 月,第十六届国际历史科学大会在德意志联邦共和国斯图加特召开,中国代表团团长是刘大年,季羡林作为代表团的顾问参加,并作大会发言。他提交的论文是《商人与佛教》,揭示了商人在早期佛教的传播中所起的独特作用。

20 世纪 90 年代初,季羡林相继出版了《佛教与中印文化交流》《中印文化交流史》《印度古代文学史》等史学专著,对印度史学一些长期争论不休的大问题,如种姓问题、历史分期问题等等,提出了自己的见解。季羡林说:

> 生产力和生产关系的矛盾、经济基础和上层建筑的矛盾是推动历史前进的动力,也是确定历史分期的重要标准。封建主义和资产阶级的历史学家并不懂得这些标准,他们大都以王朝作为历史分期的标准。

季羡林还提倡把比较研究的方法作为史学研究的重要方法。他说:

> 研究中国历史,具体地说研究中国历史上奴隶社会向封建社会过渡的问题,争论已经进行了几十年,到现在还没有为大家所承认的看法,其原因当然很多,但重要的原因之一,我认为就是缺少比较方法。如果把其他文明古国,比如印度,由奴隶社会到封建社会的过渡细致地加以分析,加以对比,会大大扩大我们的视野,会提供给我们很多灵感,会大大有助于讨论的推进与深入。其他学科也有类似的问题。……想要前进,想要有所突破,除了努力学习马克思主义之外,利用比较的方法是关键之一。

笔者认为,季羡林对 20 世纪中国学术的重要贡献之一,是他跨越国界、跨越民族、跨越时空、跨越学科的研究方法。他的比较绝不限于文学的比较、语言的比较,还有历史的比较、哲学的比较、宗教的比较、艺术的比较、民俗的比较、美学的比较等等,是广义的文化比较,由此大大地开拓了研究者的思路和视野。当然,要进行比较研究,知识面窄了是不行的;季羡林恰好主张知识面要宽,要掌握各方面的知识,诸如历史、哲学、文学、经济、政治等等,并说:"研究印度不能只限于印度,不懂中国,不懂外国,就什么成绩也做不出来。"

翻译《家庭中的泰戈尔》

中国人民对印度伟大的诗人、伟大的爱国者和伟大的贤哲罗宾德罗纳特·泰戈尔并不陌生,因为他是中国人民的伟大朋友,他一生都在努力推进两国人民的传统友谊。在 19 世纪末叶,泰戈尔还是一个青年的时候,就撰写文章愤然谴责英帝国主义向中国输送鸦片。

1924 年,他应邀访问中国,在北京受到梁启超、胡适、徐志摩、林徽因等知名学者和诗人以及青年学生的热情欢迎。他在各院校和学术机构发表演说。梁启超给他取了中国名字竺震旦,他则给徐志摩取了印度名字 Susima。泰戈尔与徐志摩、林徽因被喻为岁寒三友"松、竹、梅",为中印两国人民的友谊留下了一段佳话。

1937 年,日本军国主义全面入侵中国,泰戈尔写了如同利剑怒火般的诗篇,愤怒抨击侵略者灭绝人性的残暴罪行,其中《礼敬佛陀的人》写道:

> 战鼓敲起来了,
> 他们勉强把自己面容扭成可怕的样子,
> 咬起自己的牙齿,
> 在人们跑去为"死亡"的肉库
> 收集人肉之前,
> 他们整队到佛陀前,
> 在那大慈大悲者的字宙里,
> 祈求佛的祝福,
> 战鼓正在隆隆地敲,
> 大地颤抖着。
>
> 他们祈求成功,

因为他们在割断爱结，

把旗帜插在荒凉的家园的灰烬上，

蹂躏了文化中心

和"美"的龛座，

把他们走过的绿野和闹市的

道路用鲜血染红了之后，

必定会引起哭泣和哀号，

因此他们整队到佛陀前，

在那大慈大悲者的庙宇里，

析求佛的祝福，

战鼓正在隆隆地敲，

大地颤抖着。

他们要以凯旋的号角来标点

每一千个被杀害的人数，

来引起魔鬼的笑乐，当他们看到

妇孺的血肉淋漓的肢体，

他们祈求以"不真"①，来蒙蔽人们的心灵，

来毒害神明的甜柔的气息，

因此他们整队到佛陀前，

在那大慈大悲者的宇宙里，

祈求佛的祝福，

战鼓正在隆隆地敲，

大地颤抖着。

泰戈尔还撰写了著名的文章《中国与印度》。就在他 1941 年辞世前不久，又撰

---

① "不真"是佛教用语——笔者注。

写了另一篇著名文章《文明的危机》，文中仍然惦念着中国的抗日战争，预言一个伟大的未来正在离我们愈来愈近，我们应当做好准备，以迎接新纪元的到来。泰戈尔终其一生都是中国人民的伟大朋友，一直与中国人民呼吸相通。

1924年泰戈尔访问中国的时候，还到过北京以外的几个大城市，包括山东省省会济南。那时候，13岁的季羡林正在济南读中学，他有缘目睹了这位银须飘拂的伟大诗人。虽然当时他对诗歌和印度懂得不多，可他认定泰戈尔是一个伟人。上了高中，季羡林开始阅读泰戈尔的作品，他被泰戈尔优美的散文诗深深吸引，曾经模仿他的体裁写过一些小诗。进入中年，季羡林研究过泰戈尔的诗歌和短篇小说，写过一篇长文《泰戈尔与中国》。数十年来，季羡林对泰戈尔的兴趣和尊敬始终如一。1955年，季羡林第二次访问印度，曾经去圣蒂尼克坦访问泰戈尔创办的国际大学，在泰戈尔生前居住过的北楼住过一夜。黎明，他从那所古旧高大的房子里走出来，看到一个小小的池塘里，一朵红色的睡莲赫然冲出水面，迎着初升的朝阳，衬着满天的霞光，仿佛在冥冥之中，诗人的在天之灵正在欢迎东方来的客人。

1978年，季羡林第三次访问印度，在加尔各答第一次见到印度女作家梅特丽耶·黛维夫人。他们自然而然地谈到了泰戈尔。黛维夫人的父亲达斯古普塔教授是泰戈尔的密友，两家亲如一家，泰戈尔把梅特丽耶当成自己的女儿。在他去世前的三年中，曾四次到她在喜马拉雅山麓蒙铺的家中度假。梅特丽耶·黛维以优美的文笔记录了诗人日常生活的点点滴滴。

一般来说，读者了解泰戈尔主要是通过他自己的作品，给人的感觉是一位正襟危坐、峨冠博带、仿佛不食人间烟火的圣人。这当然没错儿，可这只是诗人的一面；诗人的另一面从他自己的作品中是无法看到的，可是梅特丽耶看到了，而且忠实地记录下来——泰戈尔处在家人中间，随随便便，不摆架子，一颦一笑，一喜一怒，自然率真，本色天成。看来，这要感谢黛维夫人，她向读者展现出一个真实的泰戈尔。

1981年，黛维夫人来北京访问，季羡林来到她下榻的饭店，与她长谈半天。临别时熊维夫人赠给他一本书，这书原文是用孟加拉文写的，后来由她自己译成了英文，书名直译为《炉火旁的泰戈尔》，就是《家庭中的泰戈尔》。她问季羡林愿意不愿意把它翻译成中文，季羡林虽然没有读过这本书，但有两次同黛维夫人的接触，相信这书一定是好书，就立刻答应了下来。

季羡林虽然很忙，可他没有忘记对黛维夫人的承诺。顺便说一句，自从翻译完《罗摩衍那》，因为要做的事情实在太多，他已经下决心不再搞翻译了。现在受人之托，马行夹道内难以回头，于是他利用一切可以利用的时间翻译这本书。好在，原书文字很美，仿佛信手拈来，不费吹灰之力；且又本色天成，宛如行云流水，翻译起来简直是一种享受。他很快就把第一章译好了。恰在这时，季羡林遇到了诗人顾子欣，知道了他也收到同一本书，而且有意翻译。季羡林想，顾子欣文笔很好，由他翻译，译文肯定精彩。于是，他跟顾子欣说，自己已经译了一章，如果他愿意翻译的话，其余三章由他来译，出版时就算两人合译的。顾子欣认为这个主意不错，就答应了。谁知，顾子欣也实在太忙，过了两年多还没有动笔。这时，黛维夫人又来中国访问，一见到季羡林就问译书的事。季羡林如实相告，熊维夫人生气了，说道："难道非等到我死了以后，你们翻译的书才出版吗？"季羡林完全理解黛维夫人的心情，她想尽快看到这本书的汉译本，倒不全是为了自己，而是为了泰戈尔，为了中印友谊呀！

可是，顾子欣依然忙，无法指望他能在短期内译完书稿。季羡林只好征得他的同意，决定在八个月内独自把全书译完。他把旧稿找出来，重新审查了一遍，接着往下翻译，开会带着它，出差也带着它，一有时间就翻译。在杭州的招待所楼道里每天晚上都放电视，音量开到最大，季羡林无法睡觉，第二天照样早早起床，潜思凝虑，翻译书稿；在烟台环境好多了，季羡林早晨起得更早，面对茫茫海天，点点渔火，心情怡悦，翻译进行得十分顺利。回到北京不久，初译稿便告完成，接下来加工润色，写序言，1985年汉译本《家庭中的泰戈尔》由漓江出版社出版，总算能给黛维夫人一个交代了。这一年熊维夫人七十一岁，她自然感觉时不我待，而季羡林比她还年长三岁呢！

泰戈尔无论在印度，还是在中国，都是中印友谊的象征。黛维夫人和季羡林为泰戈尔、为中印友谊所做的事，功德无量，值得后人敬仰和称道。

2000年5月30日，印度政府赠送北京大学的泰戈尔铜像落成，印度总统纳拉亚南和夫人亲临北大出席揭幕仪式。季羡林发表了热情洋溢的讲话，他说：

> 在整个世界历史上，像中国同印度这样两个国家有着至少两千多年的文化交流友好交往的历史，是十分罕见的。这两个古老的国家又一直到今天还都在

朝气蓬勃地大踏步走上前去,这更是绝无仅有的。因此,两国人民都珍视我们的友谊,愿意继续发扬我们的友谊,切望了解我们友好历史的具体内容,这是完全可以理解的。今天的世界,正处于一个新的历史时期,中国和印度也都处于一个新的发展阶段。中国在迅速发展,所取得的成就,为世界所公认;印度亦在日新月异地发展变化,尤其是高科技的发展,为世界所瞩目。在新的形势下,中印两国为了更好地建设各自的国家,相互学习,彼此交流,则显得更为重要。这对我们两国文化的发展、经济的繁荣、人民的物质生活和精神生活的改善,起到了促进作用。

是的,季羡林与泰戈尔虽然所处的时代不同,但他们共同培育的中印友谊之树愈加根深叶茂,永远荫庇造福于两国人民。正如印度学者班固志·莫汉教授所说,"季羡林不仅借鉴并且弘扬了泰戈尔的思想和理想,而且赋予它新的境界和意义",他们"均为加强中印理解做出了巨大贡献","根据自己对亚洲与西方哲学和历史的深刻的见解而提出了关于东方文明的优越性的学说","现在,需要以泰戈尔与季羡林的强调和谐与综合的'东化'学说克服'文明冲突论'"。

佛教梵语研究

研究原始佛教的语言问题,是季羡林在德国哥廷根大学攻读博士学位时确定的研究方向,他的论文题目就是《〈大事〉颂中限定动词的变化》。《大事》是用佛教梵语或混合梵语写成的,在研究佛教的学者中,这种梵语算是一门不冷不热的学科,有一些人在研究,但人数不多,英雄大有用武之地。在瓦尔德施米特教授的指导下,季羡林艰苦奋斗三年,看书、搜集资料和进行写作,从对佛教梵语一无所知,经过逐渐积累,这方面的知识终于多了起来,兴趣也逐渐浓厚。因此,他在 1941 年获得博士学位后被迫留在德国的四年内,在躲避轰炸、饥肠辘辘中,又用德文写了有关佛教梵语的论文,其中一篇是讲"不定过去时",一篇是讲 −am>o、u,即词尾 −am 发生音变,变为 o、u 的现象,都发表在哥廷根科学院院刊上,有些重要发现,引起轰动。这些论文后来收在中国社会科学出版社 1982 年出版的《印度古代语言论集》中。

这是季羡林研究佛教梵语的第一次高潮。

1946 年季羡林回国以后,因为既缺少应有的专著,又缺少必备的杂志,他的佛教梵语研究工作无法继续。1956 年,出于一个偶然的机会,季羡林写了《原始佛教的语言问题》,这篇论文在 1959 年缅甸研究会(等于科学院)的大会上宣读过,英译文就发表在会刊上。同样出于一个偶然的机会,1958 年,季羡林又写了《再论原始佛教的语言问题》。起因是一位研究印度语言的朋友告诉他,美国著名的梵文学者爱哲顿教授在其《混合梵语语法与词典》中,对他在哥廷根大学用德文写的那几篇论文发表了不同的看法。季羡林把《混合梵语语法与词典》借来仔细阅读,感到爱哲顿的看法问题很多,于是写了那篇《再论原始佛教的语言问题》,同爱哲顿商榷。虽说是"商榷",却流露出季羡林感情的冲动。他在《印度古代语言论集》自序中写道:

> 我连忙把他那皇皇巨著连同《混合龙语语法与词典》借了出来,仔细阅读一通……于是情不自禁地写了那篇《再论》……但是行文的口气则颇为尖锐,讨论学术问题,本来应该心平气和,以理服人,坦荡直率,与人为善,行文不要带刺,说话不要伤人,可是我没有做到这一点。原因是多方面的。现在回想起来,其中最主要的原因是与我当时对美国的态度有关。美国当权者对我国采取敌视仇恨的政策,我们对他们当然不会有什么好感,这是全国人民的共同感情,我当然不能例外。"城门失火,殃及池鱼",在讨论学术的论文中,我这种感情竟自然流雾地发泄到爱哲顿教授身上来了。这是不幸的,但是可以理解的。

此后,季羡林的佛教梵语研究竟是一段长达二十几年的沉默时期。

1980 年 11 月,季羡林应邀访问联邦德国,在哥廷根见到了已经 85 岁高龄的老师瓦尔德施米特教授。老师的接班人是贝歇尔教授(Prof.Dr.H.Bechert)。贝歇尔教授送给季羡林不少新出版的书,其中包括一部原始佛教语言座谈会的论文集,他还聘请季羡林担任《新疆吐鲁番出土佛典的梵文词典》顾问。

回国以后,季羡林看到那些印刷精美的书籍,随意翻看几页,发现自己灵魂深处对佛教梵语并没有真正丢在脑后,而是仍然有一棵难以割舍的珍爱的幼芽,一旦气候适宜,这棵幼芽就会萌动。眼下读了原始佛教语言座谈会的记录,研究了座谈会上宣读的论文,心中的那一棵幼芽似乎又开始萌动起来。此后三年,季羡林到外地开过许多会,到过西安、桂林、合肥、兰州。每一次出去,他随身携带的书籍中总有那部佛教梵语的论文集。每天凌晨,不论是窗外的桂林山影,还是西安丈八沟的丛篁,或者合肥稻香楼树丛中画眉的鸣唱,他仿佛都视而未见,听而未闻,摆在他桌子上的总是这部佛教梵语论文集。他就这样断断续续、锲而不舍地读了三年。开头时,他对书中的一些论文颇感新鲜,但是越读越觉得有些意见极为偏颇,好像是有意标新立异。他随时把书中的意见和自己的看法做了详细的笔记。随着时间的推移,他越来越觉得有如骨鲠在喉,不吐不快,终于拿起笔来,在间断了二十六年以后又写了《三论原始佛教的语言问题》,同时写了《中世印度雅利安语二题》,把自己的未竟之意表达出来。

这是季羡林研究佛教梵语的第二次高潮。

季羡林认为,学术讨论要有充分的论据,但是座谈会上有一些意见恰恰缺少充分的论据,而贝歇尔教授的那些意见更是轻率到令人吃惊的地步,比如 -am>u, o 的问题即是如此。实际上,在贝歇尔教授举出的书中第一行第一个字就是这样的语法现象,他却熟视无睹,偏偏说没有。季羡林深知,要一个人放弃自己的学术观点是非常困难的。他又扪心自问:"自己是不是也自以为是,看到不同的意见就火冒三丈呢?"经过反复认真地检查,他认为自己的观点是正确的,无可批驳。

贝歇尔教授和美国的爱哲顿教授显然是季羡林的某一部分论点的反对者,他的《再论》和《三论》便是分别针对他俩的。然而,在世界梵文学界,难道季羡林只有反对者而没有支持者吗? 不,他也不乏支持者,日本东京大学著名的梵文教授原实博士就是最突出的一个,他曾在国际梵文学者的大会上发言,对季羡林给予鼓励,还给他写信表示赞誉。

80 年代中期至 90 年代,尽管季羡林公务繁忙,但他仍然在几个研究领域轮番作战,战果颇丰。在图书资料条件日益改善的情况下,在研究兴趣日益浓烈的条件下,季羡林发表了四篇重要论文:1.1986 年发表了《论梵文本〈圣胜德到彼岸功德宝集偈〉》,文中对《般若经》的起源地进行分析,对《宝德藏》语言特点特别是 -am>o, u 现象进行了论述,证明这正是古印度西北方言的特点;2.1990 年发表了《新疆古代民族语言中的 -am>u 现象》,文中论证这种音变现象不仅印度西北方言有,而且直到新疆的广大地区方言也有;3.1990 年发表了《梵语佛典及汉译佛典中四流音 rrii 问题》,此文很重要,专业性极强,也极为冷僻,笔者在此难以进行通俗的介绍;4.1990 年发表了《玄奘〈大唐西域记〉中的 47 言问题》,文中纠正了中外注者对四十七个梵文字母中元音与辅音数目的讹误。在前两篇论文中,季羡林征引大量新资料,验证四十多年前他提出的论点是完全正确的。

这是季羡林研究佛教梵语的第三次高潮。

季羡林研究佛教梵语几十年,有一个指导思想始终没有放弃,这就是,除了找出语言发展的规律性的东西以外,力求把对佛教梵语的研究同印度佛教史的研究结合起来,坚信许多印度佛教史上的问题,可以通过佛教梵语的研究得到解决;同时,研究了佛教梵语的发展规律,对印度语言发展史的研究也会有很大的促进作用。也就是说,季羡林以一个语言学者的身份研究佛教,是通过原始佛典的语言现象来探讨最初佛教的传布与发展,找出其中演变的规律,掌握了这些规律,就可以从一部佛经的语言特点来判断其生成地域和年代,显然这对研究佛教史是十分重要的。

1946年回国以后,季羡林转向佛教史研究,包括印度、中亚以及中国的佛教史。其中,在研究印度佛教史方面,他为与释迦牟尼有不共戴天之仇的提婆达多翻了案,平了反。公元前五六世纪的北天竺,西部是婆罗门的保守势力,东部则兴起了新的进步的思潮,佛教代表的正是这种思潮。提婆达多同佛祖对着干,他的思想和学说的本质是什么,学术界一直没弄清楚,古今中外写佛教史者也没有一人提出这个问题,季羡林认为这对印度佛教史的研究是不利的。1987年他写了一篇长文《佛教开创时期的一场被歪曲被遗忘了的"路线斗争"》,为提婆达多翻案。文章引经据典,证明"佛教开创时期僧伽内部两条路线斗争","比较突出地表现在赞成苦行与否定苦行、赞成轮回说与否定轮回说上。提婆达多与释迦牟尼在这两方面也是泾渭分明,形成了对立面……专就学说而论,提婆达多代表的是唯物主义,也许可以说是进步的吧!"

在研究中亚和中国的佛教史方面,季羡林发现了弥勒信仰的重要作用,也是发前人未发之覆。还有他的两篇关于"浮屠"与"佛"的文章,篇幅虽然不长,却解决了佛教传入中国的道路的大问题。

毫无疑问,佛教梵语是一个非常冷僻而有意义的研究课题,对此季羡林的贡献是有目共睹的。其一,他是锲而不舍的实践者,为其他研究者树立了一个好的榜样;其二,他是极其出色的领导者和组织者,培养了一批人才,并为他们今后的研究指明了方向。

事实证明,季羡林对佛教梵语的研究在国际学术界产生了重大影响,比如,1998年8月17日印度学者哈拉普拉萨德·雷易在印度《政治家》报上撰文称:"季羡林先生在学术方面代表了自己的时代。他拓宽了我们许多人的视野,使得我们能够看到佛教与印中友谊的深刻意义。我认为,对于我们所处的这个世界,他的贡献无论在学术进步方面还是印中关系方面,都将长期有所神益。"

佛学研究

1935 年,季羡林在德国哥廷根大学学习梵文、巴利文和吐火罗文,从那时起他就开始研究佛教了。在长达七十多年的漫长岁月里,不管他的研究对象"杂"到什么程度,他对佛教研究始终锲而不舍,兴趣从来没有降低过。

季羡林在佛学研究方面造诣很深。一次,有个青年曾向他请教佛学方面的问题,他耐心做了解答,同时,告诉那个青年说:"我从来没有信过任何宗教,对佛教也不例外。而且我还有一条经验:对世界上的任何宗教,只要认真地用科学方法加以探讨,则会发现它的教义与仪规都有一个历史发展过程,都有其产生根源,都是人制造成的,都是破绽百出、自相矛盾的,有的简直是非常可笑的。因此,研究越深入,则信仰越淡薄。"

既然不相信,为什么还要研究佛教呢? 季羡林说:"我个人研究佛教是从语言现象出发的。我一开始就是以一个语言研究者的身份研究佛教的。我想通过原始佛典的语言现象来探讨最初佛教的传布与发展,找出其中演变的规律。让我来谈佛教教义,有点野狐谈禅的味道。但是,人类思维有一个奇怪的现象:真正的内行视而不见的东西,一个外行反而一眼就能够看出。说自己对佛教完全是外行,那不是谦虚,而是虚伪,为我所不取;说自己对佛教教义也是内行,那就是狂妄,同样为我所不取。我懂一些佛教历史,也曾考虑过佛教在中国发展的问题。"

俗话说:"旁观者清,当局者迷。"季羡林虽然自称外行,但外行也有外行的好处,他以一位文化学者的身份研究佛学,具有佛家弟子不可比拟的优势。季羡林对原始佛教语言研究方面的成就,上文做过介绍,这里再谈谈他对佛学研究的贡献。

对于佛学研究,季羡林首先注意解决对佛教评价的问题。他认为,马克思主义对宗教的评价早有结论,但是,长期以来,我国学术界对佛教的评价存在简单化、片面化的倾向。个别学者甚至用谩骂的口气来谈论佛教,这不是好的学风,谩骂不等于战斗,也不等于革命性强。他举例说:"范文澜……写了一本《中国通史简编》,政治性太强,比如对佛教一味漫骂,不及韩愈的水平。"他认为,佛教既然是一个宗教,宗教的消极方面必然会有,但中华民族创造了极其卓越的文化,历经千年而没有失去活力,为世界各民族所仅见,其原因当然很多,但重要的是它具有海纳百川的胸怀,随时都在吸收外来的新成分,绝不僵化,东汉以来佛教的传入便功不可没。从整个世界文化发展的情况来看,一个文化不管在某一时期内发展得多么辉煌灿烂,如果故步自封、抱残守缺,又没有外来的新成分注入,结果必然会销声匿迹,成为夜空中的流星。佛教作为一个外来的宗教,传入中国以后,抛开消极的方面不讲,积极的方面是无论如何也否定不了的。中国人的思想观念、语言文学、科学技术,乃至音乐、舞蹈、美术、建筑、雕塑、民俗、医药、养生等等无不受其影响。总之,它影响了中华文化的方方面面,为它增添了新的活力,促其发展,助其成长,这是不可否认的事实。

季羡林反复强调,过去在评价佛教方面,一些史学家、哲学史家往往失之偏颇、不够全面。他们说佛教是唯心主义,同唯心主义做斗争的过程,就是中国唯物主义发展的过程。一度流行的说法就是,佛教只是一个"反面教员"。人们在很长一段时间习惯于这一套貌似辩证的说法,今天已不能再满足于这种认识了,必须对佛教重新估价,对佛教在中国历史上和文化史、哲学史上所起的作用,必须细致、具体、实事求是地加以分析,以期做出比较公正的论断。这也是一种拨乱反正,否则我们就无法写中国哲学史、中国思想史、中国文化史,更无法写中国绘画史、中国语言史、中国音韵学史、中国建筑史、中国音乐史、中国舞蹈史等等。总之,弄不清印度文化和印度佛教,就弄不清我们自己的家底;而且佛教在中国的影响绝不限于汉族,其他兄弟民族特别是藏族、蒙古族和傣族,都受到深刻的影响,在这方面我们的研究十分落后,绝不能再继续下去。一百年以前恩格斯就指出,佛教有辩证思想,可是有一些论者言必称马恩,其实往往仅取所需的狭隘的实用主义。任何社会现象都是极其复杂的,佛教这个上层建筑更是如此,优点和缺点纠缠在一起,很难立即做出定性分析。因此,季羡林大声疾呼,我们一定要摒除一切先入之见,细致地、客观地、平心静气地就佛教对中国文化的影响进行分析,然后做出结论,只有这样的结论才符合客观事实,才有说服力。

由此看来,正确地分析评价佛教对中国文化的影响,是季羡林对佛学研究的第一个贡献,具体成果包含在他的大量史学著作,特别是关于中印文化交流史的著作中。

季羡林对佛学研究的第二个贡献是对宗教前途的客观评价,以及在此基础上提出的关于宗教政策的建议。

季羡林曾经和哲学家冯定一道探讨过宗教前途问题。他提出了一个问题:是宗教先消灭呢,还是国家、阶级先消灭?最终他们两人的意见完全一致:国家、阶级先消灭,宗教后消灭。换句话说,即使人类进入大同之域——共产主义社会,在一定的时期内,宗教或者类似宗教的想法,还会以某种形式存在。季羡林注意到恩格斯说过的话:"创立宗教的人,他们必须本身感到宗教上的需要,并能体贴群众的宗教需要,而烦琐哲学家照例不是如此。"他认为,恩格斯所说的"群众的需要"是多种多样的,有真正的需要,有虚幻的需要,有麻醉的需要,有安慰的需要,尽管形式不同,其为需要则一也,否认这一点,就不是唯物主义者。

既然如此,我们是不是就不要宣传唯物主义、宣传无神论了呢?季羡林的回答是:"我们信仰马克思主义,我们是唯物主义者。宣传、坚持唯物主义是我们的天职,这一点决不能动摇。我们决不能宣传有神论,为宗教张目。但是,唯其因为我们是唯物主义者,我们就必须承认客观实际,一个是历史的客观实际,一个是眼前的客观实际。在历史上确实有宗教消灭的现象,消灭的原因异常复杂。总起来看,小的宗教,比如会道门一类,是容易消灭的。成为燎原之势的大宗教则几乎无法消灭。即使消灭,也必然有其他替代品。举一个具体的例子,佛教原产生于印度和尼泊尔,现在在印度它实际上几乎不存在了。为什么产生这个现象呢?印度史家、思想史家有各种各样的解释,什么伊斯兰教的侵入呀,什么印度教的复活呀。但是根据马克思的意见,我们只能说,真正原因在于印度人民已经不再需要它,他们已经有了代用品。佛教在印度的消逝绝不是由于什么人,什么组织大力宣传、大力打击的结果。在人类历史上,靠行政命令的办法消灭宗教,即使不是绝无仅有,也是十分罕见。"至于眼前的客观实际,季羡林发现,苏联建国几十年,对无神论的宣传可谓不遗余力,对宗教的批评也可谓雷厉风行,然而结果怎样呢?宗教并没有被消灭,反而还有抬头之势,这种经验和教训值得我们借鉴。

因此,季羡林提出的对策是:对任何宗教,佛教当然也包括在内,我们一方面绝不能去提倡,另一方面我们也用不着故意去消灭,这样做毫无用处。如果有什么地方宗教势力抬头了,我们一不张皇失措,二不忧心忡忡。宗教是在人类社会发展到某一阶段产生出来的,它也会在人类社会发展到某一阶段消灭。操之过急,徒费气力。我们的职责是对人民进行唯物主义、无神论教育,至于宗教是否因之而逐渐消灭,我们可以不必过分地去考虑。

季羡林对佛学研究的第三个贡献是通过研究佛教与生产力的关系,发现了"天国"门票越卖越便宜的现象,揭示出佛教发展逐步世俗化的规律。

宗教会不会成为社会发展、生产力发展的障碍呢?季羡林认为,一般来说会是这样,但并非是决定性的。他在研究宗教史时甚至发现了一个很有趣的现象:宗教往往会适应社会和生产力的发展而随时改造自己、改变自己。在欧洲,路德的宗教改革便是一个例证。在亚洲,印度和中国佛教部派的形成和发展演变,证明从小乘有部到大乘空部,再到大乘有部,修习方式发生了很大的变化。佛教小乘改为大乘,在个别国家,比如日本,和尚可以结婚,可以成家立业,这应该被看成是一种进步。因为,小乘是"自了汉",想解脱必须出家,出家人既不能生产物质产品,也不能生产人,长此以往社会将无法继续存在,人类也将灭亡。大乘逐渐改变了这个弊端,想解脱——涅或者成佛,不必用那样大的力量,只需膜拜或口诵佛号等等,就能达到目的。小乘功德要靠自己去积累,甚至累世积累;大乘功德则可以转让。这样一来,一方面能满足宗教需要,一方面又与物质生产不矛盾。比如,居士改变了过去的情况,他(她)们可以在家结婚,不但物质生产的问题解决了,连人的生产问题也解决了。除了出钱支持僧伽,他(她)自己也想成佛,也来说法,这就是所谓"居士佛教",是大乘的一大特点。在日本,佛教不可谓不流行,但是生产力也不可谓不发达,其间的矛盾并不太突出,仅京都一地佛教寺院和所谓神社就有一千七百多所。中国虽然也有所谓"南朝四百八十寺"之说,但与日本相比简直是小巫见大巫。日本人口众多,土地面积狭小,竟然留出这样多的土地供寺院使用,其中自有缘故,值得深入研究。

总之,佛教在日本,不管是以什么形式存在,一方面能满足人们对宗教的需要,另一方面又不妨碍生产力的发展,所以才能在社会上一直保持活力。季羡林从这一事实总结出一条宗教发展的规律,那就是用尽可能越来越小的努力或者劳动,满足尽可能越来越大的宗教需要。这个规律不但适用于佛教,而且适用于其他宗教。

当然,季羡林的研究重点还是中国佛教。他认为,佛教在中国的发展是一个非常有意义的研究课题。印度佛教传入中国后,经历了试探、适应、发展、改变、渗透、融合等许多阶段,最终成为中国文化、中国思想的一部分。佛教在中国产生了许多宗派,流传时间有长短之分。至于在中国发展起来的禅宗,最终竟然达到呵佛骂祖的程度,几乎成为佛教的对立面,这是人类思想史的一个有趣的现象。中国佛教的禅宗流传延续的时间最长,原因何在呢? 季羡林认为至少有两条原因:一是禅宗主张"顿悟",不必累世修行即可成佛;二是提倡生产劳动,"一日不作,一日不食",与生产力的发展并行不悖。

季羡林又从宗教修行与生产力发展的矛盾入手,解释顿悟与渐悟的利弊优劣。他认为,渐悟需要的时间长,耗费精力多,当然会同物质生产发生矛盾,影响生产力的发展;顿悟需要的时间少,甚至可以不用时间和精力,一旦顿悟,洞见真如本性,即可立地成佛,而且鼓吹人人皆有佛性,连十恶不赦的恶人也有佛性,甚至其他生物都有佛性。这样一来,满足宗教信仰的需要与发展生产力之间的矛盾就迎刃而解,一扫而光。

季羡林强调解决生产力的发展与宗教信仰之间的矛盾并非没有根据,中国历史上几次大规模的排佛活动,都与经济也就是生产力有关。在所有的佛教宗派中,明白这个道理的只有禅宗一家,它提倡信徒参加劳动,借以改变寺院靠庄园收入维持生活的办法,因此寿命最长。最著名的例子是唐代禅宗名僧怀海(749-814)制定的"百丈清规",其中规定禅宗僧徒靠劳作度日。对此,过去的论者多从学理方面加以解释,不能说毫无道理,但是最重要的原因还要从宗教需要与生产力发展之间的关系中去找,即禅宗的做法顺应了宗教发展的规律,所以延续的时间最长。

总之,除了从语言学角度研究佛教传布发展的路径外,季羡林对佛学研究的主要贡献是以上三点。虽然他所提出解决的问题其他学者也研究过、阐述过,但他毕竟是一位资深研究者,因此从某种意义上来说更有说服力。

季羡林还结识了佛教界的一些高僧大德,如中国佛教协会原会长赵朴初居士、台湾中华佛学研究会和法鼓大学创建人圣严法师等,他们成为终生挚友。

来到天山下

1979年暑期,作为北大副校长的季羡林,应新疆大学之邀,到天山南北考察讲学。这是他第一次来到新疆。

按说,季羡林与新疆早有情结。青年时代他在德国学习吐火罗文,研读的文献《福力太子因缘经》正是从新疆出土的。所谓吐火罗文,就是曾经流行于库车、焉耆一带的古代语言。库车古时又称龟兹,是古代丝绸之路的一个重镇。这次他到了新疆,库车自然是必去的地方,在那里考察了千佛洞。除此之外,他还有一个非去不可的地方,那就是吐鲁番。吐鲁番有两座历史古城,高昌和交河,当年唐玄奘西天取经便造访过这里,如今虽然只是两处遗址,却依然像磁石一样吸引着季羡林。吐鲁番也是全国最低洼的地方,八月流火,小小的盆地好像一口大锅把太阳光的热量聚集起来,大地晒得滚烫,每一粒沙子都在闪闪发光;火焰山上赭红色的岩石如同跳动的火焰,空气中翻滚着炙人热浪,天地之间仿佛都在燃烧……

就是在这样的天气里,季羡林来到不长一棵树、一棵草的高昌古城,在黄土堆砌的残垣断壁间仔细辨认古代城门、街道、王宫、佛塔、厅堂、民居。他一边看,一边对照记在脑子里的《大唐三藏法师传》中的记载,思绪回到一千多年以前,想象当年玄奘同高昌国王鞠文泰母子的交往、王宫旁边香火鼎盛的道场、月色朦胧中远来的商旅进城的情景……

交河古城离吐鲁番县城不远,从外表看,同高昌古城几乎毫无二致,同样是黄土堆砌的残垣断壁,同样是寸草不生一片死寂,此时季羡林脑子里回响着幼年习读的李颀的诗句:"白日登山望烽火,黄昏饮马傍交河。行人刁斗风沙暗,公主琵琶幽怨多……"他登上残存的城墙极目远望,但见平畴沃野,绿浪翻滚;脚下是千仞危崖,矗立河心,清流夹岸,居高临下。好一座险要的城池!

好客的主人还安排季羡林一行忙中偷闲,游览博格达雪峰下的天池。这是一个形成于冰川时代的高山湖泊,湖面海拔1980米,冰山映碧水,美丽而壮观,季羡林如此描述道:

　　天山像一团黑云,横亘天际。从很远的地方就可以望到山顶上白皑皑的雪峰,插入蔚蓝的天空。我在内地从来没有见到过真正的雪峰。来到这里,乍一看到,眼前仿佛一下子亮了起来,兴致也随之而腾涌。……汽车再向上盘旋,最后来到一个山脊上。眼前豁然开朗,久仰大名的大天池就展现在眼前。烟波浩渺,水色深碧,据说深不可测。在海拔两千米的地方,在众山环抱中,在一系列小山的下面,居然有这样一个湖泊。不见是不会相信的,见了仍然不能相信。这更加强了我的疑问:不是从天上摔下来的又是从什么地方来的呢?

　　新疆确是一个令人魂牵梦绕的地方,不仅因为这里有美丽的风景、好客的朋友,更为重要的是,这是欧亚大陆的腹地,是世界上唯一的四大文化圈交汇的地方。季羡林指出,世界上绝没有第二个这样的地方,古老的丝绸之路穿过这里,留下许多珍贵的历史遗存,是从事文化交流史研究的一块不可多得的宝地——异域文化包括佛教和伊斯兰教从这里传入,为中国文化注入新鲜血液;中华民族光辉灿烂的文化从这里传出去,对世界文化做出了不可磨灭的贡献。

　　因此,笔者自然想起英国十六七世纪的著名思想家弗兰西斯·培根对中国文化的评价,他说:"我们应当观察各种发明的威力、效能与后果,最显著的例子便是印刷术、火药和指南针。这三种发明都不为古人所知;虽然它们的起源都是在近期,但却是又不为人所知而默默无闻。而这三种发明却都曾改变了整个世界事物的全部面貌和状态——第一种是在(知识传播的)文献方面,第二种是在战争上,第三种是在航海上,并且跟着这些发明的利用又引起了无数的变迁。由此看来,世上没有一个帝国,没有一个教派,没有一个星宿比这三种机械发明对于人类发生过更大的力量与影响了。"

　　培根所说的三种发明都在中国,正是通过新疆传到西亚、南亚,最终传遍世界。几千年来,中国通过西域同欧洲和中亚、西亚、非洲不断地进行物质和文化交流,从中可见新疆地理位置的重要性。新疆东有中国汉族文化,南有印度文化,西有闪族伊斯兰文化和欧洲文化,就连古代希腊的雕塑艺术都是通过形成于阿富汗、巴基斯坦、印度一带的键陀罗艺术传入新疆,再传入中国内地。新疆最早接受的是中国文化,然后是印度文化,最后是伊斯兰文化,三者经过对峙、并存以达汇合。目前,虽然伊斯兰教统一了新疆,但从深层文化来看,几大文化体系的痕迹依然隐约存在,因此这里是研究世界文化交流史的最好载体。

季羡林晚年一直挂记着新疆,曾经多次与朋友谈及新疆。如今,我国正在打造"丝绸之路新经济带"和 21 世纪"海上丝绸之路"的宏伟蓝图,古老的新疆必将重现辉煌。倘若季羡林在天有灵,得知这个消息后也一定会感到无比振奋啊!

把心留在敦煌

季羡林从乌鲁木齐登车东行,并没有直接返回北京,而是来到另一个令人魂牵梦绕的圣地——敦煌。他在琳琅满目、美不胜收的莫高窟千佛洞,仔细观摩,流连忘返,花了整整六天时间。

初到敦煌,季羡林心中很不平静,他说:

> 我对敦煌可以说是"久仰大名,如雷贯耳"了。我在书里读到过敦煌,我听别人谈到过敦煌,我也看过不知道多少敦煌的绘画和照片。几十年梦寐以求的东西如今一下子看在眼里,印在心中,"相见翻疑梦",我似乎有点怀疑,这是否是事实了。

公元 4 世纪至 14 世纪形成的莫高窟千佛洞绘画和雕塑,是举世闻名的佛教艺术瑰宝。无数工匠在这里不舍昼夜,画了一千年,塑了一千年。四百多座洞窟——大的如同一座宫殿,小的只是一个佛龛——布满了精美绝伦的绘画,其中许多彩塑和壁画都是价如拱璧的国宝。莫高窟千佛洞每日迎来送往无数游客。

俗话说:"外行看热闹,内行看门道。"今日迎来了同样被称为"国宝"的季羡林,他在这里究竟看出了什么门道呢?

莫高窟千佛洞既是佛教洞窟,这里最多的绘画和雕塑便是以佛本生故事为题材。释迦牟尼来到世间,到长大结婚、出外游历、出家修行、得道成佛、广收徒众、讲经说法直至涅,其全部经历都是用绘画的形式表现出来的,人物众多,形象生动。季羡林最感兴趣的是那些描绘释迦牟尼涅的壁画——释迦牟尼逝世后,右胁向下躺在那里,许多人围在他的身边,已经得道的人脸上毫无表情,没有参透生死的人捶胸顿足、号咷大哭,而外道六师看见敌手已死,一个个兴高采烈、手舞足蹈。好一幅人生哀乐的画卷!季羡林十分动情地说:"这是把人世间的人生百态栩如生地搬进了画中啊!"

许多表现西方极乐世界的绘画和雕塑,把本来虚无缥缈的神话世界,刻画得如此形象逼真、生动活泼。原本荒诞不经的东西,比如过去的人和人生,借助现实人生中的模特再现出来。人们不得不佩服古代工匠的惊人技艺。最令季羡林吃惊的是,在圣洁的"天堂"琼楼玉宇中间,画师竟别出心裁地画了一只小老鼠,用意何在,引人深思。这简直是一种石破天惊的创造!

绘画和雕塑不仅有表现佛经的内容,也有数量不少的变文的内容。所谓变文,是唐代说唱艺术的一种,可能类似后来的"拉洋片",艺人一边展示图画,一边说唱,其中有佛经故事,也有世俗的民间故事和历史传说。季羡林在洞里看到了法华经变、楞伽经变、金光明经变等内容的壁画,其中维摩请经变最为常见,如第 103 窟中《维摩诘说教》画的是维摩诘生病在家,佛祖释迦牟尼派文殊菩萨前来探视,向他宣说大乘教法,于是两人展开了激烈的辩论。维摩诘侧坐在床上,眉锋微挑,精神矍铄,情绪激昂,表现出以超群的智慧和犀利的词锋战胜对手的形象。在唐代,维摩诘是一个家喻户晓的人物,他本来是古印度吠舍离国的一个大富豪,过着王公贵族的穷奢极欲的生活。他出入王宫贵宅,优游集肆市井,迷恋淫舍,博弈赌场,沉醉酒肆。就是这样一个花花公子,却成了举国闻名的居士,即在家修行的和尚。他精通佛理,恒持佛道,能言善辩,俨然胜于佛祖的弟子。季羡林一边看着,一边默念着大乘佛典中的《维摩诘经》,被其中浓烈的文学趣味和鲜明的人物个性深深地打动了。

壁画中还有一些表现世俗生活,或者与世俗生活相关的内容,如《张义潮出游图》,表现了这位唐代大官僚、大军阀威风八面的样子。

季羡林读古诗多次读到画角,而画角究竟是什么样子却不得而知。如今他在画上见到了画角,仿佛见到了神交多年的老朋友。还有巨大的《五台山图》,画的是从正定到太原绵延数百里的旅途和人民的生活情景。在一些画面中,不仅有来自波斯的骆驼商队,还有航行在大海上的商船。总之,在这些壁画中既有佛祖、菩萨、罗汉、天王,又有王公、贵族、僧侣、居士、农夫、商人、百工、优伶、牧人、学者、官僚、地主、流民、娼妓,可谓五行八作,应有尽有。从他们的长相及服装判断,他们有来自中国境内的各个民族,还有来自丝绸之路沿线的各国人民,是他们的共同劳动创造了灿烂的古代文明。而莫高窟千佛洞本身也绝不是一个民族的工匠所能完成的,它为研究各民族的文化交流史提供了丰富而形象的资料。

在敦煌的这些日子,季羡林每天都很兴奋,他说:

> 我们就在这样一个仿佛远离尘世的弥漫着古代和异城气氛的沙漠中的绿洲中生活了六天。天天忙于到洞子里去观看,天天脑海里塞满了丰富多彩五光十色的印象,塞得是这样满,似乎连透气的空隙都没有。我虽居处于斗室之中,却神驰于万里之外;虽局限于眼前的时刻之内,却恍若回到千年之前。浮想联翩,幻影奋来,是我生平思想最活跃的几天。

季羡林甚至突发奇想,要在此度过余生,但是不行,北京还有很多工作等着他。怎么办呢? 季羡林说:

> 我真是进退两难、左右拮据。在敦煌,在千佛洞,我就是看一千遍、一万遍也不会餍足的。有那样桃源仙境似的风光,有那样奇妙的壁画,有那样可敬的人,又有那样可爱的影子。从内心深处我真想长期留在这里,永远留在这里。真好像在茫茫的人世间奔波了六十多年才最后找到了一个归宿。然而这样做能行得通吗? 事实上却是办不到的。我必须离开这里。在人生中,我的旅途远远不到结束的时候,我还不能停留在一个地方。在我前面,可能还有深林、大泽、崇山、幽谷,有阳关大道,有独木小桥。我必须走上前去,穿越这一切。现在就让我把自己的身躯带走,把心留在敦煌吧。

季羡林的心确实留在了敦煌。对敦煌吐鲁番学的研究,是他一生十大学术研究工程之一,他不仅对敦煌吐鲁番出土文书的研究成就骄人,而且从人类文化交流的视角,对敦煌和西域独特地位的科学论断高屋建瓴,俯察全局,为这门学科的研究开拓了更加广阔的视野。

季羡林通过长期研究发现,世界上四个文化圈即四大文化体系是通过西域进行交流的。西域是个历史地名,在汉代和汉代以后专指玉门关以西地区。狭义的西域指葱岭以东,相当于现代的新疆,广义的西域指通过西域所达到的地方,包括中亚、西亚、南亚、东欧和北非。敦煌是中国文化圈的西陲重镇,毗邻西域,是古代丝绸之路上中国吸收外来文化的最后一站。

在此,笔者不妨追忆一下敦煌学的研究历史。一百多年前,由于敦煌藏经洞的发现,中国学坛以及世界学坛上出现了一门新学科:敦煌学。遗憾的是,大量敦煌文献后来竟被西方人盗走,流失海外。国学大师王国维先生在《最近二三十年中国新发现之学问》一文中说:"当时粟特、吐火罗人多出入于我新疆,故今日犹有遗物。惜我国人尚未有研究此种古代语言者,而欲研究之,势不可不求之英法德诸国。"陈寅恪先生在《敦煌劫余录》序中写道,有人认为"敦煌者,吾国学术之伤心史也","寅恪有以知其不然"。他又列举了许多没有被盗走的敦煌卷子,说我们还大有可为。

然而,新中国成立前的半个世纪以及新中国成立后的三十年中,我国除了少数学者在敦煌学研究方面有所贡献外,敦煌学几乎是一片荒漠;而国外一代又一代汉学家研究敦煌学取得了可观的成果,1957年,英国出版了著名汉学家翟理斯用八年时间编成的《大英博物馆藏敦煌汉文写本目录》,就是一个典型的例子。这种"墙里开花墙外香"的状况显然极不正常,无怪外国某敦煌学者放言:"敦煌在中国,敦煌学在日本。"

那么,季羡林对敦煌学的研究,究竟做了哪些工作呢? 中共十一届三中全会以后,改革开放之风吹绿神州大地,敦煌学也同别的学科一样,从悠长的寒夜中苏醒过来。季羡林到新疆和甘肃考察回来不久,中国敦煌吐鲁番学会应时而成立,一批中青年敦煌学者,踔厉风发,脱颖而出,在不长的时间内出版了大量有较高学术水平的著作。季羡林作为学会会长更是身先士卒,为中国争得了在敦煌吐鲁番学研究领域的话语权,外国同行不能不刮目相看。1988年在北京召开的中国敦煌吐鲁番学会年会上,季羡林提出了一个口号:"敦煌在中国,敦煌学在世界。"得到了与会中外学者的同声赞成。直至今日,世界以及中国敦煌学的蓬勃发展,证明了这个口号是正确的,有利于国内外敦煌学学者的团结协作,共同促进敦煌学的繁荣。

1985 年夏天,第二届敦煌吐鲁番学术讨论会在乌鲁木齐召开,季羡林主持了这次大会,会上围绕变文之"变",两位中国青年学者同国外同行发生了激烈的争论,双方都说了一些过头话。季羡林对争论双方既严肃批评,又耐心诱导,维护了团结大局。会议结束时他发表了重要讲话,提出了四大文化体系的重要观点。同年 10 月他又著《敦煌学、吐鲁番学在中国文化史上的地位和作用》一文,其中写道:

> 我们知道,世界上历史悠久、地域广阔、自成体系、影响深远的文化体系只有四个:中国、印度、希腊、伊斯兰,再没有第五个;而这四个文化体系汇流的地方只有一个,就是中国的敦煌和新疆地区,再没有第二个。

季羡林主张,中国敦煌吐鲁番学的研究工作,在微观和宏观两个方面都要加以注意。在微观方面,要多出一些专门从事一个问题或一个方面研究工作的学者,把所有的数据都搜集起来,认真细致地加以分析研究,不要急于求成,而要锲而不舍地干它几年、十几年甚至几十年,这样必有所成;在宏观方面,要从中国、印度、希腊、伊斯兰四大文化体系的交流和汇流的高度来考察个人手边的小问题,视野扩大了,成果必然迥乎不同。他还主张把我国西藏的古藏文和梵文贝叶经的研究纳入敦煌吐鲁番学研究范围之内,并为此亲自给中央领导同志写信,提出建议。

2000 年召开的纪念敦煌藏经洞发现一百周年大会上,十位对敦煌学有突出贡献的中外学者得到表彰,季羡林名列其中,的确是众望所归、当之无愧。但他却自谦地说:"我对于敦煌学贡献不大。如果真有的话,也不过是啦啦队中的一个成员而已。"

重返哥廷根

1980 年冬天,季羡林回到阔别三十五年的德国小城哥廷根。这次,季羡林率领中国社会科学代表团访问联邦德国,哥廷根是行程中的一站,在这里停留三天。他坐在从汉堡到哥廷根的火车上,脑海里面影纷呈,多少旧事涌上心头儿。过去三十多年来没有想到的人,想到了;过去三十多年来没有想到的事,想到了。那些尊敬的老师,他们的音容笑貌呈现在眼前。那像母亲一般的女房东欧朴尔太太,那美丽温柔的女友伊姆加德,她们的音容笑貌也呈现眼前。还有那窄窄的街道、街道两旁的铺子、城东小山上的橡树林、密林深处的小咖啡馆、黄叶丛中的小鹿,甚至冬末春初时分从白雪中钻出来的白色小花雪钟,都一齐争先恐后地呈现在他的眼前。

火车停下来,季羡林飞似的跳了下去。一经踏上哥廷根的土地,他便立刻想起了一首唐诗:

> 少小离家老大回,
> 乡音无改鬓毛衰。
> 儿童相见不相识,
> 笑问客从何处来?

哥廷根这座异域小城,在季羡林的心灵深处早已成为第二故乡了。他曾在这里度过风华正茂的整整十年,足迹印遍了全城的每一寸土地。他曾在这里快乐过,苦恼过,追求过,幻灭过,动摇过,坚持过。这一座小城决定了他一生要走的路,是他学者生涯的起点。

哥廷根小城几乎没有改变。市政厅前广场上矗立着抱鹅女郎的铜像,同三十五年前一模一样。教堂的尖顶直插蓝天,一群鸽子仍然像从前一样在铜像周围飞翔,悠然自得。广场周围的大小铺子几乎也没有变,那著名的餐馆"少爷""黑熊"还在原地。他走到地下餐厅吃饭,里面陈设如旧,座位如旧,灯光如旧,气氛如旧,连那年轻的服务员也似曾相识。他仿佛昨天晚上在这里吃过饭,今天又回来了。

环境虽然没有改变,然而人却大大地改变了。季羡林意识到,毕竟过去了这么长时间,他在火车上回忆起的那一些人,有的如果还活着的话,年龄已经过了一百岁,这些人的生死存亡就用不着去打听了那些计算起来还没有这样老的人,他也不敢贸然去问,怕的是听到他不愿意听的消息。他的心里感觉到一种莫名其妙的压力,压得他喘不过气来。

季羡林怀着这样沉重的心情去访旧,首先去看他住过整整十年的房子。欧朴尔太太早已离开了人世,但房子还在。他走到房子外面,抬头向上看,看到三楼那一间房子的窗户仍然同以前一样摆满红红绿绿的花草。他推开大门,大步流星地跑上三楼。当他下意识地要掏钥匙开门的时候,忽然意识到现在里面住的是另外一家人,从前这座房子的女主人早已安息在墓地里了。自从离开哥廷根,季羡林经常梦见这所房子,梦见房子的女主人,如今却是人去楼空。他在这里度过的十年中,有愉快,有痛苦,经历过轰炸,忍受过饥饿。男房东逝世后,他多次陪着女房东去扫墓。他这个异邦青年成了她身边唯一的亲人,无怪他离开时她号啕痛哭。而今,季羡林又来到了哥廷根,然而她却再也见不到,永远见不到了。

然后,季羡林又去寻访伊姆加德。他敲开那熟悉的房门,开门的是一位陌生的中年妇女,她不知道谁是伊姆加德,季羡林只好悻悻然离开。事后,香港一家电视台拍摄季羡林的生平传记片,前去德国竟然见到了伊姆加德。季羡林九十岁生日的时候,还收到了伊姆加德寄来的贺卡和她八十岁时的照片呢!

那年哥廷根的冬天来得早,10 月间就下了雪,白雪、绿草、红花,相映成趣。看见了雪,季羡林不由得回忆起当年的冬天,日暮天阴,雪光照眼,他扶着教他吐火罗文的年逾古稀的西克教授,慢慢地走过十里长街。他心里感到凄清,但又感到温暖。这位像祖父一样慈祥的老人,如今不知在哪个墓地里长眠呢!

还有著名的席勒草坪,当年季羡林常和同学在这里散步,沿着弯曲的小径爬到山上,登临俾斯麦塔俯瞰哥廷根全城;他们有时在森林中的茅亭下躲避暴雨,有时看见深秋时分惊走觅食的小鹿……今天季羡林又来到这里,绿草如旧,亭榭犹新,但是往昔的游伴早已荡若云烟,杳如黄鹤了。

然而,季羡林最感欣慰的是,几十年来昼思夜想盼着见到的人——他的"博士父亲"瓦尔德施米特教授和夫人仍然健在。教授已经八十三岁高龄,夫人比他更高寿,八十六岁。一别三十五年,今日又会面,真有"相见翻疑梦"之感。老教授夫妇万分激动,季羡林心里也如波涛翻滚,一时说不出话来。他们围坐在不太亮的灯光下,杜甫的名句一下子涌上季羡林心头儿:

> 人生不相见,
> 动如参与商。
> 今夕复何夕?
> 共此灯烛光。

四十五年前季羡林初到哥廷根,同瓦尔德施米特教授第一次见面,以及以后长达十年相处的情景,都像演电影似的一幕幕展现在眼前。那是剧烈动荡的十年,中间经历了第二次世界大战,他们没有能过上几天好日子。大战一爆发,教授唯一的儿子就被征从军,阵亡在北欧战场。不久,教授也被征从军。教授预定的哥廷根大剧院的年票没有退掉,每周一次陪师母看戏的任务就落到季羡林肩上。深夜,演出结束后,季羡林要走很长的路才把师母送到山下的家中,然后再摸黑走回自己的住处。

老师的处境如此,作为学生季羡林的处境更糟。烽火连年,家书亿金。祖国在受难,他的全家老老小小在受难,他自己当然也在受难。晚上思绪翻腾,经常彻夜不眠;白天头上有飞机轰炸,肚子里没有食物充饥,连做梦都梦到山东故乡的花生米。大概有六七年之久,季羡林就是在这样的境况中学习、写论文、参加答辩、获得学位。教授每次从部队回家度假,都要听季羡林的汇报,看他的论文,提出意见。正是恩师呕心沥血,耳提面命,季羡林才有今天啊!

师生会面的地点不是在季羡林所熟悉的教授家里,而是在一所豪华的养老院。教授已经把自家的房子捐赠给了哥廷根大学印度学和佛教研究所,把汽车卖掉,搬到养老院里来了。养老院富丽堂皇,健身房、游泳池,应有尽有,但是到这里来的人都是七老八十的人,多半行动不便,对他们来说,健身房和游泳池实际上等于聋子的耳朵——摆设。他们不是来健身,而是来等死的。头一天晚上还在一起吃饭、聊天,第二天早晨说不定就有人去见了上帝。一个人生活在这样的环境中,心情如何,可想而知。可是,教授夫妇孤苦伶仃,不到这里来,又能到哪里去呢?

那天,季羡林一下汽车就看到在高大明亮的玻璃门里面,教授端端正正地坐在圈椅上,看样子已经等了很久了。他瞪着慈祥昏花的双眼,仿佛想用目光把学生吞下去。握手时,教授的手有点儿颤抖,教授夫人更是老态龙钟,耳朵聋,头不停地摇摆,同三十多年前判若两人。师母为季羡林烹制了当年在她家常吃的食品。两位老人异口同声地说:"让我们好好地聊一聊老哥廷根的老生活吧!"他们现在只能用回忆来填充日常生活了。

季羡林把刚刚出版的汉译《罗摩衍那》第一卷送给老师,老师却不解地问:"你是搞佛教楚文的,怎么翻译这个?"季羡林没有办法用几句话解释清楚。说因为缺乏资料,他已经半改行了,还是说自己在"文革"中遭遇不幸? 显然都不妥。他只好顾左右而言他,问教授还要不要关于中国佛教的书,教授反问道:"那些东西对我还有什么用呢?"季羡林又问他正在写什么,他说:"我想整理一下以前的旧稿,不久就要打住了!"看来,这相依为命的一对老人的生活是阴沉的、郁闷的,在他们前面,正如鲁迅在《过客》中所写的那样:"前面? 前面,是坟。"

季羡林心里陡然凄凉起来。教授毕生勤奋,著作等身,名扬四海,受人尊敬,难道晚年就这样度过吗? 他今天来到这里,显然给他们带来了极大的快乐;一旦他离开这里,他们又将怎样呢? 季羡林真是依依难舍,想尽量多待些时候。其间,季羡林几次站起来告辞,教授却带着乞求的口吻说:"才十点多,时间还早嘛!"他又只好坐下来。夜深了,季羡林狠了狠心说了声:"晚安!"站起来告辞出门。教授一直把他送下楼,送到汽车旁边。此时,季羡林心潮翻滚,清晰地意识到,这是与教授的最后一面了! 但是,为了安慰他,也为了安慰自己,他脱口说了一句:"过一两年,我再回来看您!"这句话感动了教授,他脸上蓦地现出了笑容,说道:"你可是答应了我了,过一两年一定再回来!"季羡林喻着泪水,钻进汽车。汽车开走时,他回头看到教授还站在那里,一动也不动,活像是一尊塑像。季羡林默默地祷祝着——愿老人家健康长寿,愿这一尊塑像永远停留在自己眼前,永远停留在自己心中……

三下瀛洲

为了与日本佛教界进行学术交流, 20世纪80年代季羡林曾经三次访问日本。1980年7月,应室伏佑厚邀请,他首次访问日本,参加"日本国际佛教讨论会"。室伏先生是中国人民的老朋友,曾任首相石桥湛山的私人秘书,随石桥湛山访问中国时,受到周恩来总理的亲切接见,后来他又多次访问中国。1978年,与他同来的大女婿三友量顺博士和二女儿法子到北大拜会了季羡林先生,三友是研究梵文佛典的,两个年轻人请季羡林到北海仿膳饭庄参加宴会。季羡林在北海和室伏先生第一次见面,他见室伏先生精明敦厚,印象颇好,愿意结为朋友。

季羡林这次访问日本下榻在新大谷饭店,在那里又结识了日本梵文和佛学界的泰斗、东京大学教授中村元博士。中村元比季羡林小一岁,据说他除了做学问,对别的事情全然无趣。他们在箱根笔谈时,中村先生为季羡林写了四个汉字"以兄事之"。他们在京都参加日本国际佛教讨论会,一起参观考察佛教寺院,还拜访了一百多岁的日本高僧。季羡林发现,在世界上所有的国家中,解决宗教需要与生产力发展之间的矛盾最成功的是日本,他们把佛教的一些清规戒律加以改造,既满足了宗教需要,又促进了生产力的发展。季羡林同中村元讨论过这个问题,中村元说:"在日本,佛教的世俗性或社会性是十分显著的。"

关于季羡林第一次访问日本时的情景,季羡林的博士研究生、日本学者辛岛静志曾撰文说:"1980 年先生第一次访问日本时,日本学者们举行了招待会。到会者都知道先生是北京大学副校长、著名敦煌学者,而先生在印度学方面的成就却无人知晓。宴会进入高潮时,原实先生借着酒意问先生:'听说您在德国学习过梵文,教授是哪一位?'先生答道:'在哥廷根,教授是瓦尔德施米特。'原实先生又接着问:'您或许就是那位研究梵语不定过去式的 Dschi Hian-lin 先生?'异地遇知音,或者换句话说,自己的成绩得到了他人的肯定,常人至此,早会欢喜至极。先生则仅淡淡地说:'是的。'事后,原实先生告诉我,他简直不能相信,40 年代发表了两部德文论著、推动佛教混合梵语研究的学者,三十多年后竟坐在他面前。若不是被原实先生问到,先生必是不会自己提起的。先生是真正做到了'淡泊以明志,宁静以致远。'"

1986 年,季羡林又两次访问日本。6 月,他率领中国教育国际交流协会代表团访问日本,23 日,他应邀在早稻田大学作题为《东洋之心》的讲演,然后又应日本学界和经济界人士要求作《和平和文化》《经济与文化》的讲演。三友和法子陪同季羡林参观诗仙堂。在箱根,季羡林再次和室伏先生一家相聚,中村元先生出席作陪。季羡林感觉中村元一身儒雅,兼有几分佛气,是一位可交的朋友,所以与他交谈甚欢。

1987 年 10 月,北大召开中日比较文化研讨会,中村元先生是日方代表团团长。季羡林在北大临湖轩接待日本朋友,并在未名湖畔合影留念。两位印度学的世界级权威,掺杂着中、英、德文的对话,引起了后辈学者的极大兴趣。1996 年,季羡林主编大型丛书《东方文化集成》,又聘请中村元担任名誉顾问。

正因为季羡林为中日文化学术交流做出重要的贡献,以及在中日佛学界和印度学界享有崇高的威望,2008 年 5 月,日本学士院正式聘任他为客座院士。至此,季羡林成为百年来第一位获得日本学士院客座院士身份的中国籍会员,也是国际上获此殊荣的第三人。

冲刺篇

在学术工作方面，有人说，我对自己太残酷。已经到了望九之年，虽然大体上说来，我的身体还算是硬朗的，但是眼睛和耳朵都已不大灵光，走路有点"飘"；可我仍然是不明即起，亮起了朗润园里的第一盏灯，伏案读写，孜孜不倦。难道我不知道，到圆明园或颐和园去遛弯，再远一点，到香山去爬山，不比现在这样更轻松愉快吗？难道我在名利方面还有什么野心吗？都不是的。我知道遛弯舒服；但我认为人活着不是为了多遛几年弯。那不是追求的目的。至于名利，我现在不虞之誉纷至沓来；利的方面，爬格子爬出了点名堂，稿费也是纷至沓来。可以说，在名利两个方面我都够用了，再多了，反而会成为累赘。那么，我这样干的目的究竟是为了什么呢？我不愿说谎话，讲些为国为民的大道理。我只能说，这样做能使自己心里平静。如果有一天我没读写文章，清夜自思，便感内疚，认为是白白浪费了一天。习惯成自然，工作对我来说已经成了痼疾，想要改正，只有等待来生了。

季羡林

一张残卷引出一部巨著

20世纪最后二十年,季羡林正值七十至九十岁,进入学术研究的黄金时代和冲刺阶段。在此期间,他的著述颇丰,其中有代表性的是篇幅最长的专著《文化交流的轨迹——中华蔗糖史》(以下简称《糖史》)。

季羡林为什么要写《糖史》呢?这与他所研究的印度古文字有何关系呢?且听笔者慢慢道来。

季羡林曾经发现,现在世界上流行的几大语言中,"糖"这个字几乎都是转弯抹角地出自印度梵文"śarkarā"。中国的"糖"字,英文叫"sugar",法文叫"sucre",德文叫"zueker",俄文叫"caxap"。一看便知这个字同属一个来源。一般来讲,一个国家接受外来的东西,最初把外来的名字也带来了,有的后来改变了,有的没有改变。糖从一个地方传到另一个地方,如果本地没有,就会把外来词也带入本地。英文的"糖"字来自印度,是从梵文"śarkarā"转借来的,仔细一比较就知道了。这说明英语国家原来没有糖,糖是从印度传去的,否则为什么用印度字呢?中国最早也没有糖,从前有个"餳"字,不念"易",也不念"阳",念"糖"。中国糖最初是甘蔗做的。甘蔗的原产地在中国,《楚辞》中就提到当时人们吃甘蔗,也喝甘蔗浆;而甘蔗浆变成糖则用了一千多年。于是,季羡林从中领悟到,在糖这种微不足道的日常生活用品中,似乎隐含着一部人类文化交流史。

　　无巧不成书,季羡林真正开始研究糖的历史,原来是因为一个偶然的机缘引起的。1981年,一张当年被法国人伯希和带走的敦煌残卷辗转到了北大历史系几位新师手里。他们拿给季羡林看,季羡林发现卷子两面都有字,正面内容写的是佛经,背面内容与制糖有关,当属十分罕见的科技资料;但是内容并非一目了然,敦煌残卷有错字漏字,并有一些难解之处。

　　于是,季羡林决心啃开这颗硬核桃。

　　季羡林认为,关键的问题是要弄懂残卷中的一个词——"煞割令"。他对照上下文反复琢磨,忽然想到,这个"煞割令"就是梵文"Śarkarā",就是"糖"。正如胡适所说"发现一个字的字义等于发现一颗新的行星",季羡林一下子豁然开朗,信心倍增,立即写了一篇《一张有关印度制糖法传入中国的敦煌残卷》。从此,他便开始了研究糖史的工作。

　　季羡林想起青年时在德国读书时,在汉学研究所翻阅过大量的中国笔记,里面颇有一些关于糖的资料,可惜当时脑袋里还没有这个问题,就视而不见,统统放过,今天只能从头做起。那时,电子计算机还很少,而且技术也没有过关,不可能把所有的古籍或今籍一下子都收进来。季羡林只能采取笨办法,自己查书,然而古代典籍浩如烟海,穷毕生之力也难以查遍。本来,季羡林收集资料向以"竭泽而渔"著称,不肯放过任何可能有用的东西,于是他利用北大图书馆藏书在高校首屈一指、查阅方便的条件,以善本部和教员阅览室为基地,搜断枯肠、绞尽脑汁地收集资料。当时季羡林已经八十多岁了,老伴又得了重病,两度住院,可是他却开始拼老命了。每天他从家到大图书馆,走七八里路,除星期日闭馆外,不管冬天还是夏天,不管刮风下雨还是坚冰在地,从未间断过。在1993年和1994年将近两年时间内,他终于翻遍了整个书库,包括查阅了《四库全书》中的有关典籍,特别是医书。

　　从大量的资料中,季羡林发现了一些规律。首先,中国最初只饮甘蔗浆,用甘蔗制糖的时间比较晚;其次,同古代波斯一样,糖最初是用来治病的,不是调味的;再次,从中国医书上来看,使用糖的频率越来越小,以致后来很少见了;最后,也是重要的一点,把原来红色的蔗汁熬成糖浆,再提炼成洁白如雪的白糖,这种技术是中国发明的。季羡林认为,最为重要的是,制糖技术的相互学习,表明文化交流是双向的,不是什么单行线。

在学术研究中,季羡林勤于思考,善于收集新材料,发现新问题。他想,《新唐书》里讲到唐太宗李世民派人去印度学习制糖技术,这是中国正史里的记载。汉字"糖"出现在六朝,说明唐太宗时中国已经能够制糖,但水平不高,派人去印度学习,这是历史事实。但是,问题并不在这里,问题是印地文中有个字叫"cīnī",意为"中国的",并有"白糖"的意思。"中国的",英文叫"Chinese";"中国",英文叫"China",法文叫"Chine",德文叫"China",都是从"China"变来的。印度自称在世界上制糖水平最高,历史最悠久,因此"Śarkarā"这个梵文字传遍世界,但为什么又把"白糖"叫"cīnī"(中国的)呢?1985年,季羡林去印度参加《罗摩衍那》国际讨论会,一次他当大会主席,问在场的印度学者:"'cīnī'怎么来的?既然糖出在印度,那'白糖'为什么又叫'中国的'?"结果没有一位学者答得出来。

后来,有个丹麦学者知道季羡林在研究糖的历史,寄来了一篇论文。这篇论文不知是哪国人写的,只知道他的名字叫Smith,论文正好是讲"cīnī"及其来源,季羡林看了感到作者自己也解释不通,自相矛盾。论文说"cīnī"的意思是"中国的",而白糖却和中国没有关系。在中古时期白糖很贵,当药来用,非皇家贵族、大商人是吃不起的。可是,为何又把"cīnī"叫作"白糖"呢?因为中国有几件东西在世界上很有名,如瓷器,英文"China"当"中国"讲,也是"瓷器"(china)的意思。中国的瓷器也传入印度,印度的阔人才用瓷器。中国瓷器是白色的,于是自然把中国瓷器的"白"和白糖的"白"连在一起。印地文中的"白糖"应该是"cīnī Śarkarā",后来因为字太长,便简称为"cīnī"。总之,论文作者断然认为,无论如何"cīnī"(白糖)和中国没有关系,中国从来没有生产过白糖,也没有向印度输出过白糖。

在季羡林看来,这完全是无知妄说。他认为,研究解决这个问题的正确方法应该是,首先要确定"cīnī"这个字在印度是什么时候出现的,即上限在何时,其次要确定它在印度什么地方出现的,然后再来确定中国什么时候生产白糖,又从什么时候、什么地方传入印度。可是,问题之难就在于不知道"cīnī"在印度何时出现。季羡林问过许多印度学者,他们也答不出来。而上述Smith的论文结论虽然是荒谬的,但却有可资借鉴之处。因为,他查了印度的文学作品,发现"cīnī"出现在公元 13 世纪;他又把当今印度许多种语言中表示"白糖"这个意思的词基本上追踪清楚,总的情况是在西部语言中,都来自梵文"Śarkarā";在东部语言中,都来自"cīnī"或者"cini",孟加拉文就是这样。由此可以推断,中国白糖是大约公元 13 世纪由印度东部进人印度的。

季羡林认为,如果把印度白糖的来龙去脉搞清楚了,再来研究中国到底有没有生产过白糖,输出过没有,输出到印度没有,这样问题就会容易解决。

公元 7 世纪唐太宗在位时确实派人向印度学习过制糖技术,说明那时制糖水平并不高。但学习以后制的糖,其颜色、味道都超过印度。《新唐书》说"色味逾西域远甚",说明一方面引进了,另一方面改进了,这是唐朝的情况。到了宋朝仍然制糖。到了元朝又来了一个变化,公元 13 世纪马可波罗的游记中有一段记载:在福建尤溪有一批制糖工人,他们是蒙古大汗忽必烈从巴比伦抓来教中国工人制糖的,炼白糖。巴比伦这个地方有人说是现在的伊拉克,有人说是埃及,埃及开罗的可能性大。上述记载说明印度制糖技术传到波斯,从波斯传到埃及。埃及当时很多手工业占世界领先地位,而蒙古人的文化水平不高,蒙古大汗抓了一些制糖工人,送到中国的福建尤溪,尤溪出甘蔗,在那里教中国人炼糖。到了明朝末年,很多书里讲炼糖,其中有一段记载说,原来糖炼不白,一次遇到一个偶然的机会,倒了一堵墙,墙灰落人糖中,发现制的糖变白了,这在化学上讲得通,灰里有碱,因此糖炼白了。明朝末年中国的白糖在国际市场上成了抢手货,而且有根据说,在郑成功时代白糖已经出口了,郑成功家里就做白糖生意,从中国运货去日本,货物中有白糖,这证明公元 13 世纪中国的白糖开始向外输出。那么,中国的白糖是否输出到印度?书上记载印度人派船到新加坡去买中国的白糖,而没有记载中国直接出口白糖到印度。但也有一种可能是,从福建泉州运送白糖到孟加拉,泉州是古代海上丝绸之路的起点,世界上著名的港口,那里有穆斯林和印度教的文化遗迹,福建尤溪制的白糖运到泉州,然后由停泊在泉州港的印度船运到印度东海岸,那里人正好讲孟加拉语,管白糖叫"cīnī"。

因为季林查阅了大量资料,所以以上的分析和判断都是有历史事实根据的。他认为,从"cini"这个字的例子就能看出文化交流绝不是直线的,而是非常复杂、曲折的。印度还有一个字叫"misrī",意为"冰糖",但"misī"也是"埃及的"意思。印度的制糖技术虽然是先进的,但不能否认也向别的国家学习过。东面学中国,"白糖"叫"cīnī",西面学埃及,"冰糖"叫"misrī",从语言现象分析,只能得出这个结论。

以上介绍的只是季羡林《糖史》的少许内容。这部专著洋洋八十万字,分国内编和国际编两部分,1997年由经济日报出版社出版。在此之前,世界上已有两部大型《糖史》,一为德文,作者Von Lippmann,是世界名著;一为英文,作者Deerr,材料比较新。季羡林撰写《糖史》第二部分——国际部分时,曾引用这两部书中的一些资料。季羡林从语言切入,以研究文化交流为重点,写出《糖史》可谓独辟蹊径,自然优于外国的著作。2000年这部《糖史》荣获"长江读书奖"。

季羡林的入室弟子、印度学专家葛维钧先生曾撰写《穷搜百代,不世之功》一文,评论道:"季羡林先生以他博洽精深的学识和超乎常人的毅力,为我们写出了糖的历史。他的研究成果,尽管他仅借一句'虽不中,不远矣'抵作评价,在我看来,却是充满了不争之理。学林中有好耳食之言,逞无根游谈的伪劣之作,也有穷原竟委,言必有征的不朽之篇。糖味甘甜,人人皆知;甘甜何来,凭谁而详?'盖有非常之功,必待非常之人。非观之如是,不足以明《糖史》的成就。"

《弥勒会见记剧本》译释

在耄耋之年学术研究的冲刺阶段,季羡林完成的另一部巨著是《吐火罗文〈弥勒会见记剧本〉译释》。诚然,季羡林是中国学习吐火罗文的第一人,但他从欧洲回国后,由于资料和其他条件的限制,始终没有把吐火罗文当作主业,几乎三十多年没有接触吐火罗文。难道这颗火种就这样熄灭吗?不,他又因为一个偶然的机会重操旧业了!

所谓吐火罗文,又称焉香—龟兹文,是在新疆库车、焉耆一带流行的古代语文,属于印欧语系。全世界通晓这种语文的学者,据说不超过三十人。20世纪70年代后期,季羡林到新疆讲学,在自治区博物馆见到陈列的吐火罗文残卷,发现由于没有人认识这种婆罗米字母,展品被放颠倒了,他指出了这个错误,新疆的同志才知道这位老先生可以解读这种"天书"。

　　1981 年,新疆博物馆副馆长李遇春来到北大,送来四十四张八十八页吐火罗文残卷,请季羡林解读。这批文物是 1973 年在焉耆七个星断壁残垣中发现的,由于无人能够辨认,已在库房沉睡数年了。当时,年逾古稀的季羡林许久没有摸过这种东西了,感到已经生疏,未敢贸然答应。可是面对这样珍贵的资料,他又焉能不为所动? 最终他硬着头皮,答应一试,于是全力以赴,对付这颗同样是难啃的核桃。

　　季羡林把斜体婆罗米字母转写成拉丁字母,并把残卷的页码理顺。然后借助工具书大体了解了残卷内容同弥勒有关。看来,他的运气还算不错,翻译了几页便发现书的名称是《弥勒会见记剧本》。他大喜过望,因为这不仅是一部佛经,而且是一部文学作品,不仅对研究佛教史有用,而且对研究文学史也是难得的资料。在新镟一带,弥勒信仰曾经十分普遍,曾经发现好几个焉耆文的《弥勒会见记剧本》,而且有回鹘文文本。不过,外国研究吐火罗文的学者,至今还没有一个人诠释过其中任何一张。

　　经过一番努力,季羡林大体上了解了残卷的内容,但还是有不少不认识的字,要解决这个问题,只有对照其他语言的译本。1982 年,他虽然还没有着手翻译,但已经取得了一些进展,写出了两篇研究论文,一篇是《吐火罗语 A 中的三十二相》,另一篇是《谈新疆博物馆吐火罗文 A〈弥勒会见记剧本〉》。1983 年,季羡林在担负大量行政工作和其他研究工作的同时,开始翻译和诠释《弥勒会见记剧本》。

　　因为我国藏有为数不少的这个剧本的回鹘文文本,季羡林试图利用回鹘文的《弥勒会见记》来校对和补充焉耆文剧本残缺的部分,再逐字逐词加以翻译。他不懂回鹘文,就请了几位回鹘文专家协助,其中有中央民族大学耿世民教授、新疆工学院李经纬教授、新疆博物馆伊斯拉菲尔·玉素甫、多鲁坤·阙白尔等人。在他们的参与下,季羡林选了四页比较有把握的入手,开始翻译和诠释。

　　良好的开端是成功的一半,此后几年季羡林逐渐扩大战果,每年都有所前进。其间,一度因资料匮乏,又不得不向海外朋友求助,其繁其难可以想见。季羡林夜以继日,奋战不息,1987 年又写了两篇长文《关于吐火罗文弥勒会见记》和《吐火罗文 A(焉耆语)(弥勒会见记剧本)与中国戏剧发展之关系》。前一篇文章主要讲吐火罗文剧本情况,包括印度戏剧的发展、在中国新疆的传播、与希腊戏剧的关系、中国戏剧的发展情况,吐火罗文剧本与中国内地戏剧发展的关系以及中国戏剧与印度戏剧的异同；后一篇文章首先讲吐火罗文本《弥勒会见记剧本》同回鹘文本的异同，接着讲印度戏剧的来源、中国戏剧的起源，最后讲印度古代戏剧与中国古典戏剧，特别是京剧的相似点。

1989年，季羡林又写了一篇论文《梅坦利耶》，这是《吐火罗文A(焉耆文)〈弥勒会见记剧本〉译释》中的一章，有英文译本。"梅坦利耶"是"弥勒"的另外一种译法，论文中论述了二者的来源和相互关系。同年，季羡林还写了《吐火罗文和回鹘文〈弥动会见记〉性质浅议》，回答了三个问题：是创作还是翻译？内容是什么？体裁是什么？就这样，经过十几年的艰苦奋斗，到1997年12月，《弥勒会见记剧本》的汉译、英译和注释全部完成。

1998年，由季羡林转写、翻译和注释，得到德、法吐火罗文学者W.Wenter和J.J.Pinault协助的英译本《中国新疆博物馆藏甲种吐火罗文弥勒会见记残卷》，由总部分别设在柏林和纽约的跨国出版公司Mouton de Gruyter出版，列入W.Wenter教授主编的《语言学的趋向丛书》(Trends in Linguistics)，作为其中《研究与专著》(Studies and Monograph)系列的第一百一十三种。这是一部存世规模最大的吐火罗文文献英译本，它的出版在西方学术界引起了轰动，许多人对中国学者刮目相看。在完成了这个巨大的学术工程之后，季羡林激动地说："我心里感到了很大的安慰，我可以告慰恩师西克教授的在天之灵了！"

校注玄奘《大唐西域记》

《大唐西域记》是一部十分重要的历史地理著作，作者是家喻户晓的唐代高僧玄奘。这部书是奉唐太宗李世民之命写成的，记述了玄奘赴印度游学十七载亲履或得自传闻的一百三十八个国家、地区、城邦的见闻，包括其幅员、地势、人口、经济、宗教、民俗、语言文字等情况。全书共十二卷，对公元7世纪中亚、西亚、南亚许多历史情况记载准确，语言简洁，至今仍然是中亚、西亚、南亚古代史以及中外关系史的重要文献。由于古代印度没有什么历史文献，这部书更显得弥足珍贵，近代以来全世界研究印度史和中亚史的学者都视之为至宝，1978年印度著名历史学家阿里又给季羡林写信说："如果没有法显、玄奘和马欢的著作，重建印度史是完全不可能的。"

但是,《大唐西域记》问世一千多年来,版本众多,诸多外文译本错讹之处甚多,地名人名译法皆不统一,因此给读者带来极大困难。此书在国内没有完善的点校本与注释本,校勘和注释就显得尤为必要,而做这项工作又要通晓古代印度和中亚史地、宗教、语言文字等多种知识,还要懂得英文和日文,以便与译本相互参照,因此能够胜任此项工作的人少之又少。

20 世纪 50 年代末,历史学家、北大教授向达拟定了一个《中外交通史籍丛刊》计划,准备整理出版古籍四十二种,其中就有《大唐西域记》。向达雄心勃勃,将整理研究此书视作晚年的一件大事。这项工作当然不可能由他一人完成,中华书局委派编辑谢方负责出版事宜,邀请北大诸多学者共同参与。1961 年 1 月,北大成立了一个筹备小组,成员有向达、邵循正、季羡林、邓广铭、周一良,向达提出了初步意见,大家进行了集体研究。向达还专程赴广州向陈寅恪先生汇报了此事,陈先生也期待着这部书早日出版。

1962 年 7 月,中共中央宣传部发出《关于已摘帽子的右派分子写的稿件发表问题的通知》,明确了摘帽“右派”的著述“原则上可以发表和出版”。孤寂的向达犹如枯木逢春,精神为之一振。这一年他向中华书局正式提出了一个整理出版《大唐西域记》的庞大计划,设想分别出版影印本、简注本、详注本三个本子,并决心以余生的精力完成这个计划。可是,由于政治形势的变化,这项工作刚刚有了一点儿眉目就搁浅了。1964 年 10 月中华书局正式通知向达,影印本不能出版。1966 年 6 月“文革”爆发,向达被打成“牛鬼蛇神”,受到残酷的批斗,有时一天数次被斗,随后被劳动改造。向达一向肾脏不好,劳动期间肾病发作,红卫兵斥其“装病抗拒改造”,拒绝送医院救治,拖延数天才勉强同意抢救,但已回天乏术,1966 年 11 月 24 日死于尿毒症,终年六十六岁。

“文革”结束后这项工作并未马上提到议程,直到 1977 年底,中华书局才旧事重议,重新启动《大唐西域记》的整理工作,并列入出版计划。编辑谢方再次来到北大,找到季羡林,希望他来主持其事。季羡林表示愿意全力支持。他在回忆接受此项任务的心情时说:

　　《大唐西域记》的重要性尽人皆知,但是一千多年以来,我国学者对这一部书的研究,较之日本,远远落后,我认为,这是我们学术界之耻,尝思有以雪之。

就是抱着这种发愤雪耻的心态,季羡林邀集张广达、朱杰勤、杨廷福、耿世民、张敦、蒋忠新、王邦维等 7 位专家组成校注班子,在借鉴参考了向达等人已有成果的基础上,重新对《大唐西域记》进行整理。1978 年 8 月 18 日,在北大外文楼召开《大唐西域记》第一次工作会议,会后季羡林自掏腰包,请与会者到北京莫斯科餐厅吃了一顿烤鸭,工作就此开始。

这部书没有设主编,署名季羡林等校注。实际上,季羡林是在做主编的工作,他除了参与注释,还审阅了全部注释稿,提出了许多中肯的意见,对其中有些重要的条目,他甚至亲自重写,如长达三千字的"四吠陀"注释。他还对历代学者的注释进行研究,对一些重要问题提出新解,纠正了前人包括日本学者的一些错误。

1985 年,中华书局出版了六十三万字的《大唐西域记校注》。这部书借鉴了中外学者的研究成果,纠正了一些错漏之处,解决了一些遗留或者忽略的问题。至此,几代中国学人的艰苦努力,终于有了结果。1994 年这部书荣获第一届国家图书奖。

为了帮助读者更好地阅读和研究《大唐西域记》,季羡林还花了一年多的时间,查阅了大量资料,写出了十万言的《玄奘与〈大唐西域记〉——校注〈大唐西域记〉前言》,内容之广泛远远超过了《大唐西域记》原书。他从以下几方面进行了详细的论述:(一) 唐初的中国;(二) 六七世纪的印度;(三) 唐初中印交通情况;(四) 关于玄奘;(五) 关于《大唐西域记》。这篇前言其实是一部专著,它不但对《大唐西域记》提供了导读,而且对研究唐代中印关系史和中亚史、佛教史都具有重要的价值。举例来说,《大唐西域记》中有五处提到"大乘上座部",对于这个问题,一百多年来日本和欧洲的学者众说纷纭,始终没有得到合理的解释。季羡林查阅了大量中外史料,进行了深入研究,指出:"大乘本无所谓'上座部'和'大众部'之分。所谓'大乘上座部'并不是大乘与上座部两种东西,而是接受大乘思想的小乘上座部的一种东西,可是又包含大乘与小乘两方面的内容,因此才形成了'大乘上座部'这种奇怪的教派。"于是,这个佛教史研究中长期争论不休的问题终于得到解决。

《大唐西域记校注》出版以后,季羡林考虑到一般读者,特别是缺乏古文根底的读者,即使有了注释也难以读懂该书,认为有必要进行今译。于是,他趁热打铁,另组班子,完成了《〈大度西域记〉今译》一书,此书于 1985 年由陕西人民出版社出品深受广大读者的欢迎。季羡林还计划把《大唐西域记校注》翻译成英文出版,以纠正现有两个英泽本中的借误。这项工作难度很大,直到目前还无法进行,只好留待私来,以完成季羡林的未竟事业。

关于《中国纪行》

1985 年 6 月 1 日,季羡林为张至善、张铁伟等翻译的阿里·阿克巴尔著的《中国纪行》写了一篇序言。他说:"我认为,这是一部非常值得重视、非常重要的书。它完全可以同《马可波罗游记》媲美,先后辉映,照亮了中西文化交流的道路。"

季装林的评价如此之高,这到底是一部什么样的书呢?

这部书成书于 1516 年,即中国明武宗正德十一年,原文是波斯文。至于作者阿里·阿克巴尔是哪国人,他是否真的来过中国,学术界是有争论的。可以肯定的是,这是一位中亚穆斯林,他在书中讲述的明代中国的情况基本翔实可靠,内容涉及中国当时的地理、军队、宗教、仓库、宫廷、监狱、节庆、妓院、医疗、立法、学校、外侨、农业、货币、法律、剧场等等,简直是一部关于中国的百科全书。这部书过去不大为人所知,直到 19 世纪该书有了英译本和德译本,在欧洲才逐渐引起注意,20 世纪 30 年代,历史学家张星首次在中国介绍过此书。张星烺是《马可·波罗游记》一书的译者,是《中国纪行》译者之一张至善的父亲。《中国纪行》与《马可·波罗游记》有所不同,后者记述的内容偏重宫廷和社会上层,而前者则记述了大量民间、基层的情况,还有些重大历史事件,如明代"土木之变",西方史家很少记载,书中却叙述甚详。所以,这部书具有重要的历史学术价值。

《中国纪行》的德译本和英译本,是张至善、张铁伟在季羡林的帮助下,从意大利都灵大学图书馆找到的。季羡林认为,我们中国史书虽多,可是要想真正了解过去历史上人民生活的真实情况和细节,资料仍嫌不足。特别是一个外国人来到中国,他能够看到一些我们所习而不察的东西,把这样的观察记载下来,不仅能够为外国研究中国历史的学者提供帮助,而且也可以帮助中国人了解自己的过去。让中国人引以为豪的是,在阿里·阿克巴尔看来,中国、中国人是值得赞美和学习的。比如,在该书第四章作者写道："在世界上除了中国以外，谁也不会表现出那样一种井井有条的秩序来。毫无疑问，如果穆斯林们能这样恪守他们的教规——虽然这两件事无共同之处——他们无疑地都能按真主的良愿成为圣人。"在该书第六章作者写道："整个中国人，从平民到贵族都培养得懂礼节。在表示尊敬、荣誉和严守礼节方面，世界上没有人能和他们相比……中国人非常守纪律，无人可以相比。"总之，在阿里·阿克巴尔看来，中国明朝的物质文明和精神文明，都达到令外国人羡慕和称道的程度。

季羡林认为，更重要的是，阿里·阿克巴尔这部书中文译本的出版，是对"欧洲中心论"和一些中国人的"贾桂心理"的有力冲击，也是他提出的东西文化"三十年河东，三十年河西"论的有力证据。季羡林说：

> 我还想从另外一个观点来谈一谈本书的价值。我们一向被称为伟大的民族。但是到了近代和现代，外国人怎样来认识我们呢？我们自己又是怎样来认识自己呢？外国人认识我们，我们自己认识自己，都有一个曲折的过程。如果划一条界限的话，1840 年开始的鸦片战争就是一条天然的界限。在这之前，在 17、18 世纪，中国人在欧洲人心目中，是有天才的民族，是伟大的民族，是有高度文明的民族。当时他们向往的是中国，学习的是中国。但是殖民主义一旦侵入中国，中国许多弱点暴露出来了。首先是中国力量不强。在信奉优胜劣败的欧洲人眼中，中国不行了，中国人不吃香了，中国成了有色人种，成了劣等民族。久而久之，他们忘记了曾经有一段崇拜中国文化的历史。而我们中国人自己也忘记了过去在欧洲人心目中的地位。有志者要奋发图强，爱国雪耻。庸俗者则产生了贾桂思想，总觉得自己不行。中华人民共和国的成立，是另一条界限。绝大多数的中国人感觉到真正是站起来了，腰板挺直了。绝大多数外国朋友对中国也另眼相看了。但是一百多年来的习惯势力，余威未退。有贾桂思想者也不乏人，最典型的代表就是"四人帮"一伙。他们义形于色，振振有词，天天批什么洋奴哲学，实际上在他们灵魂深处，他们自己最有洋奴相。见了洋人，屁滚尿流，奉若神明。到了今天，我们进行爱国主义教育的任务，还很艰巨，我们必须教会青年人怎样正确认识外国，怎样正确认识自己。我们决不盲目排外，我们

承认外国有很多东西我们必须学习,但是我们也决不盲目拜倒在外国人脚下,认为月亮也是外国的圆。用什么办法来进行这种教育呢? 方法当然很多,读过去历史上外国人的中国纪行,也是方法之一,而且我认为是有效的方法。

编纂大百科全书

《中国大百科全书》是我国进入新时期第一项规模宏大的文化工程,季羡林积极参与其中,在《外国文学卷》和《语言文字卷》的编纂中留下了浓墨重彩的一笔。

1978年6月,中共中央批准国家出版局、中国科学院、中国社会科学院《关于身备出版〈中国大百科全书〉情况的报告》,成立了以胡乔木为主任的中国大百科全书总编辑委员会。

1979年,中国大百科全书总编辑姜椿芳热情邀请季羡林参加大百科的编纂工作,担任北大副校长的季羡林尽管兼职很多,工作繁忙,但仍给予全力支持。7月,《外国文学卷》编委会召开第一次会议,确定各分支学科的编写组。季羡林任该卷编委会副主任委员兼南亚文学编写组主编,主任委员由冯至担任。他们二位既是同事又是挚友,心灵相通,合作愉快。季羡林既负责策划、组稿、审稿,又亲自撰写部分词条。他总结自己多年从事外国文学研究的经验,提出编纂的指导思想和一些具体意见:(一)论述应当客观、全面。就《外国文学卷》来说,应以发展和联系的观点叙述外国文学在特定环境中的演变和盛衰,不以"政治态度"定优劣论取舍,纠正不注意艺术成就,忽视在历史上的影响和贡献同时又不敢为健在的作家立传的倾向;(二)资料必须准确、丰富,要有最新资料,反对故步自封;(三)东方文学和西方文学,大国文学和小国文学,要正确对待。重视第三世界文学,破除"欧洲中心论",但不轻视西方文学。条目释文中要点明有关国家的文学在中国的影响,与中国的联系;(四)按照在文学上的成就和贡献的大小确定是否立条及条目字数的多少,各个国家的条目和字数要保持相对的平衡;(五)文体力求一致;(六)译名务须统一。实践证明,季羡林的这些意见是正确的,也是可行的。

进入撰稿阶段之后,有一些同志信心不足、推迟编写的意见时有所闻。1980年7月,编委会在浙江莫干山召开第一次词条编写审稿会,季羡林在会上鼓励大家抓紧有利时机,破除一些不切合实际的观念,相信我们有条件有能力完成好大百科的编写任务。事实证明,季羡林的意见是颇有远见的,因为这一卷的作者主要是社科院外国文学研究所和北京大学从事外国文学研究教学的专家学者,新时期到来,他们承担的教学科研任务越来越重,如果当时不抓紧大百科的编纂工作,稍一松劲儿就可能半途而废。会议休息时,季羡林与冯至、朱光潜一起在山间散步,但见满山翠竹,一派生机,一向很少写诗的季羡林诗兴大发,赋诗一首:

> 莫干竹世界,遍山绿琅玕。
> 仰观添个个,俯视惟团团。

《中国大百科全书·外国文学卷》两大册三百六十余万字,仅用了三年多一点时间就完成了,于1982年9月正式出版。季羡林参加了从策划到成书的全过程。他在该书的评介中写道:"在本书的形成过程中,每一个工作步骤我都参加了。我同大百科全书的同志们,以及编辑与写作的同志们一起,既走过阳关大道,也走过独木小桥;既尝到了顺利的欢乐,也尝到了挫折的痛苦;这部书的优点和缺点,我知之悉而感之切。"他不无自豪地说:"出版这样一部巨著,这件事本身对我国外国文学研究的一个重大贡献,称之为皇皇巨著,是当之无愧的。"

《中国大百科全书·外国文学卷》完成之后,季羡林又马不停蹄,转战于《中国大百科全书·语言文字卷》的筹备和编纂工作。1984年2月20日至24日,大百科语言文字卷编委会在北京举行第一次会议,编委会成员有:顾问王力、吕叔湘,主任季羡林,副主任周祖谟、许国璋,委员王宗炎、刘涌泉、朱德熙、许宝华、陈原、张志公、张斌、周有光、胡裕树、俞敏、傅懋勣等。也是在这一年,季羡林被聘为中国大百科全书总编委员会委员。

后来,季羡林回忆说:

> 最难忘的是当我受命担任"语言卷"主编时的情景。这样一部能够而且必须代表有几千年研究语言学传统的世界大国语言学研究水平的巨著,编纂责任竟落到了我的肩上,我真是诚惶诚恐、如履薄冰。我考虑再三,外国语言部分必

须请（许）国璋先生出马负责。中国研究外国语言的学者不是太多，而造诣精深，中外兼通又能随时吸收当代语言新理论的学者就更少。在这样的考虑之下，我就约了李海简同志，在一个风大天寒的日子里，从北大乘公共汽车，到魏公村下车，穿过北京外院的东校园，越过马路，走到西校园的国璋先生的家中尽切陈词，请他负起这个重任。他二话没说，立刻答应了下来。我刚才受的寒风冷气之苦和心里面忐忑不安的心情，为之一扫。

据李鸿简回忆，那是在 1985 年 12 月，正遇上阴冷大风天气，季羡林没有穿大衣，只穿一身中山装，戴着鸭舌帽。临时要不到车子，出门也没有找到出租车，公共汽车上很拥挤，季先生一直站着。他在北外谈完工作，还是许先生向学校要了一辆车，把他送回北大。

如同编纂外国文学卷一样，季羡林不遗余力，精心策划、细心组织，既拿指挥棒，又拉小提琴。就笔者所知，《吐火罗语》《梵文》《窣利文（粟特文）》《佉卢字母》《婆罗米字母》等词条，均出自季羡林之手。而在他的鼓励下，笔者与同事也撰写了《印度古文字》等词条。正因为季羡林在学术上具有远见卓识，为人又谦和宽容，颇具影响力和号召力。在他的领导下，经过大家共同努力，语言文字卷的编纂工程进展顺利。

1985 年 10 月，在烟台召开中国大百科全书语言文字卷定稿会议，会后季羡林与朱德熙、吕叔湘、姜椿芳、周祖漠一起登蓬莱阁观海，感受到如果没有大海般的胸怀，怎能坚持用四年时间把《中国大百科全书·语言文字卷》正式编完出版？事实证明，《外国文学卷》和《语言文字卷》这两卷书在整个大百科全书中进度快，质量高，深受读者欢迎，季羡林为此倾注了大量心血。

古籍整理

1991 年，季羡林担任《传世藏书》的主编。这是国家"八五"计划出版重点项目。该书精选从先秦到清末的文化典籍一千种，三万卷，约三亿字，编为一百二十三册，分为经、史、子、集四库，每库又分若干类，包括清代编纂的《四库全书》和其他所有大型古籍中的一流经典和重要著作。这样宏大的一项工程,要在几年时间内完成,其难度可想而知。北京大学、复旦大学、中国社会科学院等二十六所大学和科研单位的两千七百多位专家参加编纂和校点,靠全国协作,这项浩大的文化工程历时六年圆满成功。

《传世藏书》出版以后,该工程的"主帅"季羡林来到济南,向山东大学等单位捐赠这部倾注了他大量心血的古籍。季羡林在捐赠仪式上发表讲话,对流行一时的"文化搭台,经济唱戏"的口号提出批评,认为这种提法不妥,应该是"经济搭台,文化唱戏","经济和文化最好是互相搭台,互相唱戏。否则,经济和文化单独发展都发展不起来"。

季羡林不仅为古籍的整理出版日夜操劳,而且对古籍的流转和使用也十分热心,经常借各种机会呼吁对古旧书业予以支持。1992年1月,在中国书店成立四十周年之际,他书写了一段相当长的题词,大声疾呼"要重视古旧书业":

> 当今世界上各种科技文化繁荣的国家,古旧书业都是非常兴盛的。日本的东京和法国的巴黎是众所周知的。在我们中国,由于历史特别悠久,文化水平又高,古旧书业有悠久而光辉的历史。在清代的许多笔记中,我们常常能够读到当时的文坛祭酒同古旧书店亲密交往的佳话,王渔洋是其中最著名的一个。近代中国许多著名的学者往往也同琉璃厂的古旧书店有亲密的关系,鲁迅、郑振铎、向达都是如此。在最近几十年内,由于一些原因,古旧书业相当不振。这对弘扬中华文化是非常不利的。我现在借祝贺中国书店四十岁生日的方便,呼吁有关人士:要重视古旧书业。我再说一句:要重视古旧书业。

1992年4月20日,国务院办公厅印发《关于调整国务院古籍整理出版规划小组成员的通知》,调整后的组长是匡亚明,副组长是周林、王子野、刘杲,秘书长是傅宗璇,成员有王元化等四十七人,季羡林等四十四人担任顾问,该小组1993年更名为国家古籍整理出版规划小组。

在《传世藏书》尚在紧张编纂的时候,季羡林的"战线"又拉长了,1994年5月,国家另一项大型古籍整理工程上马,即编纂《四库全书存目丛书》,胡绳担任总顾问,任继愈、张岱年、周一良、杨向奎、胡道静、程千帆、饶宗颐等担任顾问,季羡林担任编纂,刘文俊具体负责编委会的工作。全国五十多所大学和研究机构以及中国台湾、日本、美国的近百位古籍整理专家、版本学者参加了编纂工作。该丛书历时三年,于1997年全部出齐,受到海内外学术界的热烈欢迎和广泛利用。

《四库全书存目丛书》是由《四库全书》派生出来的一套大型丛书。清朝乾隆年间编辑的《四库全书》,根据文渊阁藏书共收录历代典籍三千七百六十一种,号称中国文化的渊。其实全书不全,所收书籍中有不少内容经过篡改和抽毁,还有大量典籍被摒弃在外,有的予以禁毁,有的列为存目。其中列为存目的有六千七百九十三种。

为什么有些图书列为存目?根据乾隆三十八年(1773年)五月十七日上谕,这些图书“止存书名,汇为总目”,而不收其书。原因大体有以下四种:

其一,“有悖谬之言”,即有批评清王朝统治的言论;

其二,“非圣无法”,即含有反礼教、反传统的倾向;

其三,著作时代切近者;

其四,“寻常”“琐碎”之作。

这些存目的图书数量比《四库全书》本身要大得多,内容异常丰富,有许多著作对研究古代哲学思想和政治思想文化很有价值。其中史类著述最为可观,对史学研究颇有裨益,有价值的文学类书籍更是不胜枚举,还有大量地理、文字学、医学、天文历算、农家、刑法、杂家、释家的珍贵典籍。

《四库全书存目丛书》编委会本着“尊重历史,保存文献”的总方针,第一步的工作就是普遍调查,尽数收集。从乾隆年间确定存目到现今,时间已经过去了两百多年,中间经历了长期战乱和其他自然的、人为的灾害,这些书到哪里去找?经过在全世界两百多家图书馆、博物馆和高等学校大规模查访,终于找到了存目所列的图书四千余种,六万余卷,许多珍贵稀见的古籍,甚至被认为已经失传的古籍得以重见天日。

《四库全书存目丛书》分为经、史、子、集四部,以及目录、索引共一千两百册,每册八百页,所收书籍八成是宋、元、明、清历代善本,三成是孤本,到1998年全部出齐,受到海内外学者的普遍欢迎。

　　关于《四库全书存目丛书》的整理重印,曾经在学术界引起争论,《读书》杂志发表了一些诗文对此有所论说,还发表了一些续修《四库全书》的意见。季羡林于1995年2月两次写信给《读书》杂志,提出了不同的意见。这两封信均在同年《读书》杂志第5期刊出。关于这一场笔墨官司,笔者不谙始末,故不做具体介绍。

　　在此期间,季羡林除了参加以上两项大型古籍整理工程之外,还担任东方学大型系列丛书《东方文化集成》和《百卷本中国历史》主编以及其他几个中小型丛书的主编。尽管从1991年开始,他不再担任北大校务委员会副主任,改任名誉副主任,行政性工作减少了一些,可仍然忙得不可开交。1993年9月11日,他在为李润新所著《文学语言概论》作序时说:

　　　　我进入了一个新的忙乱时期,身上负的各种各样的债务压得我喘不过气来:文债、信债、会债、咨询债、顾问债、座谈会债、招待会债、迎来送往债、采访债,如此等等,不一而足。我有时候烦上心头,简直想"出家",以了尘缘。

重建比较文学学科

比较文学19世纪产生于欧洲,20世纪逐渐发展成为具有完整理论体系的学科,并形成了四大学派:德国学派、法国学派、西欧学派和美国学派。在中国,20世纪初王国维和鲁迅就发表了关于比较文学的论文。到20年代末30年代初,比较文学成为一门学科,代表人物是吴宓和陈寅恪。在清华大学,吴宓开设"中西诗之比较"课,陈演恪开设"中国文学中的印度故事的研究"课,培养了一批比较文学学者,如李健吾、钱锺书、季羡林等。三四十年代,朱光潜的《文艺心理学》《诗学》和钱锺书的《谈艺录》是比较有影响的比较文学专著。由于两代学者的努力,我国的比较文学有了一定的基础。可惜的是,新中国成立后比较文学作为一门学科被取消了,比较文学领域变成了一片沙漠。直到改革开放之初,世界各国的大学普遍开设比较文学课程,而绝大多数中国人竟不知比较文学为何物。

80年代初,季羡林看到来自国外的一些比较文学书刊,发现我们在这个领域已经大大落后了。当时由于思想不够解放,还有人把比较文学等同于"精神污染",他心里很着急,决心冲破这个禁区。1981年1月,在季羡林倡导下,北大一批对比较文学感兴趣的学者成立了北京大学比较文学研究会,大家一致推举季羡林为会长。研究会出版了《北京大学比较文学研究丛书》和《北京大学比较文学研究会通讯》。

1983年,由南开大学、天津师大发起,召开了全国第一次比较文学学术讨论会。

1984 年,季羡林担任主编的《中国比较文学》期刊在上海创刊。1985 年 10 月,由 35 所高校和研究机构发起的中国比较文学学会在深圳大学成立,杨周翰当选为会长,季羡林被推举为名誉会长。1987 年,国家教委规定比较文学为大学一些学科的必修课。短短几年时间,中国的比较文学学科从重新创建到蓬勃发展,迅速走向世界,使外国同行能够听到中国的声音,比如,1983 年中美两国学者在北京召开比较文学讨论会, 1985 年杨周翰当选为国际比较文学学会副会长。

季羡林是一位杰出的比较文学研究者。新中国成立前,他就曾经写过《老子在欧洲》《"猫名"寓言的演变》《柳宗元〈黔之驴〉取材来源考》等论文。1978 年以后,他又写了大量有分量的比较文学论文,如《〈西游记〉里的印度成分》《〈罗摩衍那〉在中国》《吐火罗文 A(焉香文)〈弥勒会见记剧本〉与中国戏剧发展之关系》等,堪称我国比较文学领域的力作。

季羡林又是当代中国比较文学研究当之无愧的领军人物,提出了一整套比较文学研究的主张,呼吁建立比较文学中国学派。他认为,我们进行比较文学研究,并不是为比较而比较,比较不是目的,而是手段。我们的目的是通过各国文学之间的比较研究,探讨出规律性的东西,以利于更好地继承和发扬我们民族传统中的精华,更好地发展和创新我们的新文艺。针对西方学者在比较文学领域的"欧洲中心论",季羡林还提出,研究比较文学必须重视东方文学在世界文学史上的地位,重视中国、印度、伊朗、阿拉伯、日本等东方国家文学对世界文学的巨大影响,其中包括对欧洲文学的影响。他的这个理论受到亚洲各国学者的支持,在世界上也受到广泛重视。1986 年,季羡林在《〈中国比较文学年鉴〉前言》一文中写道:

> 人们不是常常谈论比较文学的中国学派吗?什么叫"中国学派"呢?我认为,至少有两个特点,这两个特点都同我上面讲的那几层意思是密切相关的。第一个特点,以我为主,以中国为主,决定"拿来"或者扬弃。我们决不无端地吸收外国东西,我们决不无端地摒弃外国东西。只要对我们有用,我们就拿来,否则就扬弃。这一点"功利主义",我看是必须讲的。第二个特点是,把东方文学,特别是中国文学,纳入比较文学的轨道,以纠正过去欧洲中心论的偏颇。没有东方文学,所谓比较文学就是不完整的比较文学。这样比较出来的结果也必

然是不完整的,不完全符合实际情况的。比来比去,反正比不出什么名堂来。对本门学科发展起阻滞作用,为我们所不取。

针对比较文学研究中一时出现的"乱比"的倾向,季羡林主张广通声气、博采众长,指出正确的研究方向,既受到中国学者的一致赞同,也受到外国许多知名学者的支持。季羡林认为,像中国和印度这样多民族的东方大国,国家中各民族文学之间的差别不亚于欧洲国与国文学的差别。针对这种特点,应尽快研究中国境内各民族的文化关系,加强国内各民族的了解,探讨中华民族文学发展规律,这样会大大有助于中国各民族的团结。

笔者以为,我国比较文学在不长的时间内出现了初步的繁荣,一个中国学派正在形成,其中季羡林的贡献甚至比他的其他研究成果都功德无量、显赫一时。

从考据到兼顾义理

1997 年,季羡林回顾自己治学的轨迹,发现有一个从重考证到兼顾义理的转变过程。

清儒把学问分为三门:义理、辞章、考据。季羡林说,就自己的脾气秉性,他最喜欢的是考据,或称考证,最不喜欢的就是义理。因为考证是实实在在的东西,看得见、摸得着,其精髓就是无证不信,"拿证据来",不容你胡思乱想;而义理,按现在的说法就是哲学,有多少哲学家就有多少个哲学体系,公说公有理,婆说婆有理,恍兮惚兮,让人摸不着头脑。

中国的考据学盛于清代乾隆、嘉庆年间,那时大师辈出,使我们读懂了一些以前无法读懂的古书,这是他们的最大贡献。到清末民初,随着西方学术的传入,产生了一批会通古今,同时会通中西的大师,其中陈寅恪、汤用彤都是考据名家,他们恰恰都是季羡林的老师。后来季羡林去德国求学,他的德国老师,如瓦尔德施米特、西克等等,所使用的实证主义研究方法,同中国的考据并无二致。季羡林师承中德两国考据高手的衣钵,重考据之学,而且成绩斐然,便毫不奇怪了。

"老年忽发义理狂",季羡林从重考据到兼顾义理,转折点当以 1992 年写的《"天

人合一"新解》为标志。季羡林在《学海泛槎》一书中说:

> 对我来说,这算得上是一篇重要的文章。我在上面以及在其他许多地方,都说过我不大喜欢义理。在这一篇论文之前,我忍不住也写过一些谈义理的文章,但篇幅大都不长,内容也不成体系。从这一篇论文起,我谈义理的文章多了起来,有的篇幅也比较长。是不是我对义理改变了态度,喜欢起来了呢? 对这个问题,我自己也有点说不清楚。毋宁说,我对义理,想法多于喜悦。我爱好胡想乱想,有些想法实在是想入非非,我自己也不敢喜欢;有些想法,则自己也觉得颇有道理。别人越是反对,我越是反思,却觉得自己越来越正确。报纸杂志上的一些文章和一些消息,别人也许不眉一顾,有的我却视如拱璧,因为它证明了我的看法和想法路子是正确的。"老年忽发义理狂",对我一生的学术研究是重要的。我甚至狂妄地想到,有朝一日,我这些想法的意义和价值甚至会超过我在考证方面所做出的贡献。至于究竟怎样,只有等待未来事态的发展来证实了。

考据,严格地说只是一种研究方法,为考据而考据的事不能说没有,但是大多数考据还是为了弄明白一定的事实或一定的道理,这实际上就是重考据而兼顾义理。以严格的考据作为基础,这样的义理才比较牢靠,比较信得过。陈寅恪、汤用形莫不如此。季羡林曾多次申明自己不喜欢义理、不擅长义理,可是连他自己都没有想到,老年竟然对义理发生了兴趣,而且发表了不少有关义理的"怪论"。

季羡林在《学海泛槎》一书中又说:

> 我在上面提到的我一生所写的许多文章中都讲到我不喜欢义理,不擅长义理。但是,我喜欢胡思乱想,而且我还有一些怪想法。我觉得,一个真正的某一门学问的专家,对他这一门学问钻得太深,钻得太透,或者也可以说,钻得过深,钻得过透,想问题反而会缩手缩脚,临深履薄,战战兢兢,有如一个细菌学家,在他眼中,到处是细菌,反而这也不敢吃,那也不敢喝,窘态可掬。一个外行人,或者半外行人,宛如初生的犊子不怕虎,他往往能看到真正的专家、真正内行所看

不到或者说不敢看到的东西。我对于义理之学就是一个初生的犊子。我决不敢说，我看到的想到的东西都是正确的；但是，我却相信，我的意见是一些专家绝对不敢想更不敢说的。从人类文化发展史来看，如果没有绝少数不肯钳制，不肯走老路，不肯故步自封的初生犊子敢于发石破天惊的议论的话，则人类进步必将慢慢得多。当然，我们也必须注意常人所说的"真理与谬误只差毫厘"、"真理过一分就是谬误"。一个敢思考敢说话的人，说对了了不得，说错了不得了。因此，我决不能任意胡说八道。如果心怀哗众取宠之意、故作新奇可怪之论，连自己都不信，怎么能让别人相信呢？我幸而还没有染上这种恶习。

其实，在笔者看来，他走上这条路是必然的，因为他的老师就是这样走过来的。只不过由于政治气候的不同，20世纪五六十年代的大师陈寅恪也好，汤用彤也好，当时的环境不可能允许他们发表更多的"怪论"，50年代初，陈寅恪的那三条意见已经够"骇人听闻"的了。但季羡林是幸运的，他赶上了改革开放的新时期，所以能比他的老师走得更远。下面几节着重介绍季羡林的"义理"，看看他到底"狂"在哪里。笔者以为，这正是季羡林对中华文化做出的独特贡献。

"河东河西"论

20世纪80年代，中国掀起了一股前所未有的"文化热"。随着社会主义建设事业日益发展，在接受新中国成立后几十年来的经验和教训的基础上，文化建设的任务提到议事日程上来了。人类历史上任何社会，都不能专靠科技来支撑，物质文明必须与精神文明同步建设。我们今天的社会当然也不例外。随着国门的打开，一些人产生了近乎病态的崇洋心理，全盘西化的主张一时间甚嚣尘上。对此，相当多的人对中国文化的前途担忧。在严重地甚至病态地贬低自己文化的氛围中，人们有意无意地抬高西方文化，认为自己一无是处，只有外来的和尚才会念经。这样怎么能够客观而公允地评价中国文化呢？

此时，季羡林同样感到深深的忧虑，经过慎重思考，1989年，他写了一篇重要文章《从宏观上看中国文化》，文中说：

探讨中国文化问题，不能只局限于我们生活于其中的这几十年近百年，也不能局限于我们居住于其中的九百六十万平方公里。我们必须上下数千年，纵横数万里，目光远大，胸襟开阔，才能更清晰地看到问题的全貌，而不至于陷入井蛙的地步，不能自拔。总之，我们要从历史上和地理上扩大我们的视野，才能探骊得珠。

这篇文章的核心观点是：人类文化产生是多元的，绝不是哪一个国家或民族单独创造出来的。从人类几千年的历史来看，任何一个民族和国家，不论大小，都或多或少地对人类文化宝库做出了自己的贡献。但是，每一个民族或国家的贡献又不完全一样。有的民族或国家的文化对周围的民族或国家产生了比较大的影响，积之既久，形成了一个文化圈或文化体系。人类自从有历史以来，总共形成了四个大文化圈：古希腊、罗马一直到近代欧美的文化圈、从古希伯来起一直到伊斯兰国家的闪族文化圈、印度文化圈和中国文化圈。在这四个文化圈内有一个主导的影响大的文化，同时各个民族或国家又是互相学习的。各个文化圈之间也是互相学习的。这种互相学习就是文化交流。文化交流促进了人类文化的发展，推动了社会前进。倘若从更大的宏观上来探讨，这四个文化圈又可以分成两大文化体系：第一个文化圈构成了西方大文化体系；第二、三、四个文化圈构成了东方大文化体系。"东方"在这里既是地理概念，又是政治概念，即所谓"第三世界"。这两大文化体系之间的关系也是互相学习的。仅就目前来看，统治世界的是西方文化。但是从历史上来看，二者的关系可以用一句俗语来概括，这就是"三十年河东，三十年河西"。

其实，季羡林关于四个文化圈的观点并不是 1989 年才形成的。据笔者所知，早在 1985 年，在乌鲁木齐召开第二届敦煌吐鲁番学术讨论会时，他就有过明确的表述，得到了国际学术界的普遍认同。1987 年，他又发表《中国文化发展战略问题》一文，进一步阐明这个观点。前文亦提到，他在担任中国亚非学会会长时，也曾主持召开过东西文化座谈会，阐述了"三十年河东，三十年河西"的观点。

总之，在东方文化与西方文化的关系上，季羡林在文章和发言中认为，历史上东方文化曾经辉煌过，引领讨世界潮流。自工业革命以后，西方文化逐渐占了上风。

中国从清末到现在，中间经历了许多惊涛骇浪，帝国统治、辛亥革命、洪宪窃国、军阀混战、国民党统治、抗日战争、解放战争，一直到中华人民共和国建立后的社会主义初级阶段，我们西化的程度日趋深入。到了今天，除了我们的一部分思想感情以外，真可以说是"全盘西化"了。无论如何，这不是一件坏事，而是一件天大的好事，甚至是一件不可抗御的事。有几千年古老文明的中国，如果还想存在下去，就必须跟上世界潮流，绝不能让时代潮流甩在后面。

但是，季羡林又严肃指出，事情还有它的另外一面，它也带来了不良后果，最突出地表现在一些人的心理上，以为凡是外国的东西都好，凡是外国人都值得尊敬这是一种反常的心理状态。确实，西方不仅是船坚炮利，而且在精神文明和物质文明方面，有许多令人惊异的东西，要想振兴中华，必须学习西方，这是毫无疑问的。20世纪20年代，有人就提出了"全盘西化"的口号，今天还有不少人有过这种提法或者类似的提法，其用心良苦可以理解。我们向西方学习，今天要学习，明天仍然要学习，这是绝不能改变的，如果我们故步自封，回到老祖宗走的道路上去，那将是非常危险的；但是，应当指出的是，人类历史证明，"全盘西化"理论上讲不通，事实上办不到。

季羡林还谈到了英国历史学家汤因比关于任何一种文明都不可能万岁的观点，尤其是汤因比同池田大作谈话中对中国文化寄予的希望，以及德国伟大诗人歌德对中国文化的看法。他从中很受启发，一针见血地指出："我们自己应该避免两个极端：一不能躺在光荣的历史上，成为今天的阿Q；二不能只看目前的情况，成为今天的贾桂。"

季羡林既然认为东方文化和西方文化的关系是"三十年河东，三十年河西"，他就抓住这个问题不放，后来又在几篇短文和几次发言中重申过，而且还做了进一步的发挥，那就是到了21世纪，"三十年河西"的西方文化将逐步让位于"三十年河东"的东方文化，人类文化的发展将进入一个新时期。

季羡林何以认为，到了21世纪西方文化就将让位于东方文化呢？他是从一种比较流行的、基本上为大家接受的看法出发的：从总体上来看，东方的思维方式、东方文化的特点是综合；西方的思维方式、西方文化的特点是分析。在西方，从伽俐略以来的四百年中，自然科学走的是一条分析的道路，越分越细，现在已经分析到层子

(夸克)；但有人却说,分析还没有到底,还能分析下去。对此,中国的自然科学界和哲学界也发生了一场争论:物质真是无限可分吗？赞成这个观点的人占绝大多数,他们相信庄子的话:"一尺之棰,日取其半,万世不竭。"如果真是这样的话,西方的思维方式就能永远存在下去,越分析越琐细,西方文化的光芒就越辉煌,以至无穷。"三十年河东,三十年河西",这一条人类历史发展启示的规律,就要被扬弃。

但是,季羡林认为,庄子说的是一个数学概念,不是物理学概念。现在反对这种物质无限可分观点的人,虽然只占极少数,却值得引起重视。比如,金吾伦的新著《物质可分析新论》可以作为代表。他认为,"物质无限可分论"无论在哲学上还是科学上都缺乏根据。在哲学上,不能用归纳法支持一个关于无限的命题。在科学上,因为:一、夸克禁闭,即使夸克再可分,也不能证明物质粒子无限可分;二、宇宙学研究表明宇宙有起源,我们无法追溯到起源以前的东西;三、量子力学新进展否定了层层往下追索的隐变量理论,因此无限可分论玩的是一种"套层玩偶"。虽然,分析方法曾对科学和哲学的繁荣做过极大的贡献,但绝不能无限夸大,而且它的局限性正在逐步显现。当代物理学和自然科学的新进展表明,宇宙是一个不可分割的整体,而无限分割的方法与整体论是相悖的,无限可分论是机械论的一种表现。显然,季羡林是赞成金吾伦的这个看法的。

同时,季羡林又从一种方兴未艾的新学说——混沌学受到启发,获得支持。美国学者格莱克写了一本书《混沌:开创新科学》,他认为混沌学是关于系统的整体性质的科学。它扭转了科学中简化论的倾向,即只从系统的组成零件夸克、染色体或神经元来做分析的倾向,而努力寻求整体,寻求复杂系统的普遍行为。它把相距甚远的各方面的科学家带到了一起,使以往的那种分工过细的研究方法发生了戏剧性的倒转,亦使整个数理科学开始改变自己的航向。它揭示了有序与无序的统一,确定性与随机性的统一,是过程的科学而不是状态的科学,是演化的科学而不是存在的科学。它覆盖面之广,几乎涉及自然科学与社会科学的各个领域。因此,格莱克断言,20世纪的科学只有三件事将被记住:相对论、量子力学和混沌学,混沌学则是20世纪物理科学的第三次大革命。

为什么到了20世纪末,西方文化正在如日中天光芒万丈的时候,某些西方有识之士竟然开创了与整个西方文化背道而驰的混沌学呢？季羡林认为,他们已经痛感到,照目前这样分析是行不通的,必须改弦更张,另求出路,人类文化才能重新迸发活力,继续向前。西方的哲学思维是只见树木,不见森林,只从个别细节上穷极分析,对这些细节之间的联系缺乏宏观的把握,并把一切事物都看成一清如水,而实际情况并非如此;中国的东方思维方式则是从整体着眼,从事物之间的联系着眼,更合乎辩证法的精神。比如,中医在这方面便胜过西医,西医是头痛治头,脚痛治脚,中医是全面考虑,多方照顾,一服中药,药分君臣,症治关键,医头痛从脚上下手,因此较西医更合乎辩证法。现在世界上流行的模糊数学,正表现了相同的精神。

因此,季羡林得出的结论是,西方的形而上学的分析已经快走到穷途末路了,它的对立面——东方的寻求整体的综合,必将取而代之。换言之,以分析为基础的西方文化将趋于衰微,取而代之的必然是以综合为基础的东方文化。这种取代在21世纪就要看出分晓,是不以人们的主观愿望为转移的文化发展的客观规律。但是季羡林强调,这里所说的"取代"并不是"消灭",而是继承西方文化之精华,在此基础上把人类文化的发展推向一个更高的阶段。

有诗云:"不畏浮云遮望眼,只缘身在最高层。"从以上介绍来看,季羡林的"河东河西"论虽然不能说是自天外飞来,空中楼阁,主观臆断,但也不能轻易理解为"文化过后是沙漠"。然而,始料未及的是,它一经出笼,便立刻引起轩然大波,后来却又逐渐平息下来。这倒不是因为季羡林有多么大的神通,多么大的权威,多么大的辩才,而是因为人们都在注意历史发展的客观事实,相信总有一天会看清个中端倪。在此,笔者仍然想借用季羡林的一句话——"至于究竟怎样,只有等待未来事态的发展来证实了"。

"天人合一"新论

季羡林是一位具有大智慧的学人,他经常考虑的是人类的前途和命运问题。那么,21世纪我们所面临的最重要的问题是什么? 1998年3月4日,他在为郑彝元的《道统论》作序时写道:

　　我平生为不中不西而又亦中亦西之学,偏考据而轻义理,此盖天性使然,不敢强求也。迫至老耄之年,忽发少年之狂,对义理问题,妄有所论列;但局促门外,有若野狐,心情介于信疑之间,执着则逾意料之限。数年前曾写一长文《"天人合一"新解》,意在唤起有志之士正确处理人与大自然之关系。盖谓西方科技文明,彪炳辉煌,为时已久。造福人类,至深且巨。然时至今日,际此上世纪之末,新世纪之初,其弊害渐趋明显,举其荦荦大者,如环境污染,臭氧出洞,人口爆炸,疾病丛生,淡水匮乏,生态失衡,如此等等,不一而足。此皆大自然对人类征服之报复,而芸芸众生,尚懵懵懂懂,使人不禁有"错把杭州作汴州"之慨叹。此诸弊害,若其中任何一方阻止无方,则人类生存前途必处于极大危害之中,事实如此,非敢危言耸听也。

季羡林所指出的种种问题已经越来越被严酷的事实所证明。比如,2013年上半年在我国长三角地区肆虐的禽流感便是一例。近三十年来,埃博拉、艾滋病毒、SARS、禽流感等20余种病毒产生,严重威胁着人们的生命健康。上海生态学会顾问徐宏发教授指出,自然源疾病频频"关照"人类,根源在于我们破坏了人与自然之间的"规则",才会受到自然的报复和病毒的反噬。北京大学城市与环境学院吴必虎教授说:"人们以为能随意改造自然,其实不然。在自然面前,必须要心存敬畏,'人'字写得越小越好。"

要解决这些问题,首先必须弄清楚这些问题产生的根源。季羡林通过长时间的研究和观察,发现问题的根源是把人与自然的关系搞错了,是与自然为敌的后果,是以分析思维为基础的西方文化风靡世界的结果。西方科学技术无疑为人类创造了福利,但同时也产生了诸多问题。西方以为自然是个奴隶,可以征服,这种想法和事实不符,事实证明自然是不能征服的。出路何在?需要从以综合思维为基础的东方文化,特别是中国古代思想宝库中寻求解决之道,"天人合一"便提供了解决问题的思路,即人类必须改弦易辙,和大自然交朋友。

于是,早在1992年,季羡林就写了一篇重要文章《"天人合一"新解》,其主要内容如下:

"天人合一"这个命题的来源,大多数学者的解释都是源于儒家的思孟学派,其实这是一个相当狭隘的理解。广义的理解是,"主张'天人合一',强调天与人的和谐一致是中国古代哲学的主要基调"。中国有世界最悠久的农耕史,在农耕文明中,节制是重要的价值理念,反映了人类某种长远生存的需要。西方基督教文明本来也有类似的理念,但在工业文明形成的消费狂欢中,这一理念日趋淡化。因此,这个代表中国古代哲学主要基调的思想越发显得意义深远,影响重大。

儒家经典《周易》说:"大人者与天地合其德,与日月合其明,与四时合其序,与鬼神合吉凶,先天而天弗违,后天而奉天时。"这里阐述的就是"天人合一"的思想,是人生的最高的理想境界。到了汉代,汉武帝独尊儒术,董仲舒是当时儒家的代表,明确地提出了"天人之际,合而为一"的思想。宋代出了不少大儒,尽管学说在某一些方面有所不同,但在"天人合一"上几乎都是相同的,大哲学家张载有两句非常著名的话:"民吾同胞,物吾与也",简称"民胞物与","与"就是"伙伴"的意思,这两句话言简意赅,含义深远;理学领袖程颐也说:"天、地、人,只一道也。"

在儒家之外,道家、墨家和杂家等也有类似的思想。老子说:"人法地,地法天,天法道,道法自然。"王弼注说:"与自然无所违。"《庄子·齐物论》说:"天地与我并生,而万物与我为一。"看来,道家在主张"天人合一"方面,比儒家更明确得多。墨子对天命鬼神的看法有矛盾,他一方面强调"非命""尚力",人之富贵贫贱荣辱在力不在命;另一方面又推崇"天志""明鬼",其中"天"好像是一个有意志行赏罚的人格神,天志的内容是兼相爱,他的政治思想,比如兼爱、非攻、尚贤、尚同,也有同样的标记。吕不韦在《吕氏春秋》中说:"成齐类同皆有合,故尧为善而众善至,桀为非而众非来。""天降灾布祥,并有其职。""山云草莽,水云鱼鳞,旱云烟火,雨云水波,无不皆类其所生以示人。"这也是主张自然(天)与人相应的。虽然中国古代也有征服自然的想法,如荀子想制天、胜天,想征服自然,不过这不是主流,而事实证明,欲制天者必将为天所制。

印度古代思想派系繁多,但是其中影响比较大、根底比较雄厚的也是人与自然合一的思想。《奥义书》中论述梵我关系常使用的一个词是"梵我一如"(Brahmat-maikyam)。吠檀多派大师商羯罗主张不二一元论,大体的意思就是:真正实在的唯有最高本体梵,而作为现象界的我(小我)在本质上就是梵,二者本来是同一个东西。这一套理论无非是说梵我合一,也就是天人合一,由此看来中印两国的思想基本上是一致的。

　　从上面对中国和印度古代思想的介绍中,我们可以看到,尽管使用的名词不同,但内容则是相同的。换句话说,"天人合一"思想是东方思想的普遍而又基本的表述,是东方综合思维模式的最高、最完整的体现。正因为"天人合一"是讲人与大自然合一,是有别于西方分析思维模式的东方综合思维模式的具体表现,所以才非常值得注意,值得研究,值得发扬光大,因为它关系到人类发展的前途和命运。

　　人同其他动物一样,本来也是包括在大自然之内的,但是自从人变成了"万物之灵"以后,顿觉自己的身价高了起来,要闹一点儿"独立性",想同自然对立,想平起平坐,于是产生了人与自然的关系。处理好这种关系则是至关重要的,因为人类的一切生活必需品,包括衣食住行,都必须取自于大自然,人离开大自然一刻也活不下去,可见人与自然关系之密切、之重要。那么,怎样来处理好人与自然的关系呢?

　　在此问题上,东方文化与西方文化的理解是截然不同的。西方的主导思想是征服自然;东方的主导思想是与自然万物浑然一体。西方人向大自然穷追猛打、暴力索取,在一段时间内看似很成功,大自然被迫勉强满足了生活的物质需求,他们的日子越过越红火。于是,人类基因中携带的"自私、贪婪"的遗传密码,使他们忘乎所以,飘飘然自命为"地球的主宰",对于地球的掠夺日趋加剧,自然资源正在一点点耗尽。东方人对大自然的态度是同自然交朋友,了解自然,认识自然,在这个基础上再向自然有所索取。"天人合一"这个命题,就是这种态度在哲学上的表述。况且,东方文化其中也包括"天人合一"思想,曾在人类历史上占过上风,起过导向作用,后来由于种种原因,时移势迁,被西方文化取而代之。这是值得认真总结的。

　　东方文化的综合思维模式,承认整体概念和普遍联系,表现在人与自然的关系上就是人与自然为一整体,人与其他动物都包括在这个整体之中。人不能把其他动物都视为敌人,征服它们。人吃一些动物的肉,实在是不得已而为之。从古至今,东方的一些宗教,比如佛教即反对杀生,反对肉食;中国固有的思想对鸟兽表示同情,反映在古诗中比比皆是,最著名的"劝君莫打三春鸟,子在巢中待母归"众所周知。这种对鸟兽表示出来的怜悯与同情,十分感人,西方诗中难以找到。孟子的话"恻隐之心人皆有之",也表现了同一种感情。

　　东西方的区别就是如此突出。在西方文化风靡世界的几百年中,在尖刻的分析思维模式指导下,西方人贯彻了征服自然的方针。结果怎样呢?后果严重,有目共赌,对人类的得寸进尺,水不厌足的需求,大自然的忍耐程度并非无限,而是有限度的,在限度以内,它能够满足人类的某一些索取;过了这个限度,则会对人类加以惩罚,有时候是致醋的惩罚。西方的有识之士,如歌德、雪莱、斯宾格尔等,从19世纪20年代起,已经感到西方文化行将衰落。中国著名史学家钱穆先生也有类似的看法。

然而,有没有挽救的办法呢? 当然有的,药方就是以东方文化的综合思维模式济西方文化的分析思维模式之穷。人类首先要按照中国人、东方人的哲学思维,其中最主要的就是"天人合一"的思想,同大自然交朋友,彻底改恶向善,彻底改弦更张。只有这样,人类才能继续幸福地生存下去。这个主张并非要铲除或消灭西方文化,西方文化迄今所获得的光辉成就绝不能抹杀,而是在西方文化已经达到的基础上更上一层楼,把人类文化提高到一个前所未有的高度。总之,中国文化和东方文化中有不少好东西,等待我们去研究、去探讨、去发扬光大。"天人合一"就属于这个范畴。

简直是石破天惊! 如同"河东河西"论一样,季羡林的《"天人合一"新解》一经发表,立即引发了一场激烈的争论。支持者有之,反对者也不少。反对者认为,只有发展科学,发展技术,发展经济,才有可能最后解决环境问题,绝不能为保护环境而抑制发展,否则将两俱无成。季羡林则认为,为了保护环境固然不能抑制科学、技术、经济的发展,这个大前提绝对是正确的,但是处理这个问题必须先有一个必不可缺的指导思想,这个指导思想只能是中国的和东方的"天人合一"思想。从发展的最初一刻起,就应当紧紧抓住这一思想,在其指导下念念不忘过去的惨痛教训,想方设法,挖空心思,尽最大的努力对弊害加以抑制,绝不允许空喊:"发展! 发展! 发展!"高枕无忧,掉以轻心,梦想有朝一日科学会自己找出办法,挫败弊害。常言道:"道高一尺,魔高一丈。"到了那时,魔已经无法控制,而人类前途则岌岌可危矣。中国旧小说中讲到龙虎山张天师打开魔罐,放出群魔,到了后来群魔乱舞,张天师也束手无策了。最聪明最有远见的办法是向观音菩萨学习,放手让本领通天的孙悟空去帮助唐僧取经,但同时又把一个箍套在猴子头上,把紧箍咒教给唐僧,这样就可以两全其美,真无愧是大慈大悲,而西方科学家绝不能望其项背,他们那一套"科学主义"是绝对靠不住的。事实早已证明:科学绝非万能。

1993 年,季羡林又与了一扁文章《关于"天人合一"思想的再思考》,文中补充了日本和朝鲜古代的"天人合一"思想。他说:

> 日本深受中国宋明理学的影响,对于"天人合一"的思想并不陌生。这一点在讲日本思想史的书中,在许多中国学家的著作中,很容易找到。……朝鲜有比较悠长的哲学发展的历史,一方面有自己本土的哲学思想,另一方面又受到邻国中国哲学思想的影响。中国儒家思想在三国时期已传入朝鲜,儒家的天命观影响了朝鲜思想。到了高丽末李朝初期,宋代程朱之学传入。作为宋代理学基础的"天人合一"思想,也在朝鲜占了上风。在这时期出现了一批程朱理学的代表人物,比如李稿(1328-1396)、郑梦周(1337-1392)、郑道传(1337-1398)等等,在他们的学说中,都有一些关于天地万物之理的论述;但是,明确提出"天人合一"思想的是权近(1352-1409)。他用图表来解释哲学思想,其中最重要的是"天人心性合一之图",他把这张图摆在所有图的最前面,以表示其重要性。他反对天人相胜论。……权近又提出了天人相类相通的学说……李朝前半期的哲学思想,以及那以后的哲学思想,仍然或多或少地呈现出"天人合一"的色彩。因此我们可以说,这种东方特有的"天人合一"的思想,在朝鲜哲学史上也是比较明确的。……东方几个有代表性的国家,我都谈到了。因此,我说,"天人合一"的思想,是东方文明的主导思想,应该说是有坚实可靠的根据的。

20 世纪八九十年代,季羡林一直坚持自己的观点和主张,他利用各种场合,大声疾呼,不能以牺牲环境为代价谋求发展。人类的衣食住行所有的东西都是从大自然来的,只能向大自然伸手要才能生存,否则就活不下去。但是,不征服自然又该怎么办呢?很简单,只有一条路,就是和自然做朋友,天人要合一。梁从诫曾经写了一本《为无告的大自然请命》,季羡林欣然命笔,为之作序,告诫人们不要忘记恩格斯关于大自然报复的警示,认为人类只要还有理性,就必然会得出这样的结论。

季羡林为了坚持自己的主张,确实听到了各种各样的声音,有人赞成,有人反对,也有人冷嘲热讽。季羡林不相信"真理越辨(辩)越明",他的态度是:对赞成者表示感激,对反对者恭谨阅读他们的文章,但是绝不商,也不辩论。因为这些主张是非与否，只有将来的历史发展才能做出裁决。

应该说，将近二十年前的那一场争论，如今已经看到明显的效果了。中国政府和人民越来越强调可持续发展，越来越重视保护自然环境，发展战略已从"又快又好"调整为"又好又快"，这一变化标志着经济发展重点的转移，标志着思想认识和观念的转变。而且，世界其他国家对这个问题也开始重视起来。说到此，人们不得不佩服季羡林的远见卓识。

"拿来"与"送去"

所谓"拿来"与"送去"，是指世界各国各民族间的文化交流。

季羡林认为，对于中国与外国的文化交流，鲁迅先生提倡的"拿来主义"并没有过时，过去我们拿来，今天我们仍然拿来，只要拿得不过头，不把西方文化的糟粕和垃圾一并拿来，就是好事，就会对我们国家的建设有利。今天，在坚持"拿来主义"的同时，我们应该提倡"送去主义"，而且应该定为重点。为了全体人类的福祉和未来，我们有义务要送去。

季羡林历来强调文化交流的重要意义，既主张"拿来主义"，又主张"送去主义"。他说：

> 我一向特别重视文化交流的问题，既主张"拿来主义"，也主张"送去主义"。对中国与外国的文化交流，我的基本观点是"拿来"与"送去"。我认为，文化一旦产生，其交流就是必然的。没有文化交流，就没有文化发展。交流是不可避免的，无论谁都挡不住。从古代到现在，在世界上还找不到一种文化是不受外来影响的。交流也有坏的，但坏的交流对人类没有益处，不能叫文化。对人类有好处的、有用的、物质、精神两方面的东西交流，才叫"文化交流"。文化不论大小，一旦出现，就会向外流布。全人类都蒙受文化交流之利。如果没有文化交流，我们简直无法想象，人类会是什么样子。

关于文化及文化交流问题，季羡林做了非常具体的阐述。

季爱林认为,文化既有其民族性,又有其时代性。一个民族自己创造文化,并不断发展,成为传统文化,这是文化的民族性;一个民族创造了文化,同时在发展过程中又必然接受别的民族的文化,进行文化交流,这是文化的时代性。民族性与时代性有矛盾,但又统一,缺一不可。继承传统文化,就是保持文化的民族性;吸收外国文化,进行文化交流,就是保持文化的时代性,所以文化的民族性与时代性是贯彻始终的。所有文化都是以民族性为纬线、以时代性为经线交织在一起,因而呈现出五光十色的特点。

文化是随着时代不断前进的,自 20 世纪以来,出现了一种提倡"全盘西化"的观点。"全盘西化"和文化交流有联系。现在,整个社会,不只是中国,而是全世界,都是西方文化占垄断地位。眼前哪一样东西不是西方文化? 电灯电话,楼上楼下,就连我们穿的,从帽子到鞋子,全都西方化了。这个西化不是坏事,"西化"要化,不"化"不行,创新、引进就是"化",但"全盘西化"不行,不能只有经线,没有纬线。"全盘西化"在理论上讲不通,在事实上办不到。

季羡林认为,在文化交流方面,中国是一个很有特色的国家。几乎是从一有文化开始,中国文化中就有外来文化的成分。中国人向来强调"有容乃大",不管是物质的,还是精神的,只要有利就吸收。海纳百川,成就了中国文化之博大精深。中外文化交流一直没有中断过,最大的两次是佛教的传入和西学东渐。佛教传入的结果是形成了中国佛教,而明末清初以来"西学东渐",我们才有了"中学"和"西学"这样的名称,才有了"东方文化"和"西方文化"这样的说法。"西学"的先遣部队是天主教,天主教传入中国并非自明末始,但像明末清初那样大规模的传入还是第一次。唐代即有所谓"三教"之说,指的是儒、释、道,此时又形成一个新三教,道家退出,增添了一个天主教。

季羡林认为,就目前来说,我们对西方文化和其他外国文化,当然要重视"拿来",就是把他们的好东西"拿来"。具体来说,要拿来的无非是三个方面:物的部分、心物结合的部分、心的部分。"物"的部分,如咖啡、沙发、啤酒、牛仔裤、喇叭裤,这一系列东西,只要是好的都拿。我们吃的、喝的、穿的、戴的、乘的、坐的、住的、用的,有哪一件完完全全是在中国土生土长的? 汽车、火车、飞机、轮船,我们古代有吗? 可可、咖啡、纸烟、可口可乐、啤酒、香槟、牛排、面包,我们过去有吗? 我们吃的土豆、玉米、菠菜、葡萄，以及许许多多的水果、蔬菜，都是外来的。这菠菜的"菠"字，本身是音译，不是意译，它叫菠菱、菠菱菜，是印度、尼泊尔一带产生的。茉莉花也是外来的，甚至连名字都不是中国固有的。我们用的乐器，胡琴、钢琴、小提琴、琵琶，也都是外来的。拿来，完全正确，现在我们确实拿来了，拿来的真不少，好的坏的都拿来了，连艾滋病也拿来了，这是不应该的。心、物结合的部分比方说制度，也可以适当地学习。最重要的还是心的部分，要拿价值观念、民族性格。因为我们的价值观念、思想方式，不能马马虎虎，得把弱点克服掉，要不克服的话，我们的生产力就发展不了。一个非常可贵的经验是：在我们国力兴盛、文化昌明、经济繁荣、科技先进的时期，比如汉唐兴盛时期，我们就大胆吸收外来文化，从而促进了我们文化的发展和生产力的提高。到了见到外国东西就害怕，这也不敢吸收，那也不敢接受，这往往是我们国势衰微、文化低落的时代。

季羡林认为，中华文化不仅有天覆地载、海纳百川的气概，而且有天下为公、大度无私的胸怀。对于我们的好东西，我们向来主张与其他民族分享，绝不保守，绝不吝啬。汉唐的时候，世界的经济中心、文化中心在中国。在明末清初以前确实有过"东学西渐"，甚至在中西文化交流史上，"东学西渐"从来就没有中断过。中华文化的博大精深吸引了西方传教士、外籍华人、留学生、商人等的注意，并通过他们广泛传播到世界各地。人类文明之所以能够发展到今天这个样子，中国人做出的贡献是其中一个重要原因。中华民族是伟大的民族，在过去几千年的历史上有过许多重要的发明创造，四大发明是人尽皆知的，无待赘言。至于无数的看来似乎是细微的发明，也出自中国人之手，其意义也绝不能视之为细微。在阿里·玛扎海里的《丝绸之路》和李约瑟的《中国科技史》中，都有详细的介绍。如果没有中国的四大发明，并且传播到世界各地，人类社会的进步、人类文化的发展，将会推迟几百年，这是世人的共识。

季羡林如此反复强调在坚持"拿来"的同时，重点提倡"送去"，显然又与他主张的"三十年河东，三十年河西"论有关。上文已提到，近几百年以来，西方文化产生的弊端颇多，如不纠正，人类前途发发可危。弊端产生的根源，与西方文化分析的思维方式有紧密联系。西方对为人类提供生存所需的大自然分析不止、穷追不息，提出了"征服自然"的口号。天何言哉，然而"天"——大自然却是能惩罚的，惩罚的结果就产生了诸多弊端。拯救之方就是改弦更张、改恶向善,而这一点只有东方文化能做到。东方文化的基本思维方式是综合,表现在哲学上就是"天人合一"。张载的《西铭》是一篇表现"天人合一"思想最精辟的文章:"乾称父,坤称母,予兹藐焉,乃混然中处。故天地之塞吾其体,天地之帅吾其性。民吾同胞,物吾与也。"印度哲学中的"梵我一如",也表达了同样的思想。总之,东方文化主张人与大自然是朋友,不是敌人,不能讲什么"征服"。只有在了解大自然、热爱大自然的条件下,才能伸手向大自然索取人类衣食住行所需要的一切,也只有这样,人类的前途才有保障。我们要送给西方的就是这种文化中的精华,或者说,"天人合一"就是我们"送去主义"的重要内容。

关于这个问题,笔者也注意到西方有识之士已经有所认识,就连美国唯一一位连任四届总统的罗斯福(1882-1945),在竞选演说中也说过一句话:"我们最大的弱点是不能战胜自我。"此话也可以理解为,西方人只能战胜自然,却不能战胜自我。

2001年10月,季羡林等76位中华文化学者,发表了《中华文化复兴宣言》,声称亚洲四小龙的崛起和日本的高速发展,都吸收了中华文化思想的智慧,当前西方一些有远见之士也都在尽力研究中华文化,并提出"西方的病,东方的药来医",这说明中华文化在当今世界仍有无穷的价值。

对于"送去主义",季羡林与其他学者不仅大声疾呼,而且身体力行。从20世纪90年代开始,他主编了一套《东方文化集成》,内容包括东方各国的重要文献典籍,计划出五百多种,六百多部,已经出版了一百多部,现在还在继续出版。他还和王宁主编了一套《东学西渐丛书》,1999年由河北人民出版社出版,共7部,包括朱谦之的《中国哲学对欧洲的影响》、王宁的《中国文化对欧洲的影响》、王兆春等的《中国军事科学的西传及其影响》、韩琦的《中国科学技术的西传及其影响》、刘岩的《中国文化对美国文学的影响》、史彤彪的《中国法律文化对西方的影响》、孙津的《中国现代化对西方的影响》等等。从这套丛书可以清楚地看到,公元十六七世纪以前的欧洲,在文明发展的程度与中国有很大的差距。他们向中国文明学习,与后来中国人接受欧洲文明的顺序是相似的,先从科学技术开始,不仅包括造纸、印刷、火药、指南针"四大发明",还包括陶瓷、冶金、纺织等技术,以及军事技术和兵法等,然后又逐步深入到文化,即价值观、思想和道德,最后是哲学,即对中国社会制度的理性思考。

正如有人发表评论说,这套丛书可以增强我们中国人变革和发展的信心。

季涣林还主张,我们提倡"送去主义",首先要把汉语送出去。"射人先射马,擒贼先擒王".汉语即是"王"。中华民族的优秀文化大部分保留在汉语言文字中,中华民族古代和现代的智慧也大部分保留在汉语言文字中。中国人要想弘扬中华民族的优秀文化,外国人要想学习中华民族的优秀文化,都必须首先掌握汉语。季羡林作为语言学家,深知汉语本身具备一些其他语言所不具备的优点,它是世界上最短的语言,使用汉语能花费最少的劳动,传递最多的信息。因此,必须感谢我们的祖先,给我们留下了汉语言文字这一瑰宝。仅就目前将近十二亿人使用汉语言文字来说,在交流思想、传递信息方面所节省出来的时间就可以天文数字来计算,汉语之功可谓大矣。

总之,季羡林主张"拿来"、提倡"送去",为我们树立了榜样。他在"拿来"方而身体力行,拿来了"德国的彻底性",抓住一个问题终生不放,达到了常人难以企及的深度;而在"送去"方面,他极力发掘中国的和东方的"天人合一"思想、"和为贵"理念,用以济西方的"征服自然""物择天竞"之穷,乃至创造更高层次的人类文明。

从以上事实可见,季羡林的思想和作为表现出一位学术大师拯世救人的情怀。

国学热燕园

1993 年夏秋,"国学热"在北大校园悄然升温。8 月 16 日,《人民日报》第三版刊登一篇通讯,题目是《国学,在燕园又悄悄兴起》,引起了国内外的广泛关注。

这一年六七月间,北大酝酿成立国学院。北大传统文化研究中心为此开了一次座谈会,文科几个系的负责人同季羡林、邓广铭、任继愈、张岱年等老先生商讨国学院的经费、人员等问题。季羡林发言说,只要国学院批准成立,经费不是大问题,如果学校不能解决,国学院是可以自己解决的,人员大部分可以由各系的人兼职。季羡林的话虽然平淡无奇,但可以看出他的心情是急迫的。可惜,座谈会没有形成一致的意见,筹建国学院的事也就延宕下来。那次会还有点儿小花絮:会后,大家去勺园就餐,邓广铭、季羡林、任继愈三位老先生是山东老乡,他们说:"就点咱们山东人的家常饭吧——烙饼,剥大葱,上大酱!"

转眼秋季已过，又有学生来找季羡林，想利用晚上的课余时间，请他讲一讲东方文化和国学问题。季羡林不知道有多少学生对此感兴趣，就动他们找一个小一点儿的教室，能容纳百十人就行，可是学生坚持要到电教大楼的报告大厅。报告会定在晚上7点，外边下着蒙蒙细雨，初冬的北京天已经有了寒意，教室里还没来吸气。季羡林来到会场，发现有四百多个座位的大教室早已座无虚席，走廊里、台阶上也有许多人。人虽然很多，秩序却很井然，鸦雀无声。据说，5点多就有人占座位了。面对这些英姿勃发、求知若渴的青年学子，季羡林的眼眶湿润了。

为什么会出现这种情况呢？

季羡林认为，弘扬中华优秀文化是海内外炎黄子孙的共同愿望，提出这个口号顺乎人心、应乎潮流。中华民族有五千年光辉灿烂的文化，五色杂陈，头绪万端，弘扬什么呢？怎样弘扬呢？季羡林主张，我们要像韩愈所说的那样，"沉浸醲郁，含英咀华"，经过细细品味、认真分析，找出其中的精华，结合具体情况，发扬光大之，以期有利于中国人民和世界人民的前进与发展。国学表面上是研究过去文化的，实际上它既与过去又与现在甚至将来联系密切。我们不是都在谈论建设中国特色的社会主义吗？什么是"特色"？"特色"表现在什么地方？季羡林反复考虑过这个问题，他的回答是：科技对发展生产力非常重要，万不可缺，但科技很难表现什么特色。特色最容易表现在精神文化方面，哲学、宗教、文学、艺术、伦理、道德、经营管理等都属于这个范畴。这些学问主要保留在"国学"中，其中不少是中华文化、中华智慧的结晶，它虽然产生于中国的过去，其影响却延续到现在甚至将来，不仅影响到中国，而且影响到世界。

季羡林还认为，国学的作用不仅如此，而且它能激发我们中华民族的爱国热情。爱国主义始终左右着我们民族的心灵，北大有光荣的爱国主义传统，弘扬爱国主义思想，激发爱国主义热情，正是今天国学研究的任务之一。

季羡林对燕园里出现了"国学热"做了如此阐述。实际上，改革开放以后，自从真理标准的大讨论导致思想的解放以来，中国人的价值观念经历着重构的过程。青年学生头脑里有许多问号，他们要到外国人或者中国的古人那里去寻求答案，这是很自然的事。燕园里的"国学热"，就是在这种情况下出现的。不仅仅在北大，在全国"国学热"也在渐渐升温。1994年10月22日，季羡林在中国亚非学会第四次会员

代表大会上做报告,又一次谈到国学问题。他说:

> 北京大学从去年开始研究国学,我们过去有研究国学的传统,后来断了,尤其在"文化大革命"期间,国学是被打倒的东西、被认为是影响我们前进的绊脚石。我们东方文化是有些好东西,如中国古书上的一句话:"己所不欲,勿施于人。"能做到这八个字,到共产主义也不过这个水平。类似这么精辟的话多得很。历史上讲宋太祖时赵普曾说过以半部《论语》治天下的话,有人说这是胡说八道,我看实际上用不了半部论语,有几句话就能治天下。我们中央领导同志号召大家要弘扬中华民族的优秀文化,这是很正确的。可是现在有人反对,说什么提倡新国学,其目的就是否定马克思主义,如一些书上就有文章反对东方文化、反对国粹、反对国学。最近《文汇报》开辟专栏,专门讨论国学问题,这很有意义。我觉得我们老祖宗有些话很有用,当然,我们不是把封建主义搬到社会主义里来,不是这个意思。昨天我接到一封来自通州运河中学的来信,运河中学是非常有名的学校,该校培养了很多有用的人才,1947年朱自清先生曾去该校讲学,现在又邀请我去讲学。该校通过研究国学,通过弘扬中华民族的优秀文化来进行爱国主义教育,我觉得这种做法很好。当然,我们也不能说中国的文化都是精华,没有糟粕,不能那样说。问题是精华和糟粕是非常难分的,有时它还会变化。如孝敬父母的孝,到底是糟粕,还是精华?"五四"时代,孝一定是糟粕,毫无疑问;到了六七十年代,孝还是糟粕;可是到了今天,我们不是还提倡要孝敬父母和尊敬老人吗?我是不赞成《二十四孝》的,但孝敬父母,恐怕到了共产主义社会也得孝敬父母,因为父母老了,从人道主义也应该得到赡养和尊敬。所以说精华与糟粕有时是不易分清的。

从中不难看出,季羡林是国学研究的积极提倡者,而不是盲目提倡者,燕园"国学热"应该有他的一份贡献。

后来,季羡林又提出了"大国学"的概念。这恐怕就是民间,乃至官方称他为"国学大师"的原因所在,可他本人却坚决拒绝这顶桂冠。

季羡林宣布"三辞"(辞"国学"大师、辞学术泰斗、辞"国宝")以后,舆论和学界对他是不是国学大师争论得不可开交,问题的关键就在于对"国学"这个概念的理解上。恰好在这时,季羡林研究所和中国书店推出了一本《季羡林说国学》。事实说明,不管季羡林是不是国学大师,他对国学的真知灼见都是发人深省的。此书的代前言是一篇访谈录,是记录 2007 年 3 月季羡林的一次重要谈话。他说:

现在国学特别热,但是年轻人对国学的概念比较模糊,不太清楚。那么,什么是"国学"呢? 简单地说,"国"就是中国,"国学"就是中国的学问,传统文化就是国学。

现在对传统文化的理解歧义很大。按我的观点,国学应该是"大国学"的范围,不是狭义的国学。

既然这样,那么国内各地域文化和五十六个民族的文化,就都包括在"国学"的范围之内。地域文化和民族文化有各种不同的表现形式,但又共同构成中国文化这一文化共同体。举个例子,比如齐文化和鲁文化,也不一样。"孝悌忠信"是鲁文化,"礼义廉耻"是齐文化。就是说鲁文化着重讲内心,内在的;齐文化讲外在的,约束人的地方多。"孝悌忠信"是个人伦理的修养;礼义廉耻,就必须用法律来规定,用法律来约束了。鲁国农业发达,鲁国人就是很本分地在务农。齐国商业化,因为它靠海,所以姜太公到齐国就是以商业来治国。具体的例子,如刻舟求剑,这种提法就是沿海文化的。而"日出而作,日落而息",恐怕就代表鲁文化了。齐鲁文化互补,是中国传统文化的重要组成部分。但是齐鲁文化以外,还有其他地域文化也很重要。过去光讲黄河是中国文化的中心,我是不同意的,长江文化、其他地域文化其实都应该包括在国学里边。敦煌学也包括在国学里边。

咱们讲文化交流,文化交流有两种形式,一个是输出的,一个是进来的。敦煌是进来的代表,很多文明程度很高的国家文化都到过敦煌。佛教从国外进来,经过很长时间的演变,形成了有中国特色的中国佛教。敦煌里边有很多内容是佛教的,也有其他文化的,是古代中国吸收外来文化的最后一站,再往下就没了。

吐火罗语的《弥勒会见记》剧本,是不是也算国学? 当然算,因为吐火罗文最早是在中国新疆发现的。吐火罗文是中国古代的一种语言,是别的地方没有的。另外,很多人以为国学就是汉族文化。我说中国文化,中国所有的民族都有一份。中国文化是中国五十六个民族共同创造的,这五十六个民族创造的文化都属于国学的范围。而且后来融入到中国文化的外来文化,也都属于国学的范围。

我们现在的国学研究还很粗糙,很多应该包括的内容还没有挖据出来。

历史不断发展,不断地融入,这是没有时间界限的。儒家、道家是传统文化,佛家也是啊,把佛家排除在外,是不对的。

2007年6月16日,季羡林致函北京大学国学研究院院长袁行霈教授,祝贺研究院成立十五周年,提出国学研究“要认清新形势,提出新办法”,突出“和谐”的伟大思想,为国学研究指明了方向。贺信说:

热诚祝贺北大国学研究院成立十五周年。

国学,实际上是中华文化的同义词。

有几千年传统的中国文化,现在日益为全世界所重视,各国孔子学院的建立,可以充分证明这件事。

现在我们的任务,用一句常用的话来表达就是任重道远。

作为全国最高学府的北京大学,本身就是中国文化的一部分,我们当仁不让。但是,我们却不能(用)陈陈相因的老办法来研究,我们必须认清新形势,提出新办法,使中国文化能在当今错综复杂世界上真能闪耀出新的光辉。和谐,这一伟大的思想,实际上是中华文化的一个基本组成部分,又是同西方的征服自然的思想相对峙、相抗衡而发展的。试把中国张载的“民,吾同胞;物,吾与也”的思想,同西方的所谓进化论的思想“物竞天择,适者生存”,摆在一起来看,其高下,其深浅,真有天渊之别。

但是我们切戒自满,我们必须有创新精神,中国古人所说的“满招损,谦受益”必须成为我们的座右铭。

"怪论":石破天惊的学术主张

季羡林在学术研究中坚持与时俱进,坚决反对因循守旧。他站在学术阵地前沿,善于抓住一些新发现、新理论、新成果,对一些似有定论的学术观点大胆挑战,提出重要的学术主张,表现出非凡的智慧。

季羡林提出的重要学术主张,亦即最著名的"怪论",当然是上文介绍的关于东西文化的"河东河西"论和"天人合一"新论,随着时间的推移,许多人对此已经见怪不怪了。季羡林其他重要的"怪论"还有几例,在此不妨介绍一下。

一、汉语语法研究必须改弦更张。

季羡林认为,世界上的语言种类繁多,至今没有一个公认的"科学"的分类方法。汉语是同西方印欧语系截然不同的语言,这是举世公认的事实。而研究汉语语法的方法,使用的却是研究印欧语系的那一套方法,始作俑者是马建忠的《马氏文通》。那部书的开创之功当然功不可没,可是没有分清汉语与西方语言的根本不同。汉语不同于西方语言是显而易见的:汉语只有单字,没有字母,西方语言以单词为单位,有性、数、格、时、态、体的区别和变化;汉语单字或以单字组成的词没有任何变化,词性难以确定,显得模糊;西方语言词性明确。于是,自"五四"以来就有人主张对汉语进行改革,鲁迅、胡适都曾持这种意见。

季羡林在 1994 年一次演讲中举过这样的例子:汉语中本来有个表示第三人称的"他"字,"五四"时期又造了"她""他""它",分别表示女性、中性等,"他"就专指男性。以后我们继承下来了,但也有毛病,不如就用一个"他"字,比方"他们",里面有男有女,怎么办? 再如,我们读鲁迅 20 世纪 20 年代的译作,常出现"历史底地"之类的词儿,感到不知所云。其实,"历史"英文是 history,是名词;historical 是所属格,加个"底"字表示,historically 是副词,于是再加"地"字,就成了"历史底地"。这样的语言改革简直成了笑话,现在没有人再提了。我们对汉语进行语法分析的那一套理论,是借用西方那种有形态变化的语言的方法。

季羡林认为,这条路迟早会走不通的。汉语妙就妙在"模糊"上,比如韩愈的《谏迎佛骨表》中说"人其人,火其书",第一个"人"字,本来是名词,在这里,却是动词,"火"字也一样;再如《阿房宫赋》里的"六王毕,四海一",这"一"本来是数词,这里成了动词,就是"统一"。因为世界上没有什么绝对清楚纯粹的东西,故有"模糊学"的兴起,为人们观察错综复杂的现象提供了崭新的视角,也为世界文化的进步与发展提供了新的契机。

因此,季羡林主张汉语语法研究必须改弦更张,必须建立汉藏语系(藏缅语系)比较语言学,从这个语系语言自身的特点出发,对其特有的规律进行比较研究。

二、中国通史必须重写。

季羡林认为,中华民族是最重视历史的民族,长达几千年的历史我们都有连续不断的文字记载,而且不止一种,正史之外还有野史,通史也自古就有。虽然不能说史籍记载的全是事实,但中华民族是一个讲究实事求是的民族。近代以来,有些学者写了一些《中国通史》,史料丰富,观点则见仁见智。

季羡林认为,20世纪五六十年代写成的通史,相当一部分内容是"苏联版"的,不符合中国的实际情况,后来又受到极"左"思想影响,"以论代史"而不是"以论带史",况且这些"论"往往是教条主义的。在这样的背景下写出的通史,难免歪曲历史事实,削足适履。随着思想上拨乱反正,重新审视、重新编写这些历史教材是必要的。

比如,我们过去写通史,认为比较有把握的是从最早的商代写起,这样我们的历史只有三千多年,无法同埃及、巴比伦甚至印度相比。近年随着考古工作的飞速发展,夏代的历史已经清晰,甲骨文已经相当成熟,其前必有一个漫长的发展过程,随着考古发现的进展,中国的历史应该大大向前追溯。

又如,原来学界认为中国文化的发祥地在黄河流域,考古发掘的结果告诉我们,长江流域的文化发展绝不可忽视。长江流域也是中国文化发祥地之一。否则,怎么可能产生《楚辞》这样的高水平的文章?长江流域之外,在南方许多地方还发现了文化遗址。

因此,季羡林主张,我们不能再走过去写历史的老路,必须重写中国通史。

三、中国文学史必须重写。

季羡林认为,20世纪以前,中国没有专门的文学史。新中国成立前,受到外来影响出了几种中国文学史,内容基本一致,水平参差不齐。新中国成立后,苏联的教条主义理论一时被奉为金科玉律,我们自己也创造了一些"土教条",贴标签。评价文学作品,一味强调"政治标准",忽视"艺术标准"。从近几十年来出版的影响较大的中国文学史不难发现,论述一个作家或一部作品的政治性或思想性时,不惜工本,连篇累牍,侃侃而谈,难免牵强附会;一旦谈及艺术性,则缩手缩脚、畏首畏尾、敷衍了事。

季羡林认为,艺术性是文艺作品的灵魂。衡量一部文艺作品,艺术性绝不应忽视,甚至无视。如果缺乏艺术性,思想性再好、再高也无济于事。因为这样的作品读者是不接受的。有一些文学作品,思想性很模糊,但艺术性极高,照样流传千古,李商隐的许多无题诗就是例证。可惜几十年来,我们的文学史忽视了这一点,这样的文学史是不行的。

因此,季羡林主张重新改写中国文学史。

四、美学研究需要根本转型。

季羡林认为,中国古代美学思想丰富多彩,可惜没有形成体系。近代美学是从西方传入的"舶来品"。新中国成立以后,美学逐渐发展成为显学,各种流派争论不休,争论的焦点在于美的性质:美是主观的,还是客观的? 还是主观、客观相结合的?实际上是跟在西方学者后面,走进了误区,走进了死胡同。

季羡林从语言学的角度,分析"美"这个词的词源。发现中国的"美"不同于西方的"美"。按照西方语言,"美学"这个词的词源是与人的感官(sense organ)有关。所谓人的感官,无非是眼、耳、鼻、舌、身。可是,西方的美学家只讲眼和耳,美术、雕塑、建筑属于前者,而音乐属于后者。中国则不然。中国的"美",按照词源学上的解释,如《说文》:"美,羊大也。"羊长大了,肉好吃,就称为美。这与人的什么感官相联系呢? 主要是舌头,再加上一个鼻子。中国还有什么"美酒""美味佳肴""美食家"之类,这在西方都不能用"美"来表达,因为西方的"美"不包括舌头和鼻子的感受。英文的美是 beautiful,这个词可以形容人,但不可以说菜,不可以说面包。中国学者讲美学,不讲中国的"美",岂非咄咄怪事?

因此,季羡林主张,美学研究必须走出误区,必须根本转型,大破大立,另起炉灶,吸收中西两方的长处,不全面的地方则加以纠正和补充,建立起自己的美学理论框架和体系。

五、中国文艺理论需要开辟新天地。

季羡林介绍说，最近七八十年，在世界范围内各种各样的文艺理论层出不穷，国际文艺论坛吵吵嚷嚷，甚是热闹，唯独缺少中国的声音。于是有人形象地说：中国患了"失语症"。

季羡林认为，出现这种情况的原因固然很多，但其中最主要的原因是"贾桂思想"作怪。京剧《法门寺》里有一个角色名叫贾桂，是个典型的奴才。人家让他坐下，他说："站惯了。"有贾桂思想的人，总觉得自己事事不如人，没有勇气，也没有见识，把老祖宗的好东西也丢得一干二净。其实，我们中华民族有悠久的历史，历史上有水平极高的文艺理论宝库，不过这种文艺理论是植根于我们综合的思维模式的，与西方分析的思维模式形成的文艺理论截然不同。

西方面对一个文艺作品，或者是艺术品，拿手好戏是操起解剖刀，把它切成小块，条分缕析，搞得支离破碎，然后再用各式各样的"理论"加以解释或表达，加上不知多少抽象名词，弄得人眼花缭乱，如同雾里看花。我们则截然不同，面对一位作者，或者一件作品，首先要反复玩味，将其精要烂熟于心，然后用最鲜明、生动而又凝练的语言总体评价之。读者就是根据这样的总体评价，认同这位作者或是这部作品。这类例子不胜枚举，如"清新庾开府，俊逸鲍参军"，是说庾信的文章特点是清新，鲍照的特点是俊逸；还有，李白是"飘逸豪放"，杜甫是"沉郁顿挫"。中国古代文艺理论书不多，刘勰的《文心雕龙》和钟嵘、司空图各有一部《诗品》，都值得一读。还有一些《诗话》，内容丰富，门派繁多，议论蜂起，有什么"神韵说""性灵说""肌理说""境界说"等等，往往简简单单几句话，内容却包罗万象，也值得研究和继承。

季羡林认为，我们的文艺理论并非没有什么"话语"可说，之所以在世界上"失语"，原因一是欧洲中心主义作祟，二是我们自己腰板挺不直，被国外那些五花八门的"理论"弄昏了头脑。

因此，季羡林主张说：

> 我们有悠久雄厚的基础，只要我们多一点自信，少一点自卑，我们是大有可为的，我们决不会再"失语"下去的。但是兹事体大，绝不会是一蹴而就的事，我们必须付出艰苦的劳动，多思考，勤试验，在不薄西方爱东方的思想指导下，才能为世界文艺理论开辟一个新天地。任何掉以轻心的做法都是绝对有害的。

第十一章 家遭变故

八十述怀

　　1991 年 8 月 6 日是季羡林八十岁生日,从此他进入了耄耋之年。那天晚上,北大电教大楼报告厅灯火通明,前来贺寿的师生人山人海,挤得水泄不通。此处有四百多个座位,原计划三百余人到会,谁知一下子来了六百多人。门外和走廊摆满了花篮,讲桌上的花束堆得像小山一样。季羡林嘱咐会议组织者:不要惊动高龄的朋友,比自己年长的一律不要请。可是八十六岁的冯至先生从城里赶来了,八十三岁的吴祖缃先生坐着轮椅来了,民盟中央副主席丁石孙先生来了,北京图书馆馆长任继愈先生也来了,还带来一副寿联:

　　履霜坚冰心忧天下,蒙以养正功在学林。

国学大师、北师大启功先生送来寿联:

　　燃著德言标学府,兼容华梵仰宗师。

北大中文系白化文先生献上贺联:

侈岳华期，名商九译；亲师鹤寿，会集群贤。

前来贺寿的还有北外教授许国璋、新加坡作家周颖南等等，季羡林忙不选地下台迎接、搀扶年迈的老友，并把学生和朋友送的鲜花分送给来宾。他说："希望大家起码都活到八十，超过了更好！"

季羡林的学生、梵文学家蒋忠新代表校友向他献上《季羡林八十华诞纪念论文集》，并在会上说，为避"私嫌"，他不便评说自己的恩师，只好借助别的学者的评论。他曾直接听一位同学讲，"文革"中他们去范文澜先生家外调时，范老说的第一句话就是："季羡林不能整，他是国宝！"

季羡林在热烈的掌声中答谢到会的和来函来电的朋友们。他说："我把大家对我生日的祝贺看作是对我的鞭策，我将努力工作，争取为人民再多做一些有益的工作。"

来宾在会上发表了热情洋溢的讲话。冯至先生回顾了新中国成立初期，东语系和西语系在同一座楼上办公，他和季羡林朝夕相处的往事。石俊先生在发言中回忆早年师从季羡林学习梵文，总结先生治学的四大特点：精通西方而又力图超越西方；注意文化交流，即相互促进和提高；大处见小，小处见大，宏观见微观，微观见宏观的考据方法，从不孤立看问题；韧性战斗，老而弥坚，毅力惊人。他说，一个人如此多能，实属罕见，此时会场掌声雷动，经久不息。

同时，北大图书馆在北大文库举办了"庆贺季羡林教授八十寿辰"专题展览。

进人惹盖之年之后，季羡林在做些什么，想些什么呢？这一年的元旦，他写了一篇散文，题目是《八十述怀》，文章开头便说：

我从来没有想到，我能活到八十岁；如今竟然活到了八十岁，然而又一点也没有八十岁的感觉。岂非咄咄怪事！

接着，他回忆在他五十岁的时候，正值所谓三年自然灾害，流年不利，挨了一阵子饿，但比起在德国的经历来，根本不算什么，而且当时他的精神面貌是一生最好的时期；他六十到七十岁的时候，跨越"十年浩劫"，九死一生，然而有了充裕的时间，两百余万言的印度古代史诗《罗摩衍那》得以翻译完成；他又仿佛做了一场缥缈的春梦，一下子就到了八十岁！这是一条多么漫长的路，季羡林当然要回头望望，他望见的是：

> 在灰蒙蒙的一团中，清晰地看到了一条路，路极长，是我一步一步地走过来的，这条路的顶端是清平县的官庄。我看到了一片灰黄的土房，中间闪着苇塘里的水光，还有我大奶奶和母亲的面影。这条路延伸出去，我看到了泉城的大明湖。这条路又延伸出去，我看到了水木清华，接着又看到了德国小城哥廷根班斓的秋色，上面飘动着我那母亲似的女房东和祖父似的老教授的面影。路陡然又从万里之外折回到神州大地，我看到了红楼，看到了燕园的湖光塔影。令人泄气而且大煞风景的是，我竟又看到了牛棚的牢头禁子那一副牛头马面似的狰狞的面孔。再看下去，路就缩住了，一直缩到我的脚下。
>
> 在这一条十分漫长的路上，我走过阳关大道，也走过独木小桥。路旁有深山大泽，也有平坡宜人；有杏花春雨，也有塞北秋风；有山重水复，也有柳暗花明；有迷途知返，也有绝处逢生。路太长了，时间太长了，影子太多了，回忆太重了。我真正感觉到我负担不了，也忍受不了，我想摆脱掉这一切，还我一个自由自在身。

回顾以往的经历，虽然如此沉重，但季羡林还是要向前看。向前看，他究竟看到了什么？

季羡林说，前面的路不是很长，也没有什么好看的地方。他想起了鲁迅的散文诗《过客》里面的那个过客。过客已经走了许多路，他已经疲惫不堪，但是他不能停下来，因为有个声音催促着他，一直朝前走。前面是什么地方呢？老翁告诉他，那里是坟墓，而小女孩告诉他，那里开着野蔷薇和野百合花。

季羡林觉得，自己就是那个过客。前面既有坟，也有野蔷薇、野百合花，虽然没有人催促他，可他非朝前走不行。而且，他的下一个目标还是"相期以米"呢！他说：

> 我现在就是抱着这种精神，昂然走上前去。只要有可能，我一定做一些对

别人有过的事,决不想成为行尸走肉。我知道,未来的路不会比过去的更笔直,
更平担。但是我并不恐惧。我眼前还闪动着野百合和野蔷薇的影子。

　　事实证明,季羡林进入耄耋之年,本来到了顾养天年的时候,却进入学术研究的
冲刺阶段,以异乎寻常的信心和毅力,攻克难关,勇于创新,取得了世人震惊的成果。
那时,《糖史》尚未完成,《弥勒会见记剧本》还在译释,他一如既往,奋斗不息。

　　然而,祸从天降,季羡林进入耄耋之年,家中接连遭遇变故:七十八岁时备受尊
敬的"老祖"去世,八十一岁时痛失爱女,八十四岁时失去相濡以沫六十多年的老伴
儿。他虽然自称参透了人生,可怎能无动于衷呢? 他只能把痛楚深深埋在心底,一
头扎进书斋,每天"爬格子"不止。说到"爬格子",不能不讲一讲季羡林冒险的经
历,可名之为《老翁逾窗记》。

　　那是1995年,季羡林已经八十四岁高龄,正处在平生写作的第二个高峰中。为
了他的皇皇巨著《糖史》,他每天跑一趟大图书馆,持续了两年之久,风雪无阻,乐此
不疲。6月9日,他照例4:30起床,到东边的书房中去写作。在埋头写作近两个小
时后,他看了看表,已经6点多了。此时老伴去世已有半年多,没有人来喊他吃早
饭。季羡林感到肚子饿了,该吃点儿东西了,早饭后还要参加马坚教授诞辰九十周
年纪念大会。于是他放下笔,准备回西边屋吃早点,可是不知是谁把门从外面锁上
了,他在里面开不开。怎么办? 其实,他朝窗外喊一声,随便请谁帮忙通知家里保姆
来开门,问题就解决了;也可随便喊人给学生打个电话,请他来打开房门。可是,季
羡林不想麻烦别人,他看到封了顶的阳台上有一扇玻璃窗可以打开,于是不假思索,
立即开窗跳出去。从窗口到地面约有一米八高,他一坠地就跌了个趔趄,脚后跟有
点儿痛,但他感觉无关大碍。实际上,旁边就是水泥台阶的角,如果脑袋碰上了,后
果真的不堪设想。当天上午他照旧参加马坚教授诞辰九十周年纪念大会,并在会上
讲话,下午又参加中法比较文化研究会成立五周年纪念活动,他在李铮和乐黛云的
搀扶下楼上楼下地参观展出的书籍。第二天,他又到天津南开大学做学术报告,这
时脚已经肿起来了。第三天才到校医院检查,结果左脚跟骨裂。医生埋怨他为何不
早来治疗,他却一笑了之。后来,同事和学生知道了这件事,都心疼地批评他不该如
此冒险,他才深以为然,在写《老年十忌》这篇文章时,把这件事作为例子写进去,劝

诚老年朋友且莫"不服老"。他说：

> 人上了年纪，是一个客观事实，服老就是承认它，这是唯物主义的态度。反之，不承认，也就是不服老，倒几近唯心了。当然，服老不是什么都不做，只是产该量力而行，服老和发挥主观能动性是两回事。

悲欢二月兰

季羡林居住的十三公寓在北大朗润园的北端。楼前是一池碧波荡漾的湖水，湖岸垂柳依依。西侧，湖山环抱间有一条曲折的幽径，季羡林每天去外文楼上班，走的就是这条小路。东侧，与专家招待所之间是一座很不起眼的小土丘，最初只不过是几米高的一个土堆，上面长满野草。当年形而上学盛行，经常"打扫卫生"，全楼的居民都被召唤出来拔草，不是"绿化"，而是"黄化"。70年代后期，挖出湖底的淤泥把土丘堆高了一两米，这样一来就颇有一点儿山势了。东头的苍松，西头的翠柏，一年四季郁郁葱葱。中间有一棵榆树，从树龄来看，可能算是松柏的曾孙，但也枝干繁茂，高枝直刺蔚蓝的天空。季羡林工作累了的时候，经常到湖边走走，登上土山望望。美丽的风景和凉爽的风，把他的疲倦一扫而空。

不知从什么时候起，季羡林注意到土山上不仅有野草，还有一种春天开得最早的野花——二月兰。二月兰又叫诸葛菜，是北京常见的野花。早春，连翘和碧桃还在含苞的时候，二月兰就开花了。它植株高不盈尺，花朵不大，十字花形，紫白相间，没有什么特异之处。如果只有一两棵，在百花丛中，绝不会引起任何人的注意。但是它却以多胜出，每到杨柳刚刚绽出嫩芽之时，便绽开了小花；最初只有几朵，但是一转眼，一夜之间就能变成百朵、千朵、万朵。这种野花也有大年小年之别，碰上小年，只在土山前后稀疏地开上那么几片；遇到大年，则山前山后开成一片片，仿佛发了狂。二月兰这一"怒"仿佛从土地深处吸来一股原始力量，一下把花开遍燕园，开遍北京的街巷田野，紫气直冲云霄。

季羡林在燕园住了几十年，最初，他并没有特别注意这种小花。1991年春天，恰恰是二月兰开花的大年，他蓦地发现，从楼旁土山开始，走遍整个校园，目光所及之处，无不有盛开的二月兰。宅旁、筒下、林中、山头、土坡、湖边，只要有空隙的地方都是一团紫气，间以白雾，开得淋漓尽致，气势非凡。

这时候，一些同二月兰有联系的回忆立刻涌上季羡林的心头。原来很少想到的或根本不曾想到的事情，现在想到了；原来认为十分平常的琐事，现在显得十分不平常了。他一下子清晰地意识到，这种十分平凡的野花竟在自己的生命中占有重要的地位。他真的有点儿吃惊了！

"人有悲欢离合，月有阴晴圆缺，此事古难全。"季羡林的悲欢离合，确实同二月兰有着难解难分的联系。唐人诗句也说："年年岁岁花相似，岁岁年年人不同。"难通这么巧合吗？

看到二月兰，季羡林最先想到的是老祖。老祖已于1989年春天病故，当年她活着的时候，每当二月兰开花她就拿一把小铲，带一个黑书包，到成片的二月兰旁青草丛中去寻找荠菜。只要看到她的身影在二月兰的紫雾里晃动，季家午餐或晚餐的餐桌上必会弥漫着荠菜馄饨的清香。老祖是一位了不起的坚强女性，她在季羡林留学出国后，也是季家最困难的时候嫁给季羡林的九叔做"填房"，帮助季羡林的夫人彭德华伺候老的，拉扯小的，度过了十多年战乱的岁月。九叔病故以后，她和彭德华来到北大。二十七年间，她每天操持家务，把家里安排得井井有条。季家四代同堂，从来不吵架，总是充满浓浓的亲情，是一个令人羡慕的家庭。季羡林一生中最倒霉的时候——"十年浩劫"期间，他被抄家，被打成"反革命"，有很长一段时间每天去接受劳动改造，还要随时准备着被红卫兵押解到什么地方去"批斗"，坐"喷气式"，经常被打得鼻青脸肿。虽然明知正义在自己手中，可那时黑白不分，是非颠倒，他呼天天不应，叫地地不答，一腔义愤，满腹委屈，无处倾诉。然而一回到家里，老祖和他的夫人，在每人每月只能得到十几元钱生活费的情况下，殚精竭虑，弄一点儿好吃的东西，希望能给他增加营养，更重要的是希望能给他增加生趣，鼓励他坚持下去，等待春天的来临。

季羡林又想到自己的爱女婉如。婉如也在1992年夏季故去了。当婉如还活着的时候，她每次回家，只要二月兰正在开花，她离开时总是穿过左手是二月兰的紫雾，右手是湖畔垂柳的绿烟，匆匆忙忙走去，把老父亲的目光一直带到湖对岸的拐弯处。婉如总是忙于设计院的工作，除了工作她还有自己在和平里的小家，也有忙不完的家务。她平时很少回来,可是在老父亲成为"不可接触者"那几年,便有意约上弟弟延宗(季承)尽可能地多回家看看,让老人享受一点儿亲情。还有那几只憨态可掬的小躺,依偎在主人的身旁。它们不懂哲学,分不清两类不同性质的矛盾,以来没有表态要同季羡林划清界限。所有这一些极其平常的琐事,都给季羡林带来了无限的安慰。尽管窗外千里冰封,斗室内却是暖意融融。在坚冰围困的季节,这一点儿昵意支撑着他走过了人生最艰难的一段路,没有堕人深渊。几年前,婉如退休了,她有时间回家来了,可是不久就得了不治之症,早早地撒手走了,给父母留下了无尽的思念和哀伤。

季羡林还想到山东来的小保姆杨莹。杨莹在季家,也同土山和二月兰结了缘。俗话说,近朱者赤,小杨没有虚度在老先生身边的时光,读了不少唐诗宋词,她曾套用宋词写过三句话:"午静携侣寻野菜,黄昏抱猫向夕阳,当时只道是寻常。"那时候季羡林家的小猫虎子和咪咪还在世,经常可以在二月兰丛里看到它们,一黑一白,在紫色中格外显眼。

所有这些琐事都是寻常到不能再寻常了。然而,曾几何时,老祖和婉如永远永远地离去了,杨莹回了山东老家,虎子和咪咪也不知钻到了哪一个幽暗的角落,再也没有回来。老祖和婉如的走,把季羡林的心带走了,虎子和咪咪也忆念难忘。如今,阳光照样普照,二月兰依然怒放,可是人不见了。此时此刻,美丽的画面成了无人的空镜头,季羡林感觉到无边的寂寥和凄凉。回忆这些往事,如云如烟,原来是近在眼前,如今却如蓬莱仙山,可望而不可即了。

对于季羡林这样的遭遇和心情,二月兰无动于衷,照样开着花。这又是二月兰开花的大年,在校园里,目光所到之处,无不有二月兰在。二月兰是不会变的,世事治桑于它如同浮云;然而季羡林的心情却是在变,月月变,年年变,想学二月兰办不到啊!

"文革"结束,季羡林否极泰来,从"不可接触者"一下子成了"极可接触者",到处听到的是赞美的言辞,到处见到的是亲切的笑脸。白天季羡林忙得马不停蹄,没有时间哀伤;晚上一回到家,虽然老伴彭德华和儿子延宗还在,可是老祖到哪里去了? 婉如到哪里去了? 虽然天地照样朗朗,阳光照样明媚,季羡林却感觉到无边的寂寥和凄凉。

看见二月兰，季羡林既感觉到欢乐，又感觉到悲伤。他想，自己应该弄清楚什么叫"悲"？什么又叫"欢"？是自己成为"不可接触者"时悲呢，还是成为"极可接触者"时欢呢？如果没有老祖和婉如的逝世，这问题本来是一清二楚的，现在似乎悲么难以分辨了。如果说，当年他没有意识到悲中有欢，现在他应该真切地意识到欢中有悲了。呜呼，无可奈何！无可奈何！

1994年12月，季羡林的老伴彭德华又离开了他，从此他就变成一位名副其实的孤老头子。

2000年11月5日，季羡林写了一篇文章《我的家》，回忆了老祖和彭德华在世时，三位老人组成的家庭是何等温馨，字里行间充满浓浓亲情，读来让人觉得无限留恋，更加感到季羡林当下处境的悲凉。文中说：

> 我曾经有过一个温馨的家。那时候老祖和德华都还活着，她们从济南迁来北京，我们住在一起。

> 老祖是我的婶母，全家都尊敬她，尊称之为老祖。她出身中医世家，人极瑞明，很有心计。从小学会了一套治病的手段。有家传治白喉的秘方，治疗这种十分危险的病，十拿十稳，药到病除。因自幼丧母，没有人替她操心，耽误了出嫁的黄金时刻，成了一位山东话称之为"老姑娘"的人。年近四十，才嫁给了我叔父，作续弦的妻子。她心灵中经受的痛苦之剧烈，概可想见。然而她是一个十分坚强的人，从来没有对人流露过，实际上，一个丧母的孤儿，又能对谁流露呢？

> 德华是我的老伴，是奉父母之命，通过媒妁之言同我结婚的。她只有小学文化，认了一些字，也早已还给老师了。她是一个真正善良的人，一生没有跟任何人闹过对立，发过脾气。她也是自幼丧母的，在她那堂姊妹兄弟众多的、生计十分困难的大家庭里，终日愁米愁面，当然也受过不少的苦，没有母亲这一把保护伞，有苦无处诉，她的青年时代是在愁苦中度过的。

> 至于我自己，我虽然不是自幼丧母，但是，六岁就离开母亲，没有母爱的滋味我尝得透而又透。我大学还没有毕业，母亲就永远离开了我，这使我抱恨终天，成为我的"永久的悔"。我的脾气，不能说是暴躁，而是急躁。想到干什么，

必顾立刻干成,否则就坐卧不安。我还不能说自己是个坏人,因为,除了为自己方虑外,我还能为别人考虑。我坚决反对曹操的"宁要我负天下人,不要天下人负我。"

就是这样三个人组成了一个家庭。

为什么说是一个温馨的家呢?首先,是因为我们家六十年来没有吵过一次架,甚至没有红过一次脸。我想,这既是不能算是绝无仅有,也是极为难能可贵的。把这样一个家庭称为温馨难道不恰如其分吗?……

如果真有"毫不利己、专门利人"的人的话,那就是老祖和德华。她们忙忙道道买莱、做饭,等到饭一做好,她俩却坐在一边,看着我们狼吞虎咽,自己只吃残莫剩饭。这逼得我不由不从心里尊敬她们。

百年庆校

1998 年是北京大学建校一百周年。这种算法是从北京大学的前身京师大学堂开始的,京师大学堂是戊戌变法遗留下来的为数不多的遗产之一。另外还有一种意见,认为北大的历史应该从汉代的太学算起,可是这种意见不是主流。

那年春季,北京大学校庆的各项活动相继展开。季羡林为校庆两次题词,一次是:

北大之风,山高水长。

另一次是:

巍巍上庠,世纪风云。

这是什么意思呢? 笔者以为,季羡林为郝平著的《北京大学创办史实考源》所写序中的一段文字,可理解为是对题词含义的诠释。他说:

按照目前流行的计算法,今年是北京大学的百年校庆。这在北大无疑是一件大事。在全中国,无疑也是一件大事。在这样古祥喜庆的日子里,郁平同志把他这一部心血凝成的《北京大学创办史实考源》拿出来献给学校,献给全校的师生员工,献给遍布在全世界各地的,在不同的工作岗位,做出了不同贡献的北大校友们,真可以说是锦上添花之举。我相信,这一部书一定会受到大家的热烈欢迎。

我在这里还想加上一段决非"多余的话"。我在很多地方都说过:中国知识分子是世界上最好的知识分子,他们最突出的特点是爱国主义。例子不用到远处去找,在我上面讲到的"学统"中,在北大遥远的"前身"中就有。东汉大学生反对腐朽的统治,史有明文,决非臆造。这个传统一直传了下来,到了明末就形成了顾炎武在《日知录》中所说的:"保天下者,匹夫之贱,与有责焉耳矣。"后来演变成了"天下兴亡,匹夫有责"。北京大学创办以后,一百年来,每到中国在政治上和文化上的关键时刻,北大师生,以及其他大学的师生,就都挺身而出,挽救危亡。五四运动就是最好的证明。一直到中华人民共和国建国以后,——这一段历史占了北大百年历史的一半——北大师生爱国之心未曾稍减,此事可质诸天日,无待赘述。

4月20日,北京国林风图书中心与北京大学联合举办的"北京大学迎百年校庆暨国林风·未名读书文化节活动"和"影响中国20世纪历史进程的重要文献"展览由季羡林揭幕。

在校庆日前后四十余天,季羡林忙于参加各种各样的纪念活动,上镜二十三回,接受采访两百余次,接待来访者不计其数。

4月29日,中共中央总书记、国家主席江泽民亲临北京大学祝贺百年校庆,并与师生代表座谈。季羡林受文科教授推举,出席座谈会并在会上发言。会上季羡林提了两条意见,一条意见是要文理并重,不要重理轻文。他说,重理轻文,从我小时候就重理轻文,那时候省里面考留学生就没有文科。另一条意见是要防止人才流失。一个人从小学读到大学毕业,得花多少钱?这钱表面上是私人的,实际上也是国家的。结果毕业一分配,该发挥作用了,走了。到美国不是肉包子打狗吗?一去不回头。要想办法留住人才。据当时在场的同志回忆,季羡林在发言中还说:"中国的知识分子,物美价廉,经久耐用,不只我一个,都这样。"其实季羡林如此呼吁,目的就在于要求增加对教育经费的投入。1999 年 2 月,他在《我对未来教育的几点希望》一文中写道:

> 我们政府提出了科教兴国的方针,受到了全国人民的热烈拥护。把教育的重要性提高到兴国的高度,可以说前承千年传统,后开万世太平。特别是在今天知识经济真正勃然兴起的大时代中,教育更有其独特的意义。知识经济以智力开发、知识创新为第一要素,不大力振兴教育,焉能达到这个宏伟的目标?但是,我要讲一句实话,我们的振兴教育,谈论多于行动。别的例子先不举,只举一个教育经费在国民总收入中所占的百分比之低,就很清楚了。我们教育所占的百分比,不但低于发达国家,在发展中国家中也是比较低的。这让很多人难以理解。我们国家正努力建设,用钱的地方很多。这一点谁都理解,没有人想苛求;但是,既然把教育的重要性提高到那样的高度,教育经费却又不提高,报纸上再三辩解,实难令人信服。现在,据我了解所及,全国各类学校经费来源十分庞杂,贫富不均的程度颇为严重。大学的党委书记和校长,主要任务是"找钱"。连系主任的主要任务也是"创收"。如果创收不力或不利,奖金发不出去,全系教员就很难团结好。学校的根本任务是教学和科研,是出人才,出成果。现在却舍本而逐末,这样办教育,欲求兴国,盖亦难矣。因此,我对未来教育的第一个希望就是切切实实地增加教育经费。

不久,高校 985 规划出台,对高校文科的支持力度明显增强。虽然不能说这是季羡林提意见的直接结果,但应该说不无关系。

5 月 4 日,北京大学在人民大会堂庆祝建校一百周年,江泽民、李鹏、朱镕基、李瑞环、李岚清等出席庆祝会,江泽民发表讲话,向全国大学生和各界青年提出四点希望。这一天的《人民日报》海外版发表周次昌先生的诗作《读季羡林先生为北京大学百年题词贺文感赋寄呈》,全文如下:

黉府巍巍认上庠,风云世纪饱沧桑。

列星文史成经纬,北斗奎枢拱耿光。

材育百年神旧美,新传六艺体新量。

京师谓大学为本,念我中华举寿觞。

戊寅谷雨佳日　八旬盲叟同汝昌

北大百年校庆,还有一件事需要提及,就是季羡林对北大光荣传统的论列,较之十年前又有所发展。他在这一年的 7 月 6 日为肖超然教授所著《巍巍上庠 百年星辰》一书作序写道:

我认为,谈论北大的优良传统,离不开中国知识分子的优良传统,因为北大的教师和学生都是知识分子。几千年来,知识分子——也就相当古代的"士"——一经出现,立即把传承中国文化的重任压在自己肩上。不管知识分子有多少缺点,他们有这个传承的责任,这个事实是谁也否定不掉的。世界各国都有知识分子,既然同称知识分子,当然有其共性。但是,存在决定意识,中国独特的历史环境和地理环境决定了中国知识分子的根深蒂固的爱国主义思想,这个事实也是无法否定的。

专就北大而论,在过去的一百年内,所有的掊击邪恶、伸张正义的大举动,北大总都是站在前排。这就是最具体不过的、最明显不过的爱国主义思想的表现,连一般人认为是启蒙运动的五四运动,据我看,归根结底仍然是一场爱国主义运动。引进"德先生"和"赛先生"只是手段,而不是目的,其目的仍在振兴中华,爱我国家,其他众多的运动,无不可以作如是观。

同爱国主义有区别但又有某一些联系的,是古代常讲的"气节",用通俗的话来讲,就是"硬骨头",刚正不阿,嫉恶如仇,也就是孟子所说的:"富贵不能淫,贫贱不能移,威武不能屈。"……而北大在这方面确又表现很突出,很鲜明,很淋漓尽致,所以我只能这样讲。

写作《牛棚杂忆》的前前后后

1998 年 5 月 4 日,北京人民大会堂灯火辉煌,北京大学在这里隆重庆祝建校一百周年,党和国家领导人亲临大会祝贺。此时,西郊的燕园张灯结彩,旌旗招展,花团锦簇,校友如云,一个个兴高采烈,喜气洋洋,沉浸在节日的欢乐中。

在校园里随处可见的书摊上,摆放着为校庆出版的新书,其中有一本格外抢眼,那就是记载着北大百年历史最不堪回首的一页——季羡林的新作《牛棚杂忆》。据有关人士反映,在所有这些书里,《牛棚杂忆》卖得最火,尽管中央党校出版社不得不多次加印,但仍然出现了盗版书。的确,《牛棚杂忆》一经面世,立刻成为红极一时的畅销书。从大城市的地铁车站,到偏远的边陲小镇,到处有人买这本书,一时间竟形成"洛阳纸贵"的局面。

按理说,季羡林穷毕生之力学习和研究梵文、巴利文以及吐火罗文等古文字,一般人都把他的学术著作视为"天书",读来如堕五里雾中。然而,谁也没有想到,他的这本书竟然能够走进寻常百姓家。

季羡林在"文化大革命"中的遭遇,就是《牛棚杂忆》的主要内容。这绝不仅仅是他个人的悲剧,而是我们国家和民族悲剧的一个缩影。为了忘却的纪念,季羡林和着血和泪写成了这本书。

季羡林从 1988 年 3 月 –1992 年 6 月,历时四年多,终于完成了这部著作。这时,即使"文革"结束以后出生的孩子,也已经上了大学,时间过去了一代人,这场浩劫差不多已经被人们遗忘了。正如他在《牛棚杂忆》的"缘起"中写道:

> 最可怕的是,我逐渐发现,"十年浩劫"过去还不到二十年,人们已经快要把它完全遗忘了。我同今天的青年,甚至某一些中年人谈起这一场灾难来,他们往往避大了眼睛,满脸疑云,表示出不理解的样子。从他们的眼神中可以看出来,他们的脑袋里装满了疑问号。他们怀疑,我是在讲"天方夜谭",我是故意卒大其词。他们怀疑,我别有用心。他们不好意思当面驳斥我;但是他们的眼神却流露出:"天下哪里可能有这样的事情呢?"我感到非常悲哀、孤独与恐惧。

我感到悲哀，是因为我九死一生经历了这一场巨变，到头来竟然得不到一点理解，得不到一点同情。我并不要别人会全面理解，整体同情。事实上我对他们讲的只不过是零零碎碎、片片段段。有一些细节我甚至对家人好友都没有讲过，至今还闷在我的心中，然而，我主观认为，就是那些片段就足以喷起别人的同情了。结果却是适得其反。于是我悲哀。

我孤独，是因为我感到，自己已届老耋之年，在茫茫大地上，我一个人踽踽独行，前不见古人，后不见来者，年老的像三秋的树叶，逐渐飘零。年轻的对我来说像日本人所说的"新人类"那样互不理解。难道我就怀着这些秘密离开这个世界吗？于是我孤独。

我恐惧，是因为我怕这些千载难得的经验一旦泯灭，以千万人遭受难言的苦难为代价而换来的经验教训就难以发挥它的"社会效益"了。想再获得这样的教训恐怕是难之又难了。于是我恐惧。

在悲哀、孤独、恐惧之余，我还有一个牢固的信念。如果把这一场灾难的经过如实地写了出来，它将成为我们这个伟大民族的一面镜子。常在这一面镜子里照一照，会有无限的好处的。它会告诉我们，什么事情应当干，什么事情又不应当干，绝没有任何坏处。

当时，改革开放实行了十几年，中国的政治气候已经发生根本改变。季羡林从"不可接触者"变成"极可接触者"，每天忙得不可开交，可是他并没有忘记"文化大革命"那一场劫难。对于整过自己的人，他有机会、有能力报复，但他没有那样做。一想到当年自己身陷囹圄，还在拥护那场"革命"，他就想到不能苛求别人，大家都是受害者。既然受了害，总要汲取教训，他期待有人把这段历史记录下来，以警示后人。挨了整的，有老干部、老将军、高级知识分子，他们都可以写；整了人的"造反派"，如果幡然悔悟，也可以写。可是，等了十几年，季羡林失望了，于是亲自动笔写出了这本书。

其实，自打"文革"结束后，季羡林一直在思考一些问题，特别是在撰写《牛棚杂忆》时，考虑得更集中、更认真。那么，他究竟思考了哪些问题呢？

第一个问题是：从"文化大革命"中吸取教训了没有？

季羡林的回答是：吸取了一点儿，但还远远不够。历史证明，所谓"无产阶级文化大革命"，既无"文化"，也无"革命"，是一场不折不扣、货真价实的"十年浩劫"。这是全中国人民的共识，绝没有再争论的必要。在这场空前绝后的浩劫中，我们人民在精神和物质两个方面都象受了巨大损失，这一笔账实在没法子算了。我们付出的学费既已大到不能再大的程度，那么，我们汲取的教训怎么样呢？

"十年浩劫"的确是亿金难买的"反面教员"，从这个"反面教员"那里，我们能够获得非常非常多的反面教训，经过转化成为正面的经验。无论是教训还是经验，这对建设我们伟大的国家是非常有用的。

可是，我们没有这样做，白白错过了难以再来的绝好机会。季羡林便听见有人说过："'文化大革命'已经过去了，可以不必再管它了。"这怎能不使他心寒，使他遗憾？

第二个问题是："文化大革命"过去了没有？

季羡林的回答是："文化大革命"还没有完全过去。虽然从表面上来看已经过去了．但是，如果细致地观察一下，情况恰恰相反。如果问一问在"文化大革命"中受过迫害的中老年知识分子，就会发现，他们还有一肚子气没有发泄出来。青年人则对"文化大革命"不了解，听别人讲"文化大革命"，他们如同听海外奇谈。如此昧于前车之鉴，谁能保证将来不会有人再干出类似的事情来呢？至于为创建新中国立过功勋而在"文化大革命"中遭受迫害的老干部，他们心中又郁积多少痛苦？季羡林举了一个例子：1978年全国政协恢复活动后，他在友谊宾馆碰到了周扬。这位参加革命很早，在文艺界极负盛名的老干部，十多年不见了，见面后劈头第一句话就是："古人说，'士可杀，不可辱'，'文化大革命'证明了'士可杀，亦可辱'。"说罢哈哈大笑。他是笑呢，还是哭呢？有这种想法的绝不止周扬一个人。

"士可杀，不可辱"，"千军可夺帅，匹夫不可夺志"，自古以来就是中国知识分子的传统。在封建社会里，士列在士农工商之首，在社会上享有崇高的地位。军阀混战和国民党统治时期的知识分子，专就当时的大学教授而言，薪俸优厚，社会地位高，无形中养成了一种高人一等的优越感。他们一般都颇为神气，有所谓"教授架子"。季羡林回忆自己当教授的时候，情况大为改变，国民党统治已到末日，通货膨胀达到了惊人的程度，教授的实际收入少得可怜，但是身上那一件孔乙己的长衫还是披着的,社会地位还是有的。

季羡林又回忆新中国成立以来自己的经历和思想变化,觉得颇有代表性。新中国刚成立,他同大部分教授一样,异常兴奋,觉得自己真是站起来了,获得新生了,觉得"解放区的天是明朗的天"。但是,好景不长。在"三反""五反"和思想改造运动中,他在"中盆"里洗了一个澡,真好像是洗下来不少污泥浊水,尝到了思想改造的甜头儿。后面跟着来的政治运动一个紧接一个,有点儿喘不过气来。批判武训,批判《早春二月》,批判胡风,批判胡适,再加上肃反等等,马不停蹄。到了1957年反右斗争,达到了一个空前的高潮,时时处处都处在精神极度紧张的状态中,日子过得并不愉快。当然,他从思想深处还是赞成这些运动的,丝毫也没有动摇过。

反右以后,仍然是马不停蹄,一个劲儿地搞运动,如"拔白旗"等等。庐山会议以后,极"左"思想已经达到了顶点,却偏偏要来一个反右倾。三年困难时期,季羡林同其他老知识分子一样,尽管天天饥肠辘辘,但连半点儿不满意的想法都没有。全国人民的精神面貌也都是非常正常的、向上的。谁能说这样的人民,这样的知识分子不是世界上最优秀的呢?

1966年开始的所谓"无产阶级文化大革命"是长期坚持"以阶级斗争为纲"的必然结果。当然,就季羡林个人来说,他本来是能够躲过这一场灾难的。如果他不反对那位"老佛爷",很有可能只在运动初期挨过"炮轰""火烧",靠边站一阵子,很快也就"解放"了。但是,他虽然当时没有能够认清"文化大革命"的本质,但正义感还是有的。"老佛爷"的"顺我者昌,逆我者亡"实在太离谱,他忍无可忍,跳出来反对她,因而被抄家、被批斗、被关进牛棚,差一点儿连老命都赔上。那时他曾自怨自艾过,现在却又有了新想法:"文化大革命"是一个千载难逢的"盛事",如果自己不跳出来,就绝不可能亲自尝一尝这一场"革命"的滋味,绝不可能了解这一场灾难究竟是什么样子,那才是真正无法挽回的极大的憾事。

季羡林被关在"牛棚"时,就考虑了很多问题。其中,令他百思不得其解的是:"文化大革命"为什么一定要折磨知识分子?知识分子身上毛病不少,缺点很多,但是十全十美的人又到哪儿找呢?然而,季羡林从未责怪过任何人,只是一个劲儿地深挖自己的灵魂。如果用一个颇带宗教色彩的词做比喻,那就是他总认为自己有一种"原罪感",他说,中国人民浴血抗战之时,他却躲在万里之外,搞自己的学术事业,自己那一点儿"学问"是非常可耻的。有很长一段时间,他自称为"摘桃派",坐享胜利的果实。怎么办呢?他甚至希望能再发生一次抗日战争,给他一个机会,他一定能奋力参战,酒牲自己的性命,以证明他对祖国的忠诚。

谈到对领袖的崇拜,他从前是坚决反对的。看到国民党人对他们的"领袖"的崇拜,他总是嗤之以鼻。新中国成立初期,每年要举行两次游行,庆祝"五一"和"十一",地点在天安门。他同其他人一样,每次都是凌晨即起,从沙滩整队步行到东单一带的小胡同里等上几个小时。等到游行开始,一转过三座门,队伍中立即爆发出震天动地的"万岁"声。最初他喊不惯、喊不出,但是,没过多久,他就喊得震天价响,而且是从心窝里喊出来的。

季羡林真诚地回忆了自己思想转变的过程,其他老知识分子也都大同小异,这充分证明他们是热爱我们伟大的国家、伟大的党。可是,季羡林现在的心情又极其复杂。"文革"中派到学校来"支左"的工人和解放军,本来都是他崇拜的对象,"工人阶级必须领导一切","全国人民学习解放军",这话本来没错儿,可是一经接触,他就发现"工宣队""军宣队"里的人政策水平奇低,作风霸道,个别人甚至违法乱纪。他的头上仿佛被泼了一盆凉水。

最后,季羡林得出结论:"文化大革命"整知识分子,完全没有道理,而对许多受过迫害的知识分子来说,"文化大革命"并没有过去。他拿自己做例子,一方面"庆幸"参加了"文化大革命",被关进了"牛棚",得到了极为难得的教训;另一方面,现在"飞黄腾达"了,到处听到的都是赞誉之声,心里却不时冒出这样一个奇怪的念头:当时还不如自杀,与那些"自绝于人民的人"相比,自己的人格还不过硬,只能忍辱负重、苟且偷生。这种想法难道是正常的吗?

第三个问题:"文化大革命"中的受害者抒发愤懑了没有?

季羡林的回答是:没有。比如,新中国成立初期一批华侨知识分子冒万难回到了祖国,决心为社会主义建设事业贡献自己的一切。一些在国外工作和讲学的中国学人,也纷纷放弃了海外优厚的生活和研究条件,万里归来,其中就有后来在"文化大革命"中自沉的老舍先生。他们个个意气风发、斗志昂扬,认为祖国前程似锦,自己的前途也布满了玫瑰花朵。然而,曾几何时,情况变了,极"左"思潮笼罩一切,而"海外关系"竟然成为诬陷罗织的主要借口,什么特务、间谍,可怕的帽子满天飞,弄得人人自危、个个心惊。到了"文化大革命",更是恶性膨胀,多少爱国、善良的人遭受了不白之冤!被迫害致死的不必说,活着的又争先恐后地出国。前一个争先恐后地回国,后一个争先恐后地出国,对比何等鲜明!留在国内的知识分子和被迫离开的知识分子,哪一个人抒过愤懑呢?

若干年前,出现了所谓"伤痕文学",作者多半是老知青。他们并没有多少"伤痕",真正有"伤痕"的人,由于种种原因,并没有把自己的愤懑抒发出来。这不是正常现象,其中蕴含着危险的东西,不利于我们国家的前进。

季羡林认为,我们固然十分强调安定团结,然而我们需要的是真正的安定团结。在许多知识分子,特别是老知识分子还有一肚子气的情况下,真正的安定团结难以实现。尽管许多知识分子的愤懑未抒,物质待遇还非常菲薄,有时难免说些怪话,但是他们的爱国之心未减,"不用扬鞭自奋蹄"。季羡林常说这样的人是"物美价廉,经久耐用",完全是符合实际情况的。然而有人听了很不舒服。甚至还有人认为,知识分子是附在帝国主义皮上的毛!这说明"左"的流毒远远没有肃清。

第四个问题是:"文化大革命"为什么能发生?

这个问题太大,季羡林认为自己没有能力回答。那么,有没有人能够回答这个问题呢?肯定有,可他们偏偏不回答,好像也不喜欢别人回答。如果把这个至关紧要的问题坦诚地、实事求是地回答出来,全国人民,其中当然包括知识分子,会衷心地感谢,会放下心中的包袱,轻装前进,表现出真正的安定团结,同心一志,建设我们的社会主义社会。如果我们不研究这个问题,外国人就要来研究,其中有善意的并且抱着科学的、实事求是的态度,说一些真话;也有恶意的,歪曲事实、造谣诬蔑,把一池清水搅浑。虽然说"蚍蜉撼大树,可笑不自量",但这毕竟不是好事。

于是,季羡林下决心把"文化大革命"这场灾难的真相写出来,尽管只是停留在北大"牛棚"这样一个极为狭窄的层面上,但他深信一滴水中可见宇宙,读者可以举一反三,联类推想,不难对全部灾难了解一个大体的轮廓,以之为一面明镜,照见真相,惩前毖后,永不再犯,这对青年人尤为重要。请看,季羡林为《牛棚杂忆》写了这样的祝词:

　　这一本小书是用血换来的,

是和泪写成的。

我能等活着把它写出来，

是我毕生最大的幸福，

是我留给后代的最佳礼品。

愿它带着我的祝福

走向人间吧。

它带去的不是仇恨和报复，

而是一面镜子，

从中可以照见恶和善，丑和美，

照见绝望和希望。

它带去的是对我们伟大祖国和人民的

一片赤诚。

　　季羡林把《牛棚杂忆》说成是率尔之作，并非像他的学术著作那样，是经过惨淡经营、愁苦构思写成的，是有感而发，凭着记忆将自己经历的东西移到纸上。

　　那么，究竟是什么原因促使季羡林如此沉稳，如此有耐心呢？说来也很简单，他只不过觉得这场史无前例的"文化大革命"差点儿把自己的老命赔上，这种经历每人一生仅有一次，实为难得；倘若任其飘散消逝，未免有点儿可惜，更对不起自己的良心。因此，他几乎是一气呵成把书写出来了，方感到身上的担子卸掉了，自然轻松了许多。

　　《牛棚杂忆》出版后，季羡林陆续收到了两三百封读者来信。其中有饱经风雨的知识分子，也有默默无闻的基层干部，既有耄耋老者，也有青年学子。绝大部分不是一般的赞扬或感想，而是结合自己的切身经历，发自内心地感谢季羡林为我们的国家和民族做出了巨大的贡献。有的来信有数千言，感人肺腑。广东一位著名作家来信说："有了这一本书，你那些长达千余万字的文章统统可以不要了！"

　　杜甫有诗云："芒刺在我眼，焉能待高秋？"那些对"文革"始末懵懵懂懂的年轻人，还是希望有人能为他们解疑释惑、指点迷津的。

　　一个即将毕业的大学生这样写道："我从小生长在幸福中，对苦难没有感觉，对您老所受的苦更是如此。昨天一整天我读了您的《牛棚杂忆》,对'文化大革命'才有了一个较深的认识。一场'浩劫',一场不应该发生的'浩劫!！留给我们的只是血的教训！我希望,它既是空前的,也是绝后的!"

还有一个"文革"中出生的青年,竟寄来了一封将近两万字的长信。他出手不凡,在信中开宗明义地写道:"《牛棚杂忆》将一个民族灾难和个人磨难融为一体,已经远远超过了文字本身的意义。对此书定有许多溢美之词,故而不再就书论书,而是谈谈由阅读而引起的一些题外之话,关于我们这个时代,关于'反右'和"文革',关于知识分子的责任,等等。"然后,他洋洋洒洒,有理有据地对新中国成立以来各种政治运动的起始根源和彼此的内在联系进行分析和论述,回头又论及"文革"产生的原因和流毒,以及对当今社会的影响。不难想象,这个青年对过去的历史并无任何感性认识,他只能靠别人的讲述和阅读大量的历史书籍来进行分析和论证。因此,他希望《牛棚杂忆》作者对他的"肤浅和片面之处一笑置之",并对"年轻人的热情和社会责任感能够体察和理解",最后他表示,"社会和历史需要知识分子高扬自己的旗帜来重振民族的脊梁,这是您已经做了和正在做的,也是我将要做的"。

从这样的青年一代身上,季羡林无疑看到了我们国家和民族的希望。

至于那些"文革"中同样蹲过"牛棚"、被打得"一佛出世二佛升天"的老同志,虽然后来被"解放"了,平了反,但心里总是不自在,憋着一口气。现在看了这本书,虽然不是自己写的,却好像就是自己写的,犹如骨鲠在喉,一吐为快。

同时,《牛棚杂忆》的出版还带动了一批有分量的回忆"文革"的书籍问世,如韦君宜的《思痛录》、马识途的《沧桑十年》、周一良的《毕竟是书生》等。为了不让历史的悲剧重演,这些用血和泪写成的文字是前辈们留给子孙后代的最宝贵的财富。

学术道德

在即将进入 21 世纪的时候,季羡林在人生旅途上已经走了很长的路,应该而且有必要对他的学术道德、治学态度和人格品位做认真的总结,这是一笔巨大的精神财富,值得后来人学习、继承和发扬。

季羡林作为著名学者,他的治学态度也可以用剪伯赞先生的两句话来概括:板凳甘坐十年冷,文章不写半句空。他非常重视学术道德,把它称为"学术良心"。他在自己的学术自传《学海泛槎》中,专门写了《学术良心或学术道德》一节。他说:

> 学术涵盖面极大,文、理、工、农、医都是学术。人类社会不能无学术,无学术,则人类社会就不能前进,人类福利就不能提高;每个人都是想日子越过越好的,学术的作用就在于能帮助人达到这个目的。大家常说,学术是老老实实的东西,不能掺半点假。通过个人努力或者集体努力,老老实实地做学问,得出的结果必然是实事求是的。这样做,就算是有学术良心。剽窃别人的成果,或者为了沽名钓誉创造新学说或新学派而篡改研究真相,伪造研究数据,这是地地道道的学术骗子。在国际上或我们国内,这样的骗子亦非少见。这样的骗局绝不会隐瞒很久的,总有一天真相会大白于天下的。许多国家都有这样的先例。真相一旦暴露,不齿于士林,因而自杀者也是有过的。这种学术骗子,自古已有,可怕的是于今为烈。我们学坛和文坛上的剽窃大案,时有所闻,我们千万要引以为戒。

> 这样明目张胆的大骗当然是绝不允许的。还有些偷偷摸摸的小骗,也不能不引起我们的戒心。小骗局花样颇为繁多,举其荦荦大者,有以下诸种:在课堂上听老师讲课,在公开学术报告中听报告人讲演,平常阅读书刊杂志(书报杂志)时读到别人的见解,认为有用或有趣,于是就自己写成文章,不提老师的或者讲演者的以及作者的名字,仿佛他自己就是首创者,用以欺世盗名,这种例子也不是稀见的。还有人在谈话中告诉了他一个观点,他也据为己有。这都是没有学术良心或学术道德的行为。

> 我可以无愧于心地说,上面这些大骗或者小骗,我都从来没有干过,以后也永远不会干。

早在 1993 年 6 月 6 日,季羡林在接受《走进崇高》杂志记者的采访时,便谈到了自己的治学方法和秉持的学术道德:

问:您是怎样做学问的? 或者说怎样才能做好学问?

答:这个问题大大了。第一,要专心不二,要坐得住冷板凳。大千世界,五彩缤纷,刺激人欲望的事情太多了。但是要想做学问,就不能有太多的欲望,认准了你要研究的学问,就一心不二、拼全力地完成它。也许你几年内看不到战果,但你不必灰心,要百折不挠、持之以恒,坚持下去一定会有收获的。但是,我不同意所有的人都来做学问,那样我们就会饿死了;当然,我也不同意所有的人都下"海"经商,那样就会被商海淹没。国家是架庞大的机器,要正常运转,就要机件齐各,缺一不可,还要配合默契。总之,根据各人的条件、国家的需要,合理分工,各人都发挥其长,我们的国家才有长足的发展。

第二,要实事求是,不要弄虚作假。这就是说做学问要有老老实实的态度。知之为知之,不知为不知,是知也。不可强不知以为之。大学问家王国维说:"《诗经》我总共懂不了 50%。"他这是老老实实的态度,这才是一个真正的学者的态度,是值得尊敬的。现在如果有人说,《诗经》我全部读懂了,我说他是吹牛;如果有人说,我什么都会,我断言他是个大骗子。偷别人的研究成果为己有,东抄西凑,沽名钓誉。这样为国为人都没有益处,为自己也只能是炫耀一时,久之必败。古人做学问讲究"才、学、识",我给增加了一个"德",德就是真,就是诚,就是实,就是道德,不讲道德的治学是没有出息的。

问:三个战场同时展开又交叉进行,这样不会打断思路吗?

答:不。这好比磨刀,每换一个战场,等于磨了一次刀。我同时进行的战场往往是截然不同的,这边是刻板的文字,那边是丰富的想象,另一边是严密的考证。这样交叉进行可以使我大脑的兵力轮番休整互为补充,还有一个好处是,研究的课题不同,所用的资料也不同,不同的课题分别摆开就等于根据目标固定兵力,用起来既方便也节约了时间。这样不仅不能打断我的思路而且很快进入情况,投入战斗……

问:那么您酝酿、构思的最佳时间和环境是什么?

答;浪漫诗人拜伦每闻到烂苹果就灵感涌动、诗兴大发;而欧阳修视马上、枕上、厕上为构思诗文的最佳场所;我有我的新"三上",即机(飞机)上、路上、会上、由于表良机的机会太多,养成了在飞机上写作、构思的习惯;自己漫步路上是思考问题的大好时机,常有灵感爆发,因此,我不希望别人陪我,送我;我兼职多,争加的会议多,而当今的会议套话、空话、形式太多,加之主讲人哼哼啊啊的口语,只用四分之一的听力就记住了会议的全部精神,其余四分之三就可以用以思考与写作了,久而久之,我一置身于会场就像拜伦闻到烂苹果的味道,思路格外活跃。记得一次在人民大会堂开会,灵感涌动,不写不快,可是进大会堂不准带包,身边无纸,急中生智,我就用请柬写,一张请柬的反正两面都写满了还没有写完,邻座的同志递过来他的请柬,并会心地一笑,我居然险些不好意思起来…噢,对了,你不要把这一习惯宣扬出去,大家都这样,众多的主持会者该来找我算账了! 这是环境造成的习惯,我当了三十多年的系主任,每天要按时上班,社会活动又多,加之神经衰弱,早上不干点活,就没时间干活了。

问:季老,听说您很欣赏陶渊明的一首诗?

答:是的,"十年浩劫"之后,我成了陶老夫子的志同道合者。"纵浪大化中,不喜亦不惧,应尽便须尽,无复独多虑。"我现在就是抱着这种精神,昂然走上前去。只要有可能,我一定做一些对别人有益的事,决不想成为行尸走肉。今后无论遇到什么风雨,我都不愁不惧,我都会昂然前进的。

散文名家

季羡林不仅是一位著名学者,而且是当之无愧的散文学家。中学时代,他受胡也频、董秋芳先生的影响和鼓励开始文学创作,七十余年从未间断。季羡林的散文文如其人,情真意切而又朴实恬淡,天然本色中呈现繁富绚丽之美,这是匠心独运、惨淡经营的结果。他的《留德十年》《牛棚杂忆》一时洛阳纸贵;他的《赋得永久的悔》《清塘荷的》脍炙人口,感人至深,《赋得永久的悔》还曾获"茅盾文学奖"。1999年,《季羡林散文全编》(全六册)由中国广播电视出版社出版时,钟敬文先生写诗费日:"浮花浪嘉岂真芳? 语朴情淳是正行。我爱先生文品好,如同野老话家常。"乐黛云教授把季羡林散文的特点概括为"真情、真思、真美","三真"如同一条红线,贯穿于季羡林几十年的散文作品中。细品起来,季羡林的散文在不同时期的味又有所不同,20世纪三四十年代有晓风残月的沉郁,五六十年代有光风霁月的明朗,70年代以后如晨钟暮鼓般平和而动人心魄,这反映了不同时期他的人生经历和心路历程。

季羡林谦逊地说自己是个教书匠,写散文是他的业余爱好,是客串。他的散文的确不同于许多专业作家,有其"圈外人"的独到之处。那么,这独到之处又在哪里呢?

"庾信文章老更成,凌云健笔意纵横",季羡林的散文是东西方审美情趣的兼收并蓄,是以广博学识底蕴为基础的返璞归真。正如有人说,他大儒无声,深水静流,说的固然是他的人格魅力,但文如其人,用以形容他的散文也恰如其分。

季羡林的散文深受读者欢迎,发行量很大。1980年,散文集《季羡林选集》由香港文学研究社出版,同年,散文集《天竺心影》由百花文艺出版社出版;1981年3月,散文集《朗润集》由上海文艺出版社出版;1986年《季羡林散文集》由北京大学出版社出版。进入90年代,1991年中国文联出版公司出版《万泉集》,1992年中国人民大学出版社出版《季羡林小品》,东方出版社出版《留德十年》,1995年百花文艺出版社出版《季羡林散文选集》;1996年出了三本散文集:人民日报出版社出版《赋得永久的悔》,北京大学出版社出版《怀旧集》和浙江人民出版社出版《人生絮语》。此外,他在报刊上发表的新作难以统计。

90年代后半期,各种各样的季羡林散文作品选本层出不穷,集子名目繁多,所收文章有新作也有旧文,排列组合,颇多重复。季羡林不赞成这种做法,多次下令"刹车",但收效甚微。对广大读者来说,阅读季羡林的散文是一种美的享受、知识的滋养、性情的陶冶和心灵的净化;对出版社来说,出版季羡林的散文是一种光赚不赔的买卖,何乐而不为?

季羡林写了一辈子散文,他追求什么样的文采和风格呢?他在《〈赋得永久的悔〉自序》中谈了自己的"夫子之道":

> 倘若有人要问:"你追求的是一种什么样的文采和风格呢?"这问题问得好。我舞笔弄墨六十多年,对这个问题当然会有所考虑,而且时时都在考虑。但是,说多了话太长,我只简略地说上几句。我觉得,文章的真髓在于我在上面提到

的那个"真"字。有了真情实感,才能有感人的文章。文采和风格都只能在这个前提下来谈。我追求的风格是:淳朴恬淡,本色天然,外表平易,秀色内而,形式似能,经营修淡,有节奏性,有韵律感,似谱乐曲,往复回还,万勿率意,切忌颟顸。我认为,这是很高的标准,也是我自己的标准,别人不一定赞成,我也不强求别人赞成。

改革开放以来,季羡林在繁忙的公务活动和教学科研之余,又创作了大量散文住作。《梦蒙红楼》《梦蒙未名湖》《我和北大》《我的书斋》和《两行写作泥土地上的字》等记述了他在北大半个多世纪的辛勤耕耘,读者可以感受到他的人生的大起大落,经历的雨雪风霜,欣赏到燕园的四季美景。《二月兰》《园花寂寞红》《怀念西府海棠》《神奇的丝瓜》《幽径悲剧》《老猫》《咪咪》《咪咪二世》《喜鹊窝》等等,从花草树木写到小猫小狗,读者可以感受到他对生命的关爱和同大自然的水乳交融,欣赏到自然万物的春意盎然、生机勃勃。

季羡林本来喜静不喜动,可是由于工作的原因频繁出差,即使在十分劳顿的情况下,他也写出许多游记作品,如《登黄山》《登庐山》《石林颂》《西双版纳赞》《游小三峡》《富春江上》《虎门炮台》《火焰山下》《洛阳牡丹》《延吉风情》《佛山心影》等等,读者可以跟随他游历祖国的名山大川,激发爱国主义的情操。季羡林访问世界上三十多个国家,留下的散文作品可以让读者跟随他去走一遭,领略那里的异国风情,感到中外人民的友好情谊。季羡林还写了大量怀念师友的情真意切的忆旧文章,可以让读者结识中国近现代许多文化巨匠,如郑振铎、胡也频、陈寅恪、吴、老舍、沈从文、胡适、汤用彤、冯友兰、赵朴初、周培源、臧克家、李广田……大家云集、星璀璨,如见其人,如闻其声。季羡林写的《寸草心》《一条老狗》,表达出对母亲的深深怀念,抒发了"树欲静而风不止,子欲养而母不待"的终天之恨。季羡林的散文始终抒发了对祖国母亲至诚至爱、始终不渝的赤子情怀,可以让读者的心与他"一起跳动"。季羡林还写了许多谈论人生感悟的散文和杂文,对漫漫人生苦辣酸甜的真知灼见,对国家、人类未来的思考,被读者奉为真正的人生宝典。

成功三要素

20世纪最后二十年,季羡林可谓功成名就,是一位社会公认的成功人士。他撰写的谈人生经验或经历的文章频繁出现在平面媒体上,出版的这类书籍在市场上也很走俏热销。他写过一篇短文,题目是《成功》,文章开宗明义地写道:"积七八十年之经验,我得到了下面这个公式:天资＋勤奋＋机遇＝成功。"他解释说:"这个公式实在是过分简单化了,但其中的含义是清楚的。搞得太烦琐,反而不容易说清楚。"

谈到天资,季羡林说本来想用"天才"这个词儿,但天才是个稀见现象,其中不少是"偏才",可惜古今中外参透这一点的人极少极少,更多的人是自命"天才",他们仿佛是从菩提树下金刚台上走下来的如来佛,开口便昭告天下:"天上天下,唯我独尊。"这种人最多是在某一方面稍有成就,便自命不凡起来,看不起所有的人,一副"天才气"催人欲呕。这样的人在社会上并不少见,他们甚至是社会上不安定的因素,所以季羡林弃"天才"用"天资"。所谓"天资",首先必须承认,人与人之间天资是不相同的,这的确是一个事实,谁也否定不掉。

谈到勤奋,季羡林有亲身感受,他说,囊萤映雪、悬梁刺股等故事流传了千百年,家喻户晓,韩愈的"焚膏油以继晷,恒兀兀以穷年"更为读书人所向往。这些故事告诉我们,如果不勤奋,天资再高也毫无用处。

谈到机遇,季羡林说,它往往为人所忽视,其实是存在的,而且有时候影响极大。他以自己为例,6岁离开故乡到济南求学是一次机遇,1935年清华大学派他到德国去留学又是一次机遇,如果没有这些机遇,他的一生完全不会像现在这个样子。

接着,季羡林具体分析成功三要素中的勤奋。他说,天资是由"天"来决定的,我们无能为力;机遇是不期而来的,我们也无能为力;只有勤奋一项我们完全可以自己决定,因此必须在这一项上狠下功夫。在这里,古人的教导多得很,"业精于勤荒于嬉,行成于思毁于随",这两句话大家都很熟悉。季羡林又引用了王国维《人间词话》中的那一段名言:"古今之成大事业大学问者必经过三种之境界。'昨夜西风凋碧树,独上高楼,望尽天涯路。'此第一境也。'衣带渐宽终不悔,为伊消得人憔悴。'此第二境也。'众里寻他千百度,蓦然回首,那人却在,灯火阑珊处。'此第三境也。"

　　季羡林非常欣赏王国维的这段名言。早在四十多年前,他在《研究学问的三个境界)一简文章里就引用了这一段话,并进行详细的讲解。他认为,第二境写的就是勤奋,这是关健。就拿从事教育和科学研究的人来说,搞自然科学的,既要进行细致深人的实验,又要积累资料;搞社会科学的,必须积累极其丰富的资料,并加以细致的分析和研究。在工作中,每个人都会遇到层出不穷、意想不到的困难,一定要坚忍不拔、百折不回,绝不允许有任何侥幸求成的想法,也不允许徘徊犹豫,只有这样才能得到最后的成功。他说:"我希望,大家都能拿出'衣带渐宽终不悔'的精神来从事做学问或干事业,这是成功的必由之路。"

　　对于终身从事教育工作的季羡林来说,拿出"衣带渐宽终不悔"的精神来做学问或干事业,这不仅是他的言教,更是他的身教。他以自己的实际行动为青年一代树立了光辉的榜样。1988 年,他在《季羡林自传》中写道:"我记得,鲁迅先生在一篇文章中讲了一个笑话:一个江湖郎中在市集上大声吆喝,叫卖治臭虫的妙方。有人出钱买了一个纸卷,层层用纸严密裹住。打开一看,妙方只有两个字:勤捉。你说它不对吗? 不行,它是完全对的。但是说了等于不说。我的经验压缩成两个字是:勤奋。再多说两句就是:争分夺秒,念念不忘。灵感这东西不能说没有,但是,它不是从天上掉下来的,而是勤奋出灵感。"

　　时间就是生命,而且时间是一个常数,对谁都一样,谁每天也不会多出一秒半秒。对于研究学问的人来说,时间尤其珍贵,更要争分夺秒。1988 年,季羡林在《如何利用时间》一文中介绍他如何"利用时间的边角废料"。因为要参加各种各样的会议和社会活动,没有完整的时间可用,他就挖空心思,在会前、会后,甚至在会中,构思或动笔写文章。他又像华罗庚那样,在飞机上、火车上、汽车上,甚至在自行车上,特别是在步行的时候,脑海里更是思考不停,充分利用时间的"边角废料"。

　　季羡林实在太忙,但总要挤出一点儿时间,读青年学生的作品。《北大校刊》上发表的文学作品,他几乎都要看。他对青年一代寄予无限的希望,希望他们成为一个成功者。他教育学生既要自己钻研学问,又要谦虚认真地向老师学习。他说,老师和学生一教一学,就好像接力赛跑,一棒传一棒,老师是跑前一棒的,学生从老师手里接棒,一定会比老师跑得更快、更远,这就是"青出于蓝而胜于蓝"。他告诫学生天下万事万物,发展永无穷期,人外有人,天外有天,"老子天下第一"的想法是绝对错误的。他要求学生对老祖宗遗留下来的浩如烟海的文学作品必须有深刻的了解，最好能背诵几百首旧诗词和几十篇古文，随时牢记于心中，低吟于口头，这对于文学创作和人文素质的提高都有极大好处，不管将来是教书、研究、经商、从政，还是从事文学创作都是如此。对外国的优秀文学作品，也必须下一番功夫，简练揣摩，这对提高文学修养是绝不可少的。如果能做到这一步，则必然能融会中西，贯通古今，创造出更新更美的作品。他还经常引用宋代大儒朱熹的一首诗：

> 少年易老学难成，
> 一寸光阴不可轻。
> 未觉池塘春草梦，
> 阶前梧叶已秋声。

季羡林认为，这首诗不但对青年有教育意义，而且对老年人也有教育意义。光阴，对青年和老年都是转瞬即逝，必须爱惜。"一寸光阴一寸金，寸金难买寸光阴"，这是古人留给我们的两句意义深刻的话，必须牢记在心。

季羡林成功的秘诀除了勤奋之外，还在于终生学习，并以此与青年人共勉。他在 1990 年 11 月为《学者论大学生的知识结构与智能》一书作序时说：

> 人的一生是一个学习过程。大学或研究院毕业，只是这个过程的一个阶段的结束，而绝不是学习的终结。我们还要继续学习下去的，一直到不能学习的那一天。我们终生的座右铭应该是：锲而不舍，持之以恒，老而不已，学习终生。

坐拥书城

季羡林一生的主要活动可以用六个字来概括——读书、教书、写书，总之离不开书。书籍是季羡林生命中不可缺少的组成部分，且听他的"夫子自道"：

> 我是一个最枯燥乏味的人，枯燥到什么嗜好都没有。我自比是一棵只有枝

干井无绿叶更无花朵的树。

如果读书也能算是一个嗜好的话,我的惟一嗜好就是读书。

我读的书可谓多而杂,经、史、于、集都涉猎过一点,但极肤浅,小学中学从权,最爱读的是"闲书"(没有用的书),比如《彭公案》《施公案》《洪公传》《三供五义》《小五义》《东周列国志》《说岳》《说唐》等等,读得如醉似痴。《红接梦》等古典小说是以后才读的。读这样的书是好是坏呢? 从我叔父眼中来看是坏。但是,我却认为是好,至少在写作方面是有帮助的。

季羡林读中学时,省吃俭用,通过邮购的方式购买外文图书;读大学和在海外留学时,有时饿着肚子也要买书。他说:"古今中外都有一些爱书如命的人。我愿意加入这一行列。"

季羡林六岁离开官庄老家的时候,家里没有一本书。三十五岁从海外归来,所带行李唯有六大箱书,如此日积月累,书越来越多。虽然经历"文革",季羡林的藏书并没有受到太大损失。在北大朗润园十三公寓季羡林的家中,两个单元房,包括客厅、卧室加上过厅、厨房、封了顶的阳台,大大小小共有八个房间,从地板到天花板,满满当当堆的全是书,册数从来没有人统计过,总有几万册,其中一些梵文和西文书籍堪称海内孤本。在北大教授中,季羡林是公认的"藏书状元",他说:"我的藏书都像是我的朋友,而且是密友。我的书友每一本都蕴涵着无量的智慧。我只读过其中的一小部分。这智慧我是能深深体会到的。"

季羡林并非以藏书家自命,然而坐拥如此大的书城,他心里感觉美极了。他在书堆中一坐,便忘记了尘世的一切不愉快的事情,怡然自得。世界之广、宇宙之大,此时仿佛只有他和那些书存在。窗外的景致很美:粼粼碧水,依依垂柳,阳光照在玉兰花的肥大的绿叶上,这都是他平常最喜爱的东西,此时他都一概视而不见,连他平常喜欢听的鸟鸣声,也充耳不闻。

书能给季羡林带来知识和智慧,快乐和希望,也能给他带来麻烦,甚至灾难。先说麻烦,书多了,用起来固然方便,但他没有时间和精力整理和管理,有时用起来反而不便。他并不是一个不爱清洁和秩序的人,但是,因为事情头绪太多,脑袋里考虑的学术问题和写作问题不少,而且每天都收到大量的书籍、报纸杂志和信件,转瞬之间就摞成一摞。在如此情况下，需要看某一本书，往往是遍寻不得，"只在此屋中，书深不知处"，急得满头大汗，也是枉然。他只好到图书馆去借，等到把文章写好了，把书送还图书馆，无意之间在一摞书中，竟找到了原来要看的书，可谓"得来全不费工夫"，然而晚了，工夫早已费过了，弄得他哭笑不得。到了用另一本书时，他再重演一次这场喜剧。再说灾难，在"文化大革命"中，季羡林以收藏"封资修大洋古"书籍的罪名挨过批斗。因为一本旧书里夹着他在留学时收到朋友寄来的一张印有蒋介石和宋美龄照片的明信片，被打成"反革命"，吃尽了苦头。1976年唐山地震时，有人警告他，家里书太多，夜里万一有情况，书会封住逃生的路，可是那种万一的情况并没有发生。季羡林"死不改悔"，爱书如故，除自己购买的书以外，别人赠送的书也越来越多，几间房子全填满了。

季羡林的藏书虽多，但他进行科学研究这点儿书远远不够。他搞的专业是冷门中的冷门，全国没有任何图书馆能满足他的需要，哪怕是最低限度地满足需要。有些科研项目往往因为缺少必要的书刊而进行不下去，只好让它搁浅。他的抽屉里往往积压不少这样搁浅的稿子。他有时跟朋友开玩笑说："搞我们这一行，要想有一个满意的图书室简直比搞'四化'还要难。全国国民收入翻两番的时候，我们也未必真能翻身。"

话虽这样说，可比较起来，对季羡林帮助最大的，还要数北大图书馆。北大图书馆藏书为全国大学之冠，虽然没有多少梵文方面的藏书，但佛教史、中印文化交流史方面的图书还是不少，他需要的资料基本上都能找到。留学回国之初，季羡林虽有一些行政和教学工作要处理，可是一有时间他就来到图书馆，潜心默读，不久就写出了几篇有分量的学术论文。北大从沙滩搬到燕园以后，季羡林仍然是图书馆的常客。后来"运动"越来越多，"文革"中图书馆被封闭，季羡林仿佛有无家可归之感。春回大地以后，季羡林又开始频繁进出图书馆。他认为一流大学必须有一流的设备，一流的图书，一流的教师，一流的学生和一流的管理。五个一流，缺一不可。在这五个一流中，图书显得特别突出。北大图书馆是北大人的骄傲，季羡林常说，图书馆的藏书一部一册都来之不易，一页一张得之维艰，全体北大人必须十分珍惜爱护，让北大图书馆健康长寿。

"阅读挑战"：最喜欢的十本书

有人问季羡林,在中国文学作品中哪些书是他最喜爱的? 季羡林回答有十种:(一) 司马迁的《史记》,它既是一部伟大的史籍,又是一部伟大的文学作品。季羡林认为平常所称的《二十四史》,尽管水平参差不齐,但是哪一部也不能望《史记》之项背。(二)《世说新语》,这是一部由许多颇短的小故事编纂而成的奇书,有些篇只有短短几句话,连小故事也算不上。每一篇几乎都有几句或一句隽语,表面简单淳朴,内容却深奥异常,令人回味无穷。(三) 陶渊明的诗,有人称陶渊明为"田园诗人"。从思想内容上来看,陶渊明颇近道家,中心是纯任自然,从文体上来看,他的诗简易淳朴,毫无雕饰,与当时流行的镂金错彩的骈文迥异其趣。(四)李白的诗,李白是中国文学史上最伟大的天才之一,在唐代以及以后的一千多年中,对李白的诗几乎只有赞誉,而无批评。(五)杜甫的诗,杜甫也是一个伟大的诗人,千余年来,李杜并称,但是二人的创作风格却迥乎不同:李白是飘逸豪放,杜甫是沉郁顿挫,李白是没有枷锁跳舞,杜甫是带着枷锁跳舞,二人的舞都达到了极高的水平。(六)南唐后主李煜的词,李后主后期词不多,但是篇篇都是杰作,纯用白描,不作雕饰,一个典故也不用,几乎都是平常的白话,老妪能解,然而意境却哀婉凄凉,千百年来打动了千百万人的心,在词史上巍然成一大家。(七) 苏轼的诗文词,中国古代赞誉文人有三绝之说,三绝者,诗、书、画三个方面皆能达到极高水平之谓也,苏轼至少已达到了五绝——诗、书、画、文、词,因此,苏轼是中国文学史和艺术史上最全面的伟大天才。(八)纳兰性德的词,中国词的创作到了清代又掀起了一个新高潮,名家辈出,在灿若列星的词家中,纳兰性德的词从艺术性方面来看,已经达到了完美的境界。(九)吴敬梓的《儒林外史》,此书的思想内容是反科举制度,它的特点表现在艺术性上,吴敬梓惜墨如金,从不作冗长的描述,书中人物众多,各有特性,只讲一个小故事,或用短短几句话,活脱脱一个人就仿佛站在我们眼前,栩栩如生,这种特技极为罕见。(十)曹雪芹的《红楼梦》,在古今中外众多的长篇小说中,《红楼梦》是一颗璀璨的明珠,是状元,中国其他长篇小说都没能成为"学",而"红学"则是显学,读这样一部书,主要是欣赏它的高超艺术手法,那些把它政治化的无稽之谈,是不可取的。

至于学术著作,哪几部对季羡林影响最大?几十年来他一贯认为是两位大师的著作,在德国是亨利希·吕德斯,季羡林的老师的老师,在中国是陈寅恪先生,他们都是考据大师,方法缜密到神奇的程度。从中可以看出季羡林的个人兴趣之所在。

吕德斯是世界公认的梵学大师,研究范围颇广,对印度的古代碑铭有独到深入的研究。印度每有新碑铭发现而又无法读通时,大家就说:"到德国去找吕德斯去!"可见吕德斯权威之高。吕德斯著作极多,那部中短篇论文集《古代印度语文论丛》,是对季羡林一生影响最大的著作之一。这书对别人来说可能极为枯燥,但对季羡林来说却是极为有味,极富灵感,读之如饮醍醐。

陈寅恪的著作,特别是《寒柳堂集》和《金明馆丛稿》,使用考据方法,不说空话,无证不信,从一个不大的切入口入手,如剥春笋,每剥一层,都是信而有证,让你非跟着他走不行,剥到最后,露出核心,得出结论,让你恍然大悟,没有法子不信服。陈寅恪考证不避琐细,但绝不是为考证而考证,小中见大,往往含着极大的问题。季羡林认为,读陈寅恪的文章简直是一种最高的享受。

1997 年 4 月 8 日,季羡林写了一篇杂文,题目是《天下第一好事,还是读书》,文章说:

> 古今中外赞美读书的名人和文章,多得不可胜数。张元济先生有一句简单朴素的话:"天下第一好事,还是读书。""天下"而又"第一",可见他对读书重要性的认识。
>
> 为什么读书是一件"好事"呢?
>
> 也许有人认为,这问题提得幼稚而又突兀。这就等于问"为什么人要吃饭"一样,因为没有人反对吃饭,也没有人说读书不是一件好事。
>
> 但是,我却认为,凡事都必须问一个"为什么",事出都有因,不应当马马虎虎,等闲视之。现在就谈一谈我个人的认识,谈一谈读书为什么是一件好事。
>
> 凡是事情古老的,我们常常总说"自从盘古开天地"。我现在还要从盘古开天地以前谈起,从人类脱离了兽界进入人界开始谈。人成了人以后,就开始积累人的智慧,这种智慧如滚雪球,越滚越大,也就是越积越多。禽兽似乎没有发现有这种本领,一只蠢猪一万年以前是这样蠢,到了今天仍然是这样蠢,没有增

加什么智慧。人则不然,不但能随时增加智慧,而且根据我的观察,增加的速度炫来起快,有如物体从高空下坠一般。到了今天,达到了知识爆炸的水平。……

人类千百年以来保存智慧的手段不出两端:一是实物,比如长城等等;二是书籍,以后者为主。在发明文字以前,保存智慧靠记忆;文字发明了以后,则使用书籍。把脑海里记忆的东西搬出来,搬到纸上,就形成了书籍,书籍是贮存人类代代相传的智慧的宝库。后一代的人必须读书,才能继承和发扬前人的智慧。人类之所以能够进步,永远不停地向前迈进,靠的就是能读书又能写书的本领。我常常想,人类向前发展,有如接力赛跑,第一代人跑第一棒;第二代人接过棒来,跑第二棒,以至第三棒、第四棒,永远跑下去,永无穷尽,这样智慧的传承也永无穷尽。这样的传承靠的主要就是书,书是事关人类智慧传承的大事,这样一来,读书不是"天下第一好事"又是什么呢?

但是,话又说了回来,中国历代都有"读书无用论"的说法,读书的知识分子,古代通称之为"秀才",常常成为取笑的对象,比如说什么"秀才造反,三年不成",是取笑秀才的无能。这话不无道理。在古代——请注意,我说的是"在古代",今天已经完全不同了——造反而成功者几乎都是不识字的痞子流氓,中国历史上两个马上皇帝,开国"英主",刘邦和朱元璋,都属此类。诗人只有慨叹"可惜刘项不读书"。"秀才"最多也只有成为这一批地痞流氓的"帮忙"或者"帮闲",帮不上的,就只好慨叹"儒冠多误身"了。

但是,话还要再说回来,中国悠久的优秀的传统文化的传承者,是这一批地痞流氓,还是"秀才"? 答案皎如天日。这一批"读书无用论"的现身"说法"者的"高祖""太祖"之类,除了镇压人民剥削人民之外,只给后代留下了什么陵之类,供今天搞旅游的人赚钱而已。他们对我们国家竟无贡献可言。

总而言之,"天下第一好事,还是读书"。

为纪念北大百年校庆,季羡林、张岱年、朱伯崑、厉以宁、任继愈、汤一介、李学勤、余敦康、吴良镛、庞朴、金克木、赵敦华、侯仁之、谢冕等五十四名学者联合推荐中外人文经典书目,其中应读书目三十种、选读书目三十种。笔者以为,这个书目不仅

对青年学子十分重要,对广大读者也很有用途,故在此抄录如下:

应读书目为:《周易》、《诗经》、《老子》、《论语》、《孙子兵法》、《孟子》、《庄子》、《史记》(司马迁)、《坛经》(惠能)、《古文观止》(吴楚才、吴调侯)、《唐诗三百首》(孙洙)、《宋词三百首笺注》(唐圭璋笺注)、《红楼梦》(曹雪芹)、《中国近三百年学术史》(梁启超)、《鲁迅选集》、《中国哲学简史》(冯友兰著,涂又光译)、《中国法律与中国社会》(瞿同祖)、《理想国》(柏拉图著,吴献书译)、《神曲》(但丁著,王维克译)、《哈姆雷特》(莎士比亚著,曹未风译)、《思想录》(帕斯卡尔著,何兆武译)、《社会契约论》(卢梭著,何兆武译)、《历史理性批判文集》(康德著,何兆武译)、《约翰·克利斯朵夫》(罗曼·罗兰著,傅雷译)、《科学史》(丹皮尔著,李衍译)《共产党宣言》(马克思,恩格斯)、《资本论》(第一卷,马克思)、(路德维希·费尔巴哈与德国古典哲学的终结》(恩格斯,张仲实译)、《毛泽东选集》、《邓小平文选》。

选读书目为:《礼记》(戴圣)、《荀子》、《左传》(左丘明)、《韩非子》、《论衡》(王充)、《三国志》(陈寿)、《世说新语》(刘义庆)、《文心雕龙》(刘勰)、《李太白集》、《资治通鉴》(司马光)、《明夷待访录》(黄宗羲)、《儒林外史》(吴敬梓)、《人间词话》(王国维)、《中国哲学大纲》(张岱年)、《国史大纲》(钱穆)、《圣经》、《国富论》(亚当·斯密)、《论法的精神》(孟德斯鸠)、《复活》(列夫·托尔斯泰)、《物种起源》(达尔文)、《城堡》(卡夫卡)、《飞鸟集》(泰戈尔)、《新教伦理与资本主义精神》(韦伯)、《精神分析引论》(弗洛依德)、《西方哲学史》(罗素)、《历史研究》(汤因比)、《德意志意识形态》(马克思)、《社会主义从空想到科学的发展》(马克思)、《哲学笔记》(列宁)。

布衣泰斗

季羡林出身寒微,尽管他名满天下,却从不忘本,经常说的一句话是"农民的小米养活了我"。他总是把自己当作普通劳动群众的一员,只要他们需要,他就毫不犹豫地伸出援手。因此,民间亲切地称他为"布衣泰斗"。

你看,这老爷子一身旧蓝布中山装,脚蹬圆口黑布鞋,推一辆破旧的自行车,从公寓楼出出进进,怎么也不像是一位学界巨子,难怪新生入学那天把他当成学校的工友,请他看了半天行李。再到他家里看看,水泥地、大白墙、油漆斑驳的旧家具、简单不过的木板床、洗盥室里的小木凳裂成了八瓣,用绳子捆着还在用,旧塑料桶里装着洗过衣服和蔬菜的水,留着冲厕所。他一日三餐,简简单单,素食为主,偶尔吃点儿牛羊肉。这就是一位大学者的日常起居。

1994年,他的老伴已经过世,经常在家吃饭的是四个人:除了老爷子,还有保姆小张、小张上中学的儿子和每天过来帮忙的助手李玉洁。那年月"体脑倒挂"严重,季羡林每月工资扣除房租水电费燃气费,大约剩下七百元左右,一半付给保姆做工资,一半做生活费。好在他"爬格子"赚些稿费,自己要求又不高,生活水平还不致下降。2001年,小张得了肝炎,不宜再干家政服务,离开季家时季羡林给她一万元钱,那时候一万元可不是一个小的数目。

山东聊城在晚清出过一位热心办"义学"的奇人武训。赵丹主演的电影《武训传》曾一度受到批判。季羡林对武训甚为敬仰,他在1990年6月致信武训后人武广成,信中说:

> 武训先生为千古奇人,素所景仰。以前的所谓"批判"是不公道的,是异常荒谬的,"四人帮"头子江青在里面起了极不光彩的作用。这位"女皇梦"患者是靠这一次批判才"露峥嵘"的,值得我们永远牢记。向全庄武氏族人致意。

20世纪90年代初期,山东冠县也出了一位效法武训办学的"义学痴"么富江。当他办学陷入困境时,到北大来找季羡林,季羡林对他表示赞赏和支持,并把为纪念武训的题词"千古一人,柳林腾辉"赠给他,么富江深受鼓舞。

季羡林积极支持民间办教育。1994年,民办的北京圆明园学院招收了第一批学生,担任该院名誉院长的季羡林为学院题词:

> 十年树木,百年树人,教育为立国之本,古有明训。纵观中国教育史,办教育总是两条腿走路。时至今日,民办教育的重要意义决不应再忽视。

他还给学院首届学生题词:

成为北京圆明园学院的一员,你将担负起历史大任和民族重托。

第二年,圆明园学院从革命老区招收了一批学生。季羡林挂记着这些来自老区的孩子们。冬天,他冒着严寒到学院为他们讲课。当时他感冒初愈,不顾医生的劝阻,穿着厚厚的大衣来到学院,讲课之后还说了许多语重心长的话,并和学生们在校园里合影留念。他说:"这些孩子是从老区来的,能到北京上学很不容易。我要见见他们,多给他们一些鼓励。"又说,"对于青年人来说,学习的目的不是为了个人,是为了建设我们的祖国。首先要把爱国主义摆在前面。一个人不爱国的话,就什么都谈不上。因此我希望受资助的学子们要明确自己的学习目的,要学好知识,做一个爱国、爱家乡的人。学成之后,为祖国、为家乡的建设贡献自己应尽的力量。"

中央电视台记者曾就圆明园学院资助老区学生的事采访季羡林,他对记者说:"我们圆明园学院坚持资助老区学生,始终关心革命老区教育事业的发展,为老区培养师资、培育人才,这是顺乎潮流、迎乎时代的。学院之所以举办资助老区贫困学生的活动,主要道理在于从智力上帮助老区脱贫致富。老区过去在革命时期做了极大的贡献,但由于历史上的种种原因,他们一直没有脱贫。贫困山区相对我们中国 12 亿人口来说,教育水平应该得到普遍的提高,提高一部分不行,一部分地区不行,一部分人也不行。要普遍提高的话,必须从年轻一代着手,就必须从老少边区特别是老区的青少年着手。当年他们的父母,或者祖父祖母为我们革命做过贡献,像人家那样的孩子就应该首先得到受教育的机会,通过教育提高他们的素质,进而加快老区科技致富、知识脱贫的步伐。这也正是我们圆明园学院资助老区学生的主要意义所在。"

季羡林当然不仅仅关心青年一代的培养,下面再来看他同老铁匠和掏粪工人交往的故事。

山东省微山县有位盲人老铁匠,名叫沈恒志,从小喜欢听书看戏。他虽然没有读过书,可是记忆力却很惊人。在他七十多岁的时候,凭记忆把小时候听过的当时流传甚广的民间故事口述出来,由殷昭利、殷亮整理成书,书名叫《民间铁失故事集》,可惜没有一家出版社愿意出版。老铁匠托人找到季羡林,想请他帮忙推荐一下。季羡林说："这个忙应该帮,但我不是研究这个的,不能信口开河,最好还是听一听钟敬文先生的意见。"他把书稿转给钟先生。钟先生是北京师范大学教授,民俗学和民间文学的专家,他看了书稿以后,巴不得有这样的著作出版,立刻写了一篇序。季羡林知道了钟先生的意见,说:"既然钟先生说好,那肯定错不了。他写了序,我就提个书名吧。"于是挥毫写下了"民间铁失故事集"七个大字。有了两位学界巨擘的推荐,老铁匠的书终于出版了。原来被人讥讽为"老骨头发贱"的老铁匠沈恒志,一下子成了微山县的名人。这个二老荐书的故事,发生在1996年。

也是在1996年,北京市评出一位"藏书状元",此人并非是文化人,而是一位掏类工人,名叫魏林海。季羡林在北大工作了五十年,也是北大的藏书状元,两位状元惺惺相惜。季羡林对魏林海甚为钦佩,为他题词:"梅花香自苦寒来。"这位掏炎工人就住在海淀区六郎庄,与北大算是近邻。1997年,魏林海与几位在乡间的书画之友为庆祝香港回归,筹划在自家西屋办一个书画展。他们想请一位名人写几个字,为展览壮声色,于是找到一位小有名气的画家,不料此人瞧不起这些种田的、掏粪的。魏林海一气之下,发誓要找个大名人写字。他鼓起勇气找到季羡林。季羡林得知情况,认为应该鼓励,立刻欣然命笔,题写了"六郎庄农民书画展"横幅,字迹苍劲有力,韵味高古,为展览添彩不少。随后季羡林又为六郎庄的文化活动室题写了"文化乡村"的匾额,从此与魏林海结为忘年交。

长寿之道

中国历代文人,寿命达到六七十岁的不多,活过九十岁的更是凤毛麟角。季羡林活到了九十八岁,可谓长寿矣,实在得之不易。1962年他便查出冠心病,后来又患肺气肿、白内障等,但他从未被病魔吓倒。有人向他请教长寿之道、养生之术,他的回答是:"养生无术是有术。"这话听起来好像很深奥,其实极为简单明了。说白了就是他独创的"三不"主义:不锻炼,不挑食,不嘀咕。

季羡林的这个"三不"主义,容易招来误会,需要加以解释。第一,季羡林并不绝对反对适当的体育锻炼,但不要过头。年轻时他是个狂热的球迷,由于体质较弱,上清华时经常感冒,于是下决心锻炼身体。他爱上了手球和网球,经常在球场上打得大汗淋漓,身体竟逐渐壮实起来,感冒之类不治自愈,也为后来的苦读和治学打下了坚实的基础。中年以后他不刻意锻炼身体,主要是因为没有时间,只能"吃老本"。他算了一笔账:如果一天用去两个小时锻炼身体,几十年下来要用去多少时间?这些时间能做多少事情?他有两位朋友,天天锻炼身体,用去许多时间,结果如何?一个经常闹病,另一个先他而去。季羡林认为,这种靠锻炼求长寿的做法不足取。他说:一个人如果天天望长寿如大旱之望云霓,而又绝对相信体育锻炼,则此人心态恐怕有点儿失常,反不如顺其自然为佳。

至于不挑食,其心态大致与上面相似。季羡林说,常见有人刚入中年,就开始挑食,蛋黄不吃,动物内脏不吃,每到吃饭,计算卡路里,核算胆固醇,战战兢兢,如履薄冰,窘态可掬,看了令人失笑。以这种心态而欲求长寿,岂非南辕而北辙!五谷杂粮、瓜果蔬菜只要有营养的东西,都可以吃。鸡鸭鱼肉,当然也可以吃一些,只是不要贪食,不可偏食,不要挑肥拣瘦。

季羡林认为,最为重要的是第三点。对什么事情都不嘀嘀咕咕、豁达开朗、乐观愉快,如周一良先生说的"吃也吃得下,睡也睡得着,拉也拉得出"。有问题则设法解决之,有困难则努力克服之,绝不为芝麻绿豆大的事情大伤脑筋,也绝不毫无原则地随遇而安,绝不玩世不恭,更不庸人自扰。理想状态是如同陶渊明所说:"纵浪大化中,不喜亦不惧。"有这样的心境,焉能不健康长寿?

季羡林为人坦荡,光明磊落,不追名,不逐利,不打小算盘,不赶时髦,拿得起,放得下,一向以真面目、真性情示人,可谓真潇洒。古人说"仁者寿",俗语说,德高者寿高。真正做到"不嘀咕"的,唯有仁者、德者,只有他们才能真正做到"心净自然凉","心底无私天地宽"。

由此,笔者想到了北大老校长马寅初,活到一百零二岁,一生可谓大起大落,新中国成立初任中央人民政府委员、政务院财政经济委员会副主任、华东军政委员会副主席、浙江大学和北京大学校长等职。1955年他提出控制人口的理论,1957年发表《新人口论》,观点非常正确,利国利民,结果挨批,1958年后政治境遇大不如前,教育部长撤职,北大校长也撤职,其他兼职非撤即批,1962年终于离职归家。这岂不是天大的冤屈?可是,马老就好像什么事都没发生似的,回到家中书写了一副对联:"宠辱不惊闲看庭前花开花落,去留无意漫观天外云卷云舒。"事实证明,马老是真正的德者、仁者、寿者,庶几迎来了十一届三中全会召开,沉冤昭雪,还其一身清白。

季羡林积数十年之经验,对长寿之道还有很重要的一点补充:人绝不能让自己的脑筋投闲置散,要经常让脑筋活动着。他说,根据外国一些科学家实验结果:"用脑伤神"的旧说法已经不能成立,应改为"用脑长寿"。人的衰老主要是脑细胞的死亡。中老年人的脑细胞虽然天天死亡,但人一生中所启用的脑细胞只占细胞总量的四分之一,而且在活动的情况下,每天还有新的脑细胞产生。只要脑筋的活动不停止,新生细胞比死亡细胞数目还要多。勤于动脑筋,则能经常保持脑中血液的流通状态,而且能通过大脑协调控制全身的功能。

说到这里,笔者想起现代著名作家、教育家叶圣陶老先生。叶圣活到九十四岁。他生前讲过自己的长寿之道,也是三句话:一抽烟,二喝酒,三不锻炼身体。其中的第三条与季老不谋而合。其实,探讨人类长寿这样的课题,仁者见仁,智者见智,很难得出科学而又公允的结论来。季羡林的"三不"主义当然也是一家之说。可是,考察诸家之说,又有相通之处,就是积极、乐观、豁达的人生态度。这才是最重要、最根本、最不可或缺的。

为学在求益,为道在求损。伍迪·艾伦曾说:"放弃所有让你想活到一百岁的东西,你就可以活到一百岁。"又如林语堂说:"人类加入了动植物界的永久行列在前进着,出世、长成、死亡,把空位让给别人。人类只有在看透这尘世生存的空虚时,才开始大彻大悟。"郭沫若说得更尖锐、更深刻:"人也有从醉梦中醒来的时候,在这时候他们渐渐知道睁开眼内观外察,他们才会发觉自己才是无边的海洋上一叶待朽的扁舟,漫漫的黑夜里一段将残的迷梦,大家只是牢不可破的监狱内一名待决的死刑囚。"而季羡林积百年人生之体验,确实参透了生老病死,因而采取积极、乐观、豁达的人生态度。

米　寿

　　季羡林进入耄耋之年,转眼间又迎来了他所期待的米寿。1999 年 3 月中旬,中国文化书院在北京友谊宾馆雅聚,为该院导师中几位八十岁以上的老先生集体贺寿。寿星中最年长的是张岱年先生,九十岁;其次是季羡林和侯仁之,八十八岁;接下来何兹全八十五岁;最小的王元化八十岁。文化书院为季老贺寿的对联是:

　　　　人生百尺楼,云水襟怀观宇宙;
　　　　学术千秋业,绝学梵释擅名山。

　　早在 1998 年 10 月 17 日,北京大学就为季羡林教授的八十八岁寿辰举行了庆祝仪式。知识界、文学界、艺术界的大家名流欢聚一堂,钟敬文、启功、张岱年、林庚、陈原、黄苗子、郁风、方成、汤一介、黄宗江、舒展等对季羡林数十年如一日,兢兢业业于学术研究和教书育人的道德风范,特别是近年来在著述和编纂工作中敢讲真话的精神,表示由衷的钦佩。季羡林致答词,他感谢与会者的热情祝福,并将他担任顾问的三卷本《思忆文丛——荆棘路:记忆中的反右派斗争》一一签名,赠送大家。
　　1999 年 8 月 14 日下午,北京湖广会馆旌旗招展,乐曲悠扬,会馆馆长徐立仁和北大校友旅日学者新飞发起的为季羡林庆贺米寿的专场演出在此隆重举行。一时间,群贤毕至,少长咸集,一百五十多位嘉宾中不乏鸿儒大师级文化名人,其中有张中行、吴祖光、欧阳中石、黄宗江、范用、梅绍武、屠珍、洁混、刘曾复、甘英、陈尧光、周树曾等。演出的剧目是京剧《十字坡》《单刀赴会》和《空城计》。会馆中高朋满座,丝竹悦耳,笑语水声。与这么多朋友围坐在一起,品若赏戏,季羡林高兴极了,放言要请所有在场的人吃饭。靳飞挑选了二十来人和季羡林共进晚餐。席间,在《贵妃醉酒》中扮演杨玉环的来自深圳的昆曲演员胡文阁恰巧和他坐在一起。季羡林十分欣赏这位梅派男旦,称赞他扮相俊美,唱腔婉转,然后又幽默地说,只是名字不美,令人想起"文革",最好改个名字,大家听了哈哈大笑。靳飞在演出之前致辞,称赞季老的人品和学品。季羡林向他索要了稿子,拿到稿子后举在手里认真地问:"请给我签个名,好吗?"

1999年12月9日,北京大学季羡林海外基金会与江西教育出版社在北大勺园联合召开座谈会,一为庆贺季老米寿,二为庆贺《季羡林文集》荣获第四届国家图书奖。新闻出版署署长于友先、全国人大常委会副委员长丁石孙、中共中央统战部副部长刘延东、中国人民对外友协会长陈昊苏、清华大学教授张岂之、江西教育出版社社长兼总编辑周榕芳、中国作家协会党组书记张锲、北京大学副校长何芳川等近百位专家出席。于友先讲话称季先生为出版界的衣食父母。他说:"季老宝刀未老,一生辛勤耕耘,著作等身。新闻出版署的直属出版社,如人民出版社、人民文学出版社、大百科全书出版社、中华书局等都在出季先生的书,都在受季先生的教益,许多地方出版社也在出季先生的书,江西教育出版社出版的这套文集就是精选之作作为季先生的山东老乡我为他感到荣耀和骄傲。我国的新闻出版事业之所以能够繁荣和发展,其中一个重要原因就是因为有像季先生这样的一大批杰出学者的鼎力支持。"

座谈会上,学者们盛赞学界一代宗师季羡林学术精深、贯通东西,通晓多国语言,犹精梵文、巴利文、吐火罗文,在当代世界极少见。数十年来他一直在寂寞的领域默默坚持,孜孜无怠,堪称楷模。香港著名学者绕宗颐先生借用清代学生献给老师王士禛的名联,为季羡林祝寿:

天下文章莫大是,

一时贤士皆从游。

北大中文系教授白化文献贺诗：

声闻九译弦歌众，
寿世文章百卷成。
米寿遥联茶寿乐，
燕园一塔一先生。

最后一句尤妙，言季先生之高。此后，学界便有季羡林是"全国最高的老师"一说。

著名书法家沈鹏献上墨宝为贺。各界朋友祝福季羡林先生寿酒长饮，腕力长健，写出更多更好的文章。面对朋友们的祝愿，季羡林精神矍铄，笑言一定把自己当成小伙子，使足吃奶的劲儿，努力达到大家的要求。

宝 岛 行

1999 年 3 月 26 日，季羡林由北大副校长郝斌和助手李玉洁陪同，应圣严法师邀请赴台湾参加法鼓人文社会学院举办的"人文关怀与社会实践系列——人的素质学术研讨会"。此次赴台的路费，是圣严法师提供的。27 日晨，季羡林来到台北故宫博物院山溪堂，与同来参会的国家图书馆馆长任继愈在青山绿水间游览。当日，参观了法鼓山。29 日至 31 日，季羡林在台北图书馆开会，会上发表演讲《关于人的素质的几点思考》。他说，人文关怀应分为人与自然、人与人及人自身的思想感情处理三个层次，把这三种关系处理好了，人就幸福愉快，否则人就痛苦。这就是季羡林倡导的"和谐"观的主要内涵，后来成为全党和全国人民的共识和奋斗目标。

在台期间，季羡林访问了台湾中央研究院、台湾大学、中央图书馆、圆山大酒店和张大千的摩耶精舍，出席了台湾北大校友会等团体举办的多次欢迎宴会，还专程到胡适和傅斯年的墓地祭奠。他在胡适墓前三鞠躬，而后对身后的郝斌说："鞠躬!"

郁赋也鞠朝如仪。胡适是北大的老校长,傅斯年曾任北大代理校长,均是五十多年前季羡林的"丧领导",今日北大两位副校长来为老校长扫墓,遂成人间一段佳话。

在台湾十多天,季羡林一行走马看花,马不停蹄,行色匆匆。这次台湾之行给季漾林留下了深刻而美好的记忆。出发之前,他的脑子里还有一个问号:台湾人对大陆人的看法究竟怎样?因为毕竟分离了半个世纪,这中间发生了许多不愉快的事情,季羡林担心台湾人对大陆人恐怕不会有好感的。可是,当他在香港机场登上台湾的班机,一进机舱门,笑容可掬的空中小姐立刻过来搀扶,服务温馨而得体。她们一路上送饮料、送饭菜、送报纸,忙个不停,脸上始终挂着亲切真诚的微笑。这微笑把季羡林心里的惴惴不安一扫而光。

经过一个多小时飞行,飞机开始徐徐下降。当台湾的陆地映入眼帘的时候,季美林首先想到了宝岛的历史。他在《台游随笔》中写道:

> 我虽然是初次来到台湾,但是台湾对我并不陌生。我在读小学时在历史和地理课中,对台湾已经颇为熟悉了。我知道,中国这个第一宝岛,自古以来就是中国不可分割的一部分。但是,自明末清初以来,就交了华盖运。西方新兴的殖民主义国家看上了它,依仗着自己的坚船利炮,不远数万里,从欧洲蹿到台湾来,企图据为己有。哪里有侵略,哪里就有抵抗。于是郑芝龙、郑成功父子相继率领民众驱逐海寇。甲午战争以后,倭寇又入侵宝岛。唐景嵩、刘永福等人,又率众抵抗,此时清廷已腐朽透顶,把台湾拱手送人。什么仁人志士也无能为力了。记得在清华读书时,在吴宓先生的诗集注中读到了台湾爱国志士丘逢甲的两句诗:"地陷东南留大岛,天生豪杰救中原。"豪迈的诗句,掷地可作金石声,读之令人回肠荡气,浩然之气陡增。这两句诗,几十年来我一直不能忘记。今天我来到台湾。双足一踏上台湾的土地,这两句诗立即响在我心中。我想到古书上的两句话,我想套用在台湾上:"台湾乃报仇雪耻之乡,非藏污纳垢之地。"我觉得,从今天的政治形势来看,我们海峡两岸的同胞,如果都能记住这两句诗和两句话,将会是大有好处的。

季羡林完全没有想到的是,一走出机场大厅,就看见十几位北大东方学系的校友高举着大红横幅在迎接他。台北的校友几乎是全体出动,他们都在七十岁上下,一个个白发苍苍。季羡林感受到了浓浓的友情、亲情、手足之情。从机场前往下榻的富都大饭店,季羡林透过车窗观看台北的街市,好像回到了五十多年前的老家一样,没有一点陌生感。满街的招牌都是繁体汉字,人们的衣着打扮和大陆一模一样,有些地段很像香港,可是行人操的不是难懂的粤语,而是类似普通话的国语,距离一下子就拉近了。

北大同学会设宴欢迎大陆来的校友。这是一次老年人的聚会,因为他们几乎都是 20 世纪 40 年代后期到台湾来的,会长杨西崑已经九十二岁高龄,其他校友也在耄耋之年。早年曾在经济系就读的包德明女士站起来致辞,她两眼含泪,大声说:"我有一句话,已经在心里憋了几年。今天,看到大陆来的亲人,忍不住非说出来不行了。常言道:血浓于水。台湾和大陆的人都是炎黄子孙,为什么竟不能统一起来!台湾富,大陆强,合起来就是一个既富且强的大国,岿然立于世界民族之林中,谁也不敢小看,谁也不敢欺负。这是中华民族绝大的好事,为什么竟不能实现!"说着说着,她激动得不能自持,全体校友无不为之鼓掌动容。季羡林在台湾,不止一次听到台湾朋友说"血浓于水"四个字。由于此次访问属于学术交流性质,所以他们不便主动谈及政治话题,可是海峡两岸同胞盼望祖国统一的共同心声,可谓心有灵犀,是任何力量也阻止不了的。

季羡林已是一位望九老人,经不起旅途劳顿和气候的剧烈变化,他患了感冒,发烧接近 40℃,校友们知道后都十分关心。台大图书馆馆长林光美女士赶忙通知杨西崑先生,并陪同季羡林到台大医院请专家诊治。杨西崑还派自己的私人医生前来看病,包德明在深夜里亲自送来祖传的治疗哮喘灵药。这些不是亲人胜似亲人的朋友,怎能不让季羡林感动呢?

法鼓山在台北以东数十公里处,依山傍海,群峦竞秀。季羡林在这里会见了老友圣严法师。圣严法师是深受台湾人民爱戴、广有徒众的高僧大德。几年前,圣严法师来到北京,在颐和园听鹂馆设素斋招待北京学界朋友,季羡林与他促膝对坐,谈经论学,成为好友。其后,台湾佛学研究所所长李志夫教授,受圣严法师委托在台湾出版了《季羡林佛教学术论文集》。1998 年圣严法师再度来访,季羡林在天食素菜馆为法师洗尘,又结识了圣严法师的高足惠敏法师和法鼓大学校长曾济群教授。这次季羡林来到台北，登上法鼓山，旧友重逢，其乐融融。圣严法师筹集巨资，买下这一片山地，正在大兴土木，建设法鼓大学和佛学研究所，不为培养僧侣，而是培养社会所需的建设人才。中午，他们一起享用义工烧制的素斋自助餐。

季羡林一行在台湾访问期间，有两个女孩儿形影不离地陪着他们，一个叫李美宽，一个叫陈修平。她们组织大家上车下车，安排就餐住宿，充当导游，服务态度十分热情。刚开始，大家还以为她们是旅行社的导游，后来才知道她们是义工，是在法鼓大学开会期间专门提供义务服务的，不取分文报酬。她们都有自己的工作，出来做义工耽误的时间，回去要用休息时间补回来，真正是无私奉献。台湾义工很多，在法鼓山上，也有很多义工，多半是青年女子，一个个温文尔雅，待人彬彬有礼，说话轻声细语，干起活来却麻利干练，尽心竭力，从搞卫生到烧饭菜，全靠她们。她们烧制的素斋，色、香、味都不同凡响。这些义工为了信仰甘于奉献的精神，又怎能不让季羡林等人感动呢？

中国使馆遇袭

1999 年 5 月 7 日午夜（贝尔格莱德时间），以美国为首的北约冒天下之大不韪，悍然使用五枚导弹，从不同角度袭击中国驻南斯拉夫联盟大使馆，造成馆舍严重损坏，新华社和光明日报驻南记者邵云环、许杏虎和朱颖遇难，二十余人受伤。5 月 8 日，中国政府发表严正声明，强烈抗议以美国为首的北约暴行。中国社会各界群情激奋，人民群众表现出极大的愤慨和强烈的爱国热情。12 日，三位烈士的骨灰和受伤人员回到北京。中国人民的抗议声讨活动达到高潮。刚刚参加了北京大学师生抗议声讨活动的季羡林，接受了人民日报记者的采访。

季羡林说："初闻这一消息，我非常吃惊，第一个反应就是怀疑可能是误炸。但现在从种种事实来看，实在不容善良的人们那么解释。我们过去或许还对世界抱有善良的幻想，以美国为首的北约这一罪恶行径给我们敲响了警钟。学生们上街抗议完全是正义的表现，年轻人思想活跃，行动快，他们的抗议代表了中国十二亿人的心声。爱国主义是我们中国历史上最优秀的传统之一，我认为的爱国主义有两重意思：一是决不允许别人侵略我们；二是我们决不侵略别人。爱国主义和国际主义是辩证地结合在一起的。中国人富有东方智慧和仁者精神,中国人对世界的认知方式和与自然天地和谐相处的东方文化精神将在 21 世纪有着深远重大的指导意义。"

回到家里,季羡林思绪万千、心潮难平,昔日在法西斯德国遭遇大轰炸的情景,又浮现在眼前。次日清晨,他摊开稿纸,奋笔疾书,一个早晨,一篇杂文《无敌国外患者国恒亡》便应运而生,跃然纸上:

无敌国外患者国恒亡。

这是一句颇常引用的古语。一般人很难理解透彻的。试想一个国家,不管是历史上的,还是现在的,外无敌国外患,边境一片平静,内则人民和睦,政治清明,民康物阜,不思忧患,这难道不是人间乐园吗?

然而,一部人类历史却证明了另外一个真理。人们嘴里常说的一些俗话,也证明了另外一种情况。常言道:"人无远虑,必有近忧。"这一句简单明了的话,几乎每个人都有这种经验。至于一个国家,例子也可以举出一些来。唐明皇时代,经过了开元、天宝之治,天下安康,太仓里的米都多得烂掉。举国上下,忘乎所以。然而"渔阳鼙鼓动地来",唐明皇仓皇逃遁,杨贵妃自缢马嵬,几乎亡了国。安禄山是胡人,现在胡人已多半融入中华民族大家庭中,当时却只能算是敌国。明皇的朝廷上下缺少了敌国外患的忧患意识,结果是皇帝被囚废,人民遭了大殃。对我们来说,这实在是一面明镜,也充分证明了"无敌国外患者国恒亡"这个真理。

当前,我国人民,在改革开放以来,生产有了发展,生活有了提高;但是,根据我的观察和我自己的亲身体验,忧患意识却大大地衰退,衰退到快要消失的地步。有的人争名于朝,争利于市,好像是真正天下太平,可以塞高了枕头,酣然大睡了。

从国际上来看,原来的两个超级大国只剩下了一个,它已忘乎所以,以国际警察自命,到处挥舞大棒,干涉别人的内政。但是,一些人,包括我自己在内,下意识里认为,大棒反正不敢挥舞到我们头上来,我们一点忧患意识也用不着有了,心安理得地大唱卡拉 OK,大吃麦当劳。环顾世界,怡然自得。

然而,正在这千钧一发的关头上,宛如石破天惊一般,以美国为首的北约,意孤冒天下之大不进,用导弹麦炸了我们的驻南使馆,造成了人员伤亡,房含破坏。这本是一件极坏的事情;然而,坏事变成了好事,一声炸弹响,震醒了我们这垫图肆的人们,震清了我们的脑袋瓜,使我们幡然省悟,世界原来并不和平,款国外患依然存在。这一声炸弹震醒了我们的忧患意识,使我们举国上下奋发图强,同仇敌汽,团结更加强加固,这大大有利于我们国家的进步与建设。

现在回到本文的标题上,我们真不得不从内心深处感激我们的古人。他们克满了料证思维,显示了无比的智慧。我想,我们全体炎黄子孙都会为此而感到无上的骄傲的。

宋代陆游有诗云:"位卑未敢忘忧国。"季羡林无时不在牵挂着祖国的安危,总想尽上一份赤子之心,企盼祖国日益强大,屹立于世界民族之林。

印度文学院名誉院士

1999年7月5日,印度文学院授予季羡林先生名誉院士学衔仪式在北京大学临湖轩举行。印度文学院院长罗摩坎达·赖特、印度驻华大使南威哲、北京大学副校长何芳川到场,北大和中国社会科学院数十位专家参加仪式。

首先,南威哲大使主持会议说:"季羡林教授对印度的研究,倾注了毕生的精力,真可谓是一个传奇人物。季羡林教授也是世界上公认的梵文研究的带头人。他对中印两国历史长期相互交流的研究所做出的贡献,时至今日仍然起着先锋的作用。"接着,罗摩坎达·赖特先生代表印度文学院致贺词说:"季羡林教授一贯致力于维护文化的真正价值。我们对他表示无比的尊敬。事实上,是他给了我们这样一个机会来表达对他的敬意,我们荣幸地授予他印度文学院名誉院士的称号,以感谢他为中印两国人民间的友谊所做出的贡献。我们衷心地祝愿这种友谊不断发展,彼此间的了解更加广泛。"他还说:"季羡林教授是一位世界知名的杰出的东方学者,也是当今世界公认的最为著名的梵文学者之一,在开创中国对印度古典文学的研究方面的贡献,是无与伦比的,因而理应获得这一最高等级的奖励。采取这一史无前例的创举,把名誉院士授予季羡林教授,这是印度文学院的殊荣,我对此举倍感欣慰。"

最后，季羡林用中英文致答谢词，他说："世界知名的文学机构印度文学院，授予我名替院士学衔，在我的确是一大喜事，也是一大荣誉。这是印度人民对中国人民的友谊的标志或象征。我认为，这一崇高荣誉不能仅仅属于我一个人，而应属于所有从事印度研究的中国学者。其中有些人现在就在座。他们应当与我分享。"季淡林又用中、英文吟诵曹操的诗句："老伏枥，志在千里。烈士暮年，壮心不已"。并说："我虽非烈士，但仍要为中印两国文化交流多做贡献。"

结识石景宜

季羡林在2000年1月写的散文《佛山心影》中总结了自己的交友之道，他写道：

> 我交了一辈子朋友，我究竟喜欢什么样的人？我从来没有做过总结。现在借这个机会考虑了一下。我喜欢的人约略是这样的：质朴，淳厚，诚恳，平易；骨头硬，心肠软；怀真情，讲真话；不阿奉承，不背后议论；不人前一面，人后一面；无哗众取宠之意，有实事求是之心；不是丝毫不考虑自己的利益，而是能多为别人考虑；最重要的是能分清是非，又敢于分清，因而敢于路见不平，拔刀相助，嫉恶如仇；关键是一个"真"字，是性情中人；最高水平当然是孟子所说的"富贵不能淫，贫贱不能移，威武不能屈"。我曾写过一篇短文《我害怕天才》，现在想改一下，我不怕天才，而怕天才气，正如我不怕马列主义，而怕马列主义面孔一样。古人说"金无足赤，人无完人"，我自己不能完全做到上面讲到的那一些境界，也不期望我的朋友们都能完全做到。但是，必须有向往之心，虽不中，不远矣。简短一句话，我追求的是古人所说的"知音"。孔子说："勿友不如己者。""如"字有二解：一是"如同"，二是"赶得上"，我取前者。我平生颜有几个一见如故，"一见钟情"的朋友。我们见面不过几次，谈话不过几个小时。他的表情，他的谈吐，于我心有戚戚焉，两颗素昧平生的心立即靠拢，我们成了知己朋友。

季羡林所说的"一见如故"的朋友，石景宜博士算是一位，他并非是季羡林的多年旧雨,而是邻近 20 世纪末才相识的。石景宜,1916 年生,广东佛山人,第七、八、九届全国政协委员,香港汉荣书局董事长,是一位爱国书商。他以卖书、出版为业,在香港创出了一番事业。作为爱国书商,石景宜的爱国表现很独特。自 1978 年开始,他向内地和台湾无偿赠送珍贵的图书,截至 1999 年,据不完全统计,共向内地数百家文化、教育、科研机构无偿赠送图书三百万册,向台湾无偿赠送图书邻近十一万册,受益单位遍及全国各地。

在北京大学授予石景宜名誉博士学位之前,季羡林对他了解甚少。1998 年 10 月 14 日,北京大学图书馆馆长林被甸陪同石景宜和他的儿子石汉基到季羡林家造访。客人拿着一从台湾购得的贝叶经请季羡林鉴定。他接过去一看,原来是用秦文字母刻写的巴利文大藏经。巴利文是印度古代的一种文字,没有自己固定的字母。在南印度,就用南印度字母抄写,间或也用天城体字母抄写;在泰国,就用秦文字母抄写;在缅甸,就用缅文字母抄写;在近代,英国的巴利文经典刊行使用拉丁字母。现在世界各国的巴利文学者、佛教学者习惯使用拉丁文。据德国梵学大师吕德斯的看法,泰文字母的巴利文大藏经有许多优异之处。对于这种极其重要的文物,季羡林当即写出了鉴定意见,认为这批巴利文贝叶经既有学术价值,又有极高的收藏价值,十分珍贵。石景宜非常感谢季羡林,他为自己的贝叶经找到识者而高兴,更为这批国宝有了权威鉴定而高兴。当场,他将那部贝叶经赠送给季羡林,季羡林欣然接受。这就是他们交往的开始。

1998 年 10 月 29 日,北京大学在新建图书馆大楼举行隆重仪式,授予石景宜名誉博士学位,以表彰他对祖国文化教育事业的巨大贡献。季羡林看到,广东省的几届党政领导专程来京祝贺,足见他们对石景宜的尊重。季羡林对石景宜的爱国善举表示由衷地钦佩。他认为,石景宜捐书的规模之大是绝对空前的,这从表面上看起来,能够促进海峡两岸文化教育的发展,但其意义远远不止于此。它能增进两岸同胞的相互了解,而了解又能使感情增长,从而大大有利于祖国的统一。等到将来中华大地金瓯重圆之日,麒麟阁上必然会有石景宜的名字。

12 月 1 日,石景宜和夫人刘紫英携义女施汉云再次来到季羡林家中,带来一帙缅文字母刻写的巴利文贝叶经。这部经典装帧十分考究,两面夹板上涂以金饰,堪称国宝。石景宝要把这部贝叶经赠送给季羡林,季羡林立即谢绝了,说:"这是宝贝,应由石老自己收藏。"

当时季羡林正在撰写《新疆佛教史》，需要台湾出版的《高僧传索引》，可是北大图书馆只有其中的一本。季羡林抱着试试看的心情跟石景宜提到此事，使他万万没有想到的是，四五天以后，施汉云从香港打来长途电话说，她父亲已用十万火急的方法从台湾购得《高僧传索引》，并用特快专递运到了香港，并从香港寄出，很快就可以送到季羡林手中。这可真是雪中送炭啊！石景宜对朋友之忠诚，办事之雷厉风行，让季羡林大受感动。

1999年11月8日，石景宜在暨南大学向全国一百零一所"211工程"大学赠书。11月1日，石景宜专程来到北京，请季羡林参加赠书仪式。平常深居北大燕园极少出门的季羡林"舍命陪君子"，飞越迢迢关山，亲临羊城现场。

施汉云和暨大副校长蒋述卓教授到机场迎接。季羡林下榻在暨大专家楼。11月9日上午，赠书仪式在曾宪梓援建的科学馆举行。教育部副部长韦钰院士，来自中央和广东的一些党政要员到会。大厅坐满来自全国的三四百位大学负责人和图书馆馆长。所谓"211工程"，是在教育部领导下，经过及其严格慎重的手续评选出的大学，是全国一千多所大学的排头兵，代表着中国高等教育的最高水平。石汉基代表父亲发言。季羡林触景生情，即兴吟诵一副对联：

> 百座文曲聚暨大，八方风雨会羊城。

赠书仪式隆重简朴，不到一个小时就结束了。

赠书仪式结束后，石景宜陪同季羡林来到他的家乡广东佛山、南海参观游览。季羡林访问了暨南大学，参观了佛山陶瓷厂、西樵山、南国桃园、南海影视城，同石景宜共同度过了"永世难忘"的三天。季羡林还被石景宜、刘紫英优俪文化艺术馆聘为永久学术顾问，并为该馆题词："功在祖国，泽被人民。"

在返回北京途中，季羡林在飞机上回忆说："我们短短三天相聚，已经结成了深厚的友谊，这友谊像仙露醍翻一样，滴到了我这老迈的心头，使它又溢满了青春的活力。垂暮之年，获此殊幸，岂不快哉！岂不快哉！"

2001年12月20日，石景宜、石汉基父子在北京国家图书馆向西部七十所大学图书馆和七十所公共图书馆等一百五十个单位赠书,所赠四十万册图书均为港台出版。石氏父子还向台湾捐赠十多万册大陆书籍。季羡林特意从 301 医院发来贺信说:"我是下定决心要参加您的赠书仪式的,无奈医院不让外出,我只能借此信表达心意。"此后石景宜多次赠书,季羡林都有贺函送来。

石景宜了解到,季羡林虽然名气很大,每月薪水却只有紧巴巴的一千七百元(1998 年的标准——笔者注),因此每次来京,除赠送书籍、资料之外,他还不忘带些营养品,并要请季羡林在高级宾馆吃上一顿。他想在经济上帮助季羡林,又不好意思直接送钱,便想借用生意场上的惯例试一试。2003 年 12 月,他来看季羡林,委婉地说:"请您帮我写一部传记,三十万字,一字一元,好吗?"但他万万没有想到的是,商业法则在季羡林这里不灵。季羡林赞赏石景宜的爱国情怀,但不愿意为钱而写作。于是,石景宜又说:"字数不在多少,您随便写,写多长算多长,总钱数不变。"季美林根本不能接受。事后,他对助手李玉洁说:"我要是写一个字,就等于从别人口袋里掏一块或几块钱,我还能写得好吗?"

2007 年 10 月 21 日,石景宜在香港逝世,享年九十一岁。11 月 10 日,悼念仪式在香港殡仪馆举行。据中新社报道,全国政协常委徐展堂在致悼词时表示:

"石景宜博士在经营图书业务时,时刻惦记着祖国的文教事业。1978 年,石景宜博士把超过一千册外国书籍赠予内地图书馆,开始展开了他近三十年'以书为桥、以画作舟'促进两岸文化融合的使命和工作。

"为了支持祖国文教科技事业的发展和令内地同胞进一步了解台湾,石景宜博士自 1978 年以来,已向全国七百多个城市、近两千个地区的图书馆、大学、科研单位等无偿捐赠台湾版图书,已达六百五十余万册。"

徐展堂指出,石景宜博士一生心系桑梓,情系中华,为祖国的文化事业、国家的教育发展鞠躬尽瘁。他的德言行,赢得了两岸人民的尊重,被赋予"文化书使""开启两岸文化交流第一人"等美誉。

因为担心季羡林精神受到刺激,周围的人对他隐瞒了石景宜去世的消息。2007年底与 2008 年春,石汉基两次从香港赴京,依然如从前一样去 301 医院,代表父亲向季老问好,并以父亲的名义,送给季老一些营养品。提到父亲的近况,他只说身体欠安,暂时不能来北京。季羡林听罢,总是双手合十,连说:"谢谢他的礼品!谢谢他的礼品！请你代表我向你父亲问好。"

铿锵凤鸣

1999年12月,季羡林接受凤凰卫视主持人杨澜的专访,针对当时教育领域内的问题和弊端,毫不隐讳,提出批评,一针见血,一鸣惊人。请看专访记录摘要:

杨澜:现在好像有一种教授泛滥的现象,过去评一个教授是一种很荣誉的事,现在基本上谁都能够评得上了。

季羡林:就是这样子。我开过玩笑,将来只要进"北大",包括工人在内,一进来就定教授,工资可以有区别。

杨澜:有一种"提退"的说法,就是提你当了正教授,然后又请你退休。这算是照顾面子吧?

季羡林:有一句话很难听:"教授满街走,讲师多如狗。"不过确实如此。

杨澜:教师队伍恐怕还面临一个很严重的问题,就是青黄不接。

季羡林:我用了一个名词叫"海洋主义",出洋、下海。

杨澜:有些人说,留学生之所以不回来,很多是因为那边的物质生活条件好。我在想,在您留学的那个时代,中国的生活水平和西欧比,差距比现在还要大,为什么那个时候留学生都回来了呢?

季羡林:那时候差距不大。

杨洞:不大?

季羡林:他们回来后在国内的生活水平是高级的,所拿的工资是300块"大头"、400块"大头",那很高级了。反正起码不比国外低。

杨澜:我们总说要创办世界一流的大学,你对这个口号怎么看?

季羡林:这个口号很含糊,一流几流,有个条件就是经费,而经费,咱们只好甘拜下风。

杨澜:所以这不是一个个人素质和能力的问题。

季羡林:现在,最需要解决的是经济问题。你把工资提高5倍、10倍,他的地位就提高了。不论"科教兴国"什么兴国,先给增加教育经费。

　　杨澜:如果教师的待通能够得到实质的改变,那么刚才我们说到的所谓青黄不接的问题,留学经商风气问题,还有教育质量的问题,可能都能得到很大程度的改变。

　　季羡林:这样没有问题。我们现在教授工资等于香港中文大学教授一个月工资的1%,就平均而言,1%。

　　令人关注的是,这次采访中季羡林的意见,在一次会议上被有人当作"阶级斗争新动问"的实例提出来。所幸时代不同了,教育部的高层领导认为,这是认识问题,不是什么"阶级斗争新动向"。更应该庆幸的是,季羡林的意见受到了领导和有关部门的重视,国家对教育的投入,后来有了大幅度提高。

　　关于增加教育经费的问题,季羡林可谓一"呼"百"呼",只要有适当的机会,他都会呼吁有关方面注意解决这个问题。这里,我们不妨再摘引1999年2月21日他的《我对未来教育的几点希望》一文中的一段话:

　　我们政府提出了"科教兴国"的方针,受到了全国人民的热烈拥护。把教育的重要性提高到兴国的高度,可以说前承千年传统,后开万世大平。特别是在今天知识经济真正勃然兴起的大时代中,教育更有其独特的意义。知识经济以智力开发,知识创新为第一要素,不大力振兴教育,焉能达到这个宏伟的目标?但是,我要讲一句实话,我们的振兴教育,谈论多于行动。别的例子先不举,只举一个教育经费在国民收入所占的百分比之低,就很清楚了。我们教育所占的百分比,不但低于发达国家,在发展中国家中也是比较低的。这让很多人难以理解。我们国家正在努力建设,用钱的地方很多,这一点谁都理解,没有人想苛求;但是,既然把教育的重要性提高到那样的高度,教育经费却又不提高,报纸上再三辩解,实难令人信服。现在,据我了解所及,全国各类学校经费来源十分庞杂,贫富不均的程度颇为严重。大学的党委书记和校长,主要任务是找钱。连系主任的主要任务也是"创收"。如果创收不力或不利,奖金发不出去,全系教员就很难团结好。学校的根本任务是教学和科研,是出人才,出成果。现在却含本而逐末,这样办教育,欲去兴国,盖亦难矣。因此,我对未来教育的第一个希望就是切切实实地增加教育经费。

"大师论"

季羡林一生写了大量的序言。有少量的是为自己的文集作序,大量的是应邀为朋友、学生、甚至朋友的朋友、学生的学生写序。这个"大量"到底是多少呢? 2008年由王树英编辑、新世界出版社出版的《季羡林序跋集》有两百三十余篇,六十万字。笔者浏览了一遍,发现这个本子还有一些重要的遗漏。在这部文集前面,有一篇季老本人写于2005年11月的序,说明了自己对写序乐此不疲的原因。他说,自己从小学到高中前半,作文都用文言文,写这样的文字"仿佛必然峨冠博带,装模作样,装腔作势,带着枷锁跳舞","在这样的情况下,如果偶尔给自己的一本书,或别人的一本书写一篇不太长的序或跋,则创作心态立即改变。在这里,装模作样,峨冠博带派不上用场。代之而来的是直抒胸臆,山巾野服","这就是我热爱序跋的原因"。1985年11月,季羡林为李铮编辑的《季羡林序跋选》写过一篇自序,他说:"就我自己而论,我不但喜欢读序跋一类的文字,而且也喜欢写。其原因同喜欢写作几乎完全一样。这就是,序跋这种体裁没有什么严格的模子,写起来,你可以直抒胸臆,愿意写什么就写什么,愿意怎么写就怎么写。如果把其他文章比作峨冠博带,那么序跋(当然也有日记)则如软巾野服。写起来如行云流水,不受遏制,欲行便行,欲止便止,圆融自如,一片天机。写这样的文章,简直是一种享受。"

季羡林所写序跋,绝大多数篇幅不长,但也有几次例外。如他为《胡适全集》和《赵元任全集》所写的序都相当长,实际上是一篇重要的学术论文。赵元任和汤用彤都是季羡林老师辈的国学大师,一生著作丰厚,在学界影响深远,他们的全集包括一生的著述,有如原始森林,浩浩莽莽,为他们的全集作序,没有宏大的视野、广博的学识和科学的方法是无论如何也无法完成的。实际上,堪当此重任者,亦非季羡林莫属。而季羡林的这两篇序,也绝非面面俱到,而是专门论述学术大师的,故可称之为"大师论"。

《〈汤用彤全集〉序》写于1999年7月14日,是应汤先生之子汤一介的要求写的。季羨林说："一介兄让我给全集写个序。初颇惶恐：我何人哉！敢于佛头着粪耶！继思有理。我虽不是锡予先生的及门弟子，但自己认为是他的私淑弟子。从上大学起，他的著作就哺育了我，终生受用不尽。来北大工作，又有知遇之感。现在值《全集》出版之际，难道我真的就无话可说、无话能说、无话要说吗？"

汤用彤（1893—1964），著名学者，湖北黄梅人，毕业于清华学校，留学美国。先后在东南大学、南开大学、中央大学、北京大学、西南联合大学任教，1947年赴美国加利福尼亚大学讲学。新中国成立后，任北京大学校务委员会主席、副校长，中科院哲学社会科学部委员，第一、二、三届全国人大代表，第一届全国政协委员，第三届全国政协常委。专治佛教史和哲学史，治学严谨，精于考订，并结合运用西方分析哲学方法。对玄学与佛学的关系、佛教史的发展规律、魏晋玄学的言意之辩和本末有无之争等问题，均有创见。主要著作有《汉魏两晋南北朝佛教史》《印度哲学史略》《魏晋玄学论稿》《往日杂稿》等。

季羨林说自己是汤用彤的私淑弟子，是指他1946年到北大任教时听过汤先生的"魏晋玄学"课，那时季羨林的身份已是教授，能和学生一起听课，当时被认为是稀罕事，但他却很坦然，而且认为每一堂课都是一次特殊的享受，几十年后记忆犹新，并终生引以为荣。

《汤用彤全集》由河北人民出版社出版，季羨林有话要说，而且非说不可。这话，他考虑许久，别人也多所谈论，就是这样一个问题：学术大师能不能超越？这里说的是人文社会科学方面的大师，不是理科的；而且是真正的大师，自命的，或让别人把自己捧成的"大师"不算。季羨林的观点很明确："每一个大师都是不可超越的。"他的论证过程是：虽然"长江后浪推前浪，世上新人换旧人"，后人胜过前人、超越前人，这在一般规律上不错，可是也有例外。希腊神话无疑是旧的东西，而无产阶级革命家马克思却说它有永恒的魅力。在地质史上，地球上的造山运动，出现了一些高山，它们一次性出现，后来并未被超越。在人类的文学史和学术史上，有时也出现一些巨星，如中国的孔子、屈原、司马迁、李白、杜甫、司马光等等，外国的但丁、莎士比亚、歌德等等，他们如同那些高山，也是不能被超越的。

其实，季羨林此论的目的，在于探讨学术大师是如何出现的，大师的特点和作用是什么。他说："自清末以来，陆续出现了一些国学大师。我个人认为，最主要的原因是西方文化、西方学术思想和哲学思想,以排山倒海之势涌入中国,中国学坛上的少数先进人物,接受了西方的影响,同时又忠诚地继承和发扬了中国古代优秀的学术传统,于是就开出了与以前不同的艳丽的花朵,出现了少数大师,都是一次出现而又不可超越的。我想以章太炎划界,他同他的老师俞曲园代表了两个时代。《汤用彤全集》章太炎是不可超越的,王国维是不可超越的,陈寅恪是不可超越的,汤用彤也同样是不可超越的。"

季羡林在另外一篇文章中又说:"在中国几千年的学术史上,每一个时代都诞生少数几位大师。是这几位大师标志出学术发展的新水平;是这几位大师代表着学术发展的新方向;是这几位大师照亮学术前进的道路;是这几位大师博古通今,又熔铸古今。他们是学术天空中光辉璀璨的明星。"

季羡林以章太炎划界,区分两个不同的时代,这是什么意思呢?他说:"19世纪末到20世纪初,中国学术有一大转变。每一个时代都有大师,代表着那个时代的学术水平。俞曲园无疑是他那个时代的大师。那个时代大师的特点是熔铸古今;而到了章太炎这一代,仅仅熔铸古今就不够了,还要会通中西,方可成为大师。王国维、梁启超、陈寅恪、胡适、陈垣莫不如是。以这个标准判断,真正的大师是少之又少的。而汤用彤先生就属于这些大师行列,在他身上,熔铸古今、会通中西的特点十分明显。他对中国古代典籍的研读造诣很高,对汉译佛典以及僧传都进行了深刻彻底的探讨,使用起来得心应手,如数家珍。又远涉重洋,在美国哈佛大学研习梵文,攻读西方和印度哲学,加之个人天分与勤奋,成为大师绝非偶然。"

季羡林又进一步解释说:"说大师是不可超越的,并不是说学术到了这些大师手里就到达了顶点、巅峰,不能再发展了。因为学术发展的道路是不平坦、不均衡的,往往在有新材料被发现、新观点出现时,少数奇才异能之士就会脱颖而出。这就是大师。大师也不能一下子把所有问题都看到、都解决。大师解决的问题也不见得都彻底。这就给后人留下了继续探讨的余地。这样,大师一代一代传下去。旧问题解决了,还有新问题,永远有问题,永远有大师。每一个大师都是不可超越的,每个大师都是学术发展道路上的一座里程碑。"

与此相关联的是,2000年8月30日,季羡林为《赵元任全集》写了一篇序言。

赵元任(1892-1982),语言学家,原籍江苏常乡,生于天津。早年留学美国康奈尔大学,获博士学位。1920年回国任清华学校国学研究院四大导师之一,中央研究院历史语言研究所研究员,国语统一筹备会委员,致力于国语运动和汉字改革。1921年任哈佛大学中文导师之一。1922年发表自行创制的罗马字拼音式。1938年后定居美国,先后任夏威夷大学、耶鲁大学、哈佛大学、加利福尼亚大学教授,美国语言学会会长。1945年任联合国教科文组织中国代表团代表。语言学造诣很深,会讲33种汉语方言,通晓英、法、德、日、西班牙等多种外语,并运用现代语言理论和科学技术研究语言文字、汉语音韵、汉语方言和汉语语法,颇多建树,在学术界享有声誉。同时对音乐、哲学、数学、物理学也颇有研究,著名音乐家萧友梅称他是中国的舒伯特。著有《中国语言人门》《现代吴语的研究》《语言问题》《中国话的文法》《新诗歌集》等,译有《阿丽思漫游奇境记》等,并有《赵元任歌曲选》。1973年4月,赵元任和夫人杨步伟首次回国访问,受到周恩来总理的接见。

清华国学研究院教授阵容之强,可谓前无古人,后无来者。"四大导师"梁启超、王国维、陈寅恪和赵元任是中国学界赫赫有名的巨星。在全国都按照西方模式办学的情况下,国学院保持了浓厚的中国旧式书院色彩。学生与导师直接打交道,真正做到了因材施教。所以,虽然办学时间很短,国学院却培养出一批名教授和学者,在清华大学乃至全中国的教育史上留下了灿烂的一笔。

季羡林1930年考入清华时,国学研究院已经不复存在,无缘听到赵元任的课,也未曾与他见过面。可是,他对赵元任并不陌生,读了他的许多著作,最早读的是他与于道泉合译的《仓央嘉措情歌》,以后又从于道泉和别的朋友那里知道了不少有关他的情况。季羡林知道,赵先生最初是研究数学和物理的,后来转向语言研究,是天生的语言天才,审音辨音的能力远胜常人,各地方言,学什么像什么,就连相声大师也望尘莫及……

在《〈赵元任全集〉序》中,季羡林对赵元任做了简单介绍以后,提出一个非常实际的问题:"而今,大师往矣,留下我们这一辈后学,我们应当怎么办呢?"回答必然是:"学习大师风范,发扬大师的学术传统。"季羡林接着问:"如何发扬呢?"他又自问自答,提出了几点看法,这几点看法正是这篇序言用意之所在。

季羡林笔锋一转,开始谈自己的"哲学":经过多年思考和观察,他认为东西方文化是不同的,东西方思维方式有差异:东方的特点是综合,西方的特点是分析。西方思维方式产生出分析色彩极浓的印欧语系语言,东方思维方式产生出汉语这种难以用西方方法分析的语言;20世纪是微观分析的世纪,而21世纪应该是微观与宏观相结合的世纪。他还讲了科学方法的重要性。

季羡林谈他的"哲学"仅仅是为这篇序言的核心观点做铺垫。那么,核心观点是什么呢?他说:"根据赵元任先生的基本精神,另辟蹊径,这样才能活。"为此,季羡林谈了汉语发展演变的情况。他说:"我闲时常思考汉语历史发展的问题。我觉得,在过去两三千年中,汉语不断发展演变,这首先是由内因决定的。外因的影响也绝不能忽视。在历史上,汉语受到了两次外来语言的冲击。第一次是始于汉末的佛经翻译。佛经原文是西域一些民族的语言,梵文、巴利文以及梵文俗语,都是印欧语系的语言。这次冲击对中国思想以及文学的影响既深且远,而对汉语本身则影响不甚显著。第二次冲击是从清末民初起直至五四运动的西方文化,其中也包括语言的影响。五四以来的白话文中西方影响也颇显著。人们只要细心把《儒林外史》和《红楼梦》等书的白话文拿来和五四以后流行的白话文一对照,就能够看出其中的差异。按照西方标准,后者确实显得更严密了,更合乎逻辑了,也就是更接近西方语言了。然而,在五四运动中和稍后,还有人——这些人是当时最有头脑的人——认为中国语言还不够'科学',还有点模糊,而语言模糊又是脑筋糊涂的表现。他们想进行改革,不是改造文字而是改造语言。当年曾流行过'的''底''地'三个字,现在只能当笑话来看了。至于极少数人要废除汉字,汉字似乎成了万恶之本,就更为可笑可叹了。"

季羡林认为,赵元任和我们所面对的汉语,就是这样一种汉语。赵元任在他所处的时代,只能用西方微观分析的方法研究汉语,并取得了辉煌的成就,达到了尽善尽美的程度。如果后人跟踪他的足迹,成绩绝不可能超越他。这看起来似乎是忠诚于自己的老师了,但其结果将会适得其反。古今中外真正有远见卓识的大师都不愿意自己的学生这样做,依稀记得国画大师齐白石就说过一句话:"学我者死。"而当今时代,西方微观分析的方法已经过时了,需要另辟蹊径,把微观和宏观结合起来。可是,这说起来似乎容易,实行起来却万分困难。怎么办呢?

季羡林建议,不妨先做一件工作,即进行藏缅语系的比较研究,从而揭示汉语结构的特点,进而建立真正的汉语语言学。其实这个任务早在20世纪30年代陈寅恪先生便已提出,只是没有人能理解,更没有人去认真尝试。陈寅恪在《与刘叔雅论国文试题书》中一针见血地指出:"故欲详知确证一种语言之特殊现象及其性质如何,非综合分析,互相比较,不能为功。而所与互相比较者,又必须属于同系中大同而小异之语言。盖不如此,则不独不能确定,且常错认其特性之所在,而成一非驴非马,穿凿附会之混沌怪物。因同系之语言,必先假定其同出一源,以演绎递变隔离分化之关系,乃各自成为大同而小异之语言。故分析之,综合之,于纵贯之方面,剖别其源流,于横通之方面,比较其差异。由是言之,从事比较语言之学,必具一历史观念,而具有历史观念者,必不能认贼作父,自乱其宗胤也。"

看来,学术研究有如宇宙的探索,未知的领域总是大于已知的领域。如今,问题既已被我们的前贤包括季羡林尖锐地提出,那么,要想实践之,解决之,尚须明日大师之努力。

世纪钟声

2000年元旦,在世纪交替、千年更迭的历史时刻,北京西郊的世纪坛响起了二十一响浑厚悠扬的钟声,人们欢呼着、雀跃着,爆发出的热烈掌声和欢呼声,响彻北京晴朗的天空……

参加撞钟的是十位老者和十位少年,一老一少为一对,年龄相加一百岁,一共一千岁。十位老者都是科技教育界的耆宿,他们是费孝通、丁石孙、吴阶平、孙孚凌、万国权、季羡林、周巍峙、陈佳洱、柴泽民、冯其庸;十位少年是受到希望工程资助的学生代表。寓意在于当此承前启后、继往开来的历史时刻,科教兴国深入人心,各项事业后继有人,祖国明天更美好、更辉煌。

在新世纪、新千年到来的时候,季羡林又在想些什么呢?他考虑最多的还是东西方文化问题、环保问题、天人合一问题以及分析思维与综合思维问题,这些问题无时无刻不萦绕在他的脑际。而此时此刻,他又多了一个如何对待八十有九的高龄问题。就在这一天,他写了《迎新怀旧——二十一世纪第一个元旦感怀》一文,其中写道:

昨天夜里,猛然醒来,开灯一看,时针正指十二点,不差一分钟。我心里一愣:我现在已经是二十一世纪的人了。未多介意,关灯又睡。早晨七点,乘车到中华世纪坛去,同另外九个科学界闻人,代表学术界十个分支,另外配上十个儿童,共同撞新铸成的世纪钟王二十一响,象征科学繁荣。钟声洪亮,在北京上空回荡。此时,我的心暮地一阵颤动,二十一世纪五个大字沉重地压在我的心头,真正感觉"往事越千年",我自己昨天还是二十世纪的"世纪老人",而今一转瞬间,我已经成为二十一世纪的"新人"了。

在这关键的时刻,我过去很多年热心议论的一些问题,什么东西方文化,什么环保,什么天人合一,什么分析的和综合的思维方式等等,都从我心中隐去。过去侈谈二十一世纪,等到二十一世纪真正来到了眼前,心中却是一个大空虚。中国古书上那个叶公好龙的故事是很有启发意义的。

然面,我心中也不完全是真正的空虚,我想到了我自己。我现在确确实实是八十九岁了。这是古今中外都艳羡的一个年龄。我竟于无意间得之,不亦快哉!连我这个少无大志老也无大志的人都不得不感到踌躇满志了。但是,我脑海里立即出现了一个问题:活大岁数是好事呢,还是坏事? 这问题还真不易答复。爱活是人之常情,连中国老百姓都说:"好死不如赖活着。"我焉能例外! 但是,活得太久了,人事纷纭,应对劳神。人世间一些魑魅魍魉的现象,看多了也让人心烦。德国大诗人歌德晚年渴望休息(ruhen)的名诗,正表现了这种心情。我有时也真想休息了。

中国古诗文中有不少鼓励老年人的话,比如"老骥伏枥,志在千里。烈士暮年,壮心不已"。又如"天意怜幽草,人间重晚晴"。又如"余霞尚满天",等等。读起来也颇让老人振奋。但是,仔细在字里行间推敲一下,便不难发现,这些诗句实际上是为老人打气的,给老人以安慰的,信以为真,便会上当。

那么,老年人就全该死了吗? 也不是的。人老了,识多见广,正反两方面的经验教训都非常丰富,这些东西对我们的国家还是有用处的,只要不倚老卖老,倚老吃老,人类社会还是需要老人的。佛经里面有个《弃老国缘》的故事,说的就是这一番道理。在现在的中国,在二十一世纪的中国,活着无疑还是一种乐事。我常常说:人们吃饭为了活着,但活着不是为了吃饭。这是我的最根本的信条之一。我也身体力行。我现在仍然是黎明即起,兀兀穷年,不求有惊人之举,但求无愧于心,无愧于吃下去的饭。

文如其人,几句大实话朴实无华,没有豪言壮语,唯有脚踏实地,兢兢业业,不求有惊人之举,但求无愧于心,无愧于吃下去的饭。说到底,"世纪老人"还是把自己的希望寄托在"新世纪新人"身上。"后生可畏,焉知来者之不如今也",然而,青少年朋友们,革命尚未成功,仍须继续努力,向前辈们学习,为完成振兴中华的历史使命而奋斗。

九十大寿

2001 年是季羡林教授九十华诞。"鲁殿灵光在,梵天寿量高",这对他的众多朋友和学生无疑是一件大事。在将近一年的时间内,季羡林的单位、朋友和学生,用各种不同的形式为他祝寿。

2000 年 10 月 15 日,百位著名学者、作家聚会北大勺园,庆祝"当代中国文化书系"首发暨季羡林教授九十华诞。钟敬文、张岱年、启功、张中行、林庚等参加。钟老说:"季老的人品堪称一流,他虽然年事已高,但仍不懈工作,这是一种精神在支持,而这种忘我的精神值得我们大家学习。"张岱年说:"季老学贯中西,不仅是个学者,还是文学家,在哲学、史学方面都有研究,他的成就是多方面的。虽然季老今年九十岁,仍有允沛精力,思想活跃,预祝季老写出更多的文章著作。"季羡林也在会上发言。他精神矍铄,思维敏捷,话语幽默。他称外界对他评价过高,应该三七开,只信其三。他说,现今对老年的看法有失偏颇,年龄大也有优势,不能一概认为老人只是社会负担。八十岁以前都不应算老,特别是搞文学的,六十岁才是高潮。所以仍应不懈工作,老年朋友应该向一百二十岁进军,向一百五十岁进军。

2001 年 4 月 15 日下午,中国文化书院联合北京大学中国哲学与文化研究所和广州南方高科有限公司,在北京友谊宾馆多功能厅为季羡林举办九十华诞庆祝活动。丁石孙、启功、汤一介、梁从诫、庞朴、王尧、田壮壮、张会军等参加。季羡林是北京电影学院副院长张会军等筹拍的公益宣传片的主角,该片主旨是宣传"尊师重道,薪火相传",通过季老怀念母亲和几位恩师的事实,提倡中国人的传统美德。季羡林对记者说："尊师重道是中国文化的一个重要组成部分,在当今社会,对弘扬中国文化的意义很重要。"该片 2001 年在中央电视台和山东电视台多次播出。

在此前后,季羡林的朋友和学生写了大量祝寿贺词、贺联和寿序、比如:

钟敬文拟词,启功手书的贺联:

> 珠玉千篇学子同沾光泽,
> 泰嵩一老人衰共仰嵯峨。

张中行的贺联:

> 行百里者半九十,
> 颂大业人皆万岁。

饶宗颐的贺联:

> 物外笑谈无畛域,
> 雨余泉石长精神。

范曾的贺联:

> 群星以北斗为尊,万里蒙麻曾贺米;
> 学界持南山作寿,千秋有幸待烹茶。

刘正成的贺联:

> 愿效嵩呼歌大寿,
> 还随莱舞颂期颐。

中国检联学会嵌名的贺联：

美爱梵文迪圣哲，
陶蒸菏韵仰儒林。

中国艺术研究院刘梦溪撰写的《季羡林先生九十寿序》是一篇妙文，准确扼要地叙述了先生的学问传承和学术成就以及高尚学德。季羡林说："这也只有梦溪才写得出来。"现抄录于下：

先生九十矣。九乃至大至博至祥至吉之数。《易》曰："乾元用九，天下治也。"今禹城之内，贵宇之中，凡承学之士，鲜有不知先生之名者。然知先生之名，未必知先生其人。知先生其人，未必知先生之学。知先生其人其学者中，真知先生其人其学也稀。《礼》："公九命为伯。"喻品阶之高也。《语》："君子有九思。"谓行远不迷也。《诗》："鹤鸣于九皋，声闻天下。"以其深泽也。《书》："洪范九畴，彝伦攸叙。"缘方法之多途也。《骚》："余既滋兰之九畹兮，又树蕙之百亩。"以见其生徒有繁，嘉惠后学之高情也。《书序》："九州之志，谓之九丘。"言风气所凝聚也。盖先生为学品阶之高、行谊之正、泽被之深、进径之广、桃李之众、风气之所凝聚，足为当代上库学风之嚆矢。

吾国学术晚清为一大变局，五四一变，三四十年代又一变。现代学术之发端并结出果实，即集中于此一时期。美雨欧风，旧邦新命，整厘传统，会融新知，硕儒高学，应运风鸣，乾嘉之后，耸立高峰。新学与旧学相斥相继，中学与西学相拒相融，驳杂多变，为此期学术之特异景观。新中有旧，首推绩溪胡先生；旧中有新，莫过海宁王先生。王之风契托命为义宁陈寅恪先生。而陈、胡皆先生之恩师，薪命相传，老而弥笃。王之学由新转旧，所发明在殷周制度暨古器物古文字古史，二重证据，为现代学术奠基；陈之学立足乙部，兼及梵夹道藏，诗史互证，今情古典，成一代通儒之象。王学开辟多，涓滴之续，即可成就。陈学精深兀立，几成绝响，唯我季先生最近义宁，而另有进境。先生东鲁临清人，生孔孟之乡，处奖励游学之世。幼承庭训，已知苦读向学，壮而负笈欧陆，厚植根基，十年艰辛,终于有成。

临清之学,不以传统小学之文字训诂入,而以异域之古文字、稀有文字立,故能独得国际东方显学之专学绝城之入室门径。20世纪之国际东方显学,日敦煌学、日甲骨学、日印度学、日蒙古学、日西夏学、日藏学、日现代佛陀之学。因入境至难,均称绝域。敦煌、甲骨吾国学人涉猎者众,绩学者也多。蒙古学胶县柯凤苏先生后,两宁(海宁、义宁)继之辨之,再后,吾不知矣。佛学石壕杨仁山、宜黄欧阳竟无、崇得太虚、丹阳吕秋逸四大师学兼信仰,而黄梅汤锡予先生裁断众流,自成知识统系,卓然大家,先生固师事之,且以《浮屠与佛》名篇鸣世。惟印度学一科,先生独辟而自立之,故存"前不见古人,后不见来者"之叹。吾国道成以降,考史之学以治辽金元史及边疆史地为能事,因缘凑泊,为后续之中土学人切入20世纪东方显学辟一特殊路径,即中西交通史研究是也。先生固20世纪此学此科此一显学余脉新枝之集大成者,且已开比较文化与比较文学之先河。……

先生之所从事固绝域之学、出世之学也。因以入世之精神为出世之学,遂使所为之出世学具入世之精神。异域僻典,不觉其冷;转音训字,不病其繁。然先生并不以钩索沉隐于绝学之域自划,犹沛沛然尽有不能放释之入世情怀。故心系家国,每作出位之神思;感时忧世,常鸣旁通之秘响。睹西方势强,国性不立,反对文化霸权,遂倡河西河东之说;因文化劫难,人性泯灭,为挽回人心世道,至有牛棚之记。前年,有私淑之学子请益于先生,云学位候选人资格已获,惟导师不堪师表,如何? 先生曰:不妨虚与委蛇,俟通过学位,即弃而去之。先生性平易,望之温,即之也温,晚生后学,可以相亲。深情积郁,则笔之于文,或文化批评,或散文随笔杂记,七十年如一日,未尝稍辍。文如其人,一本自然。久已卓立于艺苑文坛,浑然而不自知。散文之于先生,乃学之别体,而非学之余事。先生为学不藉时会而得师缘,为人不深求世事以养性气。80年代末,曾有预闻国事之高请,先生却之。晚年学益醇,思益新,笔益健。平生著书高一丈,八十后所著逾五尺。此固先生之勤,学术之幸,然亦国家之悲也。

陈寅老昔述杨遇夫先生之学于战乱之世曰:"一旦忽易阴森残酷之世界,而为清朗和平之宙合,天而不欲遂丧斯文也,则国家必将尊礼先生,以为国老儒宋,使安宜我华夏民族之文化于京师大学。其时纵有入梦之青山,宁复容先生高隐也?然则白发者,国老之象征,浮名者,亦儒宗所应具。又何叹能?又何又能。"固奇望于将来,有待于当道者也。若夫些清季先生,执教京师大学已逾半个世纪,弘宣我华夏民族之文化不遗老发之余力,立足东方,笑对当世,头白年高,青山无梦,不特尊礼,而国老儒宗矣。岂敢述学,九秋颂九,为先生寿。

岁次康寅九月后学刘梦溪拜撰。

妙哉斯文,绝非溢美,情感真挚,笔下流金。

5月17日,北京大学隆重举行"庆祝季羡林先生九十华诞暨从事东方学研究六十大周年大会"。国务院副总理李岚清、全国人大常委会原副委员长雷洁原、外交部部长唐家璇发来贺信,中央统战部、教育部、外交部、作家协会、山东省政府的领导,还有德国、印度、伊朗等国家的驻华大使,亲临祝贺。北大、清华的校友和学生更不必说,逸夫楼会场内外摆满了花篮,到处是喜气洋洋的人群,一时盛况空前。季羡林身不由己,自嘲成了"祝寿专业户"!

回乡扫墓

2001年8月,季羡林的家乡聊城市和临清市的党政领导诚恳地邀请他回故乡庆祝九十岁生日。盛情难却,又想去给祖父母和父母扫墓,季羡林便答应了。想随他回乡的人实在太多,几经思考协商,尽量精简,最后还是组成了一支不小的队伍,其中有北大原党委常务副书记、副校长郝斌教授,清华大学徐林旗研究员,著名演员、导演、八一电影制片厂原厂长王晓棠将军,央视著名主持人倪萍,季羡林的助手李玉洁、杨锐和高鸿,孙子季泓,还有中央电视台、香港电视台、浙江电视台、山东电视台、电影学院、清华大学、聊城电视台的拍摄组,以及从临清赶来北京迎接的工作人员以及聊城和临清驻京办事处的陪同人员,总数不下三四十人,一节软卧车厢装不下,还有人安排在别的车厢。

火车驶出北京,沿京九铁路经河北直达山东。季羡林感到十分快乐,想起了陶渊明的诗:"久在樊笼里,复得返自然。"他看见车窗外闪过千里田畴,生机盎然,一片绿色,时而有小桥流水、红砖小房、一条条的小路,时而看见行人、自行车和拖拉机,在浓得化不开的大片绿色上画出了一条条的白线。北方的农村呈现出一片和平安祥的景象。车厢里则显得十分活跃,尤其是各路电视台的人马,他们有的不远千里而来,就是为了拍摄车中的情景,此时争分夺秒绝不含糊,争抢"制高点",争抢最佳我角,不过忙碌而有序,紧张而有礼。各个不同单位的人,有的是新知,有的是旧友,彼此在包厢里闲谈,其乐融融。倪萍那两岁多的儿子小虎子,人见人爱,他也不怕生人,从一间包房跑到另一间包房,成了大家的"开心果儿",为旅途增添了许多乐趣。

不知不觉中,火车到了临清车站。季羡林惊奇地发现站台上挤满了人。临清市的党政领导,几大班子,几乎全都到了。季羡林被簇拥着走出车站,站前广场上停放着大小汽车十余辆。大家按照工作人员的分配,登上了不同的车。第一辆是开路的警车,后面跟着一条汽车长龙,在行人不太多的大马路上,呼啸而过。每隔几十米,就有一个值勤的警察,看到车队,举手敬礼。季羡林坐在车内,暗自思忖:这与自己的地位实在不相称!在北京,有时也碰到过类似的场面,可那是国家领导人迎接外国元首的车队,今天自己也竟然坐在车中,受到如此隆重的欢迎,真有点儿不可思议。他心想,中国老百姓有一句歇后语:"猪八戒做皇帝——望之不似人君。"现在自己不就像那个猪八戒吗?转眼之间车队到了下榻的宾馆。

第二天,8月6日,季羡林一大早就出发到官庄去。

官庄距临清二十公里。山东公路的数量和质量都蜚声全国,临清到官庄的一段路也是柏油马路,平坦宽敞,汽车四十分钟即到。回乡扫墓,本来是个人的私事,用不着兴师动众,可是临清市领导派了开路的警车,还有一大批官员随行。季羡林最不喜欢摆谱儿,可是这一次只好客随主便,实在没有办法。车队转瞬就到了官庄。在季羡林的记忆里,自己的家乡是一个贫困僻远的小村庄,全村人口不足两千。此时,只见千人空巷,还有不少外村来看热闹的人。车队一进村就被人墙堵住,只好下车。村路上人头攒动,人声鼎沸,小学生排成长队,手执小红旗,连声不断地高呼:"欢迎!欢迎!热烈欢迎!"孩子们红红的小脸蛋上溢满了欢乐、兴奋,还掺杂着一点儿惊异。虽然有人维持秩序,小学生的阵列还是不时被后面的观众冲破,季羡林心中有些纳闷:这有什么可看的呢?不过是一个九旬白发老翁而已。八十四年以前,当眼前这些小学生的老爷爷、老奶奶还活着的时候,自己曾在这个村里住过六年。

当时家里极穷,常年吃不饱,穿不暖。夏天里竟是赤条条一身无牵挂,根本不知道洗手洗脸为何事。中午时分,跳入小河沟,然后爬上来在黄土堆里滚上几滚,浑身沾满了黄土,再跳进水里洗干净。如今,时光过去了八十多年,那个脏孩子又回来了,可是已经垂垂老矣………

季羡林来到自己家老屋的旧址,原来的几间西房早已不复存在。八十多年前的祥子,只能在他的记忆中搜寻了。现在究竟是什么样子,因为院子里挤满了人,实在无法看清。季羡林在院子的现在主人义德家只坐了几分钟,就被人扶着出来,冲破重围,坐上汽车,向墓地驶去。由于乡亲和本家晚辈的精心安排,墓地上一切都已准备就绪,有供品,有香烛,还有一挂鞭炮。这里共有两座坟墓,一座埋葬着季羡林的祖父母,另一座埋葬着他的父母。他最关注的当然是母亲的坟。他一生不知道写过多少篇关于母亲的文章,也不知道有多少次在梦中同母亲见面,但看到的只是一个迷离的面影,因为母亲的模样他实在记不清了。今天来到这里,母亲就在眼前,只隔着一层不厚的黄土,然而却人天悬隔,永世不能见面。季羡林的眼泪夺眶而出,滴到眼前的香烛上。他跪倒在母亲墓前,心中暗暗地说:"娘啊! 这恐怕是你儿子今生最后一次来给你扫墓了。将来我要睡在你的身旁!"祭拜完毕,季羡林向成百上千围观的乡亲们招了招手,表示谢意,赶忙钻进了汽车,因为临清和聊城两级市领导安排的中午和晚上的祝寿宴会正在等着他呢。

事后,季羡林在讲述这次回乡的感受时写道:

自念九十年以来,我确实做过一些有益的事情,也确实犯过不少的错误;但是我决没有做过半点对不起我们伟大祖国的事情,即使冒一些可能是很大的风险,也在所不惜。然而,祖国人民对我的回报却远远超出了我个人认为应该有的水平。这一次回到故乡,更使我惊诧不已。今天的晚会上对我的颂赞更使我坐立不安。我一介书生,无权无势,无论是市领导对我的热情接待,还是小孩子们对我的赞颂,决不可能有任何功利目的,连一丝一毫也不会有的。区区不候对他们会有什么好处呢? 他们完全是出自一片真诚,没有一点要求回报之意。我虽已年届九旬,还希望再活上若干年,能为我们祖国,为我的故乡,为故乡的这些可爱的孩子,竭尽全力,做一点有益的事情。

病榻篇

　　七点多吃过早饭以后，时间就不能由我支配了，我就不得安闲了。大夫查房，到什么地方去做体检，反正总是闲不住。但是，有时候坐在轮椅上，甚至躺在体检的病床上，脑袋里忽然一转，想的又是与写文章有关的一些问题。这情况让我自己有点吃惊。难道是自己着了魔了吗？

　　对像死亡这样的谁也违背不了的灾难，最有用的办法是先承认它，不去同它对着干，然后整理自己的思想感情。我多年以来就有一个座右铭："纵浪大化中，不喜亦不惧。应尽便须尽，无复独多虑。"是陶渊明的一首诗。"该死就去死，不必多嘀咕。"多么干脆利落！我目前的思想感情也还没有超过这个阶段。江文通《恨赋》最后一句话是："自古皆有死，莫不饮恨而吞声。"我相信，在我上面说的那些话的指引下，我一不饮恨，二不吞声。我只是顺其自然，随遇而安。

季羡林

"癣疥"之疾

进入新千年之后,也就是九十大寿过去不久,一向很少和医院打交道的季羡林,渐渐陷入了疾病的困扰之中,长期在 301 医院疗养,经常以"301 编外"和"四半老人"（眼半瞎、耳半聋、头半秃、腿半瘫）自嘲,度过了一生中的最后时光。

2002 年夏季,季羡林忽然浑身发痒,夜间更甚。他问了身边的友人,发现患此病者不乏其人,有人试过中医,有人请西医诊治,效果大都不尽如人意。季羡林的双臂出现了红点,他以为不过是"癣疥之疾",没什么了不起的,采取的对策一是忍,二是拖。

其实,早在三四十年以前,季羡林就有全身发痒的症状。每到冬天,气候干燥,他的两条小腿就出现小水泡,有时溃烂流水,他就用橡皮膏贴上。有时候腿上乱七八糟贴着多块橡皮膏。他的学生张保胜曾陪他去宽街北京中医院向当时的皮肤科权威赵炳南教授求诊,服了赵大夫开的药确有效果。后来赵大夫去世,接替他的是一位王大夫。他和季羡林同为全国人大北京代表团的成员。当季羡林皮肤病复发,不得已向他求诊时,才知道自己患的是老年慢性瘙痒症。

季羡林这次患病,拖了几天,不仅不见好转,而且越来越厉害,迫于无奈只好去医院。这次他去的是西苑医院,这个医院就在北大附近,在全国中医院中广有名声,那里有位邹铭西大夫,是公认的皮肤科权威。诊病时,季羡林身边坐满了年轻的实习大夫、研究生等,如同众星拱月一般。按常识,像邹铭西这样的大夫应该做气凌人、顾盼自雄,可是他却不然,而对病人和颜悦色、笑容满面。季羡林看着邹大夫为一位衣着朴素的老年女患者诊治,病人小腿上有许多小水疱,流脓流水,他一点儿也不嫌脏,亲手抚摸患处。季羡林十分钦佩他的医德。

季羡林一边向邹大夫详细报告病情,一边把手臂上的红点指给他看。邹大夫摸了摸患处,号了号脉,然后开了一服中药,请他回家煎服,没过几天,小红点逐渐消失,但是浑身仍然瘙痒不止。他用邹大夫给开的止痒药水,用了几次,开始有效,后来就逐渐不起作用。此时友人范曾送来几瓶西医止痒药水,结果与中医药水一模一样。季羡林一连交替使用这两种药水,结果越来越糟。每天半夜,他痒得钻心,睡不成觉,只好浑身上下一通乱挠,后背挠不着就借助于"痒痒挠"。

这样对付了一段时间,季羡林没能把病拖垮,反而又出现了新情况,他的两只手心里忽然冒出一层小疙瘩,有点儿痒,皮肤糙糙的,极不舒服。助手李玉洁和杨锐又陪他来到邹铭西大夫的诊室。邹大夫看了看他的手心,轻声说:"这是典型的湿疹。我给您开一服苦药,很苦很苦的!"

这药果然奇苦无比。季羡林活了这把儿年纪,虽然不常吃药,可是中药西药也吃过一些,从未因为吃药犯过难。这次刚把药端到嘴边,一股儿强烈的苦味便直冲鼻官,他默念着"下定决心,不怕牺牲",几口喝光,赶紧漱口,吃冰糖。

服药一两天,双手手心皮肤下大面积充水,继而手背、十指到处长出水泡,有大有小,高低不一,泡里充满水分,不慎碰破能滋出很远很远,甚至滋到头上和脸上。最后,脚上也长出水泡。怎么办呢?季羡林开始土法上马,主动进攻了!他找来一根缝衣针,用酒精消消毒,刺破水泡,把水放出。谁知水势极旺,刺不胜刺,挑灯夜战一个多小时,刺破的水泡似乎还没有新冒出的水泡多。第二天早晨,只见满手水泡依然鼓胀胀的,真是徒劳无益,奈何不得。

季羡林只好再次去找邹铭西大夫。邹大夫察看了他的双手,面色立刻严肃起来,说道:"水泡一旦扩散到了咽喉,事情就不好办了!"

李玉洁赶紧请求邹大夫再给开个处方。邹大夫又直言正色道:"马上到大医院去住院观察,不能再耽误啦!"

看来情况比较严重。可是,真就严重得非得住院吗?手头那么多活儿要做,怎能舍得拿出大块时间住院呢？总之，一连串的问题困扰着季羡林。

7月27日晚上，季羡林已经睡下，忽然听见有人敲门，原来是张衡来了。张衡是山东大学的小校友，大学学的是文学，毕业后来北京从事书籍和古玩生意。他为人热心诚恳，凡是季羡林的事都不遗余力去办。知道先生有病，他又岂能袖手旁观？他风风火火地来到季府，拿来白矾和中草药，把中草药熬好，倒进脸盆，请先生把手泡在药水里。泡了一会儿，又把先生手上血淋淋的水泡用白矾末埋起来，双脚也照此处理，然后把手脚用布缠好，上床睡觉。半夜，季羡林感到双手双脚缠得难受，起来把布解开。第二天早晨一看，白矾末似乎真的起了作用，水泡都被糊住了，正在松口气的时候，从白矾末的旁边和下边又冒出了更大的水泡。阴云再次布满了季羡林的心头儿。

张衡并非鲁莽之人，他学过中医，搜集过民间验方，当初似乎很有把握，可是"道高一尺，魔高一丈"，他试过几次终于认输，只好劝先生去住院治疗，可是季羡林还是不想去。

此后半个多月，是季羡林一生思想感情最复杂、最矛盾、最困惑的时期之一。一方面，他认为自己的病不过是"癣疥"之疾，没有什么大不了的，幻想侥幸"蒙混过关"；另一方面看着病情一天天发展恶化，不知结果如何，担心和恐惧挥之不去，与日俱增。这期间也有"好消息""吉兆"，比如他听北大校医院张大夫说，某校长也得过这种病，住在校医院，输液一个礼拜就出院走人；他的学生、复旦大学的钱文忠说，毒水流得越多，毒气出得越多，这本是好事，不是坏事。季羡林听了这些话儿，他又不再担心和恐惧，侥幸心理又死灰复燃。

但是，事情还有另一面。家里访客不断，采访的、录音录像的，络绎不绝。客人来了，他的双手双脚布满水泡和黑痂，不好意思也不敢同人家握手，怕人家嫌弃，更怕传染给别人，解释抱歉的话每天不知要说多少遍。最怕的要属照相，客人往往提出合影留念的要求，可是两手这个样子，藏在哪里呢？所以，他一听说照相就惶恐不安。

那些天，季羡林的脑子里总是闪现出两个人在吵架；一个说你根本没病，能吃能喝，能看书写文章，能会见客人接受采访还能上电视呢，就跟好人一样，有啥病呢？难道起几个水泡、手脚痒痒也算病？你有那样娇气吗？另一个则说你怎么没病？不但有病,而且病得还不轻呢!连治这种病的权威邹大夫都没招儿了!假如没有病,你泡药水干啥?敷白矾干啥?鼓捣来鼓捣去,非但没好,连指甲盖下边都冒出了水泡,想用土办法把它刺破都不可能,还能说没病吗?

最后,季羡林着实没辙儿了,只好承认自己确实有病,被迫在李玉洁和杨锐的"裹挟"下,去了解放军总医院 301 医院。

初进 301

其实,季羡林对 301 医院并不陌生。一年前,2001 年 12 月他曾经在这里住了二十几天院,12 月 31 日才出院回家过年。

那是 11 月 12 日,李玉洁无意间发现季羡林的棉裤有点儿不对劲儿,怎么硬邦邦的呢?一看才明白,不知什么时候,老爷子尿湿了棉裤,干了就成这个样子。原来他小便失禁,大家马上劝他去医院看看,可是他说自己正在忙活儿,坚持不去。

那时候,北大的教职员工看病,合同医院是北医三院,少数一二级老教授在友谊医院,每年还搞一次体检。一开始,季羡林对体检还有积极性,每年都参加。正因为每年都"平安无事",他便不重视了,加上工作确实很忙,已经有五年不去友谊医院体检了。

这次,季羡林仍然采取"拖"的战术,不肯去医院。12 月 7 日,早晨起来他感到尿急、尿频、尿不尽,时间没过多久就去了四五趟厕所。奇怪,到底怎么了?季羡林朝马桶里一看,吓了一大跳。怎么红红的?这不是血吗?小便中带血,而且很不少,这可非同小可!于是,李玉洁不由分说,一边向学校领导报告,一边把他送到西苑医院,那里的大夫建议去大医院,他们就径直来到 301 医院。

301 医院原副院长牟善初是季羡林五十年前的学生。1934 年,季羡林在济南高中当国文教员的时候,牟善初是他的得意门生,在全班四五十个同学中,他的作文成绩最好,称得上绝对状元。当时季羡林想,这孩子高中毕业考上一个名牌大学中文系没问题,将来准会成为一个优秀的作家。谁知"世事纷纭果造因",后来牟善初参了军,成为一名医术精湛的军医,曾经担任国家领导人的保健医生和 301 医院副院长。"文革"结束后,他带着儿女来北大拜会过自己的老师,季羡林也带着孙子孙女去 301 医院回访过。牟善初现在已经八十五岁了,为人淳朴厚道,不善言辞,还经常穿着白大褂出诊、查房。季羡林住院后,他极尽学生之谊,常常到病房看望,安排照顾得百般周到。

季羡林刚入院时,曾被怀疑患了膀胱癌,需要进行各种检查,包括头部、肺部、五脏,才能最后确诊,如果确诊为膀胱癌就要做手术。最为麻烦的是做膀胱镜检查,就是把一根管子通过尿道伸进膀胱,进行观察。做过这种检查的病号说非常痛苦。季羡林心想:自己忍痛做了检查,如果不是癌,还好;如果是癌,大不了去死。"二战"时在德国捡回一条命,"文革"时又捡回一条命,如今这把儿年纪了,还怕死吗?那就算了吧,不做检查了!于是,他采取消极的态度,拒绝接受膀胱镜检查,并递交了书面申请,声明如果因此延误了治疗,由他自己负责。

301 医院也自有一套办法,从科主任卢晓行,到医生聂道海、史军,轮流当说客,来做病人的思想工作。最让季羡林感动的是,泌尿科专家李炎唐大夫亲自用手指伸进肛门做探查。最后,季羡林终于同意接受膀胱镜检查,李炎唐大夫亲自为他做了检查。季羡林曾经在一篇文章中写道:

> 最后,我还是下定了决心去做膀胱镜手术,不管多痛,都在所不惜。当我坐上轮椅被推往手术室去的时候,心里面大有"风萧萧兮易水寒,壮士一去兮不复还"的气概。结果膀胱镜手术终于做了,十分顺利,除了有时候有些小小的痛苦外总起来说是没有痛苦的。我自己除了大大地松了一口气之外,忍不住暗自嘲讽:你已经活到了九十高龄,自谓博古通今,见多识广,无所不能,无所畏惧;然而一次微不足道的考验,竟把你吓得像见了猫的耗子,你不觉得自己浮浅,不觉得脸红吗?

经过检查排除了膀胱癌,进行对症治疗,病情很快好转了。季羡林在医院一边治疗,一边工作,还为嵩山少林寺鉴定了珍贵的佛教文物《阿弥陀佛西方极乐世界》唐卡。

在谈到对 301 医院的印象时,季羡林说:

　　我的总印象是：这里毕竟是解放军医院，气氛肃穆沉渡，个人职责清楚，而且纪律严明。所有超出自己职责范围的事情，无论大小，都必须请示汇报。那种令不行、禁不止的作风，这里是找不到的。我在医院的两周，成了我"学军"的两周。

　　季羡林这次住在南八楼二区十三床，算是准高干病房，里面设备不错，收费也很高。301医院自然有高干病房，部队少将以上、文职副部长级以上的病号才能住进去。季羡林虽然被称为"国宝级学者"，可他到底有无资格住高干病房，没有人给予明确的答复。为此，李玉洁心中不平，逢人便说，逢人便问，终于传到了几位领导耳中。事后，中共中央组织部派了一位局长来到季羡林家，说明他于1982年就被定为副部长级待遇，患病住院完全应该住高干病房。这次没住进高干病房，可能是北大某个环节出了一点儿问题，二十年换了几任校领导，竟无人知道此事。事实既已澄清，真相大白，季羡林以后再住高干病房也就名正言顺、心安理得了。

再进301

　　话说季羡林患了"癣疥"之疾，一拖再拖，终于在2002年8月15日，被李玉洁和杨锐送进301医院。

　　由于病房床位异常紧张，牟善初亲自打电话进行协调。下午4时，终于在南楼呼吸道科病房挤出了一个单间，把季羡林安置进去。这一层楼共18间病房，季羡林住的这一间门牌号是13。房间有五六十平方米。这里警卫森严，楼外有解放军战士日夜站岗。病房把所有的病人都称"首长"。因为都是将军级的军官，称首长名正言顺。可季羡林是个教书匠，听人家叫自己"首长"很不习惯，感觉有些滑稽，便自嘲是"冒牌货"。

　　季羡林住进来了，可是皮肤科主任李恒进大夫心里产生了顾虑，他不大愿意收治这样颇有名气的病人。这时，恰好眼科主任魏世辉大夫有事来找季羡林，于是两位主任谈起了他的病情。李大夫说："北大三院的水平高，还有皮肤科研究所，最好到那里去治。"魏大夫却说："你是西医皮肤科的权威，是怕给老先生治不好，砸了牌子吧!"李大夫哑口无言,只是笑了笑。

第二天早晨,就在13号病房为季羡林进行了第一次会诊,此时他住院才不过十几个小时。季羡林看见满屋子都是白大褂,难以分清哪位是哪位。他认出了西苑医院的邹铭西大夫,原来他也被李大夫请来参加会诊了。季羡林忙不迭地向邹大夫做检讨,说道:"本来应该听你的话,早点儿来医院,这下又给大家添了麻烦,太对不起啦!"邹大夫朝他笑了笑,没有说什么。每位大夫都给季羡林查看了一遍,李大夫还请他咳嗽几下,听一听喉咙里是不是也起了水泡,还好,没有。大夫们检查完就到会议室去了。

次日上午,又进行了第二次会诊。这次来的是医院有关科室的主治大夫,主要检查皮肤以外的身体状况,研究制定治疗方案。两次会诊的结论是,季羡林患的是天疱疮。这是一种十分危险的病症。当天下午,李大夫把北大校长许智宏院士和副校长迟惠生教授请到医院,向他们说明季羡林的病情可能颇有麻烦,让他们心中有底,以免日后节外生枝。

别看医生当初不敢也不想收治季羡林,季羡林但凡能扛过去,还真的不稀罕住院呢!他担心如果长期住下去,那一大堆活儿怎么办呢?于是,刚刚住进来他便问李大夫何时才能出院。此时,李大夫已经胸有成竹,完全改变了态度。他沉思片刻,回答说:"如果年轻五十岁,有半个月就差不多了。现在至少需要一个多月。"

皮肤科医务人员只有十几人。除了李恒进主任,还有副主任冯峥、年轻的汪明华大夫和季羡林接触较多。他们责任心极强,工作认真踏实,细致谨慎,很快赢得了季羡林的信赖。

孰料,就在季羡林住院的第四天晚上,他刚上床休息,偶尔用舌尖舔了一下上颚,蓦地舔到了两个小水泡。他马上想起了邹铭西大夫说过的话和李恒进大夫在会诊时对他的要求。他感到舌头仿佛被火球烫了一下,神经立刻紧绷了起来。莫非水泡已经长到喉咙里了吗?他本能地想到了死,脑子里开始快节奏地放起了电影,即最近十几年来燕园里经常出现的镜头——某老教授家门前来了一辆救护车,在老教授登车而去时,响起画外音:"风萧萧兮易水寒,壮士一去兮不复还!"接着,是自家门前的荷塘,塘里季荷绿叶擎天,荷香十里;接着,是一只雪白的波斯猫,这不是"大强盗"吗?它在干什么?哦,是来看爷爷回来没有。难道再没有机会见面了吗?

　　季羡林如此想着,一行浑浊的老泪溢出了眼角。

　　渐渐地,季羡林又恢复了平静,理性回到了他的头脑中。他开始批评和嘲笑自己:"你不是参透了生死奥秘吗? 你不是几次度过生死大关了吗? 黄铜当不了真金,假的就是假的! 两个小水泡就把你吓破了胆!"

　　次日一早,护士通知季羡林做 B 超检查。他心里"咯噔"一下,又紧张起来,心想:莫非"膀胱癌"又来凑趣,真的是祸不单行吗? B 超室的大夫在他的小腹部位使劲地按来按去,仔细地检查,还好,没事。

　　经过这一系列的检查、会诊,排除了一切应该排除的因素,然后就开始对症治疗了。季羡林患的天疱疮是一种免疫系统疾病,需要用皮质激素类药物进行治疗。皮肤科几位大夫根据病情和病人的体质、年龄仔细斟的,把握剂量,开始用药。几天下来奇迹发生了,水泡干瘪、结痂、黑痂脱落,手脚终于恢复了本来面目。看着自己细润柔滑的双手,季羡林心里比吃了蜜还甜。

　　季羡林住院之后,301 医院的领导一直十分重视,不仅他的老学生牟善初常来嘘寒问暖,现任院长朱士俊、政委范银瑞和副院长秦银河、苏元福、王树峰、林运昌等人也都来探望。他们劝季羡林别急着出院,多住些天,彻底检查一下,把该治的病好好治疗一下。

　　于是,又进行了第三次会诊。季羡林本来是来治皮肤病的,因为病房实在紧张,就住在呼吸道科病房里。检查发现,他患有哮喘和肺气肿,这下子不必转诊了,连呼吸道方面的毛病也收拾了一下。不只是呼吸道疾病,季羡林的血压原本没有问题,由于服用激素一度升高,大夫严密监测,属于应激反应,没有发生大的问题。除此之外,口腔科大夫为他治好了齿龈溃疡,眼科魏大夫为他检查、治疗了眼病,还为他配制了一副平生最满意的眼镜。用季羡林自己的话说,是住了一次院,治了四种病。

　　季羡林评价 301 医院是医德、医术、医风三高医院,李恒进大夫是三高大夫。

　　这次住院季羡林还写了数万字的文稿,可以说是治病、工作两不误。2002 年国庆节前夕,季羡林出院了,正如李恒进大夫事先估计的那样,这次"二进宫"一共待了四十五天。

回　　家

季羡林从 301 医院捡回了一条命,高高兴兴地回到了北大校园。

天疱疮快要治愈的时候,季羡林虽然在医院里仍然早早起床,舞文弄墨,笔耕不缀,但仍然想念他那心爱的季荷和波斯猫。

回到朗润园的时候,天已黄昏。门前池塘里的荷花,看不清叶子的颜色,显得灰蒙蒙一片。那只波斯猫却认出了主人,在他的两腿间蹭来蹭去,没完没了。他刚刚进屋坐下,那只猫立刻跳进他的怀里,无论如何也不肯离开。

第二天早晨,他依旧四点多钟起床,坐在窗前的书桌旁。外边天还是黑洞洞的,什么都看不清楚。过不一会儿,天蒙蒙亮了,晨练的人们开始活动了,一个穿红衣服的小伙子跑到西边去了,西边又走过来一个挺着大肚子的孕妇,后边不远处跟着一位寡居的老教授夫人。如同住院前一模一样,季羡林每天早晨必见的人物,今天全都看见了,他好像根本不曾离开过家,或者说,住院的那些日子好像根本不存在似的。

等到天光大亮的时候,季羡林开始仔细观察池塘里的荷花。只见绿盖满塘,浓碧盈空,他的精神为之一振。还记得,在他住院之前,第一朵荷花正好开在窗前,孤零零一朵大红花昂然挺立,朝开夜合,给他带来多大的欢愉啊!后来,他住进了医院,听来探视的人讲,荷花开得如火如荼,红光照亮朗润园,竟成了燕园一道亮丽的风景线。

池塘的对岸有一座万众楼,雕梁画栋,金碧辉煌,是北京大学中国经济研究中心所在地。"万众楼"三个大字,是季羡林应研究中心主任林毅夫博士之邀亲笔题写的。此楼坐东朝西。每当夕阳西下的时候,才能看清楚那三个金光闪闪的大字。此时正是早晨,楼背着阳光,可是他发现,有什么东西把阳光反射到楼的西面,三个大字依然金光闪烁,清晰可辨。这一发现给他带来了惊喜,产生了乐趣。

从万众楼,季羡林又自然而然想起自家门前左侧的小土山,他对那里的一草一木太熟悉啦!他想起每年初冬第一场雪过后,丰花月季在覆盖小山的皑皑白雪中傲然挺立、鲜红浓艳;他想起在草木间跳来跳去的花喜鹊、灰喜鹊,蔽打着鼓点的啄木鸟,叽叽喳喳的小燕子,唱着"光根儿最苦"的布谷鸟;他想起从前黑压压成群结队、而如今十分稀见的乌鸦,还有在"除四害运动"中被围剿得灰头土脸的麻雀……

季羡林此时尽管是独自一人,枯坐窗前,思绪却如同鸟儿一般,自由翱翔。他想起唐诗中的鸟儿,"西塞山前白鹭飞","两个黄鹂鸣翠柳,一行白鹭上青天";他想起1951年在印度加尔各答乘车去国际大学的路上,第一次看到白鹭上青天的情景;他想起前几年游广东佛山,在一片湖边树林中看到的成群白鹭……

于是,他有感而发,急忙摊开稿纸,记录下自己自由翔的思绪,一篇美文《回家》跃然纸上。这篇文章的主题词就是"欢喜",他写道:

> 现在我仍然枯坐在临窗的书桌旁边,时间是回家的第二天早上。我的身子确实没有挪窝儿,但是思想却是活跃异常。我想到过去,想到眼前,又想到未来。甚至神驰万里想到了印度。时序虽已是深秋,但是我的心中却仍是春意盎然。我眼前所看到的,脑海里所想到的东西,无一不笼罩上一团玫瑰般的嫣红,无一不闪出耀眼的光芒。记得小时候常见贴在大门上的一副对联:"万物静观皆自得,四时佳兴与人同。"现在的朗润园中的万物,鸟兽虫鱼、花草树木,无不自得其乐。连这里的天都似乎特别蓝,水都似乎特别清。眼睛所到之处,无不令我心旷神怡。思想所到之处,无不令我逸兴遄飞。我真觉得,大自然特别可爱,生命特别可爱,人类特别可爱,一切有生无生之物特别可爱,祖国特别可爱。宇宙万物无有不可爱者。欢喜充满了三千大千世界。

总之,季羡林回到家中,心情是无比欢愉的,只可惜好景不长,没过多久又"三进宫"。

三进301

2002年11月28日,季羡林第三次住进301医院。

第二次从医院出来,季羡林的心情非常愉快,又马上超负荷地工作起来了。可是,天有不测风云,人有旦夕祸福,无情的病魔又缠住了他。

11 月 23 日,晚饭时季羡林吃了一大碗凉拌白菜心,觉得好吃就一口气吃下去了。吃完饭看电视时,他忽然感到身上发冷,就像掉进冰窟窿里一样,牙齿咯咯作响,浑身颤抖不止。身边的人赶紧把他抱到床上,打电话请来校医院的保健大夫。大夫们进进出出,打针、开药。季羡林迷迷糊糊地躺在床上。

24 日,季羡林依然卧床,水米不曾沾牙;25 日,有好转,仍不能吃东西;26 日,大有好转,急需的俄罗斯学者李特文斯基的《东土耳其斯坦佛教史》送到,感觉有精神,翻阅了几页;27 日,感觉良好,一位学生从西藏请来一位活佛,念咒消灾,病人一生不信鬼神,眼下身不由己,只好听之任之,学生坐在他身边,再三说:"您的身体没问题!"

28 日,情况突变,体温升至 39℃。李玉洁和杨锐急忙叫来救护车,把他送到 301 医院。

护士给他量体温,竟然高达 39.4℃。危险!马上抢救!此时季羡林仍然迷迷糊糊,只觉得屋子里人很多,出出进进,有人拿来冰枕,有人又拿来什么……打针!据说,这一支药水值一千多元。四五个小时之后,体温降至 36℃多,基本正常。至此,抢救完毕,转为观察。

这次住的是南楼高干病房三楼 15 号。主治医生是张晓英、段留法、朱兵,护士长是邢云琴,责任组长赵桂景,护理勇琴歌。

既然住院是为了观察,季羡林估计观察上几天,顶多十天半个月,若没有大问题即可出院,打道回府了。可是事实并非如此。第二天开始输液,上午一次,下午一次,晚上还有一次,整天吊瓶子,没完没了。季羡林的牢骚话出笼了:"春花秋月何时了?吊瓶知多少?"老先生到底与众不同,还要扯上南唐李后主的词呢!

此时,季羡林极其被动,极其无奈。没有一个大夫明确告诉他究竟是什么病,该怎么治,需要多少时间。他的牢骚话又再次出笼了:"病人可使由之,不可使知之。"老先生牢骚归牢骚,丝毫也改变不了他的处境。

针头扎在手臂上,药瓶吊在半空中,一只手臂一动不能动,这种姿势保持半个小时,或者一个小时还凑合,可是每天要十个小时以上,对于一个九十二岁的老人来说,实在苦不堪言,难以忍受。季羡林是一个惜时如金之人,如此大量"浪费"时间,他都心疼死了!还有难以排遣的寂寞,如何打发时间,驱走无聊呢?

　　季羡林尝试了许多办法。他博闻强记,许多古代散文名篇、古诗词,还有不少外国名诗,英文的、德文的、法文的,都装在脑子里,脱口而出。开背! 果然这主意不错,可以温故而知新,若干年前的东西还没有忘记,更增加了他的自信心。

　　可是,时间长了,难免乏味,不想再背下去了。那么,下一个节目是什么呢? 季羡林喜欢京剧,虽然读不上"戏迷",但有一定欣赏水平。他回忆看过的京剧,耳边隐隐约约响起《空城计》中诸葛亮在城门楼上那一段优美的唱腔:"我正在城楼观山景,耳听得城外乱纷纷……""先帝爷、下南阳、御驾三请,算就了,汉家业,鼎足三分……""这是马连良,还是谭富英唱的呢? 真棒! 你不是给我输液吗? 我不是不能动吗? 好吧,我就闭着眼睛听戏喽! 何止听戏,还要听音乐。多少年没有听《伏尔加船夫曲》了,那还是四十五年前在塔什干大剧院听的呢!"伏尔加,伏尔加母亲河,河水滔滔深又阔! ……"多么雄浑,多么优美! 他沉醉在自己幻想的旋律中,思绪活跃,感情澎湃,一泻千里。他又想起俄罗斯的文化名人——门捷列夫的元素周期表;托尔斯泰和陀思妥耶夫斯基的长篇小说,如同原始森林,恢宏壮阔;普希金的诗;列宾的画……季羡林平时紧紧张张,现在有时间了,他闭着眼睛,如同老牛反刍一样,尽情地享受着,品味着……

　　季羡林的身体如同一架运行了九十二年的老机器,由于长期磨损和老化,所有的零件难免发生这样或者那样的问题。有时他漫不经心地说这儿痛,那儿痒,大夫还真就当回事儿。有一次,他无意间说到自己的那口"老牙",大夫听了马上让护士把他送到牙科主任治疗室,仔细检查,又修又补,花了不少时间。旁边坐着的一位将军正等着看病,季羡林心里感到很不安。又有一次,他谈到自己经常便秘,且有外痔,听了这话儿,不到一个小时肛肠科大夫就来了,同样仔细检查,季羡林心里既感动又内疚。从此以后,季羡林学"乖"了,绝不再说哪里不舒服。

　　转眼到了年终岁尾,季羡林的病治得差不多了,他立即想到回家。是啊,家中不知堆积了多少事情等他处理呢! 季羡林心急如焚,向科主任张大夫申请出院。张大夫告诉他,出院必须经前副院长牟善初批准。牟善初当然希望先生多住些日子,把病彻底治好。季羡林执意不肯,一连给他写了两封信,终于获准出院。

　　2002 年 12 月 31 日下午,季羡林从医院回到家中,这次在医院待了三十四天。

　　2003 年元旦和春节,季羡林家中的气氛并不显得冷清,因为外孙何巍专程从海外回来陪外公过节。直到六年后季羡林逝世,这是他在家中度过的最后一个元旦和春节,因此非常值得纪念。

四进301

2003年2月21日,季羡林第四次住进301医院。这是最后一次住院,也是时间最长的一次,直到2009年7月11日逝世,他的"四进宫"这出戏共演了六年四个月零二十天。

季羡林这次住在301医院马路西边的康复楼。这里的警卫门禁比南楼更加森严,有人想来探视很不容易,因此与前三次相比,笔者对他这次在医院的治疗情况知之甚少,只能根据零星的材料,大体勾勒出一个轮廓来。不过,读者要想知道更多的情况,请阅读2007年出版的《病榻杂记》一书。

这次,季羡林可能是因为心肌衰竭住院的。《病榻杂记》中有一篇短文,题目是《安装心脏起搏器》,全文如下:

> 听说个别老友安装了起搏器。
>
> 我也是有心脏病的,学名大概是心律不齐。这一点玉洁是知道的。于是她也让我安装。我答应了。
>
> 我这个人好胡思乱想。一看到起搏器,我立刻莫名其妙地想到了马克思。几十年前,我读过一本书,讲到马克思的死:他孤零零地坐在一间屋子里,被人发现时已经死去。用常识来答:只能由于心脏突然停止跳动或脑血管出了问题,如果当年已经有了起搏器,而马克思已经装上了的话,他一定不会这样愉快地"无痛而终"的。他能够继续活下来,继续写他的《资本论》,写到什么程度,那就很难说。反之可以免掉恩格斯许多麻烦。

这篇短文与其他文章不同,文末没有标出时间,但能证明季羡林是安装了起搏器的。

2003年8月18日,季羡林在《九三述怀》一文中写道:

　　近两年来,运交华盖,疾病缠身,多半是住在医院中。医院里的生活,简单而又繁琐。我是因为一种病到医院里来的。入院以后,又患上了其他的病。在我入院前后所患的几种病中最让人讨厌的是天疱疮。手上起泡出水,连指甲盖下面都充满了水,是一种颇为危险的病。从手上向臂上发展,发展到一定程度,就有性命危险。来到301医院,经李恒进大夫诊治,药到病除,真正是妙手回春。后来又患上几种别的病。有一种是前者的发展,改变了地方,改变了形式,长在右脚上,黑脓骏脏兮兮的一团,大概有一斤多重。我自己看了都恶心。有时候,简直想把右脚砍掉,看你这些丑类到何处去藏身!幸亏老院长年善初的秘书周大夫不知从哪里弄到了一种平常的膏药,抹上,立竿见影,脏东西除掉了。为了对付这一堆脏东西,301医院曾组织过三次专家会诊,可见院领导对此事之重视。

　　这段文字告诉我们,季羡林的皮肤病屡有反复,经过几次治疗终于康复。

　　后来,季羡林又被转到骨科,治疗右腿的骨髓炎。在小腿骨上钻了孔,并留了引流条,换药很痛苦,但他能忍,一声不吭。这应该是2003年8月间的事。8月30日,李玉洁给《光明日报》记者韩小蕙打电话,通报季羡林的情况。她说:"90多岁的人动大手术,全身吊着,还笑着问我们哭丧着脸干什么?我们当然笑不起来。他就说,我已经超额了,一点儿都不觉得自己是个病人。见我们还不放松,就又说,你何必为它双损失?一个损失(身体)就够了,不能在心理上再损失。手术以后,先生躺在床上,闭着眼睛,皱着眉头,我们以为他难受。谁知他一开口,说的全是环境保护、国际关系、美伊战争、中国的发展、21世纪的世界形势等等。他对很多问题的看法都有超前性和预见性,而且都说得很对。比如二十多年前,就讲到环境保护问题,呼吁人与自然和谐相处。将来把先生的日记公布出来,可以清楚地看到他有好多深刻之处呀!"

　　2004年春节,季羡林是在301医院过的。正月初六,季羡林委托李玉洁给韩小蕙打电话,说了三件事:第一向韩小蕙祝贺猴年春节;第二询问韩小蕙的身体情况;第三告诉韩小蕙,先生看到她编的《美国新生活方式丛书》,很高兴,认为这是一件重要的事。李玉洁还说，现在先生每天依然早起，看书、看报、写文章、写日记，一切都和在家里一样，就是有点儿"懒惰"，不愿意锻炼身体，他是舍不得时间。但先生的心态很好，每天都谈笑风生的，说自己是一块老表，经过擦油泥，修理小毛病，又可以走一段时间了。韩小蕙把这些信息披露在自己的文章里。

301 医院的医疗条件、医生的医德、医风都是一流的。可是，自然规律是不可抗拒的。季羡林终究是一个接近百岁的高龄老人，机体的衰老逐渐严重，牙齿一个个脱离，视力和听力一点点丧失，行走的能力也渐渐衰退。2003 年以后，他写道：

> 我现在的座右铭是：
> 老骥伏枥，志在十里。
> 烈士暮年，壮心难已。

明眼人一看便知，这是经过改造的曹孟德的诗句。"千里"怎么变成了"十里"呢？季羡林解释说：

> 为什么不写上百里、千里，甚至万里呢？那有多么威武雄壮呀！其实，如果我讲"志在半里"也是瞎吹。我现在不能走路，活动全靠轮椅，是要别人推的。我说"十里"，是指一个棒小伙子一口气可以达到的长度。

季羡林这是在叹息自己不再年轻了，这架机器甚至到了不能再用的时候了。

301 印象

季羡林一生的最后时间，多半是在 301 医院度过的。他对 301 医院的评价相当高，请看他 2006 年 6 月书写的条幅：

> 301 是中国的标志，
> 301 是中国的符号，

301 是中国的光荣，

301 是中国的骄傲。

我能够在此养病，

也分得了光荣一份。

既治好了我的病，

也治好了我的心。

2007 年 12 月 31 日，季羡林又仿照词牌《忆江南》，写了一篇《三〇一赞》：

三〇一好，

中华之窗口，

大夫人人皆能手，

护士敬业跟着走。

声誉遍五洲。

三〇一好，

三高又三名，

大夫人人能起死，

护士帮助更回生。

我曾三进宫。

三〇一好，

病人之天堂，

大夫人人皆内行，

护士谨遵职守忙。

美誉传四方。

对 301 医院的医护人员，如医生李恒进、宋守礼，护士长刘珍蓉等人，季羡林写过不止一篇文章表示感谢和表扬。总而言之、综而言之的，是他 2005 年 6 月 29 日写的《白衣天使新赞》，其中用了极其少用的"毫不利己，专门利人"来盛赞这些"白衣天使"。文中写道：

> 我曾写过一篇赞白衣天使的短文。目标只停留在护士身上，所见不广，所论必浅。

> 最近一两年来，我自己申报为生病专业户。皇天后土，实加佑护。身上这里起个泡，明天那里又起了包。看起来眼花缭乱，实际上性命却丢不了。我衷心窃自怡悦，觉得这个职业算是选对了。

有生病专业户，就必然有它的对立面治病专业户。这就是广义的白衣天使。这一个群体，到处救死扶伤，治病救人，毫不利己，专门利人，他们是最可爱的人。

> 我甚至想入非非，觉得这一批天使，在他们决心学医的时候，就证明他们是有宿根、宿愿的，这种宿根、宿愿，与"我不入地狱，谁入地狱"有密切联系。

> 我在上面提到，毫不利己，专门利人，这两句话是我们有时会听到的。几十年来，我们从大小领导人嘴里常常听到这两句话。然而这两句话究竟有多大分量呢？好像不大有人去考虑过。

人是动物之一，一切动物的本能就是，一要生存，二要温饱，三要发展（传宗接代）。要想克服这些本能性的东西，谈何容易！

> 根据我多年来的观察和体验，我觉得，在多少年来形成的成百上千的职业行当中，最与毫不利己、专门利人接近的是大夫，也就是白衣天使。试想，一个病人和一个大夫相对而坐。此时病人唯一的愿望就是把病治好，大夫唯一的愿望也是把病人的病治好，两个人的愿望完全一致，欲不毫不利己，专门利人，岂可得乎？

> 近几年来，自从我申报为生病专业户以后，我都住在医院中，具体地说就是301医院。我天天接触到的人就是大夫、护士等一大群白衣天使。他们那种毫不利己、专门利人的风度时时在熏染着我。他们既治了我身上的病，也治了我心头的病。

第十五章 病房琐记

"应尽便须尽,无复独多虑"

2006 年元旦,季羡林在 301 医院写了一篇《狗年元旦抒怀》,文中写道:

> 今天是狗年元旦。这个元旦同其他年的元旦是大同小异。但是,对我来说,却还有不同的意义。今年是我回国六十周年纪念,是我参加北京大学工作六十周年纪念,是我创办东方语言文学系六十周年纪念。虽然说了三项六十周年,在时间上只有一个六十周年。这个六十周年一过,我已经走到了九十五岁了,而且还要走上前去,一直走到不能再走的时候。

中国人庆祝新春有一副最有名的春联:"天增岁月人增寿,春满乾坤福满门。"第一句话没错儿,天和人确实都增了寿。第二句话表达了人们美好的祝愿。寿,在中国是一个非常吉祥的词儿,但对一个九十五岁的老者来说,听到增寿这样的词句,却别有一番滋味在心头。现在再说增寿一年,就等于说,向生命的尽头走近了一年,这个道理是一清二楚的。然而,季羡林并不悲观。有寿可增,总是好事,他现在最感到幸福,感到兴奋的是,有幸活在当今的中国。看到国家领导人脚踏实地为全国人民谋幸福,看到全国人民如处春风化雨中,看到中华民族实现腾飞的百年梦想正在变成现实,看到东方文化逐渐重现辉煌,老人家感到由衷的欣慰。

有人曾问季羡林:"您对九十五岁高龄有什么想法?"他回答说:"我既不高兴,也不厌恶。这本来是无意中得来的东西,应该让它发挥作用。比如说,我一辈子舞笔弄墨,现在为什么不能利用我这一支笔杆子来鼓吹升平,增强和谐呢? 现在我们的国家是政通人和,海晏河清,可以歌颂的东西真是太多太多了。歌颂这些美好的事物,九十五年是不够的。因此,我希望活下去。岂止于此,相期以茶。"

5月14日,北京大学举行"庆祝东方学学科建立六十周年、季羡林教授执教六十周年暨九十五华诞"大会。全国政协副主席、致公党中央主席罗豪才,全国人大常委、民盟中央副主席、中央文史馆馆长、北大教授袁行霈,民盟中央副主席、清华大学教授卢强,中共中央统战部副部长楼志豪,中国作家协会副主席、中国现代文学馆馆长陈建功,清华大学副校长谢维和教授,北京大学东方研究院名誉顾问林忠健,北京大学校长许智宏院士,北大党委常务副书记吴志攀,副校长张国有以及印度驻华大使苏里宁等参加庆祝活动。国务委员陈至立发来贺信。贺信说:"季羡林先生六十年来致力中外文化交流,为推动中华文化的传播,促进人类不同文明之间的和谐发展与共同繁荣做出了卓越贡献。"

大会开得隆重热烈。这一次老寿星没有出席,他在事前录制的一段录像中表达了自己的心愿,令与会者深受感动。第二天,有人向他报告了大会的盛况,他说:"我就是一个普通的教授,搞这么大的场合干什么? 还惊动了中央领导,小题大做,不值得。"

2006年8月8日,刚刚过完九十五岁生日的季羡林写了一篇《九十五岁初度》,文中写道:

> 庄子说:万物方生方死,从这个观点上来看,我又死了一年,向死亡接近了一年。不管怎么说,从表面上来看,我反正是增长了一岁,今年算是九十五岁了。在增寿的过程中,自己在领悟、理解等方面有没有进步呢? 仔细算、还是有的。去年还有一点叹时光之流逝的哀感,今年则完全没有了。这种哀感在人们中是最常见的,然而也是最愚蠢的。"人间正道是沧桑",时光流逝,是万古不易之理。人类,以及一切生物,是毫无办法的。"夫天地者,万物之逆旅;光阴者,百代之过客",对于这种现象,最好的办法是听之任之,用不着什么哀叹。

　　此时,季羡林清醒地意识到,自己面临着一个无论如何也绕不过去的问题——死亡问题。长寿当然是好事,可是还有另一面,离死亡也不太远了。中国人是讲求实际的民族,人的一生,实际的问题是不少的,其中最突出的问题之一就是死亡。人们都厌恶死亡,但是却无能为力。重要的事情是,如何理解死亡。世界上的生物包括人类在内,林林总总,千千万万。生物的关键就在于生,死是生的对立面,有生必有死,这是包括人类在内的一切生物的普遍规律,谁也违背不了。

　　2009 年 3 月 16 日,距离季羡林逝世四个月,中国艺术研究院刘梦溪和陈祖芬到医院看望他,只见他思维敏捷、言语清晰。他同客人谈论了生死问题,谈到了东西方对长寿的不同态度。他说:

　　　　追求长寿,从比较文化学的角度看,很有意思。西方人对长生不老没有感觉,"寿"这个字外文几乎表示不出来。我读了这么多年的西方文学作品,几乎看不到什么讲长生的。只有一个近似的例子,就是美国的华盛顿·欧文,他的那个 The Sketch Book,林琴南把它译为《拊掌录》的,里头讲到一个荷兰人,Rip Van Winkle,到山里躲避凶悍的妻子的故事,他喝了一种酒,就睡着了,一觉醒来,过了二十年,外边的世界大变,似乎涉及长生不老的问题。东方,特别是中国,却很流行什么得道成仙。有一首诗说:"王子去求仙,郸城上九天。山中方七日,世上已千年。"古代皇帝没有一个不想长生不老的,"人生不满百,常怀千岁忧",帝王到泰山封禅,就是为了追求长生不老。服食仙药,结果中毒,一命呜呼。

　　季老对刻意追求长寿,持否定态度,而他本人长寿,他说是于无意中得之,没有什么秘诀可言。北大的老先生,九十岁以上的有几位,他说,"我不同他们比赛","在去八宝山的路上,我决不加塞"。

　　季羡林晚年非常欣赏晋代大诗人陶渊明的《形影神》那首诗,其中讲述对生死的看法,饱含哲理的对话。诗的序言写道:"贵贱贤愚,莫不营营以惜生,斯甚惑焉。故极陈形影之苦,言神辨自然以释之。好事君子,共取其心焉。"诗的结尾写道:"三皇大圣人,今复在何处? 彭祖爱永年,欲留不得住。老少同一死,贤愚无复数。日醉或能忘 . 将非促龄具! 立善常所欣,谁当为汝誉? 甚念伤吾生,正宜委运去。纵浪大化中,不喜亦不惧。应尽便须尽,无复独多虑。"

"应尽便须尽,无复独多虑。"——这句话多么干脆利索! 季羡林把它奉为自己的座右铭。季羡林认为,死亡是不可避免的。对待不可避免的事情,最聪明的办法是,以不可避免视之,然后随遇而安,使不可避免的危害性降至最低点;反之,如果对生死之类的不可避免性进行挑战,则必然招致大灾祸。"服食求神仙,多为药所误。"烹政、刘彻、李世民都是典型的例子。既然非走不行,哭又有什么意义呢? 反不如笑着走更使自己洒脱、满意、愉快。

在这个问题上,季羡林也有一位知己,就是已故的佛学大师赵朴初居士。朴老2000 年 5 月 21 日仙逝,享年九十又三,临终前留有遗诗说:"生固欣然,死亦无憾。花落花开,水流不断。我兮何有,谁欤安息? 明月清风,不劳寻觅。"而且,朴老生前还说过一句预言式的话,那是 1986 年,季羡林与他一起陪同班禅大师乘专机赴尼泊尔参加世界佛学大会,当季羡林走进候机大厅时,朴老对他的夫人陈邦织说:"别人都是哭着走,独独季羡林是笑着走。"

君子安贫,达人知命。参透了生死的季羡林自然少了许多烦恼,他曾写了四句打油诗,劝告那些颇有心结的老年人:

> 人生在世一百年,
> 天天有些小麻烦。
> 最好办法是不理,
> 只等秋风过耳边。

病房里的欢笑

虽说来日苦短,季羡林在人生的最后时刻还是过得有声有色、有滋有味。本来,他平时讲话就很风趣、幽默,在 301 医院,来访的客人和医生、护士也能经常听他说些笑话,病房里不时传出欢声笑语。

季羡林说到小时候在济南见过的"地方"送礼的事。所谓"地方"即地保,负责地方基层的行政和治安。逢年过节,"地方"就提着一只鸡和两瓶"水酒",挨家挨户给街坊"送礼"。老住户们都明白,这是他借机敛财的手段,因为不但没有人敢收他的"礼",而且还要"赏"他一些酒钱。他转悠了一天,带着一大堆零钱回家,把鸡放下,继续养着,瓶子里的凉水倒掉。每次都是如此。可是,这一次来了一家新住户,不是山东人,不了解此地的风俗,他们真的收下了"地方"的"礼物",老妈子还没有把门关上,就听见"送礼"的"地方"在骂街。

季羡林又说到济南大明湖的历下亭。有一次,两个外地游客在历下亭看到杜甫题写的楹联:"海右此亭古,济南名士多。"于是二人开始议论,甚至出言不逊说:"什么'济南名士多'?分明是济南名士王八多!"一个济南人刚好经过这里,听了此话很不高兴。他听口音知道他们是哪里人,便故意不露声色,把他们叫到跟前说:"我给你们讲个故事吧!"那二人洗耳恭听。济南人说:"有一次,东海龙王举行考试,大王八去赶考,半路要下蛋,就找到两条鱼和一个坛子。王八下了蛋,盛在坛子里,由鱼抬着,跳过龙门,吵闹着直奔龙宫。龙王很奇怪,问:'什么人在外边吵闹?'宫廷侍卫通报说:'鱼抬的是王八,坛盛的是王八蛋!'"结果把骂济南人的鱼台人和郯城人都骂了。

季羡林说,当年在清华上学时,流传一些关于名教授的段子,其中有一段是关于杨丙辰的。有个工友经常偷杨丙辰的书。一天,杨丙辰问这个工友:"今天你偷书了没有?"工友回答:"偷了。"杨又问:"偷了几本?""和昨天一样,两本。"杨丙辰无语,扬长而去。

还有一段是两位名教授比糊涂的故事。金岳霖和潘梓年是圈内有名的"糊涂人",但他俩谁最糊涂却难下定论。有好事者,想让他俩比试一下。正好机会来了,一次开会,与会者都要签到。金岳霖拿起笔来,忽然忘记了自己的姓氏,便问:"我姓什么来着?"有人提醒说:"您姓金。"轮到潘梓年签到,他同样问:"我姓什么?"有人说:"您姓潘。"潘先生接着问:"哪个潘?"结果,评判者认为,潘先生获胜。很显然,这故事子虚乌有,是人们杜撰出来的。

有一件事却是真的。20世纪50年代,一次北大在办公楼礼堂开大会接待尼赫鲁的妹妹,不知道什么人规定的,只能讲印度民族语言,而不准讲英语。会议结束,要下楼休息,翻泽忽然"卡了壳",一屋子的人都愣在那里。这时,季羡林急中生智,大威:"Downstairs,please！"(请下楼！)这才解了围。

季羡林说,当年他在哥廷根留学,有一位气象学家,每天预报天气,但基本报不准。而有一个小孩儿,也每天预报天气,准确率却颇高。季羡林问这个孩子:"你为什么能报准?"小孩儿回答说:"很简单,跟那个气象学家相反就是。"

季羡林说,新中国成立初期搞知识分子思想改造,提倡"洗澡",根据职务和学位级别,分大盆、中盆和小盆。张宗燧因为说过"结婚比逛窑子省钱",检讨总不能过关。后来他上纲上线,痛哭流涕,终于过关了。事后,人们发现他在检讨书上标出"哭""大哭""痛哭"之类的提示语。

听到这儿,在场的人笑得前仰后翻,忽然有人问:"先生,您是怎样检讨的?"季羡林笑一笑,说:"我的检讨比较容易,只要把'业务挂帅'和'白专道路'两顶帽子一能,就过关了,但是检讨归检讨,我却顽固不化,坚决不改。你们说,我不搞业务搞什么? 如果我不搞业务,今天岂不是什么都没有,变成光屁股了吗?"

一天,一位担任驻外大使的老学生带着六七岁的小孙女来看望季羡林。小孙女见爷爷奶奶称呼季老"老师",就问:"老爷爷,您是教什么课的呀? "季羡林回答说:"我教的呀,是稀奇古怪。"

季羡林说,当年蒙古军队打到波斯,当地人都吓傻了。一个蒙古人看见一个当地人,对他说:"我要杀了你,可是我没有带刀。你等着,我去拿刀。"那个人就乖乖在那里等。

季羡林说,北大创建之初,学员都是封建官僚,三品官、四品官都有。因为引进西式教育,要上体育课。教师是平民百姓,不敢对学员直接下达"稍息""立正"的口令,就想出一个折中的办法,喊"老爷们请稍息！""老爷们请立正！"

2008 年 12 月 5 日下午,距季羡林逝世仅有半年时间,他的病房里又传出了开心的笑声。当时季羡林正在口述历史,又讲起一件有趣的往事:

1951 年那次出访印度,代表团规模很大。郑振铎是副团长,冯友兰是团员。郑振铎身材魁梧,说话声音洪亮,喜欢和别人"抬杠"、开玩笑。冯友兰长舞飘胸,仙风道骨,面相严肃,偶尔也说点儿笑话,懂得幽默。郑振铎经常开冯友兰的玩笑,管他叫"大胡子"。一次,在中国大使馆,冯友兰坐在那里理发,郑振铎站在一旁起哄。理发师正在给玛友兰刮脸时,郑振锌在旁高呼:"把他的络腮胡子刮掉!"理发师被喊得不知所措,一失手,真就把冯友兰的胡子刮掉了一块,最后没有办法,只好剩光。郑振译胜利地大笑不止,别人也赔着笑。冯友兰则微微一笑,面不变色……

最高的老师

2004 年 12 月 12 日上午,清华大学校长顾秉林院士、校务委员会副主任胡显章教授等到 301 医院看望季羡林,接受季老向母校捐赠的季羡林文化促进基金十五万美元,并为季老颁发了捐赠证书。顾校长首先代表全校师生员工向季羡林表示问候,感谢他长期以来对母校的关心和支持,尤其是对清华大学文化建设和人文学科发展方面给予的指导和帮助,祝他早日康复,健康长寿。季羡林感谢顾校长在百忙中来医院看望,并对母校近年来取得的成就表示欣慰。他说:"捐赠的事决定很长时间了,因为赶上'非典',又住院,一拖就是一年,今天总算可以兑现了。钱不多,不过来路清楚,都是'爬格子'所得,希望能够抛砖引玉,为母校做贡献。"顾校长表示感谢,说:"季老捐赠的不仅仅是钱,更是一笔宝贵的精神财富。清华要建设成世界一流大学,学校文化建设至关重要,季老等清华学长们的高尚人格、严谨的治学态度也是清华文化的重要组成部分,值得我们认真继承和弘扬。季老强调要重视人文教育注意文理渗透的理念,我们要更好地理解和实践。"

2005 年 10 月 3 日,季羡林家乡的聊城大学来人到医院看望,向他赠送以他的人生经历为素材、由该校学生创作的剪纸集。季羡林就聊大的建设问题,与他们进行了语重心长的谈话。他以一个资深教育家的战略眼光,重点强调了三个问题:人才队伍建设、学科与学位点建设、民间文化发掘研究。他说:"要发展高等教育,创建高水平大学,在搞好校园硬件建设的同时,重要的是要做到广揽贤才,抓好人才队伍建设。一要注重学校内部人才队伍的培养;二要用五湖四海的战略眼光,加强国内外的校际合作与交流,注重人才选择,积极引进国外人才,大量聘任国内名校的名人名师,为我所用;三要营造一个有利于产生学术大师的良好的研究环境,纵观当今世界著名大学,哪里有好的研究传统,哪里有自由探索的学术氛围,哪里就会吸引住人才。'善弈者谋势,不善弈者谋子',学科与学位点建设是学校工作的龙头,学科建设的状况和学位点的多少从根本上反映和体现了学校的办学水平、学术地位和综合竞争力。因此,学科与学位点建设是学校发展的大势,必须谋好。现在聊大已有四十五个硕士学位点,基本具备了一个高起点的学科平台,在 2007 年博士学位点申报中,要充分准备,进一步凝练学科方向,集中力量努力获得博士学位授权点,使学校发展再上一个新台阶。"季羡林又说,"老家聊城是一个历史文化名城,民间文化资源丰富,种类繁多,很多民间文化已经在这块土地上生存发展了几百年、上千年,希望学校的师生注意发掘民间优秀文化资源,抢救保护民间文化遗产,研究探讨民间文化理论与规律,弘扬中华民族的优秀文化传统,为鲁西民间文化的发展与研究做出应有的贡献。"

2007 年教师节,北京大学附中校长程翔带着两名学生到医院看望季羡林。季羡林看见孩子们,关切地问:"你们的英语课本是哪里编的?"

"是人民教育出版社编的。"程翔回答说。

季羡林又用英语问:"你们读过奥斯汀的《傲慢与偏见》吗? 读过莎士比亚的四大悲剧吗?"

学生们回答说:"读过。"

季羡林听了很高兴,说:"要学好英语,英语实际上是世界语。会说英语,与国外人交流就很方便。要认真学,不要学成'洋泾浜'。"

接着,他又谈了英国英语与美国英语的不同。

季羡林又问:"你们的语文课本是哪里编的?"

"也是人民教育出版社。"程翔回答说,接着汇报语文教材的变化情况,"课文分'必修'和'选修','选修'课文有十五种之多,可供学生选择。"

他听了很高兴,说:"这样好。"

季羡林又问:"文言文在语文中占多大比重?"

程翔回答说:"总量占百分之四十。"

季羡林又问:"《报任少卿书》《祭十二郎文》《陈情表》有没有?"

"有。"

"《进学解》有没有?"

"没有。"

"应该选进来,开头几句就很好。"季羡林说着,情不自禁地背诵起来,"国子先生晨人太学,招诸生立馆下,海之日:'业精于勤荒于嬉,行成于思毁于随。'"

接着,季羡林又背起《陈情表》中的两句:"臣之进退,实为狼狈。"然后说,"狼狈"是什么意思? 是狼狈为奸吗? 不是。这里是'窘迫'的意思。"

季羡林说:"中学生要多背一些古文。中国的诗文有意境,背过之后会感到很美。"

程翔简单汇报了中学语文教学对背诵的基本要求,并说高考也有背诵默写的考题。季羡林表示赞同。

然后,程翔对一个学生说:"背一篇古文给季爷爷听听。"那个学生很愉快地答应了。杨锐让他坐到季羡林身边,这样老人家能听得更清楚。

学生开始背诵韩愈的《师说》:"古之学者必有师,师者所以传道授业解惑者也。"

"没有'者'。"季羡林立即纠正道。

大家都笑了。老人家的记忆力如此之好,对学问一丝不苟,这种严谨治学的精神使师生们深受感动。

季羡林说:"背诵,还可以纠正错误。古人说'不尽如人意',今天,有些人省掉了一个'如'字,成了'不尽人意',意思就变了,讲不通了。"

谈着谈着,谈到季羡林的散文。

程翔说:"您的《幽径悲剧》选进了中学课本,很感人。"学生说:"我们学这篇课文时,老师组织全班同学到北大去找那条幽径。"

季老说:"写散文要有感情,没有感情写不出好散文。"

时间过得真快,半个小时不知不觉过去了,师生们依依不舍同季羡林告别。他们很想与老人家继续谈下去,因为听他谈话,实在是如坐春风,如沐春雨。

2007年12月,由季羡林和许嘉璐、布赫等十一位知名人士发起的旨在资助山区贫困学生就读职业学校和高等院校的公益活动——山花工程启动,大青山助学行动对呼和浩特市55名贫困学生进行资助。

2008年6月12日,北京大学校长许智宏院士和教育基金会秘书长邓娅博士专程来到301医院,向季老颁发捐赠证书。为庆祝北大一百一十周年校庆,季羡林将民膜多年的一百万元稿费捐赠北大,设立"北京大学季羡林奖助学金",希望用这笔基金的收益奖励优秀的学生取得更好的成绩,以及帮助贫困学生顺利完成学业,季羡林说,教育要靠大家来办,作为北大的教授,能够为国家贡献点力量,是一种光荣。同时,他也希望通过他的举动,带动更多校友和朋友来支持教育,支持北大。许智宏对季老在汶川地震后第一时间向灾区捐赠二十万元表示敬意,并介绍了北大在赈灾方面的各项举措,还特别讲述了灾后学生们踊跃捐款献血的义举。季羡林听后欣慰地说:"灾害有时候不完全是坏事,在一定程度上也能兴邦。我们不希望灾难发生,但既然发生了,就要让坏事变成好事。这次四川大地震,从主席、总理到基层都积极投人抗震救灾,大大提高了中国的国际形象。"随后,许智宏和季羡林共同签署了"北京大学季羡林奖助学金"设立协议。许智宏激动地说:"季老的高尚情操,严谨的治学态度,以及病卧在床还心系学校的精神值得我们认真学习、继承和弘扬,我们一定会把这笔基金用好,为北京大学创建世界一流大学做出贡献。"

其实,直至 20 世纪末,季羡林基本上是靠每月的工资生活,那时候工资很低,稿费也没有多少,他在经济上是相当拮据的。台湾一位诗人访问季羡林之后,赋诗一首描绘他的生活状态:

> 荷塘看老莲,
> 午夜抱书眠。
> 虚名满天下,
> 囊中常无钱。

进入 21 世纪,季羡林出书多了,稿酬、版税也多起来,但远没有外界传说的那么多,比起那些畅销书的作者来,更是少得可怜。直到逝世前,他把所有的稿费基本上都捐出来了。

2008 年 10 月 28 日,来京办画展的饶宗颐先生到 301 医院看望季羡林。下午 2:45,饶老来到医院门口,径直通过安检到了四楼病房。媒体记者抢先走进季老的房间,只见他身着浅灰色中装,满面红光,如孩童般期待的神情,双手合十,翘首盼望。记者向他问好之后,迅速占领拍照的最佳位置。这时,饶老出现在门口,双手抱举,兴高采烈地向季老走来。两位老先生紧紧握手,饶老说:"您是全中国最高的老师。"两位老人表现了既不同又相通的南北风范,双峰并峙,风景独特。数十年来,他们曾多次相见,亲切交谈,可这是最后一次。

2009 年 7 月 9 日上午,北京首届"成人传统礼仪"在北京孔庙和国子监隆重举行。一百六十多名高中学生参加仪式。当年文科状元和理科状元刘庭梅和宁少阳受到了媒体高度关注,而且他们收到了一份意想不到的珍贵礼物:九十八岁的季羡林以"高考状元"为抬头,亲笔题写了两块匾额"天道酬勤"和"至德要道"。可是,谁会料到,此时距离季老逝世还有不到四十八个小时啊!

对　联　情

对联与诗,特别是与旧诗密切相关。季羡林喜欢诗,对对联也情有独钟。许多名联他经常背诵把玩,或者书赠朋友、学生。如韩愈的"书山有路勤为径,学海无涯苦作舟",杜甫的"香稻啄余鹦鹉粒,碧梧栖老凤凰枝",李商隐的"沧海月明珠有泪,蓝田日暖玉生烟",还有毛泽东的"红雨随心翻作浪,青山着意化为桥",都是典型的唯美派,季羡林十分欣赏。

季羡林认为,对联是中国语言文学特有的,是世界文苑中的一朵奇葩,对联可以把方块汉字的特点发挥到极致,充分体现汉字的奇妙。他说:"书法是中国传统的艺术之一,从唐代传入日本,至今兴盛不衰。楹联则是中国独有的艺术。因为只有像汉语这样有独特结构的语言才能有。世界任何其他语言都根本无法讲什么平仄、对仗等等,也就没有楹联,道理是非常清楚的。在中国漫长的历史上,书法和楹联一向是紧密结合的。一直到今天,在全国各地的名山胜刹、古寺梵宫还都悬有名人书写的楹联。人民过年时也往往用红纸书写楹联,张诸门楣,或表示祝贺,或表示期望,或言志,或抒情,为佳节凭空增添了无量欢悦。"

季羡林认为,青少年读一点儿楹联,可以体会中国文字之特点。他经常跟学生谈起 1933 年清华大学入学考试时,陈寅恪先生所出考题中有"孙行者"三字,让考生对对子这件事:

当年陈寅恪应刘文典教授书，出对联，对对子，是个很有名的公案。这就是汉语的特色。他也讲过，要想把汉语讲清楚，就要把和汉语同语系的语言搞清楚，这才能知道汉语是怎么回事。对对子，西方语言无法对，只有汉语。从前我建议过，应该开个诗律课，讲韵律。清华已开了。中国诗平声、声，这个东西是汉语的特点，汉语的艺术性就表现在这个地方。如果语言艺术不行，怎么研究古典文学？过去我们写文学史，讲艺术性，必须讲韵律。对对子，韩国就有，很有意思。赵杰你在韩国时，不知遇到过没有，吃饭时让你对对子。咱们中文系的教授到韩，人家让你对对子，你"丈二和尚摸不着头脑"，不丢人吗？！说韩国精通，那过分，但他们懂韵律。在东国大学开会时，他们就出对联，让我们对。如"孙行者"，对的不是"祖冲之"，就是"胡适之"，都对。因为"祖孙"对，"胡孙"对，"之者"对，"行冲适"都是动词。周祖谟先生对出来了，他家学渊源。

季羡林认为，欣赏楹联可以让学生学到不少东西，开阔眼界，活跃情思，陶冶情操，提高精神境界，培养爱国主义精神。因此，他与中国楹联学会的朋友过从甚密，经常在一起欣赏佳联名作，以此作为难得的精神享受。许多志趣相投的朋友和弟子，在为他祝寿时相互酬唱，创作了不少寿联妙品。除了上文提到的以外，为他祝寿对联中的佳作还颇有不少，在此仅举几例：

为庆贺九十五华诞，弟子王邦维、白化文、葛维钧、冯丹、李鼎霞、解南燕的寿联是：

季老师九十五称庆：
九译学人咸称天北斗，
五洲弟子同庆鲁东家。

印度尼西亚朋友潘仲元的寿联是：

学贯中西通古今文化国宝季羡林，

柏罩松苍歌五福壹颇蚂发超百龄。

2002 年,台湾孔德成先生的寿联借用了清代石玉的词句:

精神到处文章老,
学问深时意气平。

沙道维先生的寿联是:

国尊泰斗歌盛世,
民敬誉宿乐生平。
二度花甲再增卅年岁月,
半日光景又添一篇妙文。

2008 年 1 月 6 日,中国楹联学会的刘太品先生到医院看望季羡林,给他带来《中国对联作品集》(2006 年卷)、《2006 佳联 300 副》和《对联入门》等书籍。季羡林对他说:

"对联的用途很广,我从前曾把一副对联当作座右铭,就这八个字:'为善最乐,能忍自安。'古人说,忍是心头上一把刀啊,我对这个'忍'字体会颇深。做人要忍字当先,做事业的要忍艰难困苦,做学问的要忍寂寞和清贫。古代有位姓张的老人,五代一百多口不分家,生活在一块,事情传到皇帝那里,皇帝就跑来问老人治家有什么秘诀,结果老人拿起笔来在纸上连写了一百个'忍'字。一个家庭是如此,一个国家也是一样。"季羡林又说,"现在孔子学院在全世界已有一百多所。我觉得他们应该在教材里加点对联的内容。对联写好了,会有很大的容量。如大观楼长联。"

接着,季羡林开始背诵大观楼长联:

五百里滇池,奔来眼底,披襟岸帻,喜茫茫空阔无边。看东骧神骏,西翥灵仪,北走蜿蜒,南翔缟素。高人韵士,何妨选胜登临。趁蟹屿螺洲,梳裹就风鬟雾鬟;更蘸天苇地,点级些翠羽丹霞。莫事负四围香稻,万顷晴沙,九莫关菜,三春杨柳。

数千年往事,注到心头,把酒凌虚,叹液液英雄谁在?想汉习楼船,唐标铁柱,宋挥玉斧,元跨革囊。伟烈丰功,费尽移山心力。尽珠帘画栋,卷不及幕雨朝云;便断碣残壁,都付与苍烟落照。只赢得几杵疏钟,半江渔火,两行秋雁,一枕清霜。

季羡林如同表演一般,两百多字的长联一口气背了下来,竟然一字不差。最后,他还解释说:"孙髯翁的上联从东西南北的地理方位描写了滇池的风光,下联则从汉唐宋元说尽了中华五千年的历史。"

别忘了,此时季羡林已经是九十七岁的老人啊!

汉 字 缘

2009 年 2 月 10 日,季羡林的助手蔡德贵带企业家潘石屹等人来访,季羡林题写"爱国、孝亲、尊师、重友"八个字赠给潘石屹。季羡林写的"爱"字是繁体字"愛",从这个字讲起,季老打开了关于汉字的话匣子。

季羡林说:"我写'爱'字,一定要加上心字。这里面有个故事。那一年我去泰国访问,遇到了当地侨领郑午楼博士。郑先生问我:'中国的简体字,爱字没有心了,没有心还怎么爱?这话让我印象深刻,所以,我写爱字,一定加上心字。不用心,用什么爱呢? 其实呢,简体字本身是有一些问题的,类似的情况诸如'亲'字不用'见','圣'字没有'王',等等。"

季羡林回忆起 20 世纪 50 年代他参加文字改革委员会工作的情况。他说,当时有人主张最终废除汉字,走拼音文字的道路。1954 年召开日内瓦会议,各国记者云集瑞士,抢着报道大会新闻。西方国家使用拼音文字,他们报道消息的速度比我们使用方块汉字快,结果就有人主张,我们也走拼音字母化这条路,废除方块汉字。越南原来也是使用汉字的,后来拉丁化了,使用拉丁字母,脚下穿靴,头顶戴帽,弄得很烦琐。其实,权字是废除不得的。因为世界文化的特点,就是多元的,不是一元的。

科学也是不断发展的,说不定有一天,使用字母的国家,还比不上我们使用方块字的发稿速度快。

季羡林又说,50年代的文字改革委员会,是以吴玉章为首的。吴玉章在延安时就提倡汉字拉丁化,背后是毛泽东、胡乔木。那时候,提倡汉字拉丁化是革命的象征,谁这样主张,谁就是革命的;谁反对,谁就是保守、守旧,就是不革命的。

这时,来访的楼叙坡插了一句:"还有人提倡世界语呢!"季羡林接过话茬儿说:"我认为,那永远办不到,而且无聊得很。世界本来就是各种现象并存的,搞语言统一化,那是不可能的。世界语是Eaperanto,这个词本身就包含一种希望、一种想象。世界上每一种文字,都有它的文化背景,有的已经几千年了,所以世界文化是百花齐放、丰富多彩的,完全没有必要,也不可能统一起来。如果硬要统一成一种语言文字,那是索然寡味的。汉字已经有几千年的历史了,传承中华文化,维系国家统一,功不可没。"

季羡林又继续说:"我是坚决反对废除汉字的。废除繁体字,推行简体字,是文字改革的第一步。繁体字是可以拆分的,每个字后面都有一个故事。国内也有人主张不要废除繁体字。外国的汉学家们都反对废除繁体字。有个中文名字叫夏白龙的外国天主教神甫,原来在辅仁大学教书,他说:'我们辛辛苦苦和汉字打交道,认识了一些汉字,你这一改革,我们的本钱全没了。'"

季羡林认为,每个国家的文字发展,都有自身的规律,不可能都走一条路。汉字的特点是单音字,一个字就是一个音节,排列起来,就会产生音乐感。四个字排列起来,朗朗上口,就有了最初的四言诗,"关关雎鸠,在河之洲"。后来,四言发展成五言,"白日依山尽,黄河入海流"。再后来,五言发展成七言,为什么没有发展成八言、九言呢? 这是文字决定的,八言、九言不好念,念起来太长了,没法念。所以七言正好。你看李白的《早发白帝城》:"朝辞白帝彩云间,千里江陵一日还。两岸猿声啼不住,轻舟已过万重山。"读起来,多么优美!

季羡林认为,社会是在不断发展的,语言文字也在不断发展,不断会有一些新词汇出现。比如"不折腾",中国人一听就懂,可是翻译成英文怎么翻? 众说纷纭,莫衷一是。他翻译成no trouble making,大家都赞成这个译法。什么意思呢? 折腾,其实就是制造麻烦的意思,不折腾,就是不制造麻烦。这说明搞翻译只懂外文不行,必须有深厚的中文功底。只有把中文的意思理解透了，才谈得上准确地译成外文。

季羡林还多次说过，每个汉字都有一个故事。测字或拆字，以汉字造型为依托，南唐时代即已在中国民间流行，盛于宋元，是汉字特有的文化现象，虽为文字游戏，却也不无道理。

2007年2月，一个叫李土生的人拿着他的著作《土生说字》来到医院，向季羡林讲述了这部书的写作过程和拆字的有关依据。

季羡林饶有兴趣地问："有没有'佛'字？"

"有的。"李土生翻开书，找到了"佛"字。

季羡林拿起放大镜，仔细地观看。

其实，李土生对书中拆解过的几千个汉字已经了然于胸，不必再看书本。于是他侃侃而谈："'佛'字从人，从弗，'弗'表示否定，为'不'之意。'人''弗'相合，意为'佛'不是世俗中人，而是智慧之人、觉悟之人、觉行圆满之人。'佛'字左半部分以'人'字为部首，突出了学佛之人首先要把做人放在首位，要做一个慈悲善良之人。'佛'的右半部分以'弓''丿''丨'组成，'弓'字弯弯曲曲，喻示着从凡间到极乐世界的路不是一帆风顺的，成佛需要经历众多劫难，才能脱离生死苦海，摆脱六道轮回，最终到达涅的彼岸——极乐世界。修行的目的是由迷钝到开悟，由凡人到圣人，因此'弗'中的'丿'为邪，'丨'为正。'丿''丨'穿'弗'而过，表示不论邪人正人，善人恶人，只要能弃邪改正、弃恶向善，皆可成佛。"

季羡林听了非常高兴，双手合十向他致谢，并欣然命笔，写了"汉字很值得研究"几个字赠给他。

季羡林从汉字说到汉语，对汉语语法的研究有独到的见解，值得引起重视。他认为"汉语语法研究必须另起炉灶，改弦更张"，这是他经过长期研究和观察得出的结论。

《病房杂忆》和《我的美人观》

《病房杂忆》和《我的美人观》是季羡林在301医院写的《病榻杂记》一书中的两篇文章。第一篇文章披露了他的初恋，为他的生平研究提供了第一手材料，当然很重要。第二篇文章提出了中国文化不同于其他文化的一个重要之处,不妨称之为"美人文化论",故更值得研究。

在一般人的心目中,季羡林无疑是一位峨冠博带、仙风道骨的老先生,让他谈论自己的初恋,谈论对异性美与丑的看法,似乎是风马牛不相及。可是,"爱美之心,人皆有之",季羡林也是人,自然有七情六欲,所以他谈初恋,谈美人,也就没有必要大惊小怪了。

初恋是令人终生忘怀的。2005年,季老九十四岁,他在医院里写下了这篇《病房杂忆》。说"杂"其实也不"杂",文中只有"小姐姐"和"大宴群雌"两个标题。

先说第一个标题。小姐姐者,乃为季羡林孩提时济南佛山街柴火市邻居彭家二大娘的二女儿,比季羡林大,所以称之为姐姐,但是大不了几岁,所以又称之为小姐姐。有人比喻说,"没有美的爱,犹如没有饵的钓竿",季羡林正是从"美"入手,说他时隔八十多年,至今一闭上眼睛犹能看到小姐姐不同凡俗的标致形象。中国旧时赞扬女性美有许多词句,什么沉鱼落雁,什么闭月羞花,这些词儿用到小姐姐身上,都不大合适,有点儿变味儿,唯有宋词里面的一些丽词秀句可资参考。

接着,季羡林举了几个例子,全都取自苏轼的词作,共四段:其一《江城子》:"腻红匀脸衬檀唇,晚妆新,暗伤春。手捻花枝,谁会两眉颦?"其二《雨中花慢》:"嫩脸羞蛾,因甚化作行云,却返巫阳。"其三《三部乐》:"美人如月,见掩暮云,更增妍绝。算应无恨,安用阴晴圆缺。"其四《鹧鸪天》:"罗带双垂画不成,殢人娇态最轻盈。酥胸斜抱天边月,玉手轻弹水面冰。无限事,许多情。四弦丝竹苦丁宁。饶君拨尽相思调,待听梧桐叶落声。"

然后,季羡林又解释说:

　　类似的例子还可举出一些来,我不再列举了。我的意思无非是想说,小姐姐秀色天成。用平常的陈词滥调来赞誉,反而适得其反。倘若把宋词描绘美人的一些词句,拿来用到小姐姐身上,将更能凸显她的风采。我在这里想补充几句:宋人那一些词句描绘的多半是虚无缥缈的美人。而小姐姐却是活灵活现,真实存在的人物。倘若宋代词人眼前真有一个小姐姐,他们的词句将会更丰满,更灵透,更有感染力。

读者读到这里,似乎产生这种印象:美固美矣,只是有些抽象而已,并非像维吾尔族民歌唱道:"她的眉毛像弯月,她的腰肢像绵柳,她的小嘴很多情,眼睛能使你发呆。"大概这是由于民族审美心理上存在差异,汉族人偏重含蓄,不尚外露。

在季羡林眼中,小姐姐不但人美,心也美。那时她家有一位患麻风病的使女,她非常同情她,从不嫌弃。这样现实生活中的美人,自然比画里面的美人更美。据此,人们完全有理由猜测,小姐姐敢情就是季羡林心存爱慕的梦中情人。

至此,季羡林又笔锋一转,开始叙述自己的经历,从小学、中学、大学、留学,一直到回国后担任北大教授兼东语系主任,等等。这么多年过去了,他又有机会见到小姐姐了,焉能不乐煞人也!然而,他却羞羞答答,欲言又止,仿佛"犹抱琵琶半遮面",过了半天才转入文中的第二个标题"大宴群雌"。

那是 1948 年季羡林回国后首次荣归故里,在济南有名的大饭店聚丰德大宴宾客,邀请的竟然全是女性。不用说,小姐姐自在必请客人之中。还有呢,就是小姐姐的亲妹妹,彭家四姑娘,平常叫她"荷姐"或"四姐"。季老深情地回忆说:

> 这个人比漂亮,虽然比不上她姐姐的花容月貌,但也似乎沾了一点美的基因,看上去赏心悦目,伶俐、灵活,颇有一些耐看的地方。我们住在佛山街柴火市前后院的时候,仍然处于丑小鸭阶段,但是四姐和我的关系就非常好。她常到我住的前院北屋同我闲聊,互相开点玩笑。说心里话,她就是我心想望的理想夫人。但是,阻于她母亲的短见,西湖月老祠的那两句话没有能实现在我们俩身上。现在,隔了十几二十年了,我们又会面了。她知道,我有几个博士学位,便嬉皮笑脸地开起了玩笑。左一声"季大博士",右一声"季大博士"。听多了,我募地感到有一点凄凉之感发自她的内心。胡为乎来哉!难道她又想到了二十年前那一段未能成功的姻缘吗?我这个人什么都不迷信,只迷信缘分二字,有缘千里来相会,无缘对面不相识。我们俩之间的关系难道还不是为缘分所左右的吗?奈之何哉!奈之何哉!

读到这里,人们恍然大悟,季羡林的初恋情人原本不是小姐姐,而是名叫"荷姐"

的彭家四姑娘。但是,他俩有缘无分,季羡林最终只好娶了彭家的三姑娘、陪伴他一生的妻子彭德华。小姐姐固然天生丽质,心地善良,但与季羡林只有姐弟情分:四妗娘饲是与他年龄相仿,牌气相投,两小无猜,青梅竹马,堪称一桩好姻缘,奈何长辈不给做主,自己又做不了主,他们只好擦肩而过,两颗火热的心立时变得冰冷。

行文至此,季羡林垂暮之年,将自己的早年恋爱趣闻第一次大白于天下。岂不快哉!

《我的美人观》是《病房杂忆》的姊妹篇。具体写作日期不详,但也是在医院中写的。文章的开篇,他以游戏戏谑的笔调,写造物主造人,创造女人和男人时的不同心情,然后加上一首诗,表述中国文化对美人的重视:

> 中华自古重美人,
> 西施貂蝉论纷纭。
> 美人只今仍然在,
> 各为神州添馨淳。

季羡林说,美人身上有多处美的亮点,其中最为引人注意的就是细腰。而在蒙昧的远古,人类为了填饱肚子,男女都终日奔波,腰都是很粗的,没有什么细腰问题。大概到了先秦时期,情况有了改变,证据有两个:《诗经》第一篇中的"苗条(窈窕)淑女,君子好逑"和先秦典籍中"楚王好细腰,宫中多饿死"的记载。那时候,不事劳动的贵族妇女,崇尚细腰之美,流风至今不绝。

如同前一篇文章一样,这篇文章季羡林也引用了宋词中有关美女细腰的描述,而且多达九处。分别是:

1. 柳永《乐章集·木兰花》

酥娘一搦腰肢象,回雪蒙尘皆尽妙。几多狎客看无厌,一辈舞童功不到。星眸顾指精神峭,罗袖迎风身段小。而今长大懒婆娑,只要千金酬一笑。

2. 柳永《乐章集·浪淘沙令》

有个人人,飞燕精神,急饼环佩上华相。促拍尽随红袖举,风柳腰身。

3. 柳永《乐章集·合欢带》

身材儿,早是妖娆,算风措,实难描。一个肌肤浑似玉,更那来、占了千娇。妍歌艳舞,莺惭巧舌,柳妒纤腰。自相逢,便觉韩娥价减,飞燕声消。

4. 柳永《乐章集·少年游》

世间尤物意中人,轻细好腰身。

5. 秦观《淮海集·虞美人影》

炉云恨雨腰肢袅,眉黛不堪重扫。薄幸不来春老,羞带宜男草。

6. 秦观《准海集·昭君怨》

隔叶乳鸦声软,啼断日斜阴转。杨柳小腰肢,画楼西。

7. 贺方回《万年欢》

吴都佳丽苗而秀,燕样腰身,按舞华茵。

8. 秦观《淮海集·满江红》

越艳风流,占天上、人间第一。须信道,绝尘标致,倾城颜色。翠绾垂螺双髻小,柳柔花媚娇无力。笑从来,到处只闻名,今相识。

9. 辛弃疾《临江仙》

小靥人怜都恶瘦,曲眉天与长颦。沉思欢事惜腰身。枕添高别泪,粉落却深匀。

接着,他又写道:

我现在的首要任务是解释一下,为什么细腰这个现象会同美联系起来。简捷了当地说一句话,我是想使用德国心理学家Lipps的"感情移入"的学说来解决这个问题。比如说,你看一个细腰的美女走在你的眼前,步调轻盈、柔软,好像是曹子建眼中的洛神。你一时失神,产生了感情移入的效应,仿佛与细腰女郎化为一体,得大喜悦,飘飘欲仙了。真诚的喜悦,同美感是互相沟通的。

季羡林又举例说,如果你看见一位五百磅体重的老太太,走路都很吃力,如果她在跳芭蕾舞呢,那就更别扭啦,你会感觉太费劲,不美。

　　季羡林在这篇文章中提出："世界文明古国,特别是亚洲文明古国,不止中国一个,为什么只有中国传留下来这么多超级美人,而别的国家则毫无所闻呢? 我个人认为,这绝不是一个无足轻重的问题。如果研究比较文化史,这个问题绝对躲不过去的。目前,我对于这个问题考虑得还不够深透。我只能说,中国老百姓的中国史观,是丰富多彩的,有滋有味的,不是一堆干巴巴的相斫书。"

　　季羡林还说："我认为,美人之所以被称为美人,必然有其异于非美人者。但是,她们也只具有五官四肢,造物主并没有给她们多添上一官一肢,也没有挪动官肢的位置,只是在原有的排列上卖弄了一点手法,使这个排列显得更匀称,更和谐,更能赏心悦目。"

　　季羡林是东方学大家,学贯中西,他提出的对美人的看法必有根据,也很有趣。

　　其实,谈论美与非美,涉及美学的深层次问题:美到底是主观的,还是客观的? 这个问题人们争论不休已有多年,以后还会继续争论下去。世界上不同的民族,或者同一个民族在不同的历史时期,审美心理和审美标准有很大的差别。在中国,同为美女,环肥而燕瘦。汤加王国的美女,到了中国,恐怕没有多少人会认同的。从读者对这两篇文章的反响看,许多人很关心第一篇文章,特别是季承把他四姐的照片公布之后,更是吸引了一些人的眼球。而后一篇文章,尽管季羡林当时下了"太岁头上动土"的决心,却几乎没有引起什么反响。原因何在呢? 也许读者以为,季羡林的美人观,如同他本人一样,太过老旧,不合时宜了。

　　季承在《我和父亲季羡林》一书《最后的高论》一节中写道:

　　　　父亲离世以后,我翻检日记,发现父亲有一段议论非常有趣,仔细看来,竟是父亲最后对我说的属于高论一类的东西。这应该是他最后的高论了。不过你猜,这最后的高论是什么? 恐怕你不会想到,是关于美人问题。父亲谈美人问题,在我和他重聚之后有过多次,每次都连带谈到缠小脚的问题。父亲过去写过一篇《我的美人观》的文章,这次,旧话重提,对我讲起他对这个问题的高论来了。

　　　　首先,他认为,在世界文明古国中,没有哪个国家像中国这样,流传下来那么多超级美人。诸如,西施、明妃、赵飞燕、貂蝉、二乔、杨贵妃、柳如是、董小宛、陈圆圆等。这是为什么？他在上述文章里曾说他对这个问题考虑得不够深透，可到对我谈话的时候，他却有了自己的看法。他说，这大概和民族特点有关。中华民族是最爱美的民族，凡是美的东西，都喜欢、都欣赏。美人是美好的事物中间重要的一种，因此不但受到帝王将相、公子哥儿的喜爱，也是为普通人民所喜爱的。中国又是一个非常重视历史、重视历史记载的国家，所以这些美人和她们的故事就被记载下来，传承下来，形成了中国文化的一大特点。

其次，说到美人之所以美，这牵扯到美学问题，而美学又是玄而又玄的，父亲不愿意深入探讨。他只想用他朴素的看法去分析这个问题，给出一个美人为什么美的解释。美人美有多种原因，父亲也只就一点说来，那就是美人皆有细腰。细腰成为美人美的答案，也成了父亲美人观的立论之点。至于为什么有细腰就美，父亲也有解释。他认为，女人有细腰，走起路来烟娜多姿，步调轻盈，很容易产生"感情移入"的效应，能有和美女化为一体的感觉，飘飘欲仙，得大喜悦，而真诚的喜悦和美感是互相沟通的，于是就美了。

但是，事情总是"美中不足"的。在一个有热爱美人传统的国家里，却发生了一个令父亲百思不得其解的现象，那就是缠小脚。父亲说，女人缠小脚非但残酷，也谈不上美。说小脚生莲花，小脚怎么会生莲花呢？大脚才是莲花。男人怎么会觉得小脚是美的呢？不可理解，更不知道为什么会发生这种现象。这个问题，他曾经多次谈到，而且还特别表扬了满人，因为他们虽入主中原但是就是不缠脚。不过似乎父亲也感觉到，缠小脚恐怕仍然和美有关，因为小脚女人走起路来也有细腰女人同样的效果，就如同近代妇女穿高跟鞋一样，是有异曲同工之妙的。古时候，高跟鞋尚未发明，为了让妇女们尽显她们的诱人风采，首先在宫廷里让女人们将脚缠起来，结果效果惊人，备受赞赏，随之也为民间接受，甚至成为民族的传统。

再后，不光是小脚女人行走时的风采诱人，就连小脚本身也成了引诱男人的物件，以小脚为美随即也成了人们的定识。总之，以残酷换美感（性感），就是缠脚的答案了。类似的情景，在其他民族中间也并不早见，譬如，把脖子拉长，嘴唇割裂，耳垂撑大，鼻孔穿洞等等。一个丑陋的传统，竟和美有关，这是父亲一下子不能接受的，因为对他来说，为了获得美的效果而对女人采取如此残酷的做法是不可思议的。

父亲爱美,当然也爱美人,他的这一"最后的高论"充分体现了他对美的认识和追求,在寿近期颐的时候,仍把"美"和"美人"的话题拿来思考,足见他对生活的热爱。

季承的文章可以作为季羡林"美人观"的补充。

据说,季羡林还与助手蔡德贵谈论过美人问题。讲到美人的标准,他的观点可以归纳为"六字诀":腰细、脸白、腿长。看来,此问题仁者见仁,智者见智,季羡林的"美人观"权作一家之言吧!

呼唤公德

《病榻杂记》中,有一连四篇题为《公德》的短文,分别写于 2002 年 5 月 28、29、30 日和 6 月 4 日,几乎一天一篇。季羡林有如骨鲠在喉,一吐为快,其目的无非是呼唤日渐式微的公德早日回到人们的心中。

在这四篇短文中,季羡林分别针对不讲公德的现象——乱扔垃圾、有伤风化、有损国格和随地吐痰——进行了无情的曝光。

此时,季羡林身在医院,文章的场景还是燕园。朗润园的后湖波光潋滟,荷红柳绿,风景宜人,环境优雅。湖边几排长椅子,是人们休憩的好地方,不仅此地住户、本校师生,就连外来游客都喜欢在这里坐一坐。季羡林工作累了,也喜欢在助手李玉洁的陪同下,出来走走、坐坐。

可是他们经常看到,长椅子周围一片狼藉,塑料袋、废餐盒、饮料瓶、水果皮、香烟蒂、瓜子皮,应有尽有。虽然几步之遥就有垃圾箱,扔垃圾不过举手之劳,可是有人就是视而不见,把废弃物随手乱扔。在风景绝佳处,看到遍地垃圾,实在大煞风景,让人头疼。

有一次,季羡林和李玉洁看见住在附近专家招待所的一对外国夫妇,手持竹夹和塑料袋,弯腰曲背在那里捡拾垃圾,不禁为自己的同胞感到脸红。他们觉得,乱扔垃圾者,不顾公德,为我们的国家抹了黑,我们总该做些力所能及之事,给中国人挽回一点面子,于是决定第二天也来捡拾垃圾。

次日上午,一位年逾九旬的老翁和一位年过古稀的老妇,拎着塑料袋,手持竹夹,出现在湖边。他们把废餐盒、香烟蒂、水果皮,一一夹起来,装进塑料袋,扔进垃圾箱。最难办的是瓜子皮,这些东西细小而且数量极多,有的经过践踏已经与泥土难解难分。他们弯下腰,甚至蹲在地上,把它们一个个抠出来,一会儿工夫,就腰酸背痛,大汗淋漓了。可惜没有摄影家或者记者发现,如果这时留下一张照片——九十岁的老教授捡拾垃圾,该是多么珍贵,多么有教育意义啊!

再来看看湖边的木椅,这里是制造垃圾的场所,也是谈情说爱的圣地。经常有一对或者几对青年男女,坐在长椅上,拥抱接吻,旁若无人。更有甚者,大天白日,一个躺着,另一个压在身上,令路人侧目,行者咋舌。如果住在附近专家招待所的老外看了,恐怕也要自愧弗如。还有,后湖边土山绵延,茂林修竹,环境清幽,人迹罕至,也成了"野鸳鸯筑巢"的好地方。季羡林捡拾垃圾时往往还能发现废弃的避孕套,实在让人恶心。季羡林奉劝某些人,在公共场所还是收敛一点儿为好,少做有碍观瞻、伤风败俗的事情。

季羡林又谈到出国旅游。随着我国经济的飞速发展,人民生活水平的提高,越来越多的中国公民走出国门,去国外旅游。季羡林认为这是大好事,可以开阔人们的眼界,增长人们的见识,有百利而无一害。不仅如此,季羡林主张对外奉行"拿来"的同时,实行"送去",即把中国的优秀文化送给世界。可惜,有的中国游客,送出去的不是精华,而是糟粕。在香港《亚洲周刊》上,有文章把中国游客的不文明行为概括为"七宗罪":第一宗"脏",乱扔垃圾;第二宗"吵",在飞机上、在火车上、在餐厅中、在饭店里,大声喧哗;第三宗"抢",不守规则,不讲秩序,干什么都要抢先;第四宗"粗",不懂起码的礼貌,不会说"谢谢""对不起";第五宗"俗",在大饭店吃饭时,把鞋脱掉,赤脚蹲在椅子上,或盘腿而坐;第六宗"窘",穿戴不齐,令人尴尬,穿着睡衣,在大厅里东奔西逛;第七宗"泼",遇到不顺心的事,不但动口骂人,而且动手打人。季羡林认为,以上七宗,加上随地吐痰的"国吐"和随口而出的"国骂",实在是中国一部分人的痼疾,给中国人脸上抹黑。他建议:应该在出国之前,组织一次短期学习,把注意事项讲清楚,或许能起一点儿作用。

写罢以上三篇,季羡林意犹未尽,隔了四天又专门针对随地吐痰的顽疾写了一篇。在历数以往整治随地吐痰成效甚微以后,季羡林开出了一剂处方:借鉴新加坡的经验,严惩重罚。如果发现有人随地吐痰,不是罚五毛,而是罚五百,但要有两个先决条件,一是耐心教育,不厌其烦,苦口婆心;二是国家机关严格执法,绝不许任何人要赖。如此持之以恒,推向全国,几年之后"国吐"恶习即可根除。

　　写了以上四篇短文,过了十天,季羡林又写了一篇题为《同胞们说话声音放低一点》,继续曝光中国人的陋习。说话声音过高,也是我们的"国习"。人多的地方,必定嘈杂,在国内可能习以为常,但外国人常常不堪忍受。季羡林年轻时留学德国十年,后来又出访三十多个国家,深知中国人因为在国外大吵大嚷而遭诟病,所以他把说话声音太高也归于陋习之列。他说:"我个人认为,说话是传递思想必要的工具。说话声音高到只要让对方(聋子除外)听懂就行了,不必要求每个人都是帕瓦罗蒂。"

迟到的亲情

2008年11月初,护工小岳与季承通了电话。她说,季老这里有许多事情需要处理,季老欢迎儿子来看自己,希望他尽快到医院来。最后,季羡林父子约定11月7日上午在医院病房相见。

人民日报记者卞毓方是笔者的老同学,他采访过能够找到的季老的所有亲属,极力促成父子和好。所以,季羡林父子见面的情况,他在第一时间得知。在他的《天意从来高难问——晚年季羡林》一书中有这样一段记述:

……11月7日上午,季承进入301医院,与父亲相见。读者应该记得,从1995年起,这一对老父老子已经十三年没有见面。据在场人员透露,季先生与儿子相见时,有如下的对话。

季承跪在老父面前说:"爸爸,我给您请罪来了。"

老人家说:"你何罪之有啊,这些年,何尝不是天天想念呀。"

"我现在还是给李政道先生做助手,他和你一样是个工作狂。"

"好,当懒人,没出息。"

"以前也想来看你,就是进不来,以后就好了。"

"父子团聚是人之常情,不希望我们团聚的人是不正常的。"

"……我每天都走到这里,可就是进不来!"

"为什么这么多障碍? 我了解一点,但不懂。"

"十三年了,儿子想父亲呀!"

"我对年的概念没有,但我知道时间很长,大长啦!"

新华社记者唐师曾也见证了这对白发父子十三年后重逢、喜极而泣的场面,并用镜头定格了这幸福的瞬间。

季承不满一岁的时候,季羡林去欧洲留学,十二年后父子才见面。父子进入暮年,他们又分别了十三年。加在一起是二十五年。人生能有几个二十五年呢?

11月13日,季承领着媳妇,抱着幼子走进季羡林的病房。病房里充满了浓浓的亲情。

11月9日,季羡林的内弟舞蹈家彭松和叶宁夫妇也到医院来看望姐夫。彭松九十三岁,叶宁也已经九十岁了。三位银发老者讨论人生感受,回忆童年趣事,令人唏嘘不已。

11月16日,孙女季清也从海外回来了。接下来的几天,季老对儿子和孙女交代身后事,写条子要求相关人员把自己的财产交到季承和季清手里。

12月6日,季羡林以书面形式委托季承全权处理自己的一切事务,对捐款、藏书、文物和住房的处理一一做出了明确安排。

最后的除夕

2009年1月26日是旧历春节,这是季老的最后一个春节,是和儿子、儿媳、小孙子一起度过的。季羡林终于结束了孤独,享受到天伦之乐,这多么来之不易啊!

春节前一天,旧历除夕下午,护士和警卫战士在季老的病房里挂起了"福"字,季老给小孙子准备的压岁钱用红纸包着,摆在桌子上。海军司令部招待所的厨师张春生来了,为季老做山东风味的年夜饭,季老兴致勃勃地同他聊起了中国的饮食文化。他说,中国菜靠实践,个人发挥的余地很大。同一个菜,同样的配料、火候,不同的人做出来,口味差别很大。好菜是艺术品,不能工业化生产。中国人与外国人思维方式不同,中国饭不靠定量配置,无法按菜谱照图索骥。季老又讲起山东老家的风俗。他说,管"吃醋"不叫"吃醋",忌讳,叫"吃忌口";管"饺子"不叫"饺子",叫"包子"。

关于这次过节的情况,季承在《我和父亲季羡林》一书中有详细记载:

> 2009年1月25日,那是旧历年除夕。事先我和小岳、护士长、秘书(指崔妍——笔者注)商量好,要和父亲一起欢度春节,因为这个春节是我们父子团聚之后的第一个春节,一定要热热闹闹地度过。海军烹饪大师张春生,自告奋勇,要为父亲和大家准备拿手好菜。护士长要准备最好的饺子馅,秘书要带来可口的家常菜,还有许多朋友要送来美味的食品。

> 那天下午父亲刚刚起床,病房里已经开始忙碌起来。先是护士长带领护士和警卫战士们来布置房间,不一会,病房就充满了节日的热烈气氛。转眼包饺子的案桌就布置停当,包好的饺子已经摆满了一桌子。这时,只见张春生大师和新华社记者施宝华、唐师曾等人陆续来到,运送美味佳肴的大提盒逐个打开,到这时,屋里已经充满了食物的诱人香气,令人不禁垂涎欲滴了。请看张春生大师的菜谱:鲜活海参汤、贡米鲍鱼、奶油烤鱼、虾丸汤。

> 父亲逐样品尝,赞不绝口,甚至说出了如下的溢美之词:"我吃了一百年饭,没有吃过这么好的!"这时,父亲因景生情谈起了中国的饮食文化。他说,中国饮食文化是独特的。袁枚在南京建造随园,曾写过一部《随园食谱》。后来,赵元任的夫人将食谱译成英文在美国出版。很多美国人,按照食谱去烹调,结果均不成功。可见中国烹饪技术的独特。

> 当天晚上,大家欢聚一堂,品尝美食,祝贺父亲节日愉快,健康长寿。父亲则兴奋异常,话匣子敞开,高谈阔论,丝毫没有倦意。大家顾及父亲的精力,相约在晚九时结束聚会。

季老散开话匣子,还说了些什么呢?季承没有细说。据有关材料记载,季老舀起碗里的鸽子蛋,说起《红楼梦》:当初刘姥姥进大观园,鸽子蛋要一两银子一个呢。季老还说,中国文化受西方影响最大的是戏剧,主要是受易卜生戏剧的影响。他年轻的时候,不是挽救京剧,而是挽救昆曲,那时候京剧还有点儿市场。中国传统戏曲曲高和寡,如今昆曲已经不大流行了。现在年轻人讲究速度,与传统戏剧有代沟。季老又提起他最得意的"河东河西"论。他说,从历史看,三十年河东,三十年河西,世界的中心依次是在欧洲大陆、英国、美国,现在已经转向中国。

十年的海外留学,十年的"文化大革命",十年的病榻生涯……季羡林走过了漫长的风雨路。也许,他从来没有想到,他的人生并非是悲剧的结局,而是这样一个大团圆的结局。难道,这就是天佑仁者吗?!

七月风悲

7月9日上午,北京首届"成人传统礼仪"在孔庙和国子监隆重举行,一百六十名高中学生参加。当年北京高考文、理科状元刘庭梅和宁少阳受到媒体的高度关注,并收到一份意想不到的礼物,即季羡林赠送的以"高考状元"为抬头,亲笔题词"天道酬勤""至德要道"的匾额。

7月10日上午,季羡林接待出版界人士牟杰来访,下午用毛笔为有关方面题词,为孔子卫视题写:

弘扬国学,世界和谐。

应老朋友臧克家的女儿臧小平要求题写:

臧克家故居

为四川地震灾区广济中学题词:

抗震救灾,发扬中国优秀传统。

为山东大厦题词:

孔孟之乡　礼义之邦——山东大厦存,季羡林时年百岁

人们没有想到的是,这几幅题词,竟是季羡林临终绝笔。季羡林实现了自己的诺言,他没有"封笔",在生命的最后时刻,那支笔仍然握在手中。

7月11日,北京天气闷热,一大早就热得人透不过气来。8时许,从电视新闻节目听说任继愈先生走了,心里一惊。10时许,电话铃响,一位朋友打来电话,说:"季老走了!"笔者不相信,上网去查,北大在搭建灵堂,季老真的走了。

后来听知情人说,平时老先生醒得很早,可是,这一天8:00了,还在睡,而且有所声。8:15,大夫来了,说:"老爷子,起来,该吃点东西了。"季老睁开眼睛说了句什么,大夫一摸脉搏,不好!马上抢救。到9时许,宣告不治。

季羡林的一生,恰如英国哲学家罗素所言:

> 一个人的一生应该像一条河——起初很小,它被两岸紧紧地约束着,猛烈地冲过岩石和瀑布,逐渐地变宽了,两岸后退了,河水较为安静地流着,到最后,不经过任何可以看得见的间隙,就和大海汇合在一起,毫无痛苦地失去了它单独的存在。

罗素本人也是如此,他离开这个世界的时候,九十九岁。

季承在《我和父亲季羡林》中如此记述季老辞世的过程:

> 2009年7月11日清晨7时许,我突然接到小岳的电话,说父亲今早起不了床,言语不清,陷入昏迷,现在正在抢救中,要我尽快去医院。我以最快的速度赶到医院的时候,医生正在极力抢救父亲。医生告诉我,情况很不好,父亲的心脏对于注射的药物已没有反应,监视屏上反映心脏跳动的荧光线一直是平的,这说明心脏已经不工作了。按通常的规定,新人心脏停止跳动之后的抢救工作,一般是进行30分钟,但对父亲,他们决定再延长30分钟。但是,任何延长的抢救已经无济于事,30分钟后,大夫们决定宣布父亲已经死亡,时间是上午9时整。

中国教育界、社会科学界的一颗巨星陨落了！最早赶来的是北京大学党委副书记杨河和校办副主任秦春华。匆匆吊唁之后，便回学校去安排后事。

11时，中共中央政治局委员、国务委员刘延东赶到医院。她站在季老的遗体前，赞扬季老是造诣很高的语言学家、教育家、文学家，是真诚的爱国者，是受大众尊敬的学者。

接着，北京大学党委书记闵维方、校长周其凤等也赶到医院，吊唁季老，商讨治丧事宜。

12时，刚刚结束会议的中共中央政治局常委、国务院总理温家宝来到医院。温总理对季承说，季老一生勤奋好学，著作等身，谦和平易，为世人所敬仰。季老的离去使他失去一位挚友，为此他十分悲伤。他深切哀悼季老逝世，并对季老家人表示慰问。

季羡林走了，就像他本人所说，他是笑着走的。他有充分的理由笑到最后。

经历"文革"炼狱，他捡了一条命，改革开放三十年，季羡林用捡来的这条命创造了学术奇迹：翻译印度古代伟大史诗《罗摩衍那》，组织校注《大唐西域记》，撰写八十万字的科学巨著《糖史》，解读世界上最长的吐火罗文《弥勒会见记》剧本……一位学者穷毕生精力，能够完成这些成就中的任何一项，就很了不起了。季羡林是当之无愧的学界泰斗！

1946年季羡林从海外归来，创建了中国东方学科，数十年筚路蓝缕，终于渐入佳境，为国家培养了大批外事和研究人才。其中作为冷门的梵文、巴利文专业，新中国成立后培养了三批本科生。"文革"以后，季羡林亲自带出了九名研究生，挑起了教学和科研的重担。新华社驻德国记者在季羡林逝世后采访了他的母校哥廷根大学校长菲古拉。菲古拉说："季羡林毫无疑问是一位杰出的学者。他在这里学习了梵学，在学术上他是德国最有名的梵学家之一，对后来的学者也有很大帮助。他后来回到中国，在北京大学成立了东方语言研究中心，将他的专业在中国发扬光大。在哥廷根大学的历史上，曾经产生过四十五位诺贝尔奖获得者，在我看来，季博士就是我们的第四十六位。他所做出的成绩，与哥廷根大学历来的许多诺贝尔奖获得者荣誉相当。"

告别

季羡林逝世的噩耗，随着电波传遍了全国，传遍了全世界。

2009 年 7 月 12 日，《南方日报》刊登香港学界泰斗饶宗颐悼念任继愈和季羡林的悼词：

国丧两宝，哀痛曷极。

饶宗颐先生还用杜甫长沙送李十一韵写了一首挽诗悼念季羡林：

遥睇燕云十六州，商量旧学几经秋。
榜加糖法成专史，弥勒奇书释佉楼。
史诗全译骇鲁迅，释老渊源正魏收。
南北齐名真忝窃，乍闻乘化重悲忧。

著名红学家周汝昌发表挽诗：

大师霄际顾人寰，五月风悲夏骤寒。
砥柱中华文与道，渠通天竺梵和禅。
淡交我敬先生久，学契谁开译述关。
手泽犹新存尺素，莫教流涕染珍翰。

范曾与妻子楠莉写来挽联：

圣者遗音传陬邑，知述焉而征，千秋俊彩高风在；
季公荷拇满赏园，正淳然以馥，一代祥星吉雨来。
季羡林先生千古！

刘梦溪送的挽联是：

> 大哉上庠贤夫子,岂云已经西去;
> 伊然田舍一老翁,可谓原本善来。

7月12日,北京大学在校园内百年大讲堂搭建了灵堂,校内师生和校外来的吊唁者,排起了长长的队伍。一周时间,吊唁的人流不断,人们顶着烈日,冒着大雨,来向这位学界领袖表示深切的哀悼。

据新华社报道,截至7月17日18时,党和国家领导人胡锦涛、江泽民、吴邦国、温家宝等通过不同方式向北京大学转达对季羡林先生辞世的深切哀悼,向季老亲属表示慰问并敬献花圈。

7月19日上午,中央电视台报道:中国共产党优秀党员、北京大学资深教授、国际著名东方学家、印度学家、梵语语言学家、文学翻译家、教育家季羡林在北京八宝山革命公墓火化。8时许,温家宝、贾庆林、李长春、李克强等缓步来到季羡林遗体前肃立默哀并鞠躬,与季羡林做最后告别,并与季羡林亲属一一握手表示慰问。

八宝山革命公墓礼堂庄严肃穆,季羡林的遗体安卧在鲜花翠柏丛中,覆盖着鲜红的中国共产党党旗。大厅悬挂着季羡林的巨幅遗像,横幅上写着"沉痛悼念季羡林先生",两侧的挽联是：

> 文望起齐鲁通华梵通中西通古今至道有道心育英才光北大,
> 德誉贻天地辞大师辞泰斗辞国宝大名无名性存淡泊归未名。

上联概述了他博大精深的学术成就,下联凸显了他淡泊名利的人格魅力。
环渤海作家的挽联巧妙地嵌进了季老散文名篇的题目：

> 一季酷暑唯有清塘荷花润谁为国学注灵魂,
> 百载人生常伴微光马缨香总有诗诲铭心头。

前来参加遗体告别的人群,把礼堂前的小广场挤得水泄不通。公告说,告别仪式于 10 时开始。可是一大早,就来了许多人。有的是住在昌平、大兴等远郊区,是乘头班公交车或地铁赶来的。这里,不仅有季羡林的朋友、同事和学生、读者,还有许多与季羡林素昧平生的百姓远路而来,要送这位草根出身的布衣泰斗最后一程,场面十分感人。长长的队伍缓缓地行进,告别仪式持续了三个多小时。队伍中有来自河北白洋淀的芦苇艺术家杨炳军,胸前捧着用芦苇精心制作的季老的肖像画;来自济南的张士华和高连菊夫妇,他们是济南著名小吃"油旋张"的传人,手举着黑底白字的挽,上写"油旋张感激您,家乡人怀念您"。他们说:"季先生是我们的恩人。"原来自从季老为他们题词"酥软香油旋张"以后,他们的生意火得不得了。还有一对来自日本的师生,东京大学教授丘山新和他的学生、在中国读博士的津田量,他们下午就要回国,拉着行李箱赶到八宝山来送别敬爱的季先生。

在季羡林的第二故乡德国哥廷根,7 月 17 日,当地报纸详细报道了季羡林的生平和他去世的消息。他的母校哥廷根大学,第一时间在网站上用德文和英文发了讣告。

7 月 29 日,据新华社消息,印度总理莫曼汉·辛格日前致函中国国务院总理温家宝,代表印度政府和人民对季羡林先生逝世表示沉痛哀悼。辛格表示,季教授是世界最著名的印度学家之一。他在佛学和印中千年文化交流史领域知识渊博,并因此广受尊重。他将印度典籍译成中文,对增进中国对印度文化的理解发挥了关键作用。为感谢他对印中关系做出的巨大贡献,印度政府和人民 2008 年授予他"莲花奖"。辛格说,季教授的离世使我们失去了一位真正的朋友和倡导增进延续数千年关系的杰出人士。

7 月 31 日,印度资深外交家、前外长贾斯万特·辛格在《印度教徒报》上发表文章,悼念中国著名学者季羡林先生。辛格说,他得知季羡林逝世的消息十分悲伤,同时又为中国政府和人民对他的极高评价而感动。辛格说,季先生最重要的成就之一就是对印度佛学和印度古代语言的研究,他孜孜以求知识,杜绝名利,不愧为当今学者的典范。

魂归故里

2010年4月5日，鲁西平原上，麦田已经返青，杨柳枝条上绽出了嫩绿的新叶。官庄这个小村庄和平时有些不同。街道打扫得干干净净，家家户户临街的墙壁刷上了崭新的米黄色涂料。村民们扶老携幼，从早晨就静静伫立在街道边、家门口，甚至爬上屋顶，仿佛在等待着贵客的光临。

这一天是旧历庚寅年清明节，季羡林魂归故里，安葬在故乡的土地上。

记得九年前，2001年8月，聊城市和临清市两级政府出面，邀请季羡林还乡，为他庆祝九十大寿。季先生归来作《故乡行》一文，叙述得十分详细。其中《官庄扫墓》一章写道：

> 8月6日，一大早我们就出发到官庄去。……
> ……感谢义德和孟祥（均系季家后人——笔者注）的精心安排，墓地上一切都已准备就绪，有供品，有香烛，还有一挂鞭炮。大概还有别的东西，只觉得眼花缭乱，五光十色，一时难以看清了。这里共有两座坟墓，其中之一埋葬着我的祖父和祖母，两个人我都没有见过面。另一座埋葬着我的父母。我最关注的还是我母亲的坟。我一生不知道写过多少篇关于母亲的文章了，我也不知道有多少次在梦中同母亲见面了，但我在梦中看到的只是一个迷离的面影，因为母亲确切的模样我实在记不清了。今天我来到这里，母亲就在我眼前，只隔着一层不厚的黄土，然而却人天悬隔，永世不能见面了，我的眼泪夺眶而出，滴到了眼前的香烛上。我跪倒在母亲墓前，心中暗暗地说："娘啊！这恐怕是你儿子今生最后一次来给你扫墓了。将来我要睡在你的身旁！"

这最后一句："娘啊！这恐怕是你儿子今生最后一次来给你扫墓了。将来我要睡在你的身旁！"是令人动容之笔，也是季羡林的最后遗嘱。

送葬的车队进村了。聊城大学的学生肃立街边，手举白底黑字的横幅，迎接高山仰止的季先生。

季羡林墓园紧挨着村子,大门上方的"季羡林憩园"五个大字出自季羡林生前好友、著名书法家欧阳中石之手。园内洁白的大理石胸像,再现了季羡林五六十岁时候的模样,依稀是四十多年前在北京大学东语系迎新大会上讲话时的样子,穿着那件很少穿的灰色毛料中山装。墓园里原有两座坟茔,一座前书"祖父祖母之墓",另一座前书"父亲母亲之墓",熟悉的魏碑体碑文,熟悉的季羡林署名。墓园里还有一味高大的树,撑开巨伞护佑着。父亲母亲坟茔的左前方还有一座新坟茔,这就是季羡林先生和夫人彭德华的合葬墓。据说,那株大树是季羡林亲手栽植的。今年春天来得晚,大树还没有长出叶子,辨不清是什么树,似乎是梧桐。梧桐好,夏季它有浓浓的绿荫,季羡林全家人可以在树下休憩歇凉;冬季桐叶落尽,墓园里又将充满温暖的阳光。今天,季羡林的遗愿终于得以实现,他在离开母亲九十三年之后,又回到母亲身旁,从此长相厮守,不再离去……

季承先生在《祭父文——和父亲谈心》一文中写道:

> 据我想象,在您去的那个世界里,人是不能再增加岁数的,去的时候是多少岁,就永远是多少岁了。这样说起来,您要比老祖、我妈妈都要大很多岁了。他们一定会高兴的,因为这说明您比他们更长寿。
>
> 在那里,除了老祖和我妈之外,您会见到婉如姐姐和顾华,死,叔祖父、祖父自然也会见到。您的母亲呢,她一定在那里等您,已经等了很长时间了。虽然,您肯定不认识她,可是总会相聚的。你们母子一见面,你那"永久的悔"就可以消失了。至于其他的人,您也能够和他们相见,可是,恐怕只是相见罢了,不会有什么交往和走动的。
>
> 那边一定很安静,人虽然很多,但每个人都独居一处,顶多夫妇住在一起,也不会有什么活动。虽然环境安静,也没有家事和社会事务的烦扰,可是您也不能再做什么研究工作和写作了,您只能静静地待在那里,或许可以想着些什么,至于写字、"爬格子"恐怕是不可能了。

季老故居坐落在离墓园不过百米的地方。漂亮的三合院据说是按照一百年前的形制重建的。季羡林出生的时候,这个院子已经破败,北房和东屋都已经拆掉卖了砖瓦，只剩下两间西屋。如果季羡林今天回到这里，他肯定不认识那家了。好在院子里还有两株枣树，它们记得这个小院沧海桑田的变化。

送葬车队回到了临清市里。在市民文化中心，新落成的季羡林纪念馆隆重开馆。走进宽敞明亮的展览大厅，迎门一尊季羡林的花岗岩坐像，仿佛是刚从故乡来此，是在欢迎大会上演讲，还是座谈会上发言？

季羡林纪念馆里的展品看起来不很丰富，但十分珍贵。有他的文集、手稿，还有一些压箱底、难得一见的宝物：1940年他在哥廷根大学获得博士学位时穿过的袍服和帽子；1927年前清状元王寿彭奖励给他的那副对联，用肥硕的馆阁字体书写的"才华舒展临风锦，意气昂藏出岫云"。照片为数不少，大多为人们所熟悉，给人印象深刻的有两张：一张是他与官庄小学生的合影，他们笑得那样开心；另一张是他在301医院的病房里手持放大镜，正在全神贯注地工作。

落叶归根，飞鸟恋林。九十年前从偏僻的小村庄走出去的季羡林，如今又回来了。他是临清的好儿子，是家乡人的骄傲；他是中国学术界的一代宗师，是中国人的骄傲。